Die wettbewerbliche Öffnung von Märkten mit Netzstrukturen
am Beispiel von Telekommunikation und Elektrizitätswirtschaft

Europäische Hochschulschriften

Publications Universitaires Européennes

European University Studies

Reihe II

Rechtswissenschaft

Série II Series II

Droit

Law

Bd./Vol. 3906

PETER LANG

Frankfurt am Main · Berlin · Bern · Bruxelles · New York · Oxford · Wien

Philipp Spauschus

Die wettbewerbliche Öffnung von Märkten mit Netzstrukturen am Beispiel von Telekommunikation und Elektrizitätswirtschaft

Netzzugangsregelungen im Spannungsfeld zwischen staatlicher Regulierung und Privatautonomie

PETER LANG
Europäischer Verlag der Wissenschaften

Bibliografische Information Der Deutschen Bibliothek
Die Deutsche Bibliothek verzeichnet diese Publikation in der Deutschen Nationalbibliografie; detaillierte bibliografische Daten sind im Internet über <http://dnb.ddb.de> abrufbar.

Zugl.: Hannover, Univ., Diss., 2003

D 89
ISSN 0531-7312
ISBN 3-631-51767-X

www.peterlang.de

Meinen Eltern

Vorwort

Die vorliegende Arbeit wurde im Sommersemester 2003 vom Fachbereich Rechtswissenschaften der Universität Hannover als Dissertation angenommen. Sie ist vor der Veröffentlichung nochmals durchgesehen und im Hinblick auf die stetig fortschreitenden Entwicklungen in der Telekommunikation und Elektrizitätswirtschaft aktualisiert worden.

Die Fertigstellung dieser Arbeit wäre ohne das Zutun anderer nicht möglich gewesen, denen ich an dieser Stelle sehr herzlich danken möchte.

Ein besonderer Dank gilt meinem Doktorvater, Herrn Prof. Dr. Dr. Peter Salje, für die hervorragende Betreuung der Arbeit. Trotz intensiver zeitlicher Arbeitsbelastung hat er den Fortgang der Arbeit stets mit seinen Vorschlägen und Anregungen begleitet und mir jederzeit mit Rat und Tat fördernd zur Seite gestanden. Gleichfalls danke ich Herrn Prof. Dr. Wolfgang Kilian vor allem für die zügige Erstellung des Zweitgutachtens.

Danken möchte ich außerdem Herrn Prof. Dr. Andreas Klees für seine wertvollen Hinweise, die mir stets ein besonderer Antrieb bei dem Fortgang der Arbeit waren.

Zu danken habe ich auch meinen Eltern, die meine gesamte Ausbildung wie auch die Höhen und Tiefen der Promotion mit viel Verständnis und größtmöglicher Unterstützung begleitet haben. Gerade in der Schlußphase der Arbeit waren sie mir eine unverzichtbare Hilfe.

Mein ganz persönlicher Dank gilt Frau Christiane Thies, die mich durch ihr besonderes Engagement unermüdlich beim Fortgang der Arbeit motiviert und mir in fachlichen Diskussionen und persönlichen Gesprächen wertvolle Anregungen zur Weiterentwicklung der Arbeit gegeben hat.

Schließlich bin ich Herrn Dr. Alexander Spauschus für seine persönliche und technische Unterstützung sowie Frau Angela Gerriets-Spauschus, Jonathan Spauschus und Benedikt Spauschus für ihre ausgleichende Spontaneität und Kreativität zu besonderem Dank verpflichtet.

Hamburg, im Dezember 2003 Philipp Spauschus

Inhaltsverzeichnis

Abkürzungsverzeichnis 18

Einleitung 21

A. Problemstellung 21

I. Die Bedeutung des Netzzugangs in der Telekommunikation und seine Begriffsbestimmung im TKG 23
II. Die Bedeutung des Netzzugangs in der Elektrizitätswirtschaft und seine Begriffsbestimmung im EnWG 25
III. Konsequenzen für den Vergleich zwischen Telekommunikation und Elektrizitätswirtschaft 27
IV. Liberalisierungsmodelle des deutschen Gesetzgebers 29

B. Methodik des Vergleichs: Ökonomische Analyse des Rechts 30

C. Gang der Untersuchung 34

1. Teil: Ökonomische, technische und rechtliche Grundlagen 37

A. Ökonomische Analyse von Netzen 37

I. Netze und ihre Erscheinungsformen 37
II. Netzeigenschaften und ihre ökonomische Relevanz 38
1. Größenvorteile 39
2. Verbundvorteile 41
3. Dichtevorteile 42
4. Irreversible Kosten 42
5. Netzeigenschaften in der ökonomischen Theorie 42

B. Technische Grundlagen und Marktstrukturen 45

I. Technische Grundlagen 45
1. Technische Grundlagen der Telekommunikation 45
2. Technische Grundlagen der Elektrizitätswirtschaft 48
3. Vergleich der technischen Grundlagen und Auswirkungen auf die Marktöffnung 51

II. Marktstrukturen in der Telekommunikation und Elektrizitätswirtschaft ... 53
1. Die Marktstrukturen in der Telekommunikation ... 53
a) Die Entwicklung der Marktstrukturen ... 53
b) Konsequenzen dieser Strukturen ... 54
2. Die Marktstrukturen in der Elektrizitätswirtschaft ... 55
a) Der Hintergrund der heutigen Marktstrukturen ... 55
b) Marktstrukturen im Zeitpunkt der Marktöffnung ... 58
3. Vergleich der Marktstrukturen in der Telekommunikation und Elektrizitätswirtschaft ... 61

C. Ordnungspolitische Behandlung von Märkten mit Netzstrukturen und Regulierungsbedarf ... 64

I. Der Wandel in der ordnungspolitischen Behandlung von Märkten mit Netzstrukturen ... 66
1. Telekommunikation ... 67
2. Elektrizitätswirtschaft ... 68
II. Der disaggregierte Regulierungsansatz als Legitimation sektorspezifischer Netzzugangsregelungen ... 69
1. Regulierung und Regulierungsbedarf ... 70
2. Das Konzept der wesentlichen Einrichtungen und das Modell der angreifbaren Märkte ... 71
III. Marktmacht in der Telekommunikation und Elektrizitätswirtschaft ... 74
1. Telekommunikation ... 74
2. Elektrizitätswirtschaft ... 76
3. Regulierungsbedarf in der Telekommunikation und der Elektrizitätswirtschaft im Vergleich ... 78

D. Die Liberalisierungsstufen und -ziele in der Telekommunikation und Elektrizitätswirtschaft ... 79

I. Die Liberalisierung der Telekommunikation: Europäische Vorgaben und nationale Umsetzung ... 79
II. Die Liberalisierung der Elektrizitätswirtschaft: Europäische Vorgaben und nationale Umsetzung ... 88
III. Vergleichbarkeit der Entwicklungen ... 95
IV. Liberalisierungsziele und Zielkonflikte in der Telekommunikation und der Elektrizitätswirtschaft ... 97
1. Telekommunikation ... 97
2. Elektrizitätswirtschaft ... 99
3. Vergleich der gesetzlichen Regelungen und Zielkonflikte ... 100

E. Die Wettbewerbsaufsicht in der Telekommunikation und Elektrizitätswirtschaft ... 101

I. Telekommunikation ... 102
1. Aufgaben der RegTP ... 102
2. Zusammenarbeit zwischen RegTP und Bundeskartellamt ... 105
II. Elektrizitätswirtschaft ... 105
1. Energieaufsichtsbehörden der Länder gemäß § 18 EnWG ... 106
2. Zuständigkeiten der Landeskartellbehörden und des Bundeskartellamtes ... 108

2. Teil: Vergleich der Netzzugangsregelungen in der Telekommunikation und Elektrizitätswirtschaft ... 113

A. Netzzugangsbegehren im europäischen und nationalen Wettbewerbsrecht ... 113

I. Netzzugangsbegehren im europäischen Wettbewerbsrecht ... 114
1. Art. 81 EG ... 114
2. Art. 82 EG ... 115
a) Marktbeherrschung in einem wesentlichen Teil des Gemeinsamen Marktes ... 117
b) Zwischenstaatlichkeitsklausel ... 119
3. Verhältnis zum nationalen Wettbewerbsrecht ... 120
4. Durchsetzung des Netzzugangs ... 120

II. Netzzugangsbegehren nach nationalem Wettbewerbsrecht ... 121
1. Netzzugangsbegehren nach § 19 Abs. 4 Nr. 4 GWB ... 121
a) Regelungs- und Anwendungsbereich von § 19 Abs. 4 Nr. 4 GWB ... 122
aa) Marktbeherrschende Stellung ... 123
bb) Weitere Voraussetzungen von § 19 Abs. 4 Nr. 4 GWB ... 124
b) Rechtsfolgen von § 19 Abs. 4 Nr. 4 GWB ... 124
2. Netzzugangsbegehren nach § 20 Abs. 1 GWB ... 125
3. Das Verhältnis der §§ 19 Abs. 4 Nr. 4, 20 Abs. 1 GWB zu den spezialgesetzlichen Netzzugangsregelungen aus TKG und EnWG ... 126
a) Telekommunikation ... 126
aa) § 2 Abs. 3 TKG als Ausdruck eines Spezialitätsverhältnisses ... 126
bb) Parallele Anwendung von TKG und GWB ... 127

cc) Vermittelnde Auffassung ... 128
b) Elektrizitätswirtschaft ... 129
aa) Spezialitätsverhältnis oder parallele Zugangskontrolle? ... 129
bb) Voraussetzungen für ein Einschreiten der Kartellbehörden ... 130

B. Die Netzzugangsregelungen in der Telekommunikation und Elektrizitätswirtschaft ... 131

I. Telekommunikation ... 131
1. Der besondere Netzzugang gemäß § 35 TKG ... 132
a) Persönlicher Anwendungsbereich von § 35 TKG ... 132
aa) Betreiber eines Telekommunikationsnetzes ... 132
bb) Mindestanforderungen an ein Telekommunikationsnetz ... 133
cc) Telekommunikationsdienstleistungen für die Öffentlichkeit ... 135
dd) Telekommunikationsrechtlicher Begriff der marktbeherrschenden Stellung i.S.v. § 19 GWB? ... 135
(1) Der Ansatz einer asymmetrischen Regulierung ... 135
(2) Der Ansatz einer symmetrischen Regulierung ... 136
(3) Stellungnahme ... 137
ee) Der relevante Markt ... 138
ff) Netzzugangsberechtigte nach § 35 Abs. 1 S. 1 TKG ... 141
b) Sachlicher Anwendungsbereich von § 35 TKG ... 142
2. Die besondere Mißbrauchsaufsicht gemäß § 33 TKG ... 144
a) Persönlicher Anwendungsbereich von § 33 TKG ... 144
b) Sachlicher Anwendungsbereich von § 33 TKG ... 145
c) Das systematische Verhältnis zwischen § 33 und § 35 TKG ... 147
aa) Die Auffassung von Engel und Knieps ... 148
bb) Die herrschende Auffassung in Rechtsprechung und Literatur ... 149
cc) Stellungnahme ... 150
3. Die Netzzusammenschaltung gemäß §§ 36, 37 TKG ... 152
a) Persönlicher Anwendungsbereich der §§ 36, 37 TKG ... 152

b) Sachlicher Anwendungsbereich der §§ 36, 37 TKG 153
aa) Inhalt eines Zusammenschaltungsangebots gemäß § 36 TKG 154
bb) Anordnungsbefugnis der RegTP gemäß § 37 TKG 155
(1) Scheitern der Vertragsverhandlungen 155
(2) Inhalt der Zusammenschaltungsanordnung 156
(3) Folgen der Zusammenschaltungsanordnung 157

II. Elektrizitätswirtschaft 158
1. Die Durchleitung gemäß § 6 Abs. 1 S. 1 EnWG 159
a) Persönlicher Anwendungsbereich von § 6 Abs. 1 S. 1 EnWG 159
aa) Der Unternehmensbegriff i.S.v. § 6 Abs. 1 S. 1 EnWG – Anspruchsteller in der Elektrizitätswirtschaft 159
bb) Betreiber von Elektrizitätsversorgungsnetzen i.S.v. § 6 Abs. 1 S. 1 EnWG – Normadressaten in der Elektrizitätswirtschaft 161
cc) Marktbeherrschende Stellung des Netzbetreibers? 162
b) Sachlicher Anwendungsbereich von § 6 Abs. 1 EnWG. 162
aa) Rechtsnatur des Netzzugangsanspruchs 163
(1) Anspruch auf Aufnahme von Vertragsverhandlungen 163
(2) Anspruch auf Abschluß eines Netznutzungsvertrages 164
(3) Anspruch auf Netzzugang 165
bb) Der Inhalt des Netznutzungsanspruchs 167
(1) Der Begriff der Durchleitung 167
(2) Der Inhalt des Netznutzungsvertrages 168
2. Die Netzzugangsalternative gemäß § 7 EnWG 169
a) Die Rechtsbeziehungen bei der Netznutzungsalternative 170
b) Der Netzbenutzungstarif für die Netznutzungsalternative 171
3. Netzzusammenschaltung in der Elektrizitätswirtschaft 172

III. Die Zuordnung von § 6 Abs. 1 S. 1 EnWG in das Regelungssystem des TKG – eine erste Bewertung 173
1. Die Zuordnung von § 6 Abs. 1 S. 1 EnWG in das Regelungssystem des TKG 174

a) Erste Stufe: Freie Verhandlungspflicht mit Anordnungsbefugnis der RegTP ... 174
b) Zweite Stufe: Gebundene Verhandlungspflicht mit Anordnungsbefugnis der RegTP ... 176
c) Dritte Stufe: Anordnung durch die RegTP ... 177
2. Erste Bewertung der Netzzugangsregelungen aus Sicht der ökonomischen Analyse des Rechts ... 177

IV. Die Regulierungsansätze in TKG und EnWG – Marktmacht als geeigneter Regulierungsansatz? ... 179
1. Vergleich der Regulierungsansätze in TKG und EnWG ... 180
2. Marktmacht als geeigneter Regulierungsansatz? ... 181

C. Ermittlung der Netznutzungsbedingungen ... 182

I. Telekommunikation ... 184
1. Strukturelle Separierung und getrennte Buchführung ... 184
2. Ermittlung der Netznutzungsentgelte ... 186
a) Regulierung der Netznutzungsentgelte für nicht marktbeherrschende Unternehmen? ... 187
aa) Rechtsgrundverweisung ... 187
bb) Rechtsfolgenverweisung ... 188
cc) Stellungnahme ... 188
b) Regulierung der Entgelte im Rahmen von § 33 TKG ... 189
c) Maßstäbe der Entgeltregulierung ... 190
3. Unwirksamkeit wettbewerbsbeschränkender Vereinbarungen ... 192

II. Elektrizitätswirtschaft ... 193
1. Strukturelle Separierung und getrennte Buchführung - Berücksichtigungsfähigkeit von „stranded costs“ ... 196
a) Strukturelle Separierung in der Elektrizitätswirtschaft ... 196
b) Berücksichtigung von „stranded costs“ ... 198
2. Ermittlung der Netznutzungsentgelte ... 198
a) Erlaß einer Netzzugangsverordnung ... 200
b) Die Verbändevereinbarungen zur Ermittlung eines angemessenen Netznutzungsentgelts ... 201
aa) Abschluß der Verbändevereinbarungen I, II und II Plus ... 202
bb) Bedeutung von Verbändevereinbarungen ... 204
cc) Voraussetzungen einer „gesteuerten Selbstregulierung“ ... 206

III. Vergleich der Regelungen zur strukturellen Separierung und Entgeltbestimmung 207
1. Die Regelungen zur strukturellen Separierung 208
2. Die Regelungen zur Bestimmung der Netznutzungsentgelte 209

D. Verweigerung und verfahrensrechtliche Durchsetzung des Netzzugangs 211

I. Telekommunikation 212
1. Beschränkung des Netzzugangs 212
a) Netzzugangsbeschränkungen nach § 35 Abs. 2 S. 2 TKG 212
b) Beschränkung des Netzzugangs gemäß § 33 TKG 213
2. Verfahrensrechtliche Durchsetzung des Netzzugangs 214
a) Anordnungsbefugnis der RegTP 215
b) Schlichtungsverfahren vor der RegTP 217
c) Einstweilige Anordnungen durch die RegTP 218
aa) „Vorläufige" Entgeltgenehmigung durch die RegTP 219
bb) Vorläufige Zusammenschaltungsanordnung durch die RegTP 220
cc) Rechtsfolgen einstweiliger Anordnungen 220
d) Untätigkeit der RegTP 221
e) Einschreiten des Bundeskartellamtes 222
f) Zuständigkeit der Zivilgerichte 222

II. Elektrizitätswirtschaft 223
1. Verweigerung des Netzzugangs 223
a) Spezielle Ausnahmetatbestände 223
b) Unmöglichkeit der Durchleitung 224
aa) Kapazitätsengpässe 224
bb) Aufteilung vorhandener Netzkapazitäten 225
c) Unzumutbarkeit der Durchleitung 227
d) Verweigerungsgründe als Einwendungen oder Einreden? 229
2. Verfahrensrechtliche Durchsetzung des Netzzugangs 229
a) Klage vor den Zivilgerichten 230
aa) Durchsetzung im Hauptsacheverfahren 230
bb) Durchsetzung im Wege des einstweiligen Verfügungsverfahrens 232
cc) Beweislastverteilung 233
b) Kartellbehördliche Verfahren 234

aa) Untersagungsverfahren gemäß § 32 GWB 234
bb) Einstweilige Anordnung gemäß § 60 GWB 237

III. Vergleich der gesetzlichen Regelungen 238
1. Verweigerung des Netzzugangs 238
2. Verfahrensrechtliche Durchsetzung des Netzzugangs 238
a) Sofortige Vollziehbarkeit 239
b) Unterschiedliche Rechtswegzuständigkeit 240
c) Kontrolle durch die Gerichte 240

3. Teil: Ausblick und Perspektiven 243

A. Reformen in der Telekommunikation und Elektrizitätswirtschaft 245

I. Europäische Vorgaben und Handlungsspielräume des nationalen Gesetzgebers in der Telekommunikation 246
1. Europäische Vorgaben zu den Reformen in der Telekommunikation 247
2. Handlungsspielräume des nationalen Gesetzgebers 249

II. Europäische Vorgaben und Handlungsspielräume des nationalen Gesetzgebers in der Elektrizitätswirtschaft 250
1. Europäische Vorgaben zu den Reformen in der Elektrizitätswirtschaft 251
2. Handlungsspielräume des deutschen Gesetzgebers 252
a) Regulierung der Netznutzungsentgelte oder der Methoden ihrer Berechnung 252
b) Festlegung oder Genehmigung durch die Regulierungsstelle 253
c) Errichtung, Aufgaben und Anordnungsbefugnisse der Regulierungsstelle 253

B. Übernahme des Modells staatlicher Regulierung in die Elektrizitätswirtschaft? 253

I. Sektorspezifische Regulierungsbehörden in der Kritik 254
1. Informationsdefizite einer Regulierungsbehörde 254
2. Gewährleistung der Unabhängigkeit der Regulierungsbehörde.... 256
3. Keine verursachungsgerechte Kostenzuordnung 258
4. Gefahr einer Überregulierung 259
5. Planungssicherheit für die beteiligten Unternehmen 260

6. Fehlende Selbstkontrolle einer sektorspezifischen Regulierungsbehörde ... 261

II. Zeitliche Verlagerung rechtlicher Auseinandersetzungen ... 262

III. Konsequenzen für die Übernahme des Modells staatlicher Regulierung in die Elektrizitätswirtschaft ... 264
1. Erste Stufe: Abschluß von Verbändevereinbarungen ... 265
2. Zweite Stufe: Genehmigung der Verbändevereinbarungen ... 267
3. Dritte Stufe: Aufsicht über die korrekte Anwendung ... 269

C. Rückführung staatlicher Regulierung in der Telekommunikation ... 270

I. Diskussion über den zukünftigen Regulierungsrahmen in der Telekommunikation ... 270
1. Rückführung der sektorspezifischen Regulierung ... 271
2. Stellungnahme des Wissenschaftlichen Arbeitskreises für Regulierungsfragen bei der RegTP ... 271
3. Folgerungen für die Rückführung staatlicher Regulierung ... 272

II. Ansatzpunkte für eine Reform des Regulierungsrahmens in der Telekommunikation ... 273

III. Der Referentenentwurf zum TKG ... 275

Literaturverzeichnis ... 281

Abkürzungsverzeichnis

ABl.	Amtsblatt der Europäischen Gemeinschaft
AcP	Archiv für die civilistische Praxis
AöR	Archiv des öffentlichen Rechts
AVBEltV	Verordnung über Allgemeine Bedingungen für die Elektrizitätsversorgung von Tarifkunden
BB	Der Betriebs-Berater
BGBl.	Bundesgesetzblatt
BKartA	Bundeskartellamt
BR	Bundesrat
BT-Drs.	Bundestags-Drucksache
BVerfG	Bundesverfassungsgericht
BVerfGE	Entscheidungen des Bundesverfassungsgerichts
BVerwG	Bundesverwaltungsgericht
BVerwGE	Entscheidungen des Bundesverwaltungsgerichts
CR	Computer und Recht
DB	Der Betrieb
DÖV	Die Öffentliche Verwaltung
DVBl.	Deutsches Verwaltungsblatt
ET	Energiewirtschaftliche Tagesfragen
EuGH	Europäischer Gerichtshof
EuZW	Europäische Zeitung für Wirtschaftsrecht
EW	Elektrizitätswirtschaft
EWG	Europäische Wirtschaftsgemeinschaft
FS	Festschrift
GWB	Gesetz gegen Wettbewerbsbeschränkungen
GWh	Gigawattstunde
Hrsg.	Herausgeber
Jura	Juristische Ausbildung
JuS	Juristische Schulung
JZ	Juristenzeitung
KG	Kammergericht

KOM	Kommission
K&R	Kommunikation und Recht
kV	Kilovolt
KWK	Kraft-Wärme-Kopplung
MMR	Zeitschrift für Informations-, Telekommunikations- und Medienrecht
NJW	Neue Juristische Wochenschrift
NJW-RR	NJW-Rechtsprechungs-Report
NVwZ	Neue Zeitschrift für Verwaltungsrecht
NZV	Netzzugangsverordnung
RdE	Recht der Energiewirtschaft
RdErl.	Runderlaß
RGZ	Entscheidungen des Reichsgerichts in Zivilsachen
RIW	Recht der Internationalen Wirtschaft
RWE	Rheinisch-Westfälische Energie AG
Slg.	Sammlung der Rechtsprechung des Gerichtshofs der Europäischen Gemeinschaften
VEnergR	Veröffentlichungen des Instituts für Energierecht an der Universität zu Köln
Verw.Arch	Verwaltungsarchiv
VEW	Vereinigte Elektrizitätswerke Westfalen
WRP	Wettbewerb in Recht und Praxis
WuW	Wirtschaft und Wettbewerb
WuW/E	Wirtschaft und Wettbewerb, Entscheidungssammlung zum Kartellrecht
ZfE	Zeitschrift für Energiewirtschaft
ZGR	Zeitschrift für Unternehmens-und Gesellschaftsrecht
ZHR	Zeitschrift für das gesamte Handelsrecht und Wirtschaftsrecht
ZIP	Zeitschrift für Wirtschaftsrecht
ZNER	Zeitschrift für neues Energierecht
ZögU	Zeitschrift für öffentliche und gemeinwirtschaftliche Unternehmen
ZRP	Zeitschrift für Rechtspolitik

Einleitung

A. Problemstellung

Voraussetzung für einen Vergleich und eine Bewertung gesetzlicher Regelungen aus unterschiedlichen Wirtschaftssektoren ist die sektorübergreifende Gemeinsamkeit der vom Gesetzgeber im Zeitpunkt ihrer Entstehung vorgefundenen Problemstellungen. Solche Gemeinsamkeiten erschließen sich für die Telekommunikation und die Elektrizitätswirtschaft nicht unmittelbar, auch wenn beide Sektoren bereits im Zeitpunkt ihrer Liberalisierung ein Marktvolumen in Milliardenhöhe aufwiesen.[1] Während die Telekommunikation es dem Anwender ermöglicht, mit anderen Menschen in aller Welt zu kommunizieren und über weite Entfernungen Daten und Informationen auszutauschen, versorgt die Elektrizitätswirtschaft die Kunden mit elektrischer Energie zum Betreiben stromabhängiger Verbraucher.

Entscheidend ist, daß die Gewährleistung der Versorgung in beiden Sektoren von der Nutzung einer Basisressource abhängt, den Netzinfrastrukturen. Ihre Netzabhängigkeit hatte in beiden Sektoren bis in die 80er Jahre hinein zur Folge, daß sie automatisch und in toto als natürliche Monopole betrachtet wurden, in denen ein Wettbewerb von vornherein als ineffizient galt. In beiden Sektoren hatten die staatlichen oder unter staatlicher Beteiligung geführten Unternehmen eine tatsächlich, wirtschaftlich und/oder rechtlich vermittelte Monopolstellung, um ihre Leistungen im Interesse der Allgemeinheit zu erbringen, insbesondere die Leistungen flächendeckend, technisch sicher, langfristig und erschwinglich für jedermann anzubieten.[2] Dies konnte - so die zu dieser Zeit vorherrschende Auffassung - aufgrund der Netzabhängigkeit der Versorgung von einem einzelnen Anbieter besser als von

---

[1] Nach Schätzungen der Europäischen Kommission wuchs das Gesamtvolumen des deutschen Marktes für Telekommunikationsdienstleistungen trotz massiver Preissenkungen in einigen Teilmärkten im Jahre 1999 um 4,6% gegenüber dem Vorjahr auf € 36,2 Mrd., vgl. Europäische Kommission, Fifth Report on the Implementation of the Telecommunications Regulatory Package, Brüssel 1999. Die Zahl der Beschäftigten im deutschen Telekommunikationsmarkt betrug Ende 1998 im Bereich der Telekommunikationsdienstleistungen 219.000 und im Bereich der Gerätehersteller etwa 100.000. Vgl. dazu den Jahresbericht 1998 der Regulierungsbehörde für Telekommunikation und Post, S. 17; die Elektrizitätswirtschaft erzielte im Jahre 1996 einen Umsatz von knapp DM 140 Mrd., vgl. Hefekäuser, Vom Monopol zum Wettbewerb, EW 1997, S. 873. Das Marktvolumen der Haushalte wurde vom VIK auf mehr als DM 120 Mrd. im Jahr geschätzt, vgl. hierzu die FAZ vom 01.07.1999, S. 20; zu der Bedeutung der Elektrizitätswirtschaft vgl. auch Büdenbender, Die Kontrolle von Durchleitungsentgelten in der leitungsgebundenen Energiewirtschaft, ZIP 2001, S. 2225.

[2] Börner, Der Netzzugang für Dritte als grundsätzliches rechtliches Problem - Ein Blick auf die USA, in: Schwarze, Der Netzzugang für Dritte im Wirtschaftsrecht, S. 137.

mehreren Anbietern gewährleistet werden.[3] Die Ansicht über die ordnungspolitische Behandlung von Märkten mit Netzstrukturen änderte sich jedoch nach jahrzehntelanger Diskussion in Politik, Wirtschafts- und Rechtswissenschaften - angestoßen durch Parallelentwicklungen in anderen Staaten und beeinflußt durch Rechtsentwicklungen in der Europäischen Union - grundlegend.

Die Reformbemühungen in der Telekommunikation und der Elektrizitätswirtschaft mündeten jeweils in der Verabschiedung und Novellierung sektorspezifischer Gesetze, Telekommunikationsgesetz (TKG) und Energiewirtschaftsgesetz (EnWG). Die Marktteilnehmer unterliegen dadurch heute in beiden Sektoren veränderten tatsächlichen und rechtlichen Rahmenbedingungen, mit denen der Gesetzgeber das Ziel der Schaffung von Wettbewerb verfolgt.[4] Die Netzinfrastruktureinrichtungen, also die Gesamtheit der technischen Übertragungswege und der sonstigen zur Leistungserbringung notwendigen technischen Einrichtungen, stehen in beiden Sektoren überwiegend im Eigentum von Unternehmen, die diese Einrichtungen in der Vergangenheit unter rechtlich abgesicherten Monopolbedingungen flächendeckend errichten konnten. Um unter diesen Voraussetzungen Wettbewerb zu schaffen, enthalten beide Gesetze Netzzugangsregelungen, die den Wettbewerbern eine Nutzung dieser Netzinfrastruktureinrichtungen ermöglichen sollen.

Rifkin[5] sieht in solchen Regelungen das Kennzeichen einer neuen Ökonomie, in der das Grundschema des neuzeitlichen Marktsystems - der Austausch von Eigentum zwischen Verkäufern und Käufern - von einem kurzfristigen Zugang zu fremdem Eigentum gegen eine Gebühr abgelöst wird. Zugang, Zugriff, „Access“ sind - so Rifkin - die Schlüsselbegriffe des anbrechenden Zeitalters.[6] Das von Rifkin beschriebene Streben nach Zugang, also die kurzfristige und begrenzte Nutzung von Vermögenswerten, ist für die Wettbewerber - regelmäßig Unternehmen ohne eigene Netzinfrastruktureinrichtungen - in der Telekommunikation und der Elektrizitätswirtschaft gleichermaßen von Bedeutung.

---

[3] Eine vergleichbare Diskussion entwickelt sich derzeit bei der Schaffung von Wettbewerb im Eisenbahnverkehr. Dort wurde eine rechtliche und wirtschaftliche Trennung von Netz und Betrieb erwogen, vgl. etwa Schwenn, Wettbewerb auf der Schiene, FAZ vom 23.06.2001, S. 13.

[4] Zum Rückzug des Staates aus der Selbstvornahme leistender Infrastrukturtätigkeit und der Beschränkung auf die rechtliche Steuerung privater Unternehmen vgl. Hermes, Staatliche Infrastrukturverantwortung, S. 336 ff. Dem Wettbewerb werden in der Marktwirtschaft verschiedene positive Eigenschaften zugeschrieben. Er hat u.a. die Funktion, statische und dynamische Skalenvorteile optimal auszuschöpfen sowie Innovationen und Diffusionen zu fördern, vgl. etwa Welfens/Graack, Telekommunikationswirtschaft, S. 49.

[5] Rifkin, Access - Das Verschwinden des Eigentums, S. 11.

[6] Rifkin, Access - Das Verschwinden des Eigentums, S. 13 und S. 25.

I. Die Bedeutung des Netzzugangs in der Telekommunikation und seine Begriffsbestimmung im TKG

Der deutsche Gesetzgeber hat den Telekommunikationssektor stufenweise für einen Netz- und Dienstewettbewerb geöffnet. Beim reinen Netzwettbewerb (Intersystemwettbewerb) besteht ein Wettbewerb allein auf der Infrastrukturebene, die Unternehmen treten mit ihrem Angebot vorwiegend technischer Einrichtungen (Übertragungswege, Vermittlungseinrichtugen und sonstige Einrichtungen) zu anderen Unternehmen in Konkurrenz. Demgegenüber nutzen beim reinen Dienstewettbewerb (Intrasystemwettbewerb) die Wettbewerber für ihr Diensteangebot (Vermittlungsleistungen, Mehrwertdienste oder sonstige Inhalte) keine eigenen Netzinfrastruktureinrichtungen, sondern die Einrichtungen anderer Anbieter von Netzinfrastruktureinrichtungen.[7] Voraussetzung für das Angebot von Diensten und einen funktionsfähigen Dienstewettbewerb ist wegen der Netzabhängigkeit dieser Dienstleistungen die Gewährung eines Zugangs zu den Netzinfrastruktureinrichtungen der anderen Anbieter.

Der Netzzugang wird in § 3 Nr. 9 TKG umfassend definiert als die physische und logische Verbindung[8] von Endeinrichtungen oder sonstigen Einrichtungen mit einem Telekommunikationsnetz oder Teilen desselben sowie die physische und logische Verbindung eines Telekommunikationsnetzes mit einem anderen Telekommunikationsnetz oder Teilen desselben zum Zwecke des Zugriffs auf Funktionen dieses Telekommunikationsnetzes oder auf die darüber erbrachten Telekommunikationsleistungen.[9] Das Gesetz läßt offen, wer für die physische und/oder die logische Verbindung zu sorgen hat und versteht den Netzzugang als Oberbegriff für den Zugang von Nutzern zu einem Telekommunikationsnetz als Gesamtheit der technischen Einrichtungen (§ 3 Nr. 21 TKG).[10] Der Zugang zum Telekommunika-

---

[7] Koenig/Kühling, Funktionsfähiger Wettbewerb und Regulierungsperspektiven auf den Telekommunikationsmärkten - Eine Kritik am Sondergutachten der Monopolkommission, WuW 2000, 596, S. 599.

[8] Ein Netzzugang liegt aber nicht nur dann vor, wenn kumulativ eine physische und logische Verbindung hergestellt wird, vgl. BeckTKG-Komm/Piepenbrock, § 35 Rn. 6. Eine logische Verbindung kann insbesondere dann entbehrlich sein, wenn nicht auf die Funktionen eines ganzen Telekommunikationsnetzes, sondern nur auf Teile (etwa bei Mietleitungen oder Teilnehmeranschlußleitungen) desselben zurückgegriffen werden soll.

[9] Die bekannteste Form des Netzzugangs ist der Telefonanschluß. Dabei wird der von der Definition geforderte physische Zugang der Endeinrichtung Telefonapparat durch die Verbindung des Telefonkabelsteckers mit den Kontakten der Telefonanschlußdose hergestellt; eine logische Verbindung mit dem Netz erfolgt über die Zuteilung einer Rufnummer.

[10] Umfaßt werden Übertragungswege, Vermittlungseinrichtungen und sonstige Einrichtungen, die zur Gewährleistung eines ordnungsgemäßen Betriebs des Telekommunikationsnetzes unerläßlich sind. Wie sich dem Wortlaut beider gesetzlichen Definitionen entnehmen läßt („Verbindung von Endeinrichtungen (...) mit einem Telekommunikationsnetz“), werden die Endeinrichtungen selber

tionsnetz umfaßt demzufolge den Zugang zu einer Vielzahl unterschiedlicher Infrastruktureinrichtungen, die für die Erbringung von Telekommunikationsdienstleistungen erforderlich sind, insbesondere auch den entbündelten Zugang zu den Teilnehmeranschlußleitungen.[11] Netzzugangsbegehren können sich darüber hinaus auch auf die über das Netz erbrachten Dienstleistungen (etwa Vermittlungsleistungen) beziehen.[12]

Das Gesetz verwendet darüber hinaus den Begriff der Netzzusammenschaltung. Die Netzzusammenschaltung ist gemäß § 3 Nr. 24 TKG ein Unterfall des Netzzugangs, sie ist derjenige „Netzzugang, der die physische und logische Verbindung von Telekommunikationsnetzen herstellt, um Nutzern, die an verschiedene Telekommunikationsnetze angeschlossen sind, die mittelbare oder unmittelbare Kommunikation zu ermöglichen",[13] also die Verbindung von Telekommunikationsnetzen unterschiedlicher Betreiber („Interconnection").[14] Besonderer Netzzugang und Netzzusammenschaltung unterscheiden sich demzufolge durch ihre Zweckrichtung.[15] So sollen im Rahmen der Netzzusammenschaltung separate Telekommunikationsnetze als solche mit dem Ziel verbunden werden, Nutzern, die an verschiedene Netze angeschlossen sind, die Kommunikation miteinander zu ermöglichen.

Dies kann zu vertikalen Zusammenschaltungsproblemen führen, wenn Anbieter von Netzdienstleistungen Zugang zu komplementären Netzinfrastrukturen benöti-

---

nicht vom Begriff des Telekommunikationsnetzes mit umfaßt. Der Gesetzgeber ist insoweit der Trennung von Telekommunikationsnetz und Endgeräteberich im Sinne einer regulatotrischen Netzdefinition gefolgt, vgl. hierzu Kiessling, Optimale Marktstrukturregulierung in der Telekommunikation, S. 23.

[11] BVerwG, Urteil vom 25.04.2001, K&R 2001, 530, S. 535.

[12] BeckTKG-Komm/Piepenbrock, § 35 Rn. 7.

[13] Neben dieser Definition ist für die Bestimmung des sachlichen Anwendungsbereichs der §§ 36, 37 TKG aufgrund des Primats der richtlinienkonformen Auslegung auch die weiter gefaßte Definition der ONP-Zusammenschaltungsrichtlinie (Richtlinie 97/33/EG des Europäischen Parlaments und des Rates vom 30.06.1997, ABl. Nr. L 199/32) zu beachten, die inzwischen durch die Richtlinie 2002/19/EG des Europäischen Parlaments und des Rates vom 07.03.2002 über den Zugang zu elektronischen Kommunikationsnetzen und zugehörigen Einrichtungen sowie deren Zusammenschaltung abgelöst wurde. Nach Art. 2 Abs. 1 b) der letztgenannten Richtlinie ist z.B. auch derjenige Netzzugang zur Zusammenschaltung zu zählen, der Kunden eines Betreibers die Kommunikation mit anderen Kunden desselben Betreibers erlaubt.

[14] Schroeder, Telekommunikationsgesetz und GWB, WuW 1999, 14, S. 23.

[15] Ob das betreffende Netz im Hinblick auf seine Komplexität, etwa die Anzahl der vorhandenen Vermittlungseinrichtungen oder Übertragungswege, bestimmten Anforderungen genügen muß, um zusammenschaltungsfähig im Sinne des TKG zu sein, wird vom Gesetzeswortlaut nicht geklärt, vgl. Bock/Völcker, Regulatorische Rahmenbedingungen für die Zusammenschaltung von TK-Netzen, CR 1998, 473, S. 479. Vgl. hierzu 2. Teil B.I.1.a)bb).

gen;[16] horizontale Zusammenschaltungsprobleme entstehen demgegenüber, wenn die Koordination und Kooperation zwischen unterschiedlichen Netzinfrastrukturen angestrebt wird.[17] Das einzige bundesweit flächendeckend vorhandene Telekommunikationsnetz steht im Eigentum der Deutschen Telekom AG (im folgenden: DTAG), die damit eine umfassende Kontrolle über ihre Netzinfrastruktureinrichtungen ausüben kann. Da die DTAG als vertikal integriertes Unternehmen auch Telekommunikationsdienstleistungen anbietet, ist ihr wirtschaftliches Interesse an einem Dienstewettbewerb und den damit einhergehenden Kundenverlusten gering.

Die Schaffung eines funktionsfähigen Dienstewettbewerbs setzt somit voraus, daß für die anderen Diensteanbieter ein Zugriff auf die Netzinfrastruktureinrichtungen der DTAG bzw. des jeweiligen Netzbetreibers als „Vorprodukt" für die Erbringung eigener Telekommunikationsdienstleistungen sichergestellt wird. Wären die Wettbewerber für die Erbringung von Dienstleistungen allein auf die Errichtung eigener flächendeckender Netzinfrastruktureinrichtungen angewiesen, so würde die Entstehung von Wettbewerb in der Telekommunikation um Jahre verzögert und zudem auf wenige kapitalkräftige Unternehmen beschränkt bleiben.

II. Die Bedeutung des Netzzugangs in der Elektrizitätswirtschaft und seine Begriffsbestimmung im EnWG

Auch in einem liberalisierten Strommarkt kommt ein spartengleicher Wettbewerb zwischen Energieversorgungsunternehmen (EVU) auf mehreren Ebenen in Betracht. Bei einem Wettbewerb auf der Liefer- und Erzeugerebene kann der Kunde zunächst frei wählen, welches Unternehmen für ihn die elektrische Energie erzeugt.[18] Hieran schließt sich notwendigerweise die Überlegung an, über welches Leitungsnetz die von dem ausgewählten Stromproduzenten erzeugte Energie zwar nicht substanzgleich, aber jedenfalls mengenidentisch, zu der Verbrauchsstätte des Kunden befördert werden kann.

---

16 Die vertikale Integration ist dadurch definiert, daß zwei oder mehr separierbare Produktionsstufen zur gleichen wirtschaftlichen Einheit gehören, vgl. Kruse, Vertikale Integration als Wettbewerbsproblem, in: Kruse/Stockmann/Vollmer, Wettbewerbspolitik im Spannungsfeld nationaler und internationaler Kartellrechtsordnungen, S. 247.

17 Knieps, Netzökonomie - Ein disaggregierter Ansatz, in: Zippel, Transeuropäische Netze, 11, S. 16; Knieps, Der disaggregierte Regulierungsansatz der Netzökonomie, in: Knieps/Brunekreeft (Hrsg.), Zwischen Regulierung und Wettbewerb - Netzsektoren in Deutschland, Heidelberg 2000, S. 13. Entscheidend ist insoweit, daß das etablierte Unternehmen durch die Vielzahl der eigenen Netzteilnehmer ein geringeres Interesse daran hat, anderen Unternehmen den Zugang zum Netz oder eine Netzzusammenschaltung zu ermöglichen, als ein neu in den Markt eintretendes Unternehmen, wodurch das Verhandlungsgleichgewicht gestört ist.

18 Dabei können verschiedene Erwägungen ausschlaggebend sein, neben dem für jede Energieeinheit zu zahlenden Preis etwa die Umweltverträglichkeit der Elektrizitätserzeugung oder sonstige Serviceleistungen des EVU.

Schwierigkeiten entstehen in dieser Lieferbeziehung dann, wenn das EVU als Stromproduzent in einem anderen Leitungsnetz als dem des Abnahmeinteressenten eingerichtet ist, es sich also in diesem Sinne um einen unabhängigen Stromerzeuger handelt, der wirtschaftlich nicht mit dem Betreiber des Leitungsnetzes verbunden ist. Da die Leitungsnetze eine notwendige Infrastruktur jeder Elektrizitätsversorgung sind, und sich der Betreiber der Netzinfrastruktureinrichtungen regelmäßig in einer Monopolsituation befindet,[19] setzt die eigenständige Belieferung des Kunden durch einen Konkurrenten des bisherigen Versorgers - ohne die Möglichkeit eines Zugriffs auf die bereits vorhandenen Netzinfrastruktureinrichtungen - die Errichtung einer eigenen Leitung oder eine vom Kunden selbst errichtete Stichleitung zum EVU-Netz voraus. Dadurch wäre die Entstehung eines funktionsfähigen Wettbewerbs in der Elektrizitätswirtschaft, insbesondere ein Wettbewerb um abnahmeschwache Kunden, weitgehend ausgeschlossen.[20] Demgegenüber lassen sich Versorgungsvorgänge durch EVU außerhalb des Versorgungsgebietes, in dem der Kunde ansässig ist, auch unter den gegebenen Voraussetzungen durch einen freien Netzzugang - das Gesetz spricht von der Durchleitung - realisieren.

Obwohl der Begriff der Durchleitung von Strom – anders als die Begriffe des Netzzugangs und der Netzzusammenschaltung in der Telekommunikation - weder gesetzlich noch in den „Begriffsbestimmungen in der Elektrizitätswirtschaft e.V. (VDEW)" definiert ist, verwendet das EnWG diesen Begriff an mehreren Stellen.[21] Die zwischen dem BDI, dem VIK und der VDEW geschlossene Verbändevereinbarung I über die Kriterien zur Bestimmung von Durchleitungsentgelten vom Mai 1998[22] definierte in der Präambel die Durchleitung als Einspeisung von elektrischer Energie (Leistung und Arbeit), gleich welcher Herkunft, in definierte Einspeisepunkte des Netzsystems und die damit verbundene zeitgleiche Entnahme der

---

19 Hermann, Binnenmarkt-Richtlinien für Strom und Gas - Gestaltungsspielräume und Tendenzen bei einer Umsetzung in den EU-Mitgliedstaaten, in: Kühne/Straßburg/Hermann/Rupp, Wettbewerb - Bestandsschutz - Umweltschutz, 25, S. 35.

20 Lukes, Liberalisierung des Strommarkts - Realität oder Utopie?, Beilage 12 zu BB 1998, 1, S. 8; Büdenbender, Energierecht nach der Energierechtsreform, JZ 1999, 62, S. 67; Büdenbender, Rechtsfragen anläßlich der Durchleitung elektrischer Energie, in: Baur, Energiewirtschaft - Der neue energie- und kartellrechtliche Rahmen, S. 73.

21 Walter/v. Keussler, Der diskriminierungsfreie Zugang zum Netz: Reichweite des Anspruchs auf Durchleitung (Teil 1), RdE 1999, 190, S. 191; Börner, Erste Überlegungen zu den privaten Normierungen der Stromdurchleitung: Stringenz und Kartellrecht (Teil 1), RdE 2000, 55, S. 56; Börner, Erste Überlegungen zu den privaten Normierungen: Stringenz und Kartellrecht (Teil 2), RdE 2000, S. 94 ff.

22 Abgedruckt in: VIK-Mitteilungen 48(3), S. 57-62. Die Verbändevereinbarung II Plus vom 13.12.2001, mit der die Verbändevereinbarung II vom 13.12.1999 im Lichte der zwischenzeitlich gewonnenen Erfahrungen an die Marktentwicklung angepaßt und konkretisiert wurde (abgedruckt in: Danner, Energiewirtschaftsrecht, EnWG C 30 ff.), verwendet in der Präambel nunmehr den Begriff der Netznutzung.

eingespeisten elektrischen Energie an räumlich davon entfernt liegenden Entnahmepunkten der Netzsysteme. Die Überwachung des Gleichgewichtes zwischen Einspeisung und Entnahme sowie die Zuordnung der eingespeisten zu den entnommenen Strommengen im Netzgebiet ist die Aufgabe des jeweiligen Netzbetreibers. In dieser Zuordnungsfunktion des Netzbetreibers liegt die eigentliche rechtliche Komponente der Durchleitung.[23]

Der im Rahmen einer Durchleitung physikalisch notwendige zeitgleiche Ausgleich von Einspeisungen und Entnahmen in einem Netzgebiet ergibt sich aus der Summe aller Bilanzkreise in einem zusammenhängenden Netzgebiet.[24] In einem solchen Bilanzkreis, der sich als virtuelle Zusammenfassung aller Entnahme- und Einspeisequellen in einem zusammenhängenden Netzgebiet beschreiben läßt,[25] sind alle Kunden eines EVU zusammengefaßt, wobei im Regelfall jeder Stromabnehmer nur zu dem Bilanzkreis eines Versorgungsunternehmens zählt.

Wird ein EVU verpflichtet, fremde Energie an Abnehmer in seinem Versorgungsgebiet durchzuleiten, so ist damit das Versorgungsmonopol in diesem Gebiet aufgehoben. Ist das EVU zudem verpflichtet, über das eigene Netz hinaus die Energie in ein anderes Versorgungsgebiet weiterzuleiten, so wird dadurch in dem anderen Versorgungsgebiet die Möglichkeit zu einem konkurrierenden Verhalten eröffnet. Insgesamt kann damit ein Wettbewerb sowohl auf dem Erzeugermarkt als auch auf dem unmittelbar betroffenen Liefermarkt entstehen, weil der Absatz des bisherigen Stromproduzenten im „eigenen“ Versorgungsgebiet im Falle der Durchleitungsmöglichkeit nicht mehr aufgrund des Leitungsmonopols gesichert ist.[26]

III. Konsequenzen für den Vergleich zwischen Telekommunikation und Elektrizitätswirtschaft

Anbieter von Telekommunikationsdienstleistungen und EVU, die nicht über eigene (flächendeckende) Netzinfrastruktureinrichtungen bis zu ihren Kunden verfügen, benötigen für die Erbringung ihrer Leistungen in beiden Sektoren einen Zugang insbesondere zu den Netzinfrastruktureinrichtungen anderer Unternehmen. In beiden Sektoren zeichnen sich dabei die durch Netzcharakteristika geprägten Struktu-

---

23 Scholz/Röhling, Der verhandelte Netzzugang gemäß § 6 EnWG, in: Bartsch/Röhling/Salje/Scholz, Stromwirtschaft, Kap. 52 Rn. 13, S. 444 f.

24 Giermann, Der diskriminierungsfreie Durchleitungsanspruch gemäß § 6 Abs. 1 EnWG und die Verweigerung der Durchleitung in der Praxis, RdE 2000, 222, S. 224.

25 Vgl. Giermann, Der diskriminierungsfreie Durchleitungsanspruch gemäß § 6 Abs. 1 EnWG und die Verweigerung der Durchleitung in der Praxis, RdE 2000, 222, S. 224.

26 Vgl. hierzu Steinberg/Britz, Der Energieliefer- und -erzeugungsmarkt nach nationalem und europäischem Recht, S. 156.

ren durch eng verbundene und vertikal voneinander abhängige Märkte aus.[27] Die vertikale Integration hat eine erhebliche Einschränkung des wettbewerblichen Regimes zur Folge.[28] Erst die Gewährleistung eines Netzzugangs, also die zeitlich beschränkte Nutzung fremder Netzinfrastruktureinrichtungen, ermöglicht einen Wettbewerb auf den vor- und nachgelagerten Märkten.[29] Dies kann für die etablierten Unternehmen in dem angestammten Versorgungsgebiet zu einem Verlust von Kunden führen. Andererseits können sich die Wettbewerber durch die Gewährleistung eines Netzzugangs auf den eigentlichen Wertschöpfungsprozeß konzentrieren.[30] Die Eröffnung des Netzzugangs ist in diesem Sinne ein Teilmoment einer vertikalen Desintegration des etablierten Unternehmens.[31]

Soweit ein Unternehmen die Netzinfrastruktureinrichtungen eines anderen Unternehmens in Anspruch nehmen möchte, setzt dies eine Einigung über die Bedingungen der Netznutzung voraus. Da das etablierte Unternehmen der Nutzung seines Netzes durch Wettbewerber vor dem Hintergrund des drohenden eigenen Kundenverlustes im Regelfall nicht freiwillig zustimmen wird, bedarf es einer Regelung, die den Netzzugang für die Wettbewerber sicherstellt. Die ordnungspolitische Besonderheit einer solchen Regelung besteht darin, daß Unternehmen gezwungen werden, die von ihnen errichteten und finanzierten Netzinfrastrukturen Wettbewerbern zur Verfügung zu stellen, damit diese - auch zulasten der Netzbetreiber - Wettbewerb entfalten können. Dies führt zu einer Durchbrechung des Grundsatzes, wonach jeder Teilnehmer am Wirtschaftsleben selbst die Investitionen vornehmen muß, um sich am Markt betätigen zu können.[32]

Über den Erfolg der Reformbemühungen entscheidet dabei ein ganzes Bündel von Regelungen, deren Regelungsmechanismen allerdings eng ineinandergreifen. Das Kernstück bilden dabei in beiden Sektoren die Regelungen zum Netzzugang.

---

27 Vgl. Koenig, Regulierung interdependenter Marktmacht - Skalpell oder bittere Pille?, MMR 2001, 1, S. 2.

28 Kruse, Vertikale Integration als Wettbewerbsproblem, in: Kruse/Stockmann/Vollmer, Wettbewerbspolitik im Spannungsfeld nationaler und internationaler Kartellrechtsordnungen, S. 247.

29 Theobald, Wettbewerb mit Strom und Gas, FAZ vom 10.03.2001, S. 15.

30 Rifkin, Access - Das Verschwinden des Eigentums, S. 64. Der Zugang zu den Leistungen anderer Unternehmen ermöglicht danach ein „Outsourcing", also eine Auslagerung von Dienstleistungen. Rifkin sieht darin einen bewußten Verzicht auf Eigentum, der in der Telekommunikation und der Elektrizitätswirtschaft aber tatsächlich - dazu später - durch die Marktstrukturen vorgegeben ist. Im Ergebnis hat dies allerdings keine Folgen für die von Rifkin beschriebenen Auswirkungen und die wirtschaftliche Bedeutung des Zugangs zu fremden Netzinfrastruktureinrichtungen.

31 Hensing/Pfaffenberger/Ströbele, Energiewirtschaft - Einführung in Theorie und Politik, Kap. 10.3.3., S. 125.

32 Vgl. Büdenbender, Durchleitungen in der Elektrizitätswirtschaft und Eigentumsschutz, WuW 2000, S. 119.

IV. Liberalisierungsmodelle des deutschen Gesetzgebers

Trotz der im wesentlichen vergleichbaren Ausgangssituationen und Gemeinsamkeiten in beiden Sektoren hat sich der deutsche Gesetzgeber für die Schaffung sektorspezifischer Regulierungsordnungen - TKG und EnWG - mit jeweils speziellen Netzzugangsregelungen und verfahrenstechnisch eigenständigen Problemlösungen entschieden. In beiden Sektoren wird im Zusammenhang mit den Reformen von einer „Liberalisierung" gesprochen, bei der die freien Marktkräfte vom Gesetzgeber allerdings in sehr unterschiedlichem Umfang als Ersatz für eine staatliche Regulierung betrachtet werden. Dies gilt für die Sektoren allgemein, insbesondere aber auch im Hinblick auf die Netzzugangsregelungen und die Verfahren zur Ermittlung der Netznutzungsbedingungen.

Dem Modell des geregelten (regulierten) Netzzugangs in der Telekommunikation mit einer sektorspezifischen Regulierungsbehörde steht insoweit das Modell des verhandelten Netzzugangs aus der Elektrizitätswirtschaft gegenüber. Während das letztgenannte Modell die Privatautonomie der Beteiligten in den Vordergrund rückt, steht die Regulierung in dem Modell des geregelten Netzzugangs als Oberbegriff für alle notwendigen staatlichen Steuerungsmechanismen und Kontrollen über die privatwirtschaftliche Leistungserbringung,[33] letztlich also für eine staatliche Telekommunikationspolitik. Dem hoheitlich-administrativen Modell in der Telekommunikation steht damit das in diesem Sinne liberale Modell in der Elektrizitätswirtschaft gegenüber.[34]

Die Frage der Vorzugswürdigkeit der einzelnen gesetzlichen Regelungen entscheidet auch über die Notwendigkeit der Errichtung einer sektorspezifischen Regulierungsbehörde für die Wettbewerbsöffnung von Märkten mit Netzstrukturen. Die Errichtung einer sektorspezifischen Regulierungsbehörde wurde in der Vergangenheit wiederholt auch für die Elektrizitätswirtschaft – insbesondere im Zusammenhang mit der Liberalisierung der Gasmärkte - angedroht und steht dort nunmehr aufgrund der Vorgaben des europäischen Gesetzgebers ebenfalls vor der Einführung.

Die Entscheidung des deutschen Gesetzgebers gegen die Einführung des Regulierungsmodells auch in der Elektrizitätswirtschaft bei nahezu zeitgleicher Einführung dieses Modells in der Telekommunikation muß überraschen, da andere EU-Mitgliedstaaten auch hier von Anfang an die Einführung des Regulierungsmodells mit

---

33 Spoerr/Deutsch, Das Wirtschaftsverwaltungsrecht der Telekommunikation - Regulierung und Lizenzen als neue Schlüsselbegriffe des Verwaltungsrechts?, DVBl. 1997, 300, S. 302.

34 Vgl. zu diesem Gegensatzpaar auch Theobald, Wettbewerb mit Strom und Gas, FAZ vom 10.03.2001, S. 15.

der Errichtung einer sektorspezifischen Regulierungsbehörde favorisierten.[35] In einem auf Wettbewerbs- und Vertragsfreiheit begründeten Rechts- und Wirtschaftssystem bedarf die Regulierung allerdings der Begründung, weil sie in die Freiheit der Adressaten der Regulierung eingreift.[36] Dies muß dann erst Recht für die Errichtung einer sektorspezifischen Regulierungsbehörde gelten.[37]

Im folgenden soll versucht werden, im Rahmen eines Vergleichs der Netzzugangsregelungen in der Telekommunikation und der Elektrizitätswirtschaft die regulatorischen Defizite der Regelungen deutlich zu machen, wobei die Vorzugswürdigkeit der einen oder anderen Regelung unter Berücksichtigung der Methodik einer ökonomischen Analyse des Rechts ermittelt werden soll. Die Statthaftigkeit eines solchen Vergleichs ergibt sich aus der Netzgebundenheit beider Sektoren, aber auch aus der im Grundsatz ähnlichen Regulierungsaufgabe des Staates, ohne daß die gewichtigen Spezifika bei konkreten Regulierungsproblemen oder die unterschiedliche Stabilität der Netzmonopole in beiden Sektoren verkannt werden dürfen.[38] Allein die Unterschiede in Wortlaut und Umsetzung der gesetzlichen Regelungen erlauben insoweit noch nicht den Rückschluß auf bestehende regulatorische Defizite oder ihre Vorteilhaftigkeit gegenüber der vergleichbaren Regelung aus dem jeweils anderen Sektor.

B. Methodik des Vergleichs: Ökonomische Analyse des Rechts

Die vom deutschen Gesetzgeber zur Liberalisierung der Telekommunikation und der Elektrizitätswirtschaft getroffenen Regelungen stellen bei ökonomischer Betrachtung Institutionen dar, also ein System von formalen und informellen Regeln, das aus der Sicht des Regelungsadressaten eine relevante Determinante seines Handlungsfeldes ist.[39] Ausgehend von vergleichbaren sachlichen Problemstellungen und Herausforderungen hat der Gesetzgeber im TKG und EnWG sektorspezifische Regelungen für den Netzzugang geschaffen, die die Marktteilnehmer im Einzelfall zu beachten haben und deren konkrete Ausgestaltung maßgeblichen Einfluß auf die Realisierung der vom Gesetzgeber verfolgten Ziele, insbesondere die Schaf-

---

[35] Piltz, Netznutzungsentgelte für Stromlieferungen in der Kritik, WuW 2001, S. 552.

[36] Kirchner, Verschärfte Regulierung der Mobilfunkmärkte?, MMR-Beilage 8/2002, 1, S. 4.

[37] Vgl. hierzu Bonde, Behörden im Dienste des Marktes - Zur Rolle der Regulierer, FAZ vom 07.04.2001, S. 13.

[38] Zum Modellcharakter des Telekommunikationsrechts für die moderne Wirtschaftsaufsicht vgl. Gramlich, Entwicklungen der staatlichen Wirtschaftsaufsicht - Das Telekommunikationsrecht als Modell?, VerwArch 88 (1997), S. 598 ff.; zur inzwischen geminderten Stabilität der Netzmonopole im Telekommunikationsbereich vgl. Schwintowski, Ordnung und Wettbewerb auf Telekommunikationsmärkten, CR 1997, 630, S. 634.

[39] Kirchner, Ökonomische Theorie des Rechts, Berlin 1997, S. 24.

fung eines funktionsfähigen Wettbewerbs, hat. Da die vom Gesetzgeber zu lösenden Probleme sachlich eng beieinander liegen, können durch einen sektorübergreifenden Vergleich der gesetzlichen Regelungen im TKG und EnWG im Ergebnis zwei institutionelle Varianten[40] einer vom Gesetzgeber aufzufindenden Problemlösung betrachtet werden. Allerdings ist hierbei die Notwendigkeit von Abweichungen in den gesetzlichen Regelungen aufgrund technischer und marktstrukturbedingter Besonderheiten zu berücksichtigen.

Eine Bewertung beider Institute kann auf der Grundlage einer ökonomischen Analyse des Rechts erfolgen.[41] Die ökonomische Analyse des Rechts stellt den Versuch dar, das Instrumentarium der Wirtschaftswissenschaften auf rechtliche Fragestellungen anzuwenden. Sie begreift die rechtlich verfaßten Handlungsbefugnisse als Variable.[42] Jede gesellschaftliche Institution wird als Ergebnis rationaler Optimierung ihrer gesollten Zwecke aufgefaßt.[43] Die ökonomische Analyse des Rechts kann damit einem Institutionalismus zugeordnet werden, der die Institutionen von Staat und Gesellschaft mit dem gleichen methodischen Ansatz beschreibt, analysiert und sie unter dem Kriterium der Allokationseffizienz beurteilt, mit dem auch der Markt und die Fälle des Marktversagens untersucht werden.[44] Über eine ökonomische Analyse des Rechts kann u.a. geklärt werden, welche Markthemmnisse bestehen, wie die Kosten der Austauschvorgänge minimiert und der Informationsstand der Beteiligten maximiert werden kann und wie sich von der Allgemeinheit zu tragende Kosten den Verursachern zuordnen lassen. Darüber hinaus kann die ökonomische Analyse des Rechts wichtige Funktionen bei der Rechtsfortbildung und der Auslegung von Rechtsnormen übernehmen.[45]

---

40 Vgl. dazu Schenk, „Institutional Choice" und Transaktionsökonomik - Perspektiven einer systemanalytischen und industrieökonomischen Anwendung, in: Schenk (Hrsg.), Studien zur politischen Ökonomie, 1, S. 15.

41 Kirchner verwendet den Begriff der Ökonomischen Theorie des Rechts unter Hinweis darauf, daß der Begriff der „Analyse" durch die Übersetzung des Werkes von Richard „Economic Analysis of Law" nicht vorgegeben sei. Der englische Begriff „analysis" sei vielmehr weiter und umfassender zu verstehen als der deutsche Begriff der „Analyse". Durch die Verwendung des Begriffs der „Ökonomischen Theorie des Rechts" werde zudem deutlich gemacht, daß es sich sowohl um eine ökonomische Theorie als auch um eine Unterdisziplin der Rechtswissenschaft, mithin um eine Schnittmenge zwischen der Wirtschafts- und der Rechtswissenschaft handele, vgl. Kirchner, Ökonomische Theorie des Rechts, S. 5 f.

42 Kirchner, Ökonomische Theorie des Rechts, S. 7; Schäfer/Ott, Lehrbuch der ökonomischen Analyse des Zivilrechts, S. 10.

43 Theobald, Wettbewerb in Netzen als Ziel effizienten Rechts, WuW 2000, S. 230.

44 Schäfer/Ott, Lehrbuch der ökonomischen Analyse des Zivilrechts, S. 4; vgl. auch Kirchner, Ökonomische Theorie des Rechts, S. 10 f.

45 Zu den Aufgaben und Zielen der ökonomischen Analyse des Rechts vgl. Salje, Ökonomische Analyse des Rechts aus deutscher Sicht, Rechtstheorie 15 (1984), 277, S. 279.

Während in Anknüpfung an die Tradition der Wohlfahrtsökonomik als notwendige Bedingung zunächst die Kostenlosigkeit des Gebrauchs der „property rights" unterstellt wurde, machte die Neue Institutionenökonomik deutlich, daß der Vollzug des wirtschaftlichen Austausches selbst nicht kostenlos und auch nicht unproduktiv ist.[46] Die Transaktionskosten stellen dabei das zentrale Bewertungskriterium auch für einen Vergleich von Regulierungs- und Verhandlungsmodell aus der Telekommunikation und Elektrizitätswirtschaft dar. Transaktionskosten sind die Kosten der Betreibung eines Wirtschaftssystems, mithin sämtliche Kosten des Güteraustausches auf Märkten.[47] Die Transaktionskosten lassen sich untergliedern in feste Transaktionskosten, die bei der Errichtung bzw. Bereitstellung eines institutionellen Arrangements entstehen, und variable Transaktionskosten, die auf der Anzahl bzw. dem Wertumfang der Transaktionen basieren.[48] Markttransaktionskosten umfassen die Such- und Informationskosten, Verhandlungs- und Entscheidungskosten sowie die Kosten der Überwachung und Durchsetzung vertraglicher Leistungspflichten.[49] Als Transaktionskosten werden somit diejenigen Kosten beschrieben, die bei der Ausübung von eigenen oder fremden Rechtsoptionen anfallen. Das zentrale Anliegen des Gesetzgebers muß darin bestehen, für die Marktteilnehmer im Sinne des Effizienzgedankens transaktionskostensparende Institutionen zu schaffen.[50]

---

[46] Vgl. hierzu Theobald, Wettbewerb in Netzen als Ziel effizienten Rechts, WuW 2000, S. 230. Um das Problem der effizienten Allokation von dem der Verteilung zu trennen, entwickelten die Nationalökonomen ein engeres Prinzip der Effizienz. Unter der sogenannten Paretoeffizienz wird eine ökonomische Situation verstanden, in der keine Änderung möglich ist, die jemanden besser stellt, ohne die Position anderer zu verschlechtern. Das Grundkonzept der neuen Institutionenökonomik läßt sich u. a. durch folgende Faktoren kennzeichnen und gegenüber der neoklassischen Wirtschaftstheorie abgrenzen: Aufgabe der Annahme vollkommener Information, Einschränkung der Realitätsannahme, Erweiterung des Ressourcenbegriffs, Betonung der Analyse von Prozessen (statt von Zuständen) und Skepsis gegenüber ökonomischen Effizienzzielen. Vgl. hierzu Kirchner, Kartellrecht und neue Institutionenökonomik: Interdisziplinäre Überlegungen, in: Kruse/Stockmann/Vollmer, Wettbewerbspolitik im Spannungsfeld nationaler und internationaler Kartellrechtsordnungen, 33, S. 37.

[47] Salje, Ökonomische Analyse des Rechts aus deutscher Sicht, Rechtstheorie 1984 (15. Band), 277, S. 281.

[48] Richter/Furubotn, Neue Institutionenökonomik, S. 50.

[49] Richter/Furubotn, Neue Institutionenökonomik, S. 51 ff. Diese Rechtsoptionen ergeben sich ihrerseits aus Verfügungsrechten und können unterschieden werden in die Nutzung („usus"), Abschöpfung der Erträge („usus fructus"), die Veränderung von Form und Substanz („abusus") und die Abtretung der Verfügungsgewalt. Ihre Entstehung beschränkt sich nicht allein auf den Gebrauch der Rechtsoptionen, sondern erfaßt daneben die Formen des Erwerbes beziehungsweise der Veräußerung sowie die Delegation, vgl. Schenk, Die neue Institutionenökonomie - Ein Überblick über wichtige Elemente und Probleme der Weiterentwicklung, Zeitschrift für Wirtschafts- und Sozialwissenschaften 1992, 337, S. 351.

[50] Theobald, Wettbewerb in Netzen als Ziel effizienten Rechts, WuW 2000, 230, S. 232.

Als Instrument zur Steigerung von Effizienz steht neben den Institutionen die Kategorie der Organisation, die die menschlichen Interaktionen strukturiert. Organisationen bilden insoweit den Rahmen für die Institutionen und stehen zugleich in Wechselwirkung mit diesen.[51] In den Wirtschaftswissenschaften werden Aussagen über Wahlentscheidungen der jeweiligen Akteure im sozialen Kontext unter Kosten- und Nutzenaspekten getroffen, wobei davon ausgegangen wird, daß die Menschen prinzipiell unbegrenzte Bedürfnisse haben, wohingegen die Mittel, die ihnen zur Bedürfnisbefriedigung zur Verfügung stehen, begrenzt sind.[52] Grundannahme ist insoweit eine Ressourcenknappheit, die eine Wahlhandlung der Akteure erforderlich macht.[53] Ausgehend vom Eigennutzentheorem wählt der Akteur - also das jeweilige Unternehmen - von mehreren Entscheidungsalternativen im Zweifel diejenige, die aus der Sicht der Mehrung des eigenen Nutzens vorzugswürdig erscheint.[54] Dies ist bei einem Vergleich der Netzzugangsregelungen in der Telekommunikation und der Elektrizitätswirtschaft zu berücksichtigen.

Rechtliche Regelungen stellen für die Akteure bei dieser Sichtweise Restriktionen dar, können jedoch auch - abhängig von ihrer konkreten Ausgestaltung - Anreize schaffen. Je niedriger die Transaktionskosten im Einzelfall ausfallen, desto geringer sind die Marktzutrittsbarrieren für Wettbewerber. Das Recht darf insoweit die effiziente Nutzung der Ressourcen nicht verhindern und muß daher an dem Effizienzziel ausgerichtet sein [55] Eine Ordnungspolitik im Sinne der Schaffung einer effizienteren Marktwirtschaft zum Zwecke der Transaktionskostensenkung kann vor diesem Hintergrund wirksamer und billiger sein als eine quantitative Wirtschaftspolitik.[56].

---

[51] Theobald, Wettbewerb in Netzen als Ziel effizienten Rechts, WuW 2000, 230, S. 233.

[52] Schäfer/Ott, Lehrbuch der ökonomischen Analyse des Zivilrechts, S. 49.

[53] Kirchner, Ökonomische Theorie des Rechts, S. 12.

[54] Kirchner, Ökonomische Theorie des Rechts, S. 13. Inwieweit darüber hinaus ein Rationalverhalten als ökonomisches Paradigma anzusehen ist, vgl. Kirchner, a.a.O., S. 13 ff., der zu dem Ergebnis kommt, daß die Rationalitätsannahme lediglich unter der Annahme unvollkommener Information und der Existenz von Informationsbeschaffungs- und -verarbeitungskosten gilt (S. 18). Zum Rationalitätsprinzip vgl. auch Behrens, Aspekte eine Ökonomischen Theorie des Rechts, Rechtstheorie 1981 (12. Band), 472, S. 475.

[55] Salje, Ökonomische Analyse des Rechts aus deutscher Sicht, Rechtstheorie 1984 (15. Band), 277, S. 285. Eine Allokationseffizienz kann anhand des Pareto-Optimums definiert werden als ein Zustand, in dem bei gegebener Ausgangsverteilung die Nutzensituation keines Akteurs verbessert werden kann, ohne zugleich die zumindest eines anderen Akteurs zu verschlechtern, vgl. hierzu Schäfer/Ott, Lehrbuch der ökonomischen Analyse des Zivilrechts, S. 22 ff.; Kirchner, Ökonomische Theorie des Rechts, S. 26.

[56] Richter/Furubotn, Neue Institutionenökonomik, S. 67 f. Ob mit einer solchen Regelung zugleich ein wünschenswerter Gesellschaftszustand erreicht wird, ist in Anbetracht der vorgegebenen Ausgangsverteilung eine Frage des Einzelfalles. Zu der damit im Zusammenhang stehenden Kritik einer

Die Netzzugangsregelungen in der Telekommunikation und Elektrizitätswirtschaft sind demzufolge insbesondere daraufhin zu untersuchen, inwieweit sie die anfallenden Transaktionskosten minimieren. Ökonomisch rational ist das Recht in beiden Sektoren erst dann ausgestaltet, wenn die Transaktionskosten - unter der Nebenbedingung eines vorab festgelegten Anspruchsniveaus an Information, Vertragssicherheit und Rechtsdurchsetzungssicherheit - minimiert werden.[57] Vor diesem Hintergrund ist nicht lediglich objektiv festzustellen, welche Regelungsalternative in der Telekommunikation bzw. der Elektrizitätswirtschaft unter Effizienzgesichtspunkten vorzugswürdig erscheint, um diese dann als „überlegene" Lösung vorzuschlagen, sondern es muß im Sinne eines konsenstheoretischen Ansatzes auch nach der Zustimmungsfähigkeit von alternativen Regelungsvorschlägen in dem betreffenden Sektor gefragt werden.

C. Gang der Untersuchung

Den Ausgangspunkt der Untersuchung bildet ein Überblick über die für die Reformen in der Telekommunikation und der Elektrizitätswirtschaft maßgeblichen ökonomischen und technischen Grundlagen, mit deren Hilfe die für beide Sektoren spezifischen strukturellen Markteintrittsbarrieren[58] herausgearbeitet werden sollen. Das Ziel beider Reformen muß es sein, diese strukturell bedingten Markthindernisse durch geeignete gesetzliche Regelungen zu minimieren.

Im Anschluß an eine allgemeine ökonomische Analyse von Märkten mit Netzstrukturen, die übereinstimmend bestimmte Spezifika aufweisen, die sie von allen anderen nicht netzgebundenen Märkten unterscheiden, werden in einem Überblick die technischen und wirtschaftlichen Grundlagen der Telekommunikation und der Elektrizitätswirtschaft einander gegenübergestellt. Soweit diese voneinander abweichen, können Unterschiede in der regulatorischen Behandlung beider Sektoren gerechtfertigt sein. Durch die beide Sektoren prägenden Netzeigenschaften wurden in der Vergangenheit - flankiert durch entsprechende gesetzliche Regelungen - monopolistische Marktstrukturen verfestigt, mit denen sich der deutsche Gesetzgeber bei der Schaffung eines liberalisierten Ordnungsrahmens konfrontiert sah.

Den vorläufigen Abschluß dieser Entwicklungen bilden die sektorspezifischen Regelungswerke für die Telekommunikation und die Elektrizitätswirtschaft, TKG und EnWG. Die für die Schaffung von Wettbewerb maßgeblichen Netzzugangsrege-

---

Ausrichtung an den Effizienzziel vgl. Kirchner, Ökonomische Theorie des Rechts, S. 25 ff. und Schäfer/Ott, Lehrbuch der ökonomischen Analyse des Zivilrechts, S. 22 ff.

[57] Salje, Ökonomische Analyse des Rechts aus deutscher Sicht, Rechtstheorie 1984 (15. Band), 277, S. 282.

[58] Zu der Unterscheidung von institutionellen, strukturellen und strategischen Markteintrittsbarrieren vgl. Kruse, Lizenzierung und Wettbewerb im Mobilfunk, S. 98 ff.

lungen sowie die sie flankierenden Regelungen zur Verweigerung und verfahrensrechtlichen Durchsetzung des Netzzugangs bilden den Gegenstand des zweiten Teils und den Schwerpunkt der Untersuchung. Da die Netzzugangsregelungen aufgrund der netzstrukturbedingten Gemeinsamkeiten beider Sektoren unter Berücksichtigung der jeweiligen technischen und marktstrukturellen Besonderheiten zu vergleichbaren Problemlösungen führen müssen, werden die jeweils einschlägigen Regelungskomplexe zum Netzzugang einander gegenübergestellt.

Dieser Vergleich erfolgt innerhalb der einzelnen Regelungskomplexe in einem Dreischritt. Den für die Problemlösung einschlägigen Regelungen aus der Telekommunikation werden die entsprechenden Regelungen aus der Elektrizitätswirtschaft gegenübergestellt. Anhand dieser Gegenüberstellung sollen in einem dritten Schritt mögliche regulatorische Defizite in der Telekommunikation oder der Elektrizitätswirtschaft herausgearbeitet und auf ihre technische oder strukturbedingte Rechtfertigung hin untersucht werden. Methodisch geschieht dies auf der Grundlage einer ökonomischen Analyse der Regelungen.[59]

Aufbauend auf den Ergebnissen dieses Vergleiches werden im dritten Teil der Untersuchung Vorschläge zu einer Änderung bzw. Ergänzung der bestehenden Regelungssysteme gemacht, die das Ziel verfolgen, einen Überblick über die regulatorischen Defizite zu geben und - vor dem Hintergrund der vom Gesetzgeber verfolgten Ziele und der neuen Richtlinien bzw. Richtlinienentwürfe des europäischen Gesetzgebers - zugleich Anregung für eine „Reform“ der Reformen zu sein.

---

59 Vgl. dazu unter Einleitung B. Methodik des Vergleichs.

1. Teil: Ökonomische, technische und rechtliche Grundlagen

Telekommunikation und Elektrizitätswirtschaft weisen als Märkte mit Netzstrukturen übereinstimmende Eigenschaften auf, die sie von allen anderen Märkten unterscheiden (A.). Dennoch bestehen in beiden Sektoren technische und marktstrukturelle Besonderheiten (B.). Aufgrund ihrer besonderen Eigenschaften wurden diese Märkte in der Vergangenheit insgesamt als natürliche Monopole betrachtet, in denen ein Wettbewerb von vornherein als ineffizient galt. Den Reformen in der Telekommunikation und Elektrizitätswirtschaft mußte daher zunächst ein Wandel in der ordnungspolitischen Behandlung von Märkten mit Netzstrukturen vorausgehen (C.). In einem engen Zusammenhang damit stehen die Liberalisierungsstufen und -ziele in beiden Sektoren (D.). Als vorläufiger Abschluß dieser zeitlich parallel ablaufenden Entwicklungen wurden die Möglichkeiten staatlicher Einflußnahme in beiden Sektoren grundlegend unterschiedlich ausgestaltet (E.).

A. Ökonomische Analyse von Netzen

I. Netze und ihre Erscheinungsformen

Netze lassen sich abstrakt betrachtet als raumübergreifende, komplex verzweigte Transport- und Logistiksysteme für Güter[60], Personen oder Informationen[61] verstehen.[62] Unabhängig davon, wer oder was Gegenstand des Transport- oder Übermittlungsvorganges ist, dienen Netze der Überwindung von Entfernungen. Erste rudimentäre Netzstrukturen haben sich bereits bei den Wasserleitungen im römischen Reich vor über 2000 Jahren herausgebildet. Eine Vielzahl unterschiedlicher Netzsysteme entstand im 18. und 19. Jahrhundert. Zu ihnen zählen die Kanalsysteme zum Warentransport auf dem Schiffahrtswege und die sich zunehmend entwickelnden Eisenbahnnetze. Als Informationsnetze entstanden das Telegraphennetz und später das Telefonnetz. Im Energiebereich besteht die netzstrukturierte Strom- und Stadtgasversorgung seit etwa einem Jahrhundert.[63]

Entsprechend ihrer Aufgabe kann zwischen Verteilnetzen einerseits und Vermittlungsnetzen andererseits unterschieden werden. Erstere sind oft baumförmig aufgebaut und dienen einseitig der Belieferung mit Wasser, Gas und Elektrizität oder

---

[60] Güter können beispielsweise Stückgüter, Massengüter oder auch Gas und Strom sein.

[61] Informationen stellen immaterielle Güter dar, die für unser heutiges Wirtschaftssystem von entscheidender Bedeutung sind. Zur Bedeutung der Telekommunikation als Verbindungsnetz für Information und Kommunikation als „Nervensystem" einer modernen Industrie- und Dienstleistungsgesellschaft vgl. Welfens/Graack, Telekommunikationswirtschaft, S. 20 ff.

[62] Von Weizsäcker, Wettbewerb in Netzen, WuW 1997, S. 572.

[63] Das Erdgasnetz hat sich dem gegenüber erst in den vergangenen 20 Jahren entwickelt.

geben eine bestimmte Information von einem Sender gleichzeitig an mehrere Empfänger weiter (Massenkommunikation). Bei der Elektrizitätsversorgung hat die Überwindung von Entfernungen über die Netzinfrastruktureinrichtungen einen elektrischen Spannungszustand zum Gegenstand, der mit Hilfe eines Leitungssystems „transportiert" wird. Demgegenüber dienen die Vermittlungsnetze dem Austausch von Waren und Informationen. Zu ihnen zählen Straßen- und Eisenbahnnetze, insbesondere aber auch die Telekommunikationsnetze (Individualkommunikation).[64] Um ihre Interaktivität zu gewährleisten, sind die Vermittlungsnetze sternförmig, ringförmig oder auch vermascht aufgebaut.[65] Verteilnetze können demnach wesentlich einfacher aufgebaut werden als Vermittlungsnetze, erlauben aber in der Regel keine Individualkommunikation.[66]

Während in der Elektrizitätswirtschaft im Regelfall baumförmig aufgebaute Verteilnetze anzutreffen sind, gehören die Telekommunikationsnetze zur Gruppe der sternförmig verzweigten interaktiven Netze. Dies beschreibt zunächst jedoch lediglich den aus technischen Gründen unterschiedlich gestalteten Aufbau der jeweiligen Netzinfrastrukturen in beiden Sektoren, ohne daß sich hieraus bereits die Notwendigkeit unterschiedlicher Netzzugangsregelungen folgern ließe. In beiden Sektoren bedarf es zudem einer klaren Trennung zwischen der gegenständlichen Netzinfrastruktur als solcher und den von Unternehmen unter Verwendung der jeweiligen Netzinfrastruktureinrichtungen erbrachten Diensten bzw. Leistungen auf dem Netz.[67]

II. Netzeigenschaften und ihre ökonomische Relevanz

Wie die Unterschiedlichkeit der Erscheinungsformen von Netzen deutlich macht, gibt es eine Vielzahl von Märkten, deren Gemeinsamkeit darin liegt, daß ihre Funktionsfähigkeit auf der Nutzung von Netzinfrastrukturen als technisches Mittel

---

[64] Vgl. hierzu von Weizsäcker, Wettbewerb in Netzen, WuW 1997, 572, S. 573. In den letzten Jahren haben zudem - bedingt durch die Innovationen im Bereich der Telekommunikation - verschiedene Computernetze, etwa das Internet oder Reservierungssysteme für Hotels und Flüge, erheblich an Bedeutung gewonnen. Die Übermittlung „körperloser" Informationen vollzieht sich mittels leitungsgebunder oder auf Funkanlagen beruhender Übermittlungssysteme, vgl. Hermes, Staatliche Infrastrukturverantwortung, S. 330.

[65] Knieps, Netzökonomie - Ein disaggregierter Ansatz, in: Zippel, Transeuropäische Netze, S. 11.

[66] Fritsch/Wein/Ewers, Marktversagen und Wirtschaftspolitik, S. 185.

[67] Zur Unterscheidung von Netz und Diensten vgl. Hermes, Staatliche Infrastrukturverantwortung, S. 330 f.; dazu, daß Infrastrukturanlagen insoweit nur einen unter mehreren inputs darstellen Frey, Infrastruktur - Grundlagen der Planung öffentlicher Investitionen, S. 20 ff.

zur Distanzüberwindung basiert.[68] Aufgrund ihrer Netzgebundenheit haben diese Märkte auch im Hinblick auf ihre Wettbewerbsresistenz übereinstimmende Eigenschaften, die sie von anderen Märkten grundlegend unterscheiden.

1. Größenvorteile

Allen Märkten mit Netzstrukturen ist gemeinsam, daß sie durch Größenvorteile im relevanten Bereich gekennzeichnet sind (economies of scale). Die Vorteile eines Netzverbundes bewirken, daß das Verkehrsaufkommen auf dem Netz verdoppelt werden kann, ohne daß doppelt so viel Kapital in das Netz investiert werden muß.[69] Bei einer Erhöhung des Auslastungsgrades der Netzinfrastruktureinrichtungen verteilen sich die Kosten für die genutzten Ressourcen auf eine größere Outputmenge.[70] Mit zunehmender Outputmenge sinken die Durchschnittskosten,[71] da die hohen Fixkosten beim Aufbau einer Netzinfrastruktur beim Zusammenschalten weiterer Netznutzer auf immer mehr Köpfe verteilt werden können.[72] Der Grund hierfür liegt auch in der sog. Zwei-Drittel-Regel, nach der die Netzinfrastrukturkosten bei zunehmendem Volumen nur unterproportional steigen.[73]

Bis eine Vollversorgung vorliegt, d.h. eine weitere Kapazitätserhöhung bei den vorhandenen Netzinfrastruktureinrichtungen vorliegt, führt der Aufbau konkurrierender Leitungsnetze zu einer ineffizienten Kostenduplizierung. Es muß vor diesem Hintergrund derzeit davon ausgegangen werden, daß jedenfalls eine flächende-

---

68 Zur Diskussion um den Begriff der Infrastruktur vgl. Schatz, Zur Entwicklung des Begriffs Infrastruktur, in: Berger (Hrsg.), Wettbewerb und Infrastruktur in Post- und Telekommunikationsmärkten, Zeitschrift für öffentliche und gemeinwirtschaftliche Unternehmen (Beiheft 19), 122, S. 124 ff. und Hermes, Staatliche Infrastrukturverantwortung, S. 168 ff. Eine allgemein akzeptierte Definition des Begriffs Infrastruktur, und damit etwa eine definitorische Begrenzung auf die Sachanlagen eines Infrastruktursektors, existiert danach nicht. Allenfalls lassen sich Kriterien aufstellen, bei deren Vorliegen von dem Vorhandensein einer Infrastruktur ausgegangen werden kann. Wesentlich für die vorliegende Untersuchung ist die mit dem Infrastrukturbegriff verknüpfte Netzgebundenheit als notwendige Grundlage für die Transport- und Kommunikationsaktivitäten.

69 Knieps, Entstaatlichung im Telekommunikationsbereich, S. 25.

70 Fritsch/Wein/Ewers, Marktversagen und Wirtschaftspolitik, S. 143.

71 Klodt/Laaser/Lorz/Maurer, Wettbewerb und Regulierung in der Telekommunikation, S. 24 Fn. 17.

72 Welfens/Graack, Telekommunikationswirtschaft, S. 45.

73 Die „ingenieurwissenschaftliche Zwei-Drittel-Regel“ besagt, daß eine Kapazitätserhöhung um eine Einheit in der Regel mit einem Anstieg der Materialkosten in Höhe von nur ca. zwei Dritteln verbunden ist. Außerdem sind in der Praxis die Mehrkosten des Aushebens eines Kabelschachtes vernachlässigbar, wenn statt eines dünnen Kabels ein dickeres Kabel verlegt wird. Ein Infrastrukturanbieter hat zur Bündelung von Leitungen also niedrigere Kosten als sie zwei oder mehr Anbieter haben. Vgl. hierzu Fritsch/Wein/Ewers, Marktversagen und Wirtschaftspolitik, S. 143; Klodt/Laaser/Lorz/Maurer, Wettbewerb und Regulierung in der Telekommunikation, S. 49.

ckende Errichtung paralleler Netzinfrastruktureinrichtungen durch Wettbewerber sowohl in der Telekommunikation als auch in der Elektrizitätswirtschaft ineffizient wäre.[74] Netzzugangsregelungen, die Wettbewerbern eine zeitlich begrenzte Mitbenutzung der vorhandenen Netzinfrastruktureinrichtungen ermöglichen, bieten insoweit sowohl für die Inhaber der Netzinfrastruktureinrichtungen als auch für die Wettbewerber Vorteile, da die netztypischen Größenvorteile erhalten bleiben, ohne dem Wettbewerber die Errichtung ineffizienter Netzinfrastruktureinrichtungen abzuverlangen.[75]

Weitere Vorteile ergeben sich bei Netzinfrastruktureinrichtungen durch sogenannte stochastische Größenersparnisse. Mit ansteigender Größe des Netzes ist es für die Marktteilnehmer regelmäßig leichter, zufallsbedingte Ereignisse zu kalkulieren, da sich einzelne Abweichungen vom Durchschnitt gemäß dem Gesetz der großen Zahl tendenziell ausgleichen.[76] Solche Effekte können in der Telekommunikation etwa im Bereich der Vermittlungstechnik auftreten. Der Anteil der für Spitzenlasten vorzuhaltenden Reservekapazitäten ist umso geringer, je höher das Gesprächsaufkommen ist, weil sich zufällige Schwankungen im Falle einer Vielzahl von Gesprächen eher ausgleichen.[77] In der Elektrizitätswirtschaft führt die zunehmende Größe eines Netzes zu einer Glättung der Nachfragespitzen. Da diese bei den einzelnen Kunden unterschiedlich liegen, kann durch eine Zusammenschaltung verschiedener Teilnetze die Gesamtnachfrage besser geglättet werden. In einem großen Netz sind daher relativ zur Nutzerzahl weniger Reservekapazitäten vorzuhalten als in einem kleineren Netz.[78] Hiervon profitieren in der Elektrizitätswirtschaft solche EVU, die selber bereits über ein großes Versorgungsnetz verfügen und damit selber Reservekapazitäten vorhalten können.

Diese positive Eigenschaft großer Netze entfällt bei der Errichtung neuer Netzinfrastruktureinrichtungen, deren Kapazität sich von vornherein an den Nachfragespitzen orientieren müßte. Auch insoweit lassen sich über Netzzugangsregelungen die netztypischen Größenvorteile - jedenfalls für die Wettbewerber - gewinnbringend nutzen.

---

[74] Vgl. Märkl, Netzzusammenschaltung in der Telekommunikation, S. 51.

[75] Neumann, Marktzutrittsschranken und Markteintrittsstrategien im deutschen Telekommunikationsmarkt, in: Oberender, Die Dynamik der Telekommunikationsmärkte als Herausforderung an die Wettbewerbspolitik, 72, S. 77.

[76] Klodt/Laaser/Lorz/Maurer, Wettbewerb und Regulierung in der Telekommunikation, S. 50.

[77] Fritsch/Wein/Ewers, Marktversagen und Wirtschaftspolitik, S. 145.

[78] Klimisch/Lange, Zugang zu Netzen und anderen wesentlichen Einrichtungen als Bestandteil der kartellrechtlichen Mißbrauchsaufsicht, WuW 1998, 15, S. 16; von Weizsäcker, Wettbewerb in Netzen, WuW 1997, 572, S. 573.

2. *Verbundvorteile*

Netze zeichnen sich darüber hinaus durch Verbund- bzw. Bündelungsvorteile (economies of scope) aus, da die Verkehrsströme innerhalb eines Netzes, die in eine einheitliche Richtung zielen, zusammengefaßt werden können.[79] Eine wesentliche Ursache für diese Verbundvorteile liegt in ihrer technologisch bedingten Unteilbarkeit, die insbesondere den Transport- und Kommunikationsnetzen zu eigen ist.[80] Die Funktion eines Netzes ist insoweit die Konzentration von Verkehrsströmen, mithin eine „Rationalisierung der Distanzüberwindung".

Hieraus ergibt sich ein Gesetz der Distanzkostendegression.[81] Danach sinken die durchschnittlichen Transportkosten pro Kilometer mit der Entfernung, die über das Netz überwunden werden muß,[82] sofern die auf dem Netz geführten Verkehrsströme die von der jeweiligen Netzstruktur vorgegebene Verkehrsrichtung nutzen und keine Umwege nehmen.[83] Dies gilt für Telekommunikationsnetze und Energienetze in gleicher Weise, wenn auch nicht in dem gleichen Ausmaß.[84] Die Errichtung einer Direktleitung zur Anbindung eines einzigen Kunden als Alternative zur Nutzung der bereits vorhandenen Netzinfrastrukturen über einen Netzzugang weist diese Bündelungsvorteile nicht auf. Unter diesem Gesichtspunkt erscheint es fraglich, ob der Direktleitungsbau tatsächlich eine wirtschaftlich relevante Alternative zur Nutzung der bereits vorhandenen Netzinfrastrukturen darstellen kann.[85] Netzzugangsregelungen dienen insoweit auch der Erhaltung und Nutzung der netztypischen Bündelungsvorteile.

---

79 Berger, Netzbetreiber und Zusammenschaltung im Telekommunikationsrecht, CR 1999, 222, S. 226.

80 Windisch, in: ders. (Hrsg.), Privatisierung 1987, 1, S. 50.

81 Von Weizsäcker, Wettbewerb in Netzen, WuW 1997, 572, S. 573; Berger, Netzbetreiber und Zusammenschaltung im Telekommunikationsrecht, CR 1999, 222, S. 226.

82 Klimisch/Lange, Zugang zu Netzen und anderen wesentlichen Einrichtungen als Bestandteil der kartellrechtlichen Mißbrauchsaufsicht, WuW 1998, 15, S. 16.

83 Berger, Netzbetreiber und Zusammenschaltung im Telekommunikationsrecht, CR 1999, 222, S. 226. Den direkten Weg innerhalb eines bestimmten Netzes kann man als typischen Verkehrsfluß bezeichnen; Verkehrsströme, die über Umwege in diesem Netz laufen und somit die Funktionsweise des Netzes verändern, sind in diesem Sinne atypisch.

84 Von Weizsäcker, Wettbewerb in Netzen, WuW 1997, 572, S. 573.

85 In der Elektrizitätswirtschaft ging der Gesetzgeber davon aus, daß die Nutzung vorhandener Leitungen durch Dritte zu Wettbewerbszwecken unter dem Druck des Rechts zum Leitungsbau auch auf der Grundlage freiwilliger Vereinbarungen zustande kommen wird. Vgl. BT-Drs. 13/7274, S. 11.

3. *Dichtevorteile*

Die Verbundvorteile eines Netzes können auch aus Dichteeffekten (Nachbarschaftseffekte, Agglomerationsvorteile) resultieren. Je größer die Anzahl der verbundenen Haushalte pro Fläche ist, desto geringer sind die Infrastrukturkosten pro Haushalt.[86] So ist der Anschluß einer dichtbebauten Siedlung an ein Versorgungsnetz mit wesentlich geringeren Tiefbaukosten pro Anschluß zu realisieren als der Anschluß eines Einsiedlerhofes, da die Leitungen in einer Siedlung über einen wesentlichen Teil der Strecke durch einen gemeinsamen Schacht geführt werden können und erst kurz vor den einzelnen Häusern jeweils ein separater Leitungsgraben erforderlich ist.[87]

4. *Irreversible Kosten*

Darüber hinaus können bei der Errichtung von Netzen irreversible Kosten entstehen („sunk costs"). Diese liegen vor, wenn bei der Errichtung Investitionen getätigt werden müssen, die zu einem späteren Zeitpunkt nicht mehr kostendeckend deinstalliert und zu anderen Zwecken genutzt werden können.[88] Dies ist bei der Errichtung von kabelgebundenen Netzen regelmäßig der Fall.[89] Die Irreversibilität von Investitionen führt zu asymmetrischen Kostenvorteilen des etablierten Unternehmens und damit zu einer nicht unerheblichen Monopolresistenz von Märkten mit Netzstrukturen.[90]

5. *Netzeigenschaften in der ökonomischen Theorie*

Märkte mit Netzstrukturen zeichnen sich danach durch die ihnen eigenen Größen- und Verbundvorteile in Transport und Verteilung aus, so daß mit einer Vergrößerung des Infrastrukturversorgungsgebietes die Durchschnittskosten der Leistungsbereitstellung kontinuierlich sinken. Diese Größen- und Verbundvorteile[91] können

---

86 Klodt/Laaser/Lorz/Maurer, Wettbewerb und Regulierung in der Telekommunikation, S. 50.

87 Fritsch/Wein/Ewers, Marktversagen und Wirtschaftspolitik, S. 145.

88 Klodt/Laaser/Lorz/Maurer, Wettbewerb und Regulierung in der Telekommunikation, S. 24 Fn. 17.

89 Klodt/Laaser/Lorz/Maurer, Wettbewerb und Regulierung in der Telekommunikation, S. 52.

90 Hastenteufel, Wettbewerbsstrategien in der Telekommunikation angesichts der Liberalisierung der Netze, S. 177.

91 In einem engen Zusammenhang damit stehen bei verschiedenen Netzen die Netzwerkexternalitäten: Je größer die Anzahl der Nutzer eines Netzes ist, um so höher ist der Nutzen des Netzes für alle Benutzer (Beck, Die wettbewerbspolitische Relevanz des Internet, WuW 1999, 460, S. 464). In Vermittlungsnetzen können direkte Netzwerkexternalitäten auftreten. Der Nutzen, den ein Netzwerkteilnehmer aus dem Netzwerk zieht ist umso größer, je mehr Teilnehmer an das Netzwerk angeschlossen sind. In reinen Verteilnetzen können lediglich indirekte Netzwerkexternalitäten auftreten, wenn Größenvorteile existieren (Klodt/Laaser/Lorz/Maurer, Wettbewerb und Regulierung in

zu einer subadditiven Kostenfunktion führen, sofern die Kosten der gemeinsamen Leistungserstellung eines Outputfaktors kleiner sind als die Gesamtkosten der Leistungserstellung, wenn diese auf mehrere Unternehmen verteilt werden, bzw. die Kosten jeder im relevanten Bereich liegenden Leistungserstellung dann minimiert werden, wenn das Leistungsangebot in der Hand eines Unternehmens konzentriert wird.[92]

Nach dem Modell der ökonomischen Theorie sind Märkte mit Netzstrukturen daher in ihrer Funktionsfähigkeit beeinträchtigt. Die ökonomische Theorie geht für das Verständnis des Marktgeschehens von dem Modell der vollständigen Konkurrenz aus, das durch eine Reihe von extremen Annahmen gekennzeichnet ist.[93] Das Modell setzt voraus, daß sämtliche Güter bzw. Produktionsfaktoren beliebig teilbar sind. Es versagt beim Vorliegen von Unteilbarkeiten, die zu einer Konzentration von Marktmacht auf der betreffenden Marktseite führen. Hierbei entsteht ein Oligopol, wenn nur eine beschränkte Anzahl von Anbietern auf dem Markt überleben kann. Im Extremfall kann die Nachfrage am kostengünstigsten von nur einem Anbieter bedient werden (natürliches Monopol).[94] Aufgrund der netztypischen Eigenschaften ist dies bei Märkten mit Netzstrukturen der Fall.[95] Da die Märkte der Telekommunikation und Elektrizitätswirtschaft aufgrund ihrer netztypischen Eigenschaften in ihrer Funktionsfähigkeit beeinträchtigt sind, läßt sich allein über die freien Marktkräfte ein funktionsfähiger Wettbewerb nicht herstellen.

Einschränkungen ergeben sich dann, wenn die Kapazität der vorhandenen Netzinfrastruktureinrichtungen (jedenfalls in Teilbereichen) bereits ausgeschöpft ist, und sich daraus die Notwendigkeit und Rentabilität eines Parallelnetzes ergibt.[96] Dies führte auf Märkten mit Netzstrukturen in der Vergangenheit zu der Annahme, daß bis zu diesem Zeitpunkt im Regelfall ein Anbieter die Gesamtnachfrage nach dem

---

der Telekommunikation, S. 27). Dann müssen die Kosten, die von jedem Teilnehmer zu tragen sind, bei dem Beitritt eines zusätzlichen Teilnehmers sinken. Denkbar ist auch, daß diese Vorteile durch übertragungstechnisch bedingte Größenvorteile zustandekommen. Insoweit weisen auch die Verteilnetze in der Elektrizitätswirtschaft positive Netzwerkexternalitäten auf. Diese Netzwerkexternalitäten können als Markteintrittsbarrieren etablierte Anbieter vor neuer Konkurrenz schützen (Klodt/Laaser/Lorz/Maurer, Wettbewerb und Regulierung in der Telekommunikation, S. 42). Eine wesentliche Voraussetzung für die Entstehung solcher Netzwerkexternalitäten ist die Verwendung von Standards; erst gemeinsame Standards (z.B. einheitliche Übertragungstechniken) ermöglichen die gemeinsame Nutzung des Netzwerks durch alle Beteiligten.

92 Vgl. Hastenteufel, Wettbewerbsstrategien in der Telekommunikation angesichts der Liberalisierung der Netze, S. 175 f.

93 Vgl. hierzu Fritsch/Wein/Ewers, Marktversagen und Wirtschaftspolitik, S. 16 ff.

94 Fritsch/Wein/Ewers, Marktversagen und Wirtschaftspolitik, S. 142.

95 Theobald/Theobald, Grundzüge des Energiewirtschaftsrechts, S. 14.

96 Hermes, Staatliche Infrastrukturverantwortung, S. 319.

betreffenden Gut kostengünstiger bedienen kann als zwei oder mehrere Anbieter. Märkte mit Netzstrukturen[97] wurden daher in ihrer Gesamtheit als natürliche Monopole angesehen,[98] in denen die Erzwingung von Wettbewerb von vornherein als kontraproduktiv galt. Die Entstehung von Wettbewerb in der Telekommunikation und der Elektrizitätswirtschaft galt danach als ausgeschlossen.

Im Hinblick auf die mögliche Trennung zwischen einem Markt für Netzinfrastruktureinrichtungen und einem Markt für die jeweiligen Dienste bzw. Leistungen auf dem Netz ist eine differenzierte Betrachtungsweise geboten. So können durch Netzzugangsregelungen, die dem Netzbetreiber einen ökonomisch angemessenen Preis für die Netzbenutzung garantieren, die Größen-, Bündelungs- und Dichtevorteile des Netzes erhalten bleiben, und zugleich Markteintrittsbarrieren für Wettbewerber, die ihre Dienste und Leistungen anbieten wollen, ohne über eigene (flächendeckende) Infrastruktureinrichtungen zu verfügen, neutralisiert werden.

Aus Sicht der ökonomischen Theorie sind daher bei der Öffnung von Märkten mit Netzstrukturen für den Wettbewerb Netzzugangsregelungen geboten. Die in diesem Sinne offenen Netze können Konzentrationstendenzen abschwächen, die durch die netztypischen Eigenschaften ausgelöst werden. Netzzugangsregelungen erleichtern es potentiellen Wettbewerbern aber auch, auf der Ebene der Dienste und Leistungen in Konkurrenz zu dem etablierten Unternehmen zu treten. Das Prinzip der offenen Netze umfaßt damit zwei Teilbereiche: Einerseits sollen Netzbetreiber die Möglichkeit erhalten, ihr Netz mit den Netzen der Konkurrenz zusammenzuschalten, um dadurch die Größenvorteile aufgrund von Netzwerkexternalitäten auszunutzen und diese zu erhalten. Andererseits sollen auch Unternehmen ohne eigene Netzinfrastruktureinrichtungen Zugang zu den Netzen anderer Unternehmen erhalten, um dadurch selber Dienste und Leistungen unter Nutzung der bereits vorhandenen Netzinfrastruktureinrichtungen anbieten zu können.[99]

---

97 Beziehungsweise Märkte, auf denen Produkte mittels Netzen gehandelt werden (Elektrizitäts-, Gasversorgung, Telekommunikation).

98 Ein natürliches Monopol zeichnet sich durch das Vorliegen einer subadditiven Kostenfunktion und hoher versunkener Kosten aus. Der Begriff des natürlichen Monopols bezeichnet demzufolge einen Effizienztatbestand, vgl. Hermes, Staatliche Infrastrukturverantwortung, S. 316. Klimisch/Lange, Zugang zu Netzen und anderen wesentlichen Einrichtungen als Bestandteil der kartellrechtlichen Mißbrauchsaufsicht, WuW 1998, 15, S. 16 f. Zusammenfassend zum Konzept des natürlichen Monopols Knieps, Theorie der Regulierung und Entregulierung, in: Horn/Knieps/Müller, Deregulierungsmaßnahmen in den USA. Schlußfolgerungen für die Bundesrepublik Deutschland, S. 39 - 82.

99 Vgl. hierzu Klodt/Laaser/Lorz/Maurer, Wettbewerb und Regulierung in der Telekommunikation, S. 109.

B. Technische Grundlagen und Marktstrukturen

Die technischen Besonderheiten und unterschiedlich gewachsenen Marktstrukturen in der Telekommunikation und der Elektrizitätswirtschaft können Unterschiede in der Ausgestaltung der Netzzugangsregelungen in beiden Sektoren rechtfertigen.

I. Technische Grundlagen

1. Technische Grundlagen der Telekommunikation

Telekommunikation ist die raumüberwindende Informationsübermittlung mit Hilfe nachrichtentechnischer Übertragungsverfahren.[100] Sie umfaßt die elektronische Mensch-zu-Mensch, Mensch-zu-Maschine und Maschine-zu-Maschine Kommunikation unter Nutzung von Telekommunikationsinfrastruktureinrichtungen.[101] Die verschiedenen Elemente des Telekommunikationssektors lassen sich in Netzinfrastruktureinrichtungen, Telekommunikationsdienstleistungen und Endeinrichtungen[102] unterteilen.

Die Netzinfrastruktureinrichtungen setzen sich aus Übertragungs- und Vermittlungseinrichtungen zusammen. Ihre Aufgabe ist der zielgerichtete Transport der umgewandelten Signale zwischen zwei oder mehreren Endeinrichtungen am Netz.[103]. Da eine direkte Verbindung der Endeinrichtungen weder technisch noch wirtschaftlich sinnvoll ist, werden Telekommunikationsnetze aus zwei Teilnetzen - den Ortsnetzen zwischen Endeinrichtung und lokaler Vermittlungsstelle (sog. Teilnehmeranschlußleitungen / Anschlußnetz) und den Vermittlungsnetzen zwischen den lokalen Vermittlungsstellen - aufgebaut. Die verschiedenen Ortsnetze untereinander werden durch das Vermittlungsnetz, das ein System von hierarchisch[104]

---

100 Fritsch/Wein/Ewers, Marktversagen und Wirtschaftspolitik, S. 185. Aus technischer Sicht werden hierbei die von einer Endeinrichtung gesendeten Nachrichten in Signale umgewandelt und über das „Transportsystem" zu einer anderen Endeinrichtung weitergeleitet, vgl. Stürmer, Netzzugang und Eigentumsrechte in der Telekommunikation, S. 30.

101 Kiessling, Optimale Marktstrukturregulierung in der Telekommunikation, S. 21.

102 Mit Hilfe von Endeinrichtungen (§ 3 Nr. 3 TKG) werden Nachrichten beim Sender in elektrische Signale umgewandelt, die beim Empfänger in die ursprüngliche Nachricht reproduziert werden, vgl. Kiessling, Optimale Marktstrukturregulierung in der Telekommunikation, S. 22; BeckTKG-Komm/Bönsch, § 59 Rn. 6.

103 Jung/Warnecke, Handbuch für die Telekommunikation, Abschnitt 4, S. 3.

104 Im Ortsnetz sind die einzelnen Teilnehmer zunächst über die Teilnehmeranschlußleitungen an die nächstgelegene Ortsvermittlungsstelle angeschlossen. Größere Gemeinden oder Städte verfügen zumeist über eine ganze Reihe derartiger Ortsvermittlungsstellen, die dann wiederum mit einer „ranghöheren" Vermittlungsstelle verbunden sind, welche Gespräche zwischen den einzelnen Ortsvermittlungsstellen vermittelt. Erst die hierarchiehöchste Ortsvermittlungseinrichtung ist mit der hierarchieniedrigsten Vermittlung des Fernnetzes verbunden, die ihrerseits die Vermittlung zu ande-

gegliederten und vermaschten Netzknoten sowie die Übertragungswege zwischen den Netzknoten umfaßt,[105] verbunden. Ausgehend von den lokalen Netzknoten werden Telekommunikationsverkehrsströme gebündelt, um große Verkehrsmengen mit hoher Geschwindigkeit zu transportieren und möglichst nahe an den jeweiligen Informationsempfänger heranzuführen. Die Vermittlungseinrichtungen[106] haben dabei die Aufgabe, gezielt Nachrichtenwege in einem Netz aufgrund vorgegebener Zielinformationen bereitzustellen, und dienen somit der Steuerung der Signale zwischen den Übertragungseinrichtungen.[107] Gleichzeitig bestimmt die Kapazität der Vermittlungseinrichtungen die Kapazität des gesamten Netzes.[108]

Insgesamt stellen die Netzinfrastruktureinrichtungen somit eine weitgehend unteilbare Einheit von technisch interdependenten Einzelelementen dar. Jedes Element ist für seine eigene Funktionsfähigkeit auf die Existenz und die Funktionsfähigkeit der anderen Elemente angewiesen,[109] wobei die Netzinfrastruktureinrichtungen ihrerseits technische Grundlage und Voraussetzung für das Angebot von Telekommunikationsdienstleistungen sind.[110]

---

ren Ortsnetzen herstellt. Das Fernnetz ist ebenfalls hierarchisch gegliedert. Es ist sternförmig aufgebaut und umfaßt die Knotenvermittlungsstellen, die Hauptvermittlungsstellen und die Zentralvermittlungsstellen als hierarchiehöchste Vermittlungen, vgl. Wieland, Regulierung der Telekommunikation, in: Krakowski (Hrsg.), Regulierung in der Bundesrepublik Deutschland - Die Ausnahmebereiche des Gesetzes gegen Wettbewerbsbeschränkungen, 195, S. 213.

105 Gerpott, Wettbewerbsstrategien im Telekommunikationsmarkt, S. 7.

106 Das Vermittlungsleitungsnetz der DTAG umfaßte 1995 auf der obersten Netzebene 48 Hauptvermittlungsstellen, auf der mittleren Ebene ca. 1.500 Bereichsvermittlungsstellen und auf der untersten Netzebene ca. 7.500 Ortsvermittlungsstellen oder lokale Netzknoten. Vgl. hierzu Gerpott, Wettbewerbsstrategien im Telekommunikationsmarkt, S. 7.

107 Jung/Warnecke, Handbuch für die Telekommunikation, Abschnitt 4, S. 3.

108 Wieland, Regulierung der Telekommunikation, in: Krakowski (Hrsg.), Regulierung in der Bundesrepublik Deutschland - Die Ausnahmebereiche des Gesetzes gegen Wettbewerbsbeschränkungen, 195, S. 212 f.

109 Kiessling, Optimale Marktstrukturregulierung in der Telekommunikation, S. 22.

110 Vom Begriff der Dienste werden häufig die sogenannten Mehrwertdienste abgegrenzt. Dies sind Zusatzangebote im Rahmen des jeweiligen Dienstes, die vom Benutzer individuell gewählt werden können. Als Beispiele hierfür im Rahmen des Telefondienstes sind die gebührenfreien oder einheitlichen Rufnummern (0800 bzw. 0180-Dienste), die Anrufweiterschaltung oder eine Sprachmailbox zu nennen. Sie werden auf der Basis eines Dienstes und der entsprechenden Netzinfrastruktur angeboten. Vgl. dazu: Stürmer, Netzzugang und Eigentumsrechte in der Telekommunikation, S. 33 f. In § 6 Abs. 2 TKG wird zwischen Lizenzen zum Betreiben von Übertragungswegen und Lizenzen für Sprachtelefondienst auf der Basis selbst betriebener Telekommunikationsnetze unterschieden. Der Begriff der Telekommunikationsdienstleistungen ist in § 3 Nr. 18 TKG legaldefiniert. Er umfaßt danach das gewerbliche Angebot von Telekommunikation einschließlich des Angebots von Übertragungswegen für Dritte.

Der eigentliche Telekommunikationsdienst ist die Leistung der Übermittlung von Informationen zwischen den an das Netz angeschlossenen Endeinrichtungen in einer bestimmten, durch entsprechende technische Vereinbarungen festgelegten Weise.[111] Die Kommunikation zwischen den Teilnehmern eines Telekommunikationsnetzes wird erst durch definierte Telekommunikationsdienste ermöglicht. Die dabei in Betracht kommenden Dienste umfassen ein weites Spektrum, von der Übermittlung eines reinen Informationsstromes auf einer bestimmten Übertragungseinrichtung bis hin zum Angebot einer komplexen Kommunikationsanwendung. Die wohl bedeutendste Telekommunikationsdienstleistung ist der Sprachtelefondienst.[112]

In der Telekommunikation sind somit zumindest zwei Ebenen des Wettbewerbs zu unterscheiden, die Ebene der Planung, Errichtung und des Betreibens von Netzinfrastruktureinrichtungen (Infrastrukturwettbewerb) und die Ebene des Anbietens von Diensten auf der Basis dieser Netzinfrastruktureinrichtungen (Dienstewettbewerb). Beide bedingen für die Kommunikation einander, bilden jedoch unterschiedliche Märkte, auf denen unterschiedliche Anbieter miteinander konkurrieren können. Unterscheiden lassen sich Anbieter, die auf mehreren dieser Ebenen bzw. Wertschöpfungsstufen tätig sind, d.h. eigene Netzinfrastruktureinrichtungen betreiben und zugleich Telekommunikationsdienstleistungen anbieten (so etwa die DTAG) von solchen, die lediglich auf einer der beiden Ebenen Leistungen für die Öffentlichkeit oder andere Telekommunikationsunternehmen anbieten. Aus der Schichtung von Netz und Diensten ergibt sich eine Reihe vertikaler Beziehungen im Erstellungsprozeß von Telekommunikationsdienstleistungen.[113] Unternehmen, die eigene Netzinfrastruktureinrichtungen betreiben, können diese entweder als Vorleistungen für eigene Produkte intern nutzen oder die Einrichtungen anderen

---

111 Fritsch/Wein/Ewers, Marktversagen und Wirtschaftspolitik, S. 185.

112 Vgl. die Aufzählung bei Grote, Die Telekommunikations-Kundenschutzverordnung - Neue Rechtslage für Kundenbeziehungen im Telekommunikationsgeschäft, BB 1998, S. 1117. In der Wertschöpfungsskala wird derzeit der Sprachtelefondienst als der höchstwertigste Dienst angesehen, vgl. Niehörster, City Carrier im Aufwind, ET 1998, S. 347.

113 Soll beispielsweise ein Ferngespräch als Telekommunikationsdienstleistung für Endverbraucher angeboten werden, so wird dafür aus technischer Sicht die Infrastruktur des Ortsnetzes als Vorprodukt benötigt. Im Regelfall muß für das Anbieten eines solchen Telekommunikationsdienstes - jedenfalls teilweise - auf die bereits vorhandenen Netzinfrastruktureinrichtungen der DTAG zurückgegriffen werden. Darin liegt der klassische Fall eines Netzzugangsbegehrens von einem Diensteanbieter zum Netz des Monopolisten für die Erbringung der eigenen Telekommunikationsdienstleistung.

Unternehmen entgeltlich zur Verfügung stellen.[114] Die Netzinfrastruktureinrichtungen können insoweit eine doppelte Verwendungsrichtung haben.[115]

Das Angebot von Telekommunikationsdienstleistungen im Festnetz weist im Hinblick auf die anfallenden Kosten einige Besonderheiten auf, die bei einer sachgerechten Bemessung der Netznutzungsentgelte zu berücksichtigen sind. So steigen mit zunehmender Dauer einer Telefonverbindung die direkten Kosten nicht proportional zur Dauer an, so daß die Hauptkosten durch die Nutzung der Vermittlungsleistungen während des Verbindungsaufbaus entstehen.[116] Nach dem Zustandekommen der Verbindung werden kaum zusätzliche Ressourcen in Anspruch genommen.[117] Bei der Bemessung der Netznutzungsentgelte müssen zudem die für Aufbau, Unterhaltung und Modernisierung der Netzinfrastruktureinrichtungen getätigten Investitionen insgesamt angemessen berücksichtigt werden.[118] Bei einer hohen Leistungsnachfrage können kostenerhöhende Kapazitätserweiterungen notwendig werden; insoweit verursachen Zeitintervalle mit einer hohen Leistungsnachfrage höhere Kosten als Verbindungen in Schwachlastzeiten.[119] Aus Kostensicht können daher Unterschiede bei der Bemessung der Netznutzungsentgelte - in Abhängigkeit vom Zeitpunkt der Leistungsnachfrage - gerechtfertigt sein.

2. Technische Grundlagen der Elektrizitätswirtschaft

Zur Umwandlung in die Sekundärenergie Elektrizität werden in Deutschland als Primärenergieträger hauptsächlich fossile und nukleare Energieträger verwendet. Daneben existiert die Gruppe der erneuerbaren Energien.[120] Die aus den Primärenergieträgern gewonnene elektrische Energie ist kaum speicherbar, so daß ein zeitliches Zusammenfallen ihrer Erzeugung und Nutzung erforderlich ist.[121] Den

---

[114] Gabelmann/Gross, in: Knieps/Brunekreeft, Zwischen Regulierung und Wettbewerb - Netzsektoren in Deutschland, S. 87.

[115] Stürmer, Netzzugang und Eigentumsrechte in der Telekommunikation, S. 67 f.

[116] Dementsprechend finden sich in der Telekommunikation Preismodelle, bei denen bereits für die Herstellung der Verbindung ein dauerunabhängiges Entgelt zu entrichten ist, bzw. die erste Verbindungsminute stets komplett zu zahlen ist.

[117] Gerpott, Wettbewerbsstrategien im Telekommunikationsmarkt, S. 307.

[118] Die Verkehrsbündelungsvorteile führen bei Fernverbindungen außerdem dazu, daß mit zunehmender Entfernung zwischen Quelle und Senke einer Telefonverbindung deren Kosten bei weitem nicht proportional zur Entfernung ansteigen. Aus Kostensicht brauchen die Netznutzungsentgelte daher nicht entfernungsabhängig berechnet zu werden. Einige Anbieter verzichten dementsprechend gegenüber ihren Kunden vollständig auf eine entfernungsabhängige Preisberechnung.

[119] Gerpott, Wettbewerbsstrategien im Telekommunikationsmarkt, S. 307.

[120] Bräuer/Egeln/Werner, Wettbewerb in der Versorgungswirtschaft, S. 31.

[121] Bräuer/Egeln/Werner, Wettbewerb in der Versorgungswirtschaft und seine Auswirkungen auf kommunale Querverbundunternehmen, S. 49.

Bedarf an Erzeugungs- und Verteilungskapazität bestimmen allein die angeschlossenen Kunden durch den Betrieb ihrer stromabhängigen Verbrauchsgeräte, so daß sich die Erzeugungs- und Übertragungskapazitäten für ein bestimmtes Gebiet an dem zur jeweiligen Tageszeit erwarteten Spitzenbedarf ausrichten müssen, wenn es nicht zu einem Zusammenbruch des gesamten Netzes kommen soll.[122] Das Gleichgewicht zwischen Erzeugung und Verbrauch kann vor diesem Hintergrund nicht allein durch bilaterale Verträge zwischen Erzeugern und Verbrauchern entstehen. Erforderlich ist vielmehr eine Koordination zwischen allen Erzeugern, die in das betroffene Netz einspeisen. Eine solche Koordination muß auch unter Wettbewerbsbedingungen gewährleistet werden.[123]

Im Regelfall wird die Elektrizität nicht an dem Ort produziert, an dem der Kunde/Verbraucher sie benötigt. Ein Transport der elektrischen Energie vom Erzeuger zum Verbraucher ist allein über eigens dafür errichtete Leitungsanlagen möglich. Sie bilden das Rückgrat der Stromversorgung.[124] Für den Verbraucher bedeutet dies, daß der unmittelbare Bezug elektrischer Energie im Regelfall mittels desjenigen Leitungsnetzes erfolgen muß, an das er als Abnehmer angeschlossen ist.[125] Insgesamt passiert die Versorgung damit die Stufen Erzeugung, Übertragung, Verteilung und Handel bzw. Verkauf.[126] Die „Ware" Elektrizität besteht

---

[122] Vgl. hierzu Hermes, Staatliche Infrastrukturverantwortung, S. 16. In einem unmittelbaren Zusammenhang damit steht der Investitionsaufwand für Stromerzeugungsanlagen, der sich an der Größe der bereitzuhaltenden Kapazitäten orientiert (vgl. hierzu Baur, Abbau der Gebietsschutzverträge und Durchleitungspflicht, in: Lukes (Hrsg.), Geschlossene Versorgungsgebiete, Versorgungssicherheit oder Wettbewerb, S. 11 f.). Ihre Errichtung setzt daher einen für die EVU langfristig überschaubaren Stromabsatz voraus, vgl. Heitzer, Das System der leitungsgebundenen Energieversorgung in der Bundesrepublik Deutschland, in: Baur, Neue Strukturen der Energieversorgung, 99, S. 102.

[123] Hensing/Pfaffenberger/Ströbele, Energiewirtschaft - Einführung in Theorie und Politik, Kap. 10.3.1., S. 123.

[124] Meier, Ökonomische Grundlagen, in: Bartsch/Röhling/Salje/Scholz, Stromwirtschaft, Kap. 45 Rn. 1, S. 357.

[125] Daneben besteht die Möglichkeit eines Direktleitungsbaus zwischen Stromerzeuger und Verbraucher, der aus rechtlichen und wirtschaftlichen Gründen aber nur im Ausnahmefall in Betracht kommt.

[126] Die Differenzierung in Übertragung und Verteilung erfolgt nach Spannungsebenen. Der Übertragungsbereich umfaßt die 380 kV und 220 kV Netze, während die Verteilung über Netze mit höchstens 110 kV stattfindet, vgl. Bräuer/Egeln/Werner, Wettbewerb in der Versorgungswirtschaft, S. 32. Die Spannungsstufen verlaufen vom Kraftwerk zum Verbraucher hin abfallend. Je nach Entfernung zwischen Produktions- und Verbrauchsstätte der Elektrizität werden für die Übertragung Leitungssysteme verschiedener Spannungsebenen eingesetzt. Um die Transportverluste zu minimieren, erfolgt der großräumige Stromtransport von den Kraftwerken zu den Verbrauchsschwerpunkten über ein Höchstspannungsnetz. Die Höchstspannungsebene ist über Umspannwerke mit den Hochspannungsnetzen für den regionalen Transport verbunden, die wiederum über Umspannwerke eine Verbindung zu den Mittel- und Niederspannungsnetzen aufweisen. Die letztgenannten Netze mit

damit aus dem eigentlichen Produkt der Energieumwandlung Strom und der Transportleistung des Netzes.[127] Technisch gibt es - wie auch in der Telekommunikation für das Angebot von Telekommunikationsdienstleistungen und das Betreiben von Netzinfrastruktureinrichtungen - keine Notwendigkeit dafür, daß die verschiedenen Stufen durch ein einziges Unternehmen erbracht werden, so daß eine vollständige Aufgabentrennung - insbesondere zwischen der Erzeugungs- und Netzebene - im Grundsatz möglich ist.[128] Unabhängige Stromerzeuger ohne eigene (flächendeckende) Netzinfrastruktureinrichtungen sind für ihre Lieferungen allerdings - wie auch die Anbieter von Telekommunikationsdienstleistungen ohne eigene Netzinfrastruktureinrichtungen - auf die Nutzung der Übertragungs- und Verteilungseinrichtungen anderer Unternehmen angewiesen.[129]

Zu beachten ist, daß aus physikalischer Sicht der Kunde die vom Erzeuger hergestellte Energie nicht substanzgleich, sondern allenfalls mengenidentisch über ein Netz „geliefert" bekommt, an das mehrere Stromeinspeiser und -abnehmer angeschlossen sind.[130] Eine unmittelbare und exklusive Beziehung zwischen einem Stromproduzenten und einem Verbraucher besteht somit allenfalls aus rechtlicher und wirtschaftlicher Sicht.[131] Physikalisch gesehen fließt der Strom in einem Netz automatisch von den Generatoren zu den Punkten im Netz, wo der Strom entnommen wird, so daß der Kunde im Ergebnis ein Mischprodukt aus der Generatoraktivität aller verschiedenen Generatoren bezieht, die in ein Netz einspeisen.

---

einem Radius von nur wenigen Kilometern dienen der regionalen und der lokalen Verteilung der Elektrizität an die Endabnehmer. Vgl. hierzu Hermes, Staatliche Infrastrukturverantwortung, S. 20; Paulus, Wettbewerb und Konzentration in der leitungsgebundenen Energiewirtschaft in der Europäischen Union, in: Zippel, Transeuropäische Netze, 45, S. 47 f. Darüber hinaus besteht die technische Möglichkeit, industrielle Sonderabnehmer unmittelbar aus dem Mittel- oder Hochspannungsnetz zu versorgen, die dann selbst für die Transformation auf Niederspannung sorgen und zusätzliche Installationen für die Verteilung vornehmen. Vgl. hierzu Ebel, Energielieferungsverträge, S. 44. Bei einer kostenverursachungsgerechten Preisbildung wäre ein Niederspannungsabnehmer mit einem deutlich höheren Netzkostenanteil zu belasten als einem Mittel- oder Hochspannungsabnehmer.

127 Hensing/Pfaffenberger/Ströbele, Energiewirtschaft - Einführung in Theorie und Politik, Kap. 10.1., S. 111.

128 Auch die Systemdienstleistungen können von Unternehmen erbracht werden, die auf keiner der übrigen Versorgungsebenen tätig sind.

129 Hierdurch können sich die bestehenden Marktstrukturen tendenziell verfestigen, vgl. Bräuer/Egeln/Werner, Wettbewerb in der Versorgungswirtschaft, S. 51.

130 Vgl. dazu auch Salje, Der Durchleitungsvertrag, RdE 1998, 169, S. 170 f., der die Einspeisungssachverhalte in der Elektrizitätswirtschaft mit dem Einfüllen von Wasser in einen großen Teich vergleicht, wobei die Abnehmer unterhalb der Wasseroberfläche in vereinbarter Kapazität und Druck Wasser abzapfen, so daß zur Aufrechterhaltung des Teichniveaus immer wieder neue Einfüllungsvorgänge erforderlich werden.

131 Vgl. Lukes, Liberalisierung des Strommarkts - Realität oder Utopie?, BB 1998 (Beilage zu Heft 12), S. 1.

Die Errichtung von Stromerzeugungsanlagen (Kraftwerke, Generatoren, etc.) und Leitungsnetzen in der Elektrizitätswirtschaft ist zeit- und kapitalintensiv und bewirkt dadurch einen hohen Festkostenbestandteil für die EVU.[132] Ein Großteil der Kosten für die leitungsgebundene Energieversorgung ist somit verbrauchsunabhängig.[133] Die lange Ausreifungszeit von Investitionen in der Elektrizitätswirtschaft konnte in der Vergangenheit zur Begründung von geschlossenen Versorgungsgebieten herangezogen werden, die den Unternehmen nach der alten Rechtslage eine hohe Planungssicherheit vermittelten. Insgesamt konnten dadurch in der Vergangenheit große EVU entstehen, die - unmittelbar oder über Beteiligungen an anderen Unternehmen - oftmals den gesamten Weg vom Rohstoff zum Verbraucher kontrollieren.[134]

3. Vergleich der technischen Grundlagen und Auswirkungen auf die Marktöffnung

Sowohl in der Telekommunikation als auch in der Elektrizitätswirtschaft ist die Leistungserbringung gegenüber den Kunden allein über die Nutzung von Netzinfrastruktureinrichtungen möglich. Während in der Elektrizitätswirtschaft der Transport elektrischer Energie allerdings vom Stromerzeuger zum Verbraucher erfolgt, um den Betrieb stromabhängiger Verbrauchsgeräte zu ermöglichen, leisten die in der Telekommunikation tätigen Unternehmen durch die Datenübertragung eine Hilfestellung bei Kommunikationsvorgängen.[135] Beide Sektoren unterscheiden sich also zunächst dadurch, daß in der Elektrizitätswirtschaft ein Erzeugermarkt existiert.[136] Der Stromerzeuger steht in der Elektrizitätswirtschaft allerdings vor vergleichbaren Schwierigkeiten wie der Anbieter von Telekommunikations-

---

132 Büdenbender, Energierecht - Eine systematische Darstellung des gesamten Rechts der öffentlichen Energieversorgung (1982), S. 7 Rn. 19; Scholz, Kontrahierungszwang in der Versorgungswirtschaft, S. 27, wonach von den Gesamtkosten der Stromversorgung ein Anteil von mehr als 60 % auf verbrauchsunabhängige Kosten entfällt, wodurch eine flexible Anpassung an Angebots- und Nachfrageschwankungen erschwert wird.

133 Die Kostenverteilung zwischen Erzeugung und Transport/Verteilung liegt bei einem Drittel zu zwei Dritteln, vgl. Hermes, Staatliche Infrastrukturverantwortung, S. 20, unter Verweis auf Pfaffenberger, Elektrizitätswirtschaft, S. 49, der den Anteil für Übertragung und Verteilung ohne Netzverluste bei 37 % ansetzt.

134 Vgl. Weissel, Wettbewerbspolitik im Energiesektor, ZfRV 1997, 152, S. 153, der die Besonderheiten des Energiesektors herausstellt, welche der Anwendung der idealtypischen Vorstellungen Adam Smith`s über den Konkurrenzmechanismus und den Wettbewerb entgegenstehen.

135 Ehmer, Regulierung im Telekommunikationswesen - Sind die tatsächlichen Gegebenheiten und der rechtliche Rahmen mit der Energiewirtschaft vergleichbar?, Kölner Miszellen zum Energierecht, S. 9.

136 Steinberg/Britz, Der Energieliefer- und -erzeugungsmarkt nach nationalem und europäischem Recht, S. 107 ff.; Bräuer/Egeln/Werner, Wettbewerb in der Versorgungswirtschaft und seine Auswirkungen auf kommunale Querverbundunternehmen, S. 13 f. und 33 ff.

dienstleistungen. Verfügen diese Unternehmen nicht (flächendeckend) über eigene Netzinfrastruktureinrichtungen, so benötigen sie in beiden Sektoren den Zugang zu den Einrichtungen eines oder mehrerer Betreiber von Netzinfrastruktureinrichtungen. Aus technischer Sicht können für ihre Leistungserbringung die Leistungen mehrerer Unternehmen in Anspruch genommen werden.

Damit besteht eine grundlegende Übereinstimmung zwischen beiden Sektoren, die durch die jeweiligen technischen Besonderheiten allenfalls modifiziert werden können. Da eine Leistungserbringung in beiden Sektoren nur über ein Zusammenspiel dieser technisch und wirtschaftlich zu trennenden Ebenen durchführbar ist, der Stromerzeuger in der Elektrizitätswirtschaft auf die Nutzung der Netzinfrastrukturen also in gleicher Weise angewiesen ist wie der Anbieter von Telekommunikationsdienstleistungen, muß in beiden Sektoren ordnungspolitisch eine Verbindung beider Ebenen, d.h. ein Zugang des Diensteanbieters oder Stromerzeugers zu den vorhandenen Netzinfrastruktureinrichtungen gewährleistet werden.[137]

Dies bedeutet, daß durch die netzstrukturbedingten Gemeinsamkeiten beider Sektoren bei der Ausgestaltung der Netzzugangsregelungen vergleichbare Problemlösungen angeboten werden müssen, um zu wettbewerbsrechtlich vergleichbaren Ergebnissen zu gelangen. Die technischen Besonderheiten beider Sektoren stehen dem nicht entgegen. Aus diesem Grund rechtfertigt sich ein Vergleich der vom Gesetzgeber gewählten Problemlösungen.[138]

---

[137] Nicht erforderlich ist es für einen Vergleich der Netzzugangsregelungen, mit einer Mindermeinung in der Literatur (Büdenbender, Rechtsfragen anläßlich der Durchleitung elektrischer Energie, in: Baur, Energiewirtschaft - Der neue energie- und kartellrechtliche Rahmen, 73, S. 107), auch die Bereitstellung von Energie über ein Netz zu einem bestimmten Zeitpunkt, in bestimmter Menge und zu bestimmten Konditionen als technische Dienstleistung des Stromerzeugers (im Sinne einer ständigen Bereithaltung von Elektrizität) und nicht als Besitzverschaffung an einer beweglichen Sache (so Koppelmann, ET 1971, S. 607 und Loidort, ET 1971, S. 412) zu verstehen. Rechtsprechung und h.M. in der Literatur (BGH NJW 1969, S. 1903; Ebel, Energielieferungsverträge, S. 170; Palandt-Putzo, § 433 Rn. 4; Hiddemann, WM 1976, 1294, S. 1296) qualifizieren den Energielieferungsvertrag insoweit zutreffend als einen Kaufvertrag oder kaufähnlichen Vertrag mit dem Charakter eines Sukzessivlieferungsvertrages. Die theoretische Überlegung macht jedoch deutlich, daß in beiden Sektoren aus technischer Sicht eine Trennung zwischen der Netz- und der Dienste- bzw. Erzeugerebene ohne weiteres möglich ist, wobei lediglich auf der Ebene der Netzinfrastruktureinrichtungen die oben aufgezeigten Netzeigenschaften (insbesondere die Monopolresistenz) vorliegen.

[138] Angesichts der verschiedentlichen Versuche, das Monopol der DTAG für Leitungen gerade im Ortsnetzbereich durch die Verwendung und Nutzung alternativer Technologien aufzulockern, ist davon auszugehen, daß die in der Telekommunikation bestehenden Netzmonopole eine geringere Stabilität aufweisen als die vergleichbaren Monopole in der Elektrizitätswirtschaft. Unterschiede zwischen beiden Sektoren bestehen auch im Hinblick auf die jeweils erforderlichen Kapazitätsplanungen. Während es bei einer Übernachfrage im Bereich der Telekommunikation (durch eine Überlastung der Vermittlungseinrichtung) nur zu einem vorübergehenden Ausschluß der entspre-

II. Marktstrukturen in der Telekommunikation und Elektrizitätswirtschaft

1. Die Marktstrukturen in der Telekommunikation

a) Die Entwicklung der Marktstrukturen

Die Wurzeln für die zum Beginn der Liberalisierung vorhandenen Marktstrukturen in der Telekommunikation reichen bis in das Jahr 1850 zurück. Zu dieser Zeit begann die Preußische Post damit, ein staatliches Telegraphennetz zu errichten. Dieses war ursprünglich allein der staatlichen Nutzung vorbehalten, sollte nach einer Anordnung des preußischen Königs später aber auch der Übermittlung privater Nachrichten dienen, um so den Staatshaushalt von der Finanzierung des Aufbaus der Telegraphieeinrichtungen zu entlasten.[139] Dieses staatliche Telekommunikationsmonopol war bereits zur damaligen Zeit nicht unumstritten. Verschiedene private Gesellschaften, darunter auch die amerikanische Bell Company, zeigten Interesse daran, in deutschen Städten eigene Telefonnetze zu errichten. Der Gesetzgeber verhinderte dies durch das am 06.04.1892 verkündete Telegraphengesetz, in dem das staatliche Telekommunikationsmonopol erstmals gesetzlich verankert wurde.[140]

Dessen Bestimmungen wurden in dem Gesetz über Fernmeldeanlagen[141] (FAG) vom 14.01.1928 weitgehend übernommen.[142] Das FAG, das bis zum Beginn der

---

chenden Fernsprechteilnehmer kommt, und die bereits bestehenden Gesprächsverbindungen nicht gestört werden, würde in der Elektrizitätswirtschaft eine solche Übernachfrage zum Zusammenbruch des gesamten Netzes führen. Es werden dann auch diejenigen Abnehmer nicht mehr versorgt, die ihren Anspruch im Rahmen der Kapazitäten geltend machen. Dies ist zwar vorwiegend ein technisch zu bewerkstelligendes Problem in der Elektrizitätswirtschaft, rechtlich aber zumindest im Rahmen möglicher Ausschlußgründe für besondere Netzzugänge und Durchleitungen für Dritte zu berücksichtigen. Auf den Unterschied zwischen Elektrizitätsversorgung und Telekommunikation weisen hin: Baur, Abbau der Gebietsschutzverträge und Durchleitungspflicht, in: Lukes, Geschlossene Versorgungsgebiete, Versorgungssicherheit oder Wettbewerb, S. 11 f.; Scholz, Kontrahierungszwang in der Versorgungswirtschaft, S. 28.

[139] Wieland, Regulierung der Telekommunikation, in: Krakowski (Hrsg.), Regulierung in der Bundesrepublik Deutschland - Die Ausnahmebereiche des Gesetzes gegen Wettbewerbsbeschränkungen, 195, S. 202. Bis 1876 waren das „General-Postamt" und die „Generaldirektion der Telegraphen" voneinander getrennte Verwaltungen, die organisatorisch Abteilungen des Reichskanzleramtes bildeten. Anschließend wurden sie zu einer „Reichs-Post- und Telegraphenverwaltung" zusammengefaßt und organisatorisch verselbständigt. Durch die Zusammenfassung sollten zum einen Verbundvorteile nutzbar gemacht werden, zum anderen aber die günstige Finanzlage bei den Postdiensten zum Ausbau der Telegraphie genutzt werden können.

[140] Wieland, Regulierung der Telekommunikation, in: Krakowski (Hrsg.), Regulierung in der Bundesrepublik Deutschland - Die Ausnahmebereiche des Gesetzes gegen Wettbewerbsbeschränkungen, 195, S. 203 f.

[141] RGBl. I, S. 8 (1928).

Liberalisierung im Jahre 1989 nur geringfügig verändert wurde, sprach dem Bund in § 1 FAG das ausschließliche Recht zu, „Fernmeldeanlagen zu errichten und zu betreiben", die von der Deutschen Bundespost wahrgenommen wurden. Ihr Monopol umfaßte den gesamten Bereich der Netzinfrastruktureinrichtungen, Endeinrichtungen und Dienstleistungen.[143]

Mit dem im Rahmen der Postreform I am 08.06.1989 verkündeten Poststrukturgesetz galt das Fernmeldemonopol schließlich nur noch für die Netze und Funkanlagen sowie für den Sprachtelefondienst (§ 1 Abs. 2 und Abs. 4 FAG). Unmittelbar mit dem Wirksamwerden des TKG am 01.08.1996 endete formal auch das Übertragungswegemonopol des in Deutschland dominierenden Netzbetreibers, der DTAG. Am 01.01.1998 verlor die DTAG dann mit dem Monopol für Sprachtelefondienst auch das letzte ihr noch verbliebene Sonderrecht. Als Rechtsnachfolgerin der Deutschen Bundespost bzw. der Deutschen Bundespost Telekom ist die DTAG Eigentümerin der (unter Monopolbedingungen errichteten) Telekommunikationsnetze und aller hierzu gehörenden technischen Einrichtungen.[144]

b) Konsequenzen dieser Strukturen

Ausgehend von der über Jahrzehnte hinweg gewachsenen Monopolstruktur im Bereich der Telekommunikation, in der die Deutsche Bundespost und deren Rechtsnachfolgerin DTAG ungehindert vom Wettbewerb eine flächendeckende Telekommunikationsinfrastruktur in Deutschland errichten konnte, war und ist die Mehrzahl der Anbieter von Telekommunikationsdienstleistungen auf die zumindest teilweise Nutzung der Netzinfrastruktureinrichtungen der DTAG angewiesen. Das Recht auf Netzzugang für diese Unternehmen, insbesondere zu den Netzinfra-

---

142 Eschweiler, Wilhelm, Regulierung der Telekommunikation und erste Entscheidungspraxis der Regulierungsbehörde für Telekommunikation und Post, K&R 1998, S. 530.

143 Dabei sollte nach der Rechtsprechung des BVerfG das staatliche Fernmeldemonopol dynamisch zu interpretieren sein, sollte also auch neue, zum Zeitpunkt der Gesetzesverkündung noch nicht bekannte Techniken der Nachrichtenübertragung erfassen. Entsprechend erfolglos blieben die Versuche, eine Positivdefinition des Begriffs der Fernmeldeanlagen im FAG durchzusetzen, um über die Entwicklung neuer Techniken das staatliche Fernmeldemonopol aushöhlen zu können. Dennoch war es nach § 2 Abs. 1 FAG bereits zulässig, Lizenzen zur Errichtung und zum Betrieb einzelner Fernmeldeanlagen an private Unternehmen zu vergeben.

144 Vgl. VG Köln, MMR 1998, S. 102 - Netzzugang zu Teilnehmeranschlußleitungen. Inzwischen betreiben auch andere Unternehmen in Teilbereichen - insbesondere bei Fernverbindungen - eigene Übertragungswege und Vermittlungseinrichtungen. Die Dynamik zeigt sich daran, daß bereits ein Jahr nach der Liberalisierung des Telekommunikationssektors folgende Infrastruktureinrichtungen errichtet waren: Colt Telecom GmbH - 6 Stadtnetze; Mannesmann Arcor AG & Co. - 40.000 km Festnetz, 7000 km Glasfasernetz, mehr als 100 Knoten; Otelo Communications GmbH & Co. - 11.000 km Glasfasernetz, 45 Switches; Talkline GmbH - 6 Switches und 10 POI; Viag Intercom GmbH & Co. KG - mehr als 10.000 km Glasfasernetz, 13 POI; vgl. hierzu die Verlagsbeilage „Telekommunikation" der FAZ vom 16.02.1999, S. B6.

strukturеinrichtungen der DTAG, ist damit ein Schlüsselfaktor der Einführung chancengleichen Wettbewerbs auf dem Telekommunikationsmarkt.[145] Zu Beginn der Liberalisierung war die DTAG für das Angebot von Netzinfrastruktureinrichtungen bundesweit marktbeherrschend. Regelmäßig fehlten und fehlen auch heute noch für die Wettbewerber Alternativen zum Angebot der DTAG. Die gesetzlichen Regelungen zum Netzzugang müssen einen Mißbrauchs dieser marktbeherrschenden Stellung verhindern.

Anders als im internationalen Telefonverkehr, in dem es auch schon vor der Liberalisierung des deutschen Telekommunikationssektors erforderlich war, sich mit den anderen nationalen Netzbetreibern über die Netzzusammenschaltung und die dafür zu zahlenden Entgelte zu einigen, ist die Interessenlage der Netzbetreiber bei einer Liberalisierung des nationalen Telekommunikationssektors eine andere. Hier trifft ein infrastrukturloser oder -schwacher Wettbewerber auf einen infrastrukturstarken ehemaligen Monopolisten (DTAG), dessen Interesse zur Erhaltung der eigenen wirtschaftlichen Position auf den Ausschluß und nicht auf die Förderung neuer Wettbewerber gerichtet ist.

2. *Die Marktstrukturen in der Elektrizitätswirtschaft*

a) Der Hintergrund der heutigen Marktstrukturen

Die zum Beginn der Liberalisierung in der Elektrizitätswirtschaft vorhandenen Marktstrukturen gehen auf das Jahr 1882 zurück, als in Berlin der erste Vertrag zwischen einem Unternehmen - der Deutschen Edison Gesellschaft - und der Stadt Berlin über die Versorgung des Gemeindegebiets mit elektrischer Energie geschlossen wurde.[146] Der Vertrag enthielt die Verpflichtung des Unternehmens, jeden Einwohner im Vertragsgebiet zu staatlich überprüften Preisen mit Strom zu versorgen und im Gegenzug die Verpflichtung der Stadt Berlin, nur diesem Unternehmen die Versorgung im Stadtgebiet unter Benutzung des städtischen Wegenetzes gegen eine Abgabe in Höhe von 6 % des Umsatzes zu gestatten.[147] Ein Wettbewerb innerhalb des Vertragsgebietes war dadurch vertraglich ausgeschlossen. Noch in der Präambel des EnWG 1935[148] wurde ausdrücklich auf die „volkswirt-

---

[145] Nolte, Das Recht auf Netzzugang nach dem Telekommunikationsgesetz, BB 1996, S. 2629.

[146] Zu den historischen Entwicklungen in der Energiewirtschaft vgl. Löwer, Energieversorgung zwischen Staat, Gemeinde und Wirtschaft, S. 33 ff.

[147] Baur, Wettbewerb in der Elektrizitätsversorgung und energiepolitische Ziele im Europarecht, RdE 1992, S. 165; Evers, Entstehungsgeschichte, Ziele, Konzeption, Grundsätze und Änderungen des Energiewirtschaftsgesetzes, in: Das Energiewirtschaftsgesetz im Wandel von fünf Jahrzehnten, 15, S. 16.

[148] Gesetz zur Förderung der Energiewirtschaft (Energiewirtschaftsgesetz) vom 13.12.1935, RGBl. I S. 1451.

schaftlich schädlichen Auswirkungen des Wettbewerbs“ in der Energieversorgung hingewiesen.[149] Der Bau, die Erneuerung und die Erweiterung von Energieanlagen unterlagen nach § 4 EnWG 1935 einer staatlichen Investitionskontrolle.[150] Um den technischen Besonderheiten der Elektrizitätsversorgung und den daraus resultierenden Gefahren volkswirtschaftlich unerwünschter Fehlinvestitionen Rechnung zu tragen, wurde die Elektrizitätswirtschaft in der Folgezeit weitgehend monopolistisch strukturiert.[151]

Erreicht wurde dies durch ein Gesamtsystem aus Konzessions- und Demarkationsverträgen, die durch § 103 Abs. 1 Nr. 1 und 2 GWB a.F. vom allgemeinen Kartellverbot in den §§ 1, 15 und 18 GWB a.F. freigestellt waren.[152] In den Konzessionsverträgen zwischen Gemeinden und EVU wurde den letztverteilenden EVU das in der Regel ausschließliche Recht zur Versorgung von Letztverbrauchern mittels Wegenutzung eingeräumt, wodurch im Ergebnis auf der Letztverteilerebene ein Unternehmen ausschließlich für die Versorgung eines bestimmten Gemeindegebiets zuständig war.[153] Gleichsam verzichtete die Gemeinde darauf, eigene Netze zu errichten, Elektrizität zu produzieren und an Abnehmer im Gemeindegebiet zu verkaufen. Hermes[154] weist darauf hin, daß bei einer Unterscheidung zwischen der Netz- und der Diensteebene in der Elektrizitätswirtschaft die Konzessionsverträge selbst keine wettbewerbsbeschränkende Wirkung hatten; diese Wirkung sei allein von dem Recht zur exklusiven Netzbenutzung ausgegangen. Zusätzlich teilten benachbarte Versorgungsunternehmen durch sog. horizontale Demarkationsverträge ihre Versorgungsgebiete untereinander auf, in denen sie sich vertraglich dazu verpflichteten, im Gebiet des anderen EVU weder unmittelbar noch mittelbar Energie an Verbraucher abzugeben

Die auf vertraglicher Gestattung des Wegeeigentümers (im Regelfall der Kommunen) beruhende ausschließliche Zuständigkeit eines bestimmten Unternehmens für die Versorgung eines bestimmten Gebietes, nicht jedoch das staatliche Monopol als

---

149 Vgl. Ludwig/Odenthal, Lexikon des Rechts der Energie- und Wasserversorgung, Stichwort „Demarkationsvertrag“.

150 Vgl. Kühne/Scholtka, Das neue Energiewirtschaftsrecht, NJW 1998, 1902, S. 1903.

151 Kühne/Scholtka, Das neue Energiewirtschaftsrecht, NJW 1998, 1902, S. 1903.

152 Vgl. hierzu Scholz/Röhling, Entwicklung und Begriff des Instituts der Durchleitung, in: Bartsch/Röhling/Salje/Scholz, Stromwirtschaft, Kap. 52 Rn. 9 ff., S. 443 f.

153 Vgl. dazu Kühne/Scholtka, Das neue Energiewirtschaftsrecht, NJW 1998, 1902, S. 1903; Scholz, Kontrahierungszwang in der Versorgungswirtschaft, S. 26.

154 Vgl. Hermes, Staatliche Infrastrukturverantwortung, S. 467.

Organisationsform, setzte sich im Laufe der Zeit in der Elektrizitätsversorgung allgemein durch.[155]

Bereits im Rahmen der 4. GWB-Novelle von 1980[156] hatte mit § 103 Abs. 5 S. 2 Nr. 4 GWB eine gesonderte Durchleitungsregelung Einzug in das GWB gehalten. Danach konnte es einen Mißbrauch der durch die Freistellung der Gebietsschutzverträge vom Kartellverbot erlangten Marktstellung darstellen, wenn ein Versorgungsunternehmen ein anderes Versorgungsunternehmen oder ein sonstiges Unternehmen im Absatz oder im Bezug von Elektrizität oder Gas (Energie) dadurch unbillig behindert, daß es sich weigert, mit diesem Unternehmen Verträge über die Einspeisung von Energie in sein Versorgungsnetz und eine damit verbundene Entnahme (Durchleitung) zu angemessenen Bedingungen abzuschließen, wobei die Unbilligkeit im Einzelfall anhand einer umfassenden Interessenabwägung festzustellen war.[157] Bis zur 5. GWB-Novelle von 1989 galt die Vermutung, daß die Verweigerung der Durchleitung in der Regel nicht unbillig war, wenn sie zur Versorgung eines Dritten im Gebiet des durchleitenden EVU selbst geführt hätte. Eine grundsätzliche Verpflichtung des Netzbetreibers zur Durchleitung wurde vom BGH nicht anerkannt. In der Praxis hat die Anwendung des § 103 Abs. 5 S. 2 Nr. 4 GWB daher nie zu einer erfolgreichen Durchleitungsverfügung der Kartellbehörden geführt.[158]

Das Recht der leitungsgebundenen Energieversorgung basiert damit historisch bedingt auf einer Aufgabenteilung zwischen dezentral handelnder Privatwirtschaft

---

155 Vor allem die Flächenstaaten Preußen und Bayern entschieden sich für das Modell der privatrechtlich begründeten ausschließlichen Zuweisung eines bestimmten Versorgungsgebietes an ein Unternehmen, welches als Überlandzentrale die Versorgung einer ganzen Region zu besorgen hatte, vgl. Baur, Wettbewerb in der Elektrizitätsversorgung und energiepolitische Ziele im Europarecht, RdE 1992, 165, S. 166.

156 Gesetz vom 26.04.1980, BGBl. I S. 458.

157 BGHZ 128, S. 17 ff. - Weißenborn. Dabei sollten die Interessen des Durchleitungsinteressenten, die Interessen des in Anspruch genommenen Unternehmens, die Interessen der begünstigten Kunden, die allgemeinen Marktverhältnisse, vor allem die Versorgungsbedingungen der sonstigen Kunden des Netzbetreibers, und die Zielsetzung einer möglichst sicheren und preisgünstigen Versorgung in der Abwägung berücksichtigt werden. Unklar war, inwiefern Umweltgesichtspunkte in der Abwägung zu berücksichtigen waren. Vgl. hierzu auch v. Gamm, Kartellrecht, §§ 103, 103a Rn. 21; Wiedemann-Zinow, Handbuch des Kartellrechts, § 34 Rn. 121.

158 Grawe/Zinow, Durchleitungen nach heutigem und künftigem Recht, EW 1997, 93, S. 94; Zu Durchleitungen nach der alten Rechtslage vgl. Bergmann, Ein Netzzugang Dritter in der Elektrizität und Grundrechte der Versorgungsunternehmen, S. 31 ff.; Zu den Hintergründen vgl. auch: Ebel, Durchleitung von Strom und Gas nach § 103 GWB, WuW 1994, S. 731 ff.

und beaufsichtigendem Staat.[159] Dabei wurde ein Anbieterwettbewerb - anders als in der Telekommunikation - nicht durch die Verleihung staatlicher Lizenzen oder konkrete gesetzliche Vorgaben, sondern durch ein Geflecht privatrechtlicher Gebietsschutzverträge zwischen der Kommune (bzw. dem jeweiligen Wegeeigentümer) und dem EVU ausgeschlossen.[160] Abgesichert wurde das durch Selbstkoordinierung der beteiligten Unternehmen entstandene Verteilungssystem durch die im GWB geschaffenen Rahmenbedingungen.[161] Dadurch konnten sich in Deutschland Marktstrukturen entwickeln, die sich nicht unwesentlich von denen in der Telekommunikation unterscheiden.

b) Marktstrukturen im Zeitpunkt der Marktöffnung

Die Stromerzeugung in der deutschen Elektrizitätswirtschaft erfolgt durch die Eigenerzeuger einerseits und die Unternehmen der öffentlichen Stromversorgung andererseits.[162] In Abhängigkeit von der jeweiligen Versorgungsaufgabe betätigen sich die Unternehmen auf der Verbund-, Regional- und Kommunalebene.

---

159 Börner, Das Energiewirtschaftsgesetz - legislatorische Defizite oder sachgerechtes Gesetzesinstrumentarium?, in: Beharren und Wandel im Energierecht, S. 105 ff.; Baur, Wettbewerb in der Elektrizitätsversorgung und energiepolitische Ziele im Europarecht, RdE 1992, 165, S. 166.

160 Scholz, Kontrahierungszwang in der Versorgungswirtschaft, S. 25 f. Die Zulässigkeit geschlossener Versorgungsgebiete wurde in der Vergangenheit teilweise damit begründet, daß sie letztlich Ausfluß der Selbstverwaltungsgarantie der Gemeinden aus Art. 28 Abs. 2 GG seien. Die geschlossenen Versorgungsgebiete galten danach als eine Folge der Verpflichtung der Gemeinden zur Daseinsvorsorge, vgl. Börner, Der Energiemarkt und die geschlossenen Versorgungsgebiete der Strom- und Gaswirtschaft im Übergang zum Wettbewerb, Zeitschrift für öffentliche und gemeinwirtschaftliche Unternehmen Beiheft 20, 1996, S. 23 ff., wonach die Übertragung der Versorgungspflicht an Unternehmen eine Privatisierung der gemeindlichen Aufgaben darstelle. Da sich die Versorgungspflicht auf das gesamte Gemeindegebiet erstreckt, sei das Versorgungsgebiet als geschlossenes zu übertragen. Dies geschehe durch die Übertragung ausschließlicher Wegerechte im Rahmen eines Konzessionsvertrages.

161 Hermes, Staatliche Infrastrukturverantwortung, S. 454.

162 Zu den Unternehmen der öffentlichen Stromversorgung in der Bundesrepublik werden etwa 930 Unternehmen gerechnet, die Dritte mit Elektrizität beliefern oder diese verwalten. Zu den Eigenerzeugern zählen etwa 200 Unternehmen aus der industriellen Kraftwirtschaft, die Stromerzeugung der Deutschen Bahn AG sowie die Stromerzeugung durch mehr als 8.000 Privatpersonen. 1994 deckte die öffentliche Stromversorgung 92 % des gesamten Stromverbrauchs in Deutschland, 7 % entfielen auf Bergbau, Industrie und private Erzeuger sowie 1 % auf die Deutsche Bahn AG, vgl. Paulus, Wettbewerb und Konzentration in der leitungsgebundenen Energiewirtschaft in der Europäischen Union, in: Zippel, Transeuropäische Netze, 45, S. 46; vgl. hierzu auch Bräuer/Egeln/Werner, Wettbewerb in der Versorgungswirtschaft, S. 59.

Auf der Verbundebene teilten ursprünglich insgesamt neun Unternehmen das gesamte Gebiet der Bundesrepublik flächendeckend unter sich auf.[163] Sie errichten und betreiben Anlagen zur Erzeugung[164] und Verteilung elektrischer Energie, betreiben die überregionale Stromversorgung, beliefern die beiden nachgelagerten Ebenen mit elektrischer Energie, versorgen die Verbraucher zum Teil auch unmittelbar und tauschen Überkapazitäten mit anderen Verbundunternehmen innerhalb und außerhalb Deutschlands aus.[165]

Eine Organisationsstufe darunter befanden sich etwa 85 Regionalversorgungsunternehmen, die regelmäßig durch die Zusammenfassung von mehreren wirtschaftlich leistungsschwachen Gemeinden entstanden. Sie betreiben Übertragungs- und Verteilungsnetze der Mittel- und Niederspannungsstufe für den regionalen Transport zur Abgabe an lokale Versorgungsunternehmen oder für die direkte Verteilung des eigenerzeugten oder vom vorgelagerten Verbundunternehmen bezogenen Stromes[166] an die Endabnehmer vorwiegend in ländlichen Gebieten.

Eine weitere Organisationsstufe darunter sind die - regelmäßig im Eigentum der Gemeinden[167] stehenden - kommunalen Versorgungsunternehmen tätig, deren Arbeitsgebiet sich auf das jeweilige Gemeinde- oder Stadtgebiet beschränkt.[168] Sie betreiben die lokalen Verteilungsnetze und sind an der Erzeugung selbst nur in ge-

---

163 Die Verbundebene umfaßte die Unternehmen Badenwerk AG, Bayernwerk AG, Energieversorgung Schwaben AG, Hamburgische Elektricitätswerke AG, Preussen Elektra AG, RWE Energie AG, Vereinigte Elektrizitätswerke Westfalen AG, Vereinigte Energiewerke AG und die Berliner Kraft- und Licht AG, die in der Deutschen Verbundgesellschaft e.V. zusammengeschlossen sind. Nach der Fusion der Badenwerk AG und der Energieversorgung Schwaben AG verblieben acht Verbundunternehmen, vgl. dazu Horstmann, Zulassungsverfahren und Wegerecht für Energieversorgungsleitungen sowie der Zugang zu Energieversorgungsnetzen nach dem neuen Energiewirtschaftsgesetz und dem Wettbewerbsrecht, S. 123.

164 Z.B. auch durch die Errichtung von Gemeinschaftskraftwerken mehrerer Verbundunternehmen.

165 Paulus, Wettbewerb und Konzentration in der leitungsgebundenen Energiewirtschaft in der Europäischen Union, in: Zippel, Transeuropäische Netze, 45, S. 47.

166 Sie betätigen sich insoweit als Weiterverteiler bzw. Zwischenhändler von Strom, vgl. Bräuer/Egeln/Werner, Wettbewerb in der Versorgungswirtschaft, S. 60; Paulus, Wettbewerb und Konzentration in der leitungsgebundenen Energiewirtschaft in der Europäischen Union, in: Zippel, Transeuropäische Netze, 45, S. 47.

167 Rechtlich besteht zwischen den alten und den neuen Bundesländern insoweit ein Unterschied, als in den alten Bundesländern die Betätigung der Kommunen in der Energieversorgung auf dem Subsidiaritätsprinzip beruht, d.h. die Gemeinden sich in diesem Bereich nur betätigen dürfen, wenn der Unternehmenszweck nicht wirtschaftlicher oder besser durch einen anderen erfüllt wird oder erfüllt werden kann, während dies in den neuen Bundesländern ausdrücklich als Selbstverwaltungsangelegenheit der Kommunen angesehen wird (vgl. etwa § 108 Abs. 1 NGO).

168 Hermes, Staatliche Infrastrukturverantwortung, S. 22.

ringem Umfang beteiligt.[169] Ihre Hauptaufgabe liegt demzufolge in der direkten Stromversorgung der Kunden.

Insgesamt könnte die Vielzahl der bereits zum Zeitpunkt der Marktöffnung in der öffentlichen Elektrizitätsversorgung Deutschlands tätigen Unternehmen auf das Vorhandensein einer wettbewerblichen Struktur hindeuten, die die Notwendigkeit einer Liberalisierung überflüssig erscheinen ließe. Allerdings ist die Bedeutung der Verbundunternehmen für Stromerzeugung[170] und Stromabgabe im Vergleich zu der hohen Anzahl an Regionalversorgern und kommunalen Versorgungsunternehmen beträchtlich. Ein Drittel ihrer Kunden erreichen die Verbundunternehmen direkt über eigene Leitungssysteme. Im übrigen sind die Verbundunternehmen an zahlreichen regionalen und kommunalen Unternehmen beteiligt, so daß es zwischen ihnen und den nachgelagerten Unternehmen zu engen Verbindungen über Kapitalbeteiligungen und langfristige Strombezugskontakte kommt.[171]

Die Strukturen waren demnach im Zeitpunkt der Marktöffnung durch eine weitgehende vertikale Integration über die ersten drei Stufen Erzeugung, Übertragung und Verteilung gekennzeichnet.[172] Darüber hinaus war jedes Verbundunternehmen vor der Marktöffnung als Folge eines Geflechts aus Konzessions- und Demarkationsverträgen in seinem Liefergebiet alleiniger Übertragungsnetzbetreiber und alleiniger Großhändler von Strom. Für die Regionalversorgungsunternehmen, die kommunalen Versorgungsunternehmen und die übrigen Kunden bestanden, selbst wenn sie unabhängig waren, beim Strombezug somit keine Wahlmöglichkeiten.[173] Dadurch waren diese Unternehmen regelmäßig in einer potentiell starken Stellung gegenüber den Letztverbrauchern, da sie das Monopol über alle Letztverbraucher in ihrem Versorgungsgebiet innehatten.[174] Zum Aufbau paralleler Netzinfrastruktureinrichtungen konkurrierender Unternehmen kam es dadurch nicht, so daß auch nach der Marktöffnung die Netze von jeweils regionalen Monopolisten betrieben werden.

---

169 Der Großteil ihres Strombedarfs wird von Unternehmen der vorgelagerten Markstufen, also den Verbund- oder Regionalunternehmen, gedeckt.

170 Ihr Anteil an der gesamten Stromerzeugung Deutschlands liegt bei etwa 80 %, vgl. hierzu Hermes, Staatliche Infrastrukturverantwortung, S. 23. Lediglich 20 % des gesamten Strombedarfs wird somit von den regionalen oder lokalen Unternehmen durch eigene Kraftwerke gedeckt.

171 Paulus, Wettbewerb und Konzentration in der leitungsgebundenen Energiewirtschaft in der Europäischen Union, in: Zippel, Transeuropäische Netze, 45, S. 48.

172 Klopfer/Schulz, Märkte für Strom, S. 3 f.; Gröner/Köhler/Knorr, Liberalisierung der Telekommunikationsmärkte, S. 28.

173 Die oftmals langfristigen Lieferverträge zwischen den Unternehmen verschiedener Organisationsstufen haben in der Vergangenheit darüber hinaus zu einer erheblichen Absicherung der jeweiligen Vorlieferantenstellung beigetragen.

174 Vgl. Klopfer/Schulz, Märkte für Strom, S. 5.

Vor den Reformen waren die EVU in ihrem rechtlich abgesicherten Versorgungsgebiet praktisch vollständig vor brancheninternem (d.h. spartengleichem) Wettbewerb mit anderen EVU geschützt. In diesem Zusammenhang wurde von der Herausbildung eines zumindest „monopolartig strukturierten Wirtschaftssektors" gesprochen,[175] in dem die leitungsgebundene Elektrizitätsversorgung in geschlossenen Versorgungsgebieten und unter spezieller Staatsaufsicht durchgeführt wurde. Mit der Versorgungsberechtigung eines Unternehmens für ein abgegrenztes Versorgungsgebiet korrespondierte eine absolute Anschluß- und Versorgungspflicht, nach der die EVU verpflichtet waren, alle Kunden nach Allgemeinen Bedingungen und Tarifen zu beliefern und ihre Verträge mit Industriekunden zu Konditionen abzuschließen, die der Kostenverursachung durch den jeweiligen Abnehmer entsprachen. Dies wurde flankiert von einem umfangreichen Genehmigungs- und Aufsichtssystem, insbesondere einer besonderen kartellrechtlichen Mißbrauchsaufsicht nach § 103 Abs. 5 bis 7 GWG a.F.,[176] mit dem die vertraglich ausgeschalteten Marktmechanismen kompensiert werden sollten.[177]

3. *Vergleich der Marktstrukturen in der Telekommunikation und Elektrizitätswirtschaft*

Bei bundesweiter Betrachtung waren die Marktstrukturen in der Telekommunikation und der Elektrizitätswirtschaft danach zum Zeitpunkt der Reformen sehr unterschiedlich ausgestaltet. Während die DTAG als ursprünglich monopolistisches Staatsunternehmen (Deutsche Bundespost) zunächst bundesweit keine Wettbewerber hatte,[178] und daher als einziges Unternehmen über ein bundesweit flächendeckendes Netz verfügte, war in der Elektrizitätswirtschaft auf der jeweiligen Versorgungsstufe bereits im Zeitpunkt der Marktöffnung eine Vielzahl von potentiellen Wettbewerbern mit vergleichbarer Marktmacht - allerdings in separaten Ver-

---

175 Lukes, Die Neuregelung des Energiewirtschaftsrechts, BB 1998, S. 1217. Von einem Angebots- und Nachfragemonopol gehen auch Gröner/Köhler/Knorr, Liberalisierung der Telekommunikationsmärkte, S. 29 f. aus.

176 Vgl. zum Verfahren der besonderen Mißbrauchsaufsicht nach der alten Rechtslage: Börner, Der Energiemarkt und die geschlossenen Versorgungsgebiete der Strom- und Gaswirtschaft im Übergang zum Wettbewerb, Zeitschrift für öffentliche und gemeinwirtschaftliche Unternehmen Beiheft 20, 1996, S. 29 ff.

177 Heitzer, Das System der leitungsgebundenen Energieversorgung in der Bundesrepublik Deutschland, in: Baur (Hrsg.), Neue Strukturen der Energieversorgung, 99, S. 103; Büdenbender, Energierecht nach der Energierechtsreform, JZ 1999, 62, S. 63.

178 Zum Zeitpunkt der Marktöffnung setzte sich der historisch gewachsene Markt somit aus sehr asymmetrischen Marktteilnehmern zusammen, vgl. hierzu Dreyer, Netzunabhängige Anbieter von Telekommunikations-Dienstleistungen - ein wichtiger Faktor in der Wettbewerbslandschaft, in: Oberender, Die Dynamik der Telekommunikationsmärkte als Herausforderung an die Wettbewerbspolitik, 89, S. 103.

sorgungsgebieten - vorhanden.[179] Auch zum gegenwärtigen Zeitpunkt ist es in der Telekommunikation allein der DTAG möglich, bundesweit Telekommunikationsdienstleistungen unter Verwendung ausschließlich eigener Netzinfrastruktureinrichtungen anzubieten. Erst über den Zugang zum Netz der DTAG ist dies auch den Wettbewerbern möglich.

Auch in der Elektrizitätswirtschaft ließ die Reform des Rechts der leitungsgebundenen Energieversorgung die Eigentumsrechte an Übertragungs- und Verteilungsnetzen unberührt. Marktstrukturbedingt werden von Durchleitungsvorgängen in der Elektrizitätswirtschaft im Regelfall ein Verteilungsnetz und gegebenenfalls mehrere Übertragungsnetze unterschiedlicher Betreiber betroffen.[180] Beide Sektoren weisen insoweit historisch bedingt voneinander abweichende Marktstrukturen[181] und Unterschiede bei den Netzzugangs- bzw. Durchleitungsvorgängen auf.

Vergleichbar mit dem bundesweiten Monopol der DTAG für Telekommunikationsleistungen entstanden durch das Geflecht von Demarkations- und Konzessionsverträgen auch in der Elektrizitätswirtschaft regionale Angebotsmonopole, in denen die Verbraucher auf das für ihr Versorgungsgebiet zuständige Unternehmen angewiesen waren und praktisch keine Ausweichmöglichkeiten hatten. Die Schaffung von Wettbewerb muß zwangsläufig zu einer Veränderung dieser Marktstrukturen führen und die klassische Versorgungsstruktur der Leistungserbringung „aus einer Hand“ verändern.[182]

In beiden Sektoren waren die Kunden zum Zeitpunkt der Marktöffnung ausschließlich an das Leitungsnetz eines Unternehmens angeschlossen. In der Tele-

---

[179] Ehmer, Regulierung im Telekommunikationswesen - Sind die tatsächlichen Gegebenheiten und der rechtliche Rahmen mit der Energiewirtschaft vergleichbar?, Kölner Miszellen zum Energierecht, S. 12 f. Die unterschiedlichen Marktstrukturen hatten in der Elektrizitätswirtschaft bereits vor der Liberalisierung nationale Preisvergleiche zur Folge, wohingegen in der Telekommunikation zur gleichen Zeit nur internationale Preisvergleiche möglich waren. Anstelle der energierechtlichen Gleichpreisigkeit bei Tarifkunden in einem Tarifgebiet bestand also eine nationale Tarifgleichheit.

[180] Vgl. Salje, Der Durchleitungsvertrag, RdE 1998, 169, S. 174.

[181] Vergleichbar sind die Marktstrukturen in der Elektrizitätswirtschaft mit denen des Fernmeldesystems in den USA, wo sich nach der Entflechtung von AT&T im Jahre 1984 ebenfalls private Netzmonopole im örtlichen Telefonverkehr herausbildeten. Vgl. zu den vom deutschen System bereits Anfang der 90er Jahre abweichenden Strukturen in den USA, Finnland und England: Monopolkommission, Sondergutachten der Monopolkommission, Zur Neuordnung der Telekommunikation, 1991, S. 18 ff.

[182] Bislang gestaltete sich die klassische Versorgungsstruktur im Bereich der Elektrizitätswirtschaft derart, daß ein bestimmtes Versorgungsgebiet durch eine vollständige Integration der Stufen Erzeugung, Übertragung und Verteilung gekennzeichnet war, vgl. hierzu Bräuer/Egeln/Werner, Wettbewerb in der Versorgungswirtschaft und seine Auswirkungen auf kommunale Querverbundunternehmen, S. 14.

kommunikation wurde dieses Netz bundesweit von einem einzigen Unternehmen, der DTAG, in der Elektrizitätswirtschaft hingegen von dem für das jeweilige Versorgungsgebiet zuständigen EVU betrieben. Das bundesweite Elektrizitätsversorgungsnetz besteht insoweit aus der Verbindung der Netze unterschiedlicher Netzbetreiber. Anders als in der Telekommunikation können damit die EVU ihre Kunden von vornherein nicht bundesweit über die Netzinfrastruktureinrichtungen eines einzigen Unternehmens erreichen. In Abhängigkeit von der Anzahl der für die Stromlieferung räumlich zu überwindenden Versorgungsgebiete machen Durchleitungsvorgänge einen Zugang zum Netz einer Vielzahl von Netzbetreibern erforderlich.

Dadurch werden sich auch die klassischen Vertragsbeziehungen zwischen den Beteiligten verändern. Dies betrifft zunächst nicht die Rechtsnatur des jeweiligen Vertrages. Auch weiterhin wird der Stromlieferungsvertrag mit der h.M.[183] dem im BGB geregelten Vertragstypus des Kaufvertrages entsprechen. Klarstellende Vorschriften dahingehend, wie der Energielieferungsvertrag in rechtlicher Hinsicht einzuordenen ist, enthält das neue Energiewirtschaftsgesetz nicht.[184] Das Rechtsverhältnis zwischen dem Telekommunikationsanbieter und seinem Kunden kann demgegenüber als typengemischter Vertrag angesehen werden. Sieht man den Anschluß an das Netz und den Aufbau der jeweiligen Verbindung als Erfolg an, so kann der zustandekommende Vertrag insgesamt als Werkvertrag qualifiziert werden.[185]

Soweit aus wirtschaftlichen Gründen die Errichtung paralleler Netzinfrastruktureinrichtungen und die Errichtung von Direktleitungen ausscheidet,[186] bleibt die Notwendigkeit eines Netzzugangs für die Erbringung eigener Leistungen in beiden Sektoren dauerhaft bestehen. Die Marktstrukturen werden sich somit nicht vorrangig auf der Netzbetreiberebene (Netzwettbewerb), sondern durch die Möglichkeit

---

[183] BGH NJW 1969, 1903, S. 1905.

[184] Zur Rechtsnatur des Energielieferungsvertrages vgl. Reinholz, Die rechtliche Einordnung des Energielieferungsvertrages, RdE 1999, S. 64 ff., der die Elektrizitätsleistung als eine Gesamtleistung ansieht. Dem Anschluß an das Versorgungsnetz sowie der dauernden Vorhaltung von Energie soll danach im Rahmen der Elektrizitätsversorgung mindestens die gleiche Bedeutung zukommen wie der eigentlichen Abgabe der elektrischen Energie. Reinholz äußert insoweit Zweifel an der rechtlichen Einordnung als Kaufvertrag.

[185] Schöpflin will die Rechtsnatur des Vertrages zwischem Kunden und Telekommunikationsunternehmen dennoch als Dienstvertrag qualfizieren, da seiner Ansicht nach die „Gewährleistungsregeln des Dienstvertragsrechts“ zu treffenderen Problemlösungen führen, vgl. Schöpflin, Der Mobilfunkvertrag, BB 1997, S. 106.

[186] In der Telekommunikation wird dies im wesentlichen zu Veränderungen auf der Verbindungsnetzbetreiberebene führen, wohingegen sich die Strukturen im Teilnehmernetzbereich nur langsam auflösen werden.

zum bundesweiten Angebot von Leistungen über bereits bestehende Netzinfrastruktureinrichtungen (Dienstewettbewerb) verändern. Da die Marktstrukturen auch zuvor von der staatlichen Gesetzgebung veranlaßt waren, stellen wirksame Netzzugangsregelungen eine Minderung vorangegangener staatlicher Wettbewerbsausschlüsse und Grundrechtseingriffe zu Lasten der vom Wettbewerb ausgeschlossenen Unternehmen, also eine legislatorische Minderung und teilweise Rücknahme bestehender, gegen potentielle Wettbewerber der Monopolisten gerichteter Grundrechtsbeschränkungen, dar. Insoweit kann in beiden Sektoren von einer Deregulierung gesprochen werden.

Hinzu kommt, daß sich die Neuordnung der Marktstrukturen in der Elektrizitätswirtschaft - anders als in der Telekommunikation - in einem stagnierenden Markt mit deutlichen Überkapazitäten vollziehen muß.[187] Umso mehr bedarf es daher in der Elektrizitätswirtschaft der Gewährleistung eines effektiven Netzzugangs. Eine Marktbereinigung findet dort jedoch - anders als in der Telekommunikation - weniger durch den Zutritt neuer als durch ein Ausscheiden oder eine Verbindung bestehender Unternehmen statt.

C. Ordnungspolitische Behandlung von Märkten mit Netzstrukturen und Regulierungsbedarf

Die Reformen in der Telekommunikation und der Elektrizitätswirtschaft mit dem Ziel einer Öffnung der Märkte für den Wettbewerb sind die Folge eines allgemeinen Wandels in den Ansichten über die ordnungspolitische Behandlung von Märkten mit Netzstrukturen, angestoßen durch Rechtsentwicklungen in der EU. Vorherrschend wurde in der Vergangenheit die Auffassung vertreten, daß es sich bei Märkten mit Netzstrukturen - und somit auch bei der Telekommunikations-[188] und

---

[187] Vgl. hierzu Hoeffler, Regulatorische Rahmenbedingungen für den deutschen Strommarkt, ET 2001, S. 240.

[188] Den Ausgangspunkt zur Rechtfertigung von Monopolrechten für die Deutsche Bundespost und deren Rechtsnachfolger im Bereich der Telekommunikation bildete die lange Zeit vorherrschende Annahme, daß es sich bei dem Telekommunikationsnetz insgesamt um ein natürliches Monopol handele, welches allein eine staatsweite Versorgung an Dienstleistungen zu einheitlichen Preisen ermögliche, vgl. Geppert/Ruhle/Schuster, Handbuch Recht und Praxis der Telekommunikation, S. 35. Diese Ansicht beruhte auf der Annahme, daß die durchschnittlichen Gesamtkosten für die „Herstellung“ einer Telekommunikationsdienstleistung für jede Nachfragenmengenzunahme sinken, da Telekommunikationsnetze hohe Fixkosten und konstante oder sinkende nachfragemengenabhängige Zusatzkosten (Grenzkosten) aufweisen, vgl. hierzu Gerpott, Wettbewerbsstrategien im Telekommunikationsmarkt, S. 17. Aufgrund der Größen- und Verbundvorteile wurde angenommen, daß ein einzelner Anbieter die gesamte Nachfrage zu niedrigeren Produktionskosten versorgen könne als mehrere Anbieter. Folglich wurde auf den Märkten der Telekommunikation nicht nur kein Platz für eine Vielzahl von konkurrierenden Anbietern gesehen, sondern es darüber hinaus auch als ineffizient angesehen, mehrere Anbieter zuzulassen, vgl. hierzu Klodt/Laaser/Lorz/Maurer, Wettbewerb

Elektrizitätswirtschaft[189] - um natürliche Monopole handele, innerhalb derer ein Wettbewerb von vornherein als ineffizient galt. Zum Beleg dafür wurde in der wissenschaftlichen Diskussion eine Vielzahl von Argumenten angeführt, deren Stichhaltigkeit zunehmend von der jeweiligen Eigendynamik der Märkte zurückgedrängt wurde.[190]

---

und Regulierung in der Telekommunikation, S. 24. Als weiteres Argument für die Beibehaltung von Monopolrechten wurde der Versorgungscharakter der Post- und Fernmeldedienste angeführt. Danach konnte allein durch die Beibehaltung der Monopolrechte für die Deutsche Bundespost gewährleistet werden, daß das gesamte Staatsgebiet das volle Angebot an Kommunikationsdienstleistungen zu einheitlichen Preisen und in gleicher Qualität erhält, vgl. Breuel, Lockerung des Postmonopols?, WuW 1981, S. 93. In diesem Zusammenhang wurde über Jahre hinweg der Telekommunikationsbereich insgesamt - also ohne Trennung der Netz- und Diensteebene - als natürliches Monopol angesehen, obwohl Größenvorteile lediglich im Netzbereich (Übertragung und Vermittlung) angenommen wurden.

189 In der Vergangenheit wurde auch die für den Sektor der deutschen Elektrizitätswirtschaft kennzeichnende Versorgungsstruktur mit einem Bündel von wirtschaftspolitischen Zielvorstellungen sowie Erkenntnissen und Annahmen begründet. Argumentativ wurden hierbei die technischen, wirtschaftlichen und rechtlichen Besonderheiten der Elektrizitätsversorgung zur Begründung der besonderen Marktstellung von EVU herangezogen, aus denen sich eine Konkurrenztätigkeit mehrerer gleichartiger Unternehmen in demselben Versorgungsgebiet verbiete. Dabei wurde vertreten, daß die Versorgungsverantwortung nur von einem einzigen Unternehmen übernommen werden kann, das für Investitionen in das Netz, Preise und Bedingungen verantwortlich ist (Tegethoff/Büdenbender/Klinger-Büdenbender, Das Recht der öffentlichen Energieversorgung-Kommentar, § 103 GWB Rn. 26 ff.), da im Bereich der leitungsgebundenen Energieversorgung ein besonders gewichtiges Interesse der Gesamtwirtschaft an kontinuierlicher, nicht unterbrochener und preisgünstiger Energieversorgung bestehe (BVerfGE 30, 292 (311 f.) - Sicherung der Energieversorgung als „Gemeinschaftsinteresse höchsten Ranges“). Da allein eine zwangsweise Durchmischung von Verbrauchern und Versorgungsgebieten mit unterschiedlichen Abnahmegewohnheiten eine Verbilligung der Versorgung gewährleiste und der Gefahr einer Beschränkung des Wettbewerbs auf lukrative Kundengruppen entgegentrete („Rosinenpicken“), sei eine an diesen Zielen orientierte Versorgung - entsprechend der Argumentation in der Telekommunikation - unter normalen Wettbewerbsbedingungen gefährdet (vgl. Büdenbender, Energierecht - Eine systematische Darstellung des gesamten Rechts der öffentlichen Energieversorgung, S. 14 ff. Rn. 33 ff.). Die natürliche Monopolsituation führe ohnehin dazu, daß sich selbst bei einer Wettbewerbsöffnung alsbald wieder Konzentrationstendenzen einstellen würden, vgl. zu dieser Argumentation Hermes, Staatliche Infrastrukturverantwortung, S. 312.

190 Ordnungspolitisch ist die Beibehaltung eines Monopols als überflüssig und volkswirtschaftlich schädlich anzusehen, sobald damit zu rechnen ist, daß der Markt unter Wettbewerbsbedingungen mindestens ebenso gut wie durch einen Monopolisten versorgt werden kann, so bereits Breuel, Lockerung des Postmonopols?, WuW 1981, 96, S. 96 f. Ein Monopol kann danach in unserer Wirtschaftsordnung allenfalls als Ausnahme akzeptiert werden, vgl. Welfens/Graack, Telekommunikationswirtschaft, S. 63, 126. Der staatliche Anteil an Unternehmen ist grundsätzlich auf den geringstmöglichen Wert abzusenken.

I. Der Wandel in der ordnungspolitischen Behandlung von Märkten mit Netzstrukturen

Wurde zunächst noch überwiegend die Auffassung vertreten, daß ein Wettbewerb zwischen mehreren Unternehmen in und auf Netzen wegen des natürlichen Monopolcharakters von Märkten mit Netzstrukturen nicht funktioniert, und daher eine staatliche Aufsicht bzw. Regulierung oder Verstaatlichung Platz greifen muß, so hat in der jüngeren Vergangenheit - hervorgerufen durch die positiven Erfahrungen der Öffnung von Märkten mit Netzstrukturen im Ausland[191] - ein Prozeß des Umdenkens stattgefunden. Ihren wissenschaftlichen Niederschlag hat dieser Wandel in der „Neuen Theorie der Regulierung natürlicher Monopole“ und in einer differenzierten Betrachtung des natürlichen Monopolcharakters der trennbaren Funktionen.[192] gefunden. Der Wandel beruht im wesentlichen auf der steigenden Bedeutung von Netzstrukturen gerade im Bereich der Informationstechnologien,[193] aber auch auf der generellen Annahme dynamischer Vorteile durch einen Wettbewerb auf Märkten mit Netzstrukturen.[194] Parallel dazu wurden die technischen Möglichkeiten der Netzsteuerung fortentwickelt,[195] wodurch es möglich wurde, komplexe Ströme auf Netzen zu bewerkstelligen und kostenmäßig vernünftig abzurechnen.[196] Damit war eine wesentliche Voraussetzung dafür geschaffen, daß mehrere Unternehmen ihre Leistungen über dieselben Netzinfrastruktureinrichtungen

---

[191] Die vorausgegangenen Entwicklungen und Erfahrungen mit der Liberalisierung der Telekommunikationsmärkte in den USA und Großbritannien sind zusammengefaßt in Welfens/Graack, Telekommunikationswirtschaft, S. 97 ff. und S. 122.

[192] Trennung der elektrizitätswirtschaftlichen Funktionen Erzeugung, Übertragung, Verteilung und Handel und der im Telekommunikationssektor zu unterscheidenden Netz- und Diensteebenen.

[193] Von Weizsäcker, Wettbewerb in Netzen, WuW 1997, 572, S. 576. Durch die steigende Nachfrage nach Telekommunikationsdienstleistungen einerseits und dem schnellen technischen Fortschritt andererseits ist der Liberalisierungsdruck in den zurückliegenden Jahren stetig angewachsen, vgl. Geppert/Ruhle/Schuster, Handbuch Recht und Praxis der Telekommunikation, S. 35.

[194] Technische Entwicklungen können zudem völlig neue Alternativen zu bereits bestehenden Netzinfrastruktureinrichtungen eröffnen, wodurch diese ihre bisherige Schlüsselstellung verlieren, sie vielleicht sogar obsolet werden. Als Beispiel hierfür seien die Entwicklungen genannt, die es zukünftig ermöglichen sollen, unter Verwendung des in jedem Haushalt bereits vorhandenen Stromanschlusses zu telefonieren, vgl. dazu das von RWE gemeinsam mit der Schweizer Ascom entwickelte Kommunikationssystem auf der Basis von „Powerline Communications“, das den Sprachverkehr und Datenaustausch über Stromnetze ermöglicht. Damit wäre auf der Ortsnetzebene ohne die Errichtung neuer Netzinfrastruktureinrichtungen ein alternativer Netzzugang eröffnet. Aufgrund technischer Schwierigkeiten ist es hier jedoch zu Verzögerungen gekommen.

[195] Zu den Fortschritten in den Telekommunikationsnetztechniken vgl. Gerpott, Wettbewerbsstrategien im Telekommunikationsmarkt, S. 17 ff.; Meyer-Renschhausen/Sieling, Liberalisierung des Strommarktes - Wirkungen und Anpassungsstrategien der kommunalen Energieversorgungsunternehmen, Zeitschrift für öffentliche und gemeinwirtschaftliche Unternehmen Band 22, Heft 2, 1999, 115, S. 117 Fn. 7.

[196] Von Weizsäcker, Wettbewerb in Netzen, WuW 1997, 572, S. 576.

erbringen konnten. Allein das Vorliegen von Netzstrukturen konnte somit nicht mehr zwangsläufig - wie in der Vergangenheit - zu der Annahme eines natürlichen Monopols für sämtliche in dem jeweiligen Sektor erbrachten Leistungen herangezogen werden.

1. Telekommunikation

Aufgrund dieser Entwicklungen gilt in der Telekommunikation der Wettbewerb auf der Netz- und Diensteebene als das zur Erzielung effizienter Marktergebnisse am besten geeignete Ordnungsprinzip,[197] innerhalb dessen sich die den Märkten prognostizierte Dynamik[198] optimal entwickeln kann. Über Netzzugangsregelungen für die Anbieter von Telekommunikationsdienstleistungen und Regelungen zur Netzzusammenschaltung kann - unter Nutzung der bereits vorhandenen Netzinfrastruktureinrichtungen - insbesondere an wenig lukrativen Stellen der Aufbau einer parallelen, wirtschaftlich nicht sinnvollen Infrastruktur durch neu in den Markt eintretende Unternehmen vermieden werden.[199] Entscheidend ist insoweit, daß ein einzelnes Unternehmen die verschiedenen Wertschöpfungsstufen der Gesamtleistung Telekommunikation nicht vollständig selbst durchlaufen muß, sondern im Wettbewerb für die einzelnen Teilbereiche der Leistungserbringung jeweils eigene Märkte entstehen,[200] auf welche die Unternehmen für ihr Angebot Zugriff nehmen können. Über entsprechende Regelungen zu einer Zusammenschaltung der Netze verschiedener Anbieter lassen sich zudem die netztypischen Bündelungsvorteile realisieren.[201]

---

197 Hallenga, Europarechtliche Vorgaben für die Liberalisierung von Telekommunikationsnetzmärkten und die Umsetzung in nationales Recht, Archiv PT 1996, 239, S. 240; Welfens/Graack, Telekommunikationswirtschaft, S. 54; Lammich, Telekommunikationsgesetz-Kommentar, Einführung S. 3; Welfens/Graack, Telekommunikationswirtschaft, S. 9 ff.

198 Zur Dynamik des Telekommunikationssektors vgl. Knieps, Deregulierung und die Dynamik des Wettbewerbs in der Telekommunikation, in: Oberender, Die Dynamik der Telekommunikationsmärkte als Herausforderung an die Wettbewerbspolitik, Berlin 1998, S. 9.

199 Salje, Marktbeherrschung auf Telekommunikations-Märkten, K&R 1998, 331, S. 338.

200 Gabelmann/Gross, in: Knieps/Brunekreeft, Zwischen Regulierung und Wettbewerb - Netzsektoren in Deutschland, S. 87. Darüber hinaus hat die technische Entwicklung zu Überschneidungen der zuvor klar getrennten Bereiche der Telekommunikation und der Datenverarbeitung geführt (vgl. hierzu Welfens/Graack, Telekommunikationswirtschaft, S. 22 f.). Während die Datenverarbeitungsbranche traditionell aber weitgehend unreguliert war, wies der Bereich der Telekommunikation in der Vergangenheit umfassende Regulierungen unter Einräumung von Monopolrechten für ein Staatsunternehmen auf. Bereits insoweit wurde eine Angleichung der Vorschriften im Sinne einer Deregulierung des Sektors für Telekommunikation für erforderlich erachtet, vgl. Wieland, Regulierung der Telekommunikation, in: Krakowski, Regulierung in der Bundesrepublik Deutschland - Die Ausnahmebereiche des Gesetzes gegen Wettbewerbsbeschränkungen, 195, S. 199 f.

201 Zu den vorausgegangenen Entwicklungen im Ausland vgl. Klodt/Laaser/Lorz/Maurer, Wettbewerb und Regulierung in der Telekommunikation, S. 137 ff. Danach sind durch die Liberalisierung des Telekommunikationssektors die Angebotspalette an Telekommunikationsdiensten deutlich er-

2. *Elektrizitätswirtschaft*

Eine vergleichbarere Entwicklung in der wissenschaftlichen Diskussion hat sich in den zurückliegenden Jahren auch in der Elektrizitätswirtschaft vollzogen. Angestoßen wurde die Diskussion dort Ende der achtziger Jahre durch Beschwerden der verbrauchsintensiven deutschen Industrie über die im Vergleich zu den damaligen EG-Partnerländern hohen Strompreise. Diese wurden allgemein als Wettbewerbsnachteil und Hindernis für eine positive Konjunkturentwicklung angesehen.[202] Beklagt wurden zudem Ineffizienzen in der deutschen Versorgungswirtschaft,[203] nachdem Erfahrungen aus dem Ausland gezeigt hatten, daß ein Wettbewerb auch in der leitungsgebundenen Energiewirtschaft möglich ist.[204]

Die Energierechtsreform war daher von dem Bemühen geprägt, Rationalisierungspotentiale auch in der Elektritätswirtschaft zu erschließen, um gegenüber der europäischen Konkurrenz in der Stromversorgung bestehen zu können. Dafür galten marktwirtschaftliche Strukturen und Kräfte gegenüber den bestehenden monopolistischen Strukturen als besser geeignet.[205] Es wurde dabei berücksichtigt, daß eine Trennung der Bereiche Erzeugung, Übertragung und Verteilung technisch und wirtschaftlich möglich ist. Selbst wenn die Kostenstruktur von Übertragung und Verteilung keinen Wettbewerb zwischen mehreren Unternehmen erlauben sollte,[206] da dies im Regelfall eine aufwendige und kostenintensive Duplizierung der Leitungen voraussetzt, schließt dies nicht insgesamt die Möglichkeit von Wettbewerb in der Elektrizitätswirtschaft aus. Wie auch in der Telekommunikation ist dafür durch die Gewährleistung eines Zugangs zu den bereits vorhandenen Netzinfrastruktureinrichtungen sicherzustellen, daß Stromliefervorgänge nicht von der vorherigen Errichtung eigener Netzinfrastruktureinrichtungen abhängig sind.

Dabei darf nicht verkannt werden, daß in der Elektrizitätswirtschaft - anders als in der Telekommunikation - die Wachstumspotentiale bereits weitgehend ausge-

---

weitert, Service und Zuverlässigkeit der Leistungserstellung verbessert und die Netze verstärkt modernisiert und ausgebaut worden (S. 152). Dabei haben die Wettbewerber nicht einfach die bereits vorhandenen bzw. die von den öffentlichen Monopolanbietern bereitgestellten Leistungen und Kapazitäten dupliziert, sondern neue Dienste am Markt angeboten und die Netzqualität nachhaltig verbessert.

202 Vgl. Graf Hohenthal, Der Wettbewerb setzt sich durch, ET 1998, S. 546.

203 Eickhof/Kreikenbaum, Die Liberalisierung der Märkte für leitungsgebundene Energien, WuW 1998, 666, S. 674.

204 Besonders zu nennen sind insoweit verschiedene Staaten der USA, Großbritannien sowie die skandinavischen Länder, vgl. hierzu Büdenbender, Energierecht nach der Energierechtsreform, JZ 1999, 62, S. 64.

205 Klafka/Hinz/Zander/Ritzau/Held, Netzzugangsverordnung für elektrische Netze, ET 1998, S. 35; Büdenbender, Energierecht nach der Energierechtsreform, JZ 1999, 62, S. 64.

206 Vgl. hierzu Weissel, Wettbewerbspolitik im Energiesektor, ZfRV 1997, 152, S. 154.

schöpft sind, und ein steigender Energieverbrauch auch politisch nicht erwünscht ist.[207] Beide Sektoren unterscheiden sich demzufolge in der Dynamik der Märkte. Wettbewerbern in der Telekommunikation wird durch das noch zu verteilende Wachstum der Marktzutritt erleichtert.[208]

II. Der disaggregierte Regulierungsansatz als Legitimation sektorspezifischer Netzzugangsregelungen

Der Wettbewerb gilt danach sowohl in der Telekommunikation als auch in der Elektrizitätswirtschaft als das zur Erzielung effizienter Marktergebnisse am besten geeignete Ordnungsprinzip. Um einen Wettbewerb zu gewährleisten, müssen sich die Marktteilnehmer jedoch innerhalb eines vom Gesetzgeber ordnungspolitisch vorgegebenen Rahmens bewegen. Dieser wird allgemein von den Vorschriften des GWB aufgestellt und durch die sektorspezifischen Regelungen des TKG und EnWG ergänzt. Um einerseits den Mißbrauch von Marktmacht - insbesondere durch die etablierten Unternehmen - auszuschließen und andererseits eine möglichst weitgehende Liberalisierung im Sinne einer Stärkung der Privatautonomie zu erreichen, sind ordnungspolitische Eingriffe allein beim Vorliegen monopolistischer Engpaßbereiche erforderlich. Das analytische Konzept des disaggregierten Regulierungsansatzes liefert einen wissenschaftlichen Ansatz zur Lokalisierung dieser Engpaßbereiche.

Das analytische Konzept des disaggregierten Regulierungsansatzes, dessen Grundlagen im Modell der angreifbaren Märkte gelegt wurden, greift zur Lokalisierung monopolistischer Engpaßbereiche auf die Kriterien „Größenvorteile“ und „versunkene Kosten“ zurück.[209] Überall dort, wo Größenvorteile und zugleich erhebliche versunkene Kosten auftreten, liegt eine stabile Marktmacht vor, die das Zustandekommen effizienter Marktlösungen ohne ein Eingreifen des Gesetzgebers in die Freiheit der Marktteilnehmer verhindert.[210] Das Konzept dient damit der Lokalisierung und Disziplinierung netzspezifischer Marktmacht, um hierüber Erkenntnisse

---

207 Ehmer, Regulierung im Telekommunikationswesen - Sind die tatsächlichen Gegebenheiten und der rechtliche Rahmen mit der Energiewirtschaft vergleichbar?, Kölner Miszellen zum Energierecht, S. 14.

208 So von Weizsäcker auf der Tagung des Arbeitskreises Kartellrecht am 09. und 10. Oktober 1997 in Berlin, zitiert nach dem Protokoll dieser Tagung, S. 3.

209 Knieps, Netzökonomie - Ein disaggregierter Ansatz, in: Zippel, Transeuropäische Netze; ders., Wettbewerb in Netzen. Reformpotentiale in den Sektoren Eisenbahn und Luftverkehr; ders., Der disaggregierte Regulierungsansatz der Netzökonomie, in: Knieps/Brunekreeft, Zwischen Regulierung und Wettbewerb - Netzsektoren in Deutschland, S. 7 ff.

210 Gabelmann/Gross, in: Knieps/Brunekreeft, Zwischen Regulierung und Wettbewerb - Netzsektoren in Deutschland, S. 92.

über den Regulierungsbedarf in dem jeweiligen Wirtschaftssektor abzuleiten.[211] Es liefert damit einen normativen Referenzpunkt für die Bewertung gesetzlicher Regelungen[212] und ermöglicht eine Aussage darüber, in welchen Bereichen der Telekommunikation und der Elektrizitätswirtschaft Regulierungsbedarf besteht. Ergänzend greift dieses analytische Konzept auf das Modell der angreifbaren Märkte zurück.

1. Regulierung und Regulierungsbedarf

Regulierung bedeutet, daß der Staat in die Marktmechanismen eingreift und dadurch die Freiheit der Marktteilnehmer beschränkt. In regulierten Märkten gilt statt oder neben dem allgemeinen Wirtschaftsrecht ein spezielles Wirtschaftsrecht mit branchenspezifischen Ausnahmeregelungen.[213] Aus ordnungspolitischer Sicht hat der Staat nur dann eine Legitimationsbasis für regulierende Eingriffe, wenn der Markt ohne solche Eingriffe nicht funktionsfähig ist und die volkswirtschaftlichen Kosten des Eingriffs geringer als deren Nutzen sind. Dabei ist zu berücksichtigen, daß Regulierungen administrative Kosten und Ressourcenkosten in den regulierten Industrien verursachen, die Personal und Finanzmittel einsetzen, um auf die Regulierungen Einfluß zu nehmen. Speziell bei der Regulierung von Netzbetreibern ist daher zu berücksichtigen, daß sich jede Verhaltensregulierung nicht nur auf die Konditionen auswirkt, zu denen sie gegenwärtig ihre Leistungen anbieten, sondern auch in sehr erheblichem Umfang auf die Bereitschaft, in existierende und in neue Netze zu investieren.[214] Insgesamt ist daher im Interesse des Wettbewerbs aus

---

211 Die Einordnung des natürlichen Monopols als ein Typ des Marktversagens begründet in der Perspektive der normativen Theorie der Regulierung einen Regulierungsbedarf dahingehend, die Vergeudung von Ressourcen eines ruinösen oder Verdrängungswettbewerbs zu verhindern, vgl. Theobald/Theobald, Grundzüge des Energiewirtschaftsrechts, S. 14; eingehend hierzu Krakowski, Theoretische Grundlagen der Regulierung, in: Krakowski, Regulierung in der Bundesrepublik Deutschland, 16, S. 25 ff.; einen Überblick geben Welfens/Graack, Telekommunikationswirtschaft, S. 127. Hierzu zählt einerseits - wie oben bereits dargelegt - das Vorliegen eines natürlichen Monopols, aber auch das Vorliegen externer Effekte. Entscheidend ist jeweils, ob ein potentieller Wettbewerb wirksam verhindert wird.

212 Gabelmann/Gross, in: Knieps/Brunekreeft, Zwischen Regulierung und Wettbewerb - Netzsektoren in Deutschland, S. 91.

213 Welfens/Graack, Telekommunikationswirtschaft, S. 125. Unter einer Deregulierung wird demgegenüber die Aufhebung eines Sonderstatus bestimmter Wirtschaftsbereiche durch den Abbau branchenspezifischer Ausnahmeregelungen bzw. der Abbau staatlicher Vorgaben, welche die Handlungsfreiräume der Anbieter und Nachfrager auf einem bestimmten Markt in besonderer Weise beeinträchtigen, verstanden, vgl. Gerpott, Wettbewerbsstrategien im Telekommunikationsmarkt, S. 58; Welfens/Graack, Telekommunikationswirtschaft, S. 126.

214 Kirchner, Verschärfte Regulierung der Mobilfunkmärkte?, MMR-Beilage 8/2002, S. 1.

Sicht der ökonomischen Analyse des Rechts eine Minimalregulierung bei größtmöglicher Transparenz geboten.[215]

Soweit kein Regulierungsbedarf besteht, ist davon auszugehen, daß sich effizientere Ergebnisse über Verhandlungen zwischen den Parteien erreichen lassen. Regulierungseingriffe in den Marktmechanismus sind in diesen Bereichen ordnungspolitisch nicht zu rechtfertigen.[216]

2. *Das Konzept der wesentlichen Einrichtungen und das Modell der angreifbaren Märkte*

Der disaggregierte Regulierungsansatz ist im Zusammenhang mit dem Konzept der wesentlichen Einrichtungen („essential facilities")[217] zu sehen. Letzteres verfolgt im Einzelfall das Ziel, Wettbewerbern einen diskriminierungsfreien Netzzugang zu den wesentlichen Einrichtungen zu gewährleisten.[218] Im Rahmen des disaggregierten Regulierungsansatzes wird diese „essential facilities doctrine" nicht mehr fallweise, sondern auf eine Klasse von Fällen, die monopolistischen Engpaßeinrichtungen, angewandt.[219] Eine Einrichtung gilt als wesentlich, wenn sie unabdingbar ist, um Kunden zu erreichen und/oder Wettbewerbern die Durchführung ihrer Geschäftstätigkeit zu ermöglichen, und diese Einrichtung nicht mit angemessenen Mitteln - hier wird auf die Kriterien „Größenvorteile" und „versunkene Kosten" zurückgegriffen - neu geschaffen werden kann.

Zu unterscheiden sind danach sowohl in der Telekommunikation als auch in der Elektrizitätswirtschaft die Teile der Netzinfrastruktureinrichtungen, in denen ein funktionsfähiger Wettbewerb gewährleistet ist, von solchen, in denen eine stabile, netzspezifische Marktmacht lokalisierbar ist. Eine Einrichtung ist jedenfalls dann als wesentlich anzusehen, wenn sie die Bedingungen für einen monopolistischen

---

215 Welfens/Graack, Telekommunikationswirtschaft, Berlin 1996, S. 79.

216 Knieps, Der disaggregierte Regulierungsansatz der Netzökonomie, in: Knieps/Brunekreeft, Zwischen Regulierung und Wettbewerb - Netzsektoren in Deutschland, S. 8; Gabelmann/Gross, in: Knieps/Brunekreeft, Zwischen Regulierung und Wettbewerb - Netzsektoren in Deutschland, S. 92.

217 In den regulierten Industrien wird begriffstechnisch in diesem Zusammenhang von sog. „bottleneck facilities" gesprochen, deren Zugang Gegenstand der Regulierung ist, und nicht von essential facilities, deren Zugang Gegenstand der Kartellrechtsdoktrin ist, vgl. Börner, Der Netzzugang für Dritte als grundsätzliches rechtliches Problem - Ein Blick auf die USA, in: Schwarze, Der Netzzugang für Dritte im Wirtschaftsrecht, 137, S. 177.

218 Vgl. Ziff. 68 der „Access Notice" der Europäischen Kommission vom 22.08.1998, ABl. C 265/02/98.

219 Vgl. Knieps, Der disaggregierte Regulierungsansatz der Netzökonomie, in: Knieps/Brunekreeft, Zwischen Regulierung und Wettbewerb - Netzsektoren in Deutschland, S. 19.

Engpaßbereich im Sinne des disaggregierten Regulierungsansatzes erfüllt.[220] Regulatorische Eingriffe müssen sich daher auf monopolistische Engpaßbereiche beschränken,[221] bei denen vom Vorliegen von einer netzspezifischen Marktmacht auszugehen ist.

Hierfür greift das analytische Konzept des disaggregierten Regulierungsansatzes ergänzend auf das Modell der angreifbaren Märkte zurück.[222] Dieses Modell zeigt die notwendigen Bedingungen auf, unter denen potentielle Konkurrenz die im Falle des natürlichen Monopols mangelnde aktuelle Konkurrenz aktiver Marktteilnehmer zu ersetzen vermag,[223] wobei ein umfassender Abbau sämtlicher gesetzlicher Marktzutrittsschranken vorausgesetzt wird.[224] Sofern ein freier Marktzutritt[225] gewährleistet und ein Markteintritt nicht mit irreversiblen (versunkenen) Kosten verbunden ist,[226] sowie ein sogenanntes Bertrand-Nash-Verhalten[227] vorliegt, kann danach nicht von dem Vorhandensein netzspezifischer Marktmacht und vom Vorliegen eines Engpaßbereiches ausgegangen werden. Da ein Netz bzw. Netzteil unter diesen Bedingungen angreifbar ist, besitzen die etablierten Netzbetreiber keine stabile Marktmacht. Potentielle Wettbewerber erfüllen die Funktion einer Marktmachtdisziplinierung, indem sie den etablierten Netzbetreiber jederzeit zu ersetzen vermögen, falls dieser den Zugang zu seinen Einrichtungen verweigert. Aus diesem Grund können beim Fehlen netzspezifischer Marktmacht private Ver-

---

220 Knieps, Der disaggregierte Regulierungsansatz der Netzökonomie, in: Knieps/Brunekreeft, Zwischen Regulierung und Wettbewerb - Netzsektoren in Deutschland, S. 18.

221 Knieps, Deregulierung und die Dynamik des Wettbewerbs in der Telekommunikation, in: Oberender, Die Dynamik der Telekommunikationsmärkte als Herausforderung an die Wettbewerbspolitik, 9, S. 13.

222 Vgl. hierzu Knieps, Der disaggregierte Regulierungsansatz der Netzökonomie, in: Knieps/Brunekreeft, Zwischen Regulierung und Wettbewerb - Netzsektoren in Deutschland, S. 9.

223 Knieps, Netzökonomie - Ein disaggregierter Ansatz, in: Zippel, Transeuropäische Netze, 11, S. 13.

224 Vgl. Knieps, Der disaggregierte Regulierungsansatz der Netzökonomie, in: Knieps/Brunekreeft, Zwischen Regulierung und Wettbewerb - Netzsektoren in Deutschland, S. 9.

225 D.h. es besteht eine große Anzahl potentieller Wettbewerber, die ohne Zeitverlust unbeschränkten Zugang zur gleichen, kostengünstigen Technologie haben.

226 Diese Bedingung ist dann erfüllt, wenn sich die für einen Markteintritt notwendigen Investitionen beim Marktaustritt vollständig wiederverwenden lassen, ein Marktaustritt also ohne Kosten und Zeitverlust möglich ist, vgl. Knieps, Netzökonomie - Ein disaggregierter Ansatz, in: Zippel, Transeuropäische Netze, 11, S. 13; Klimisch/Lange, Zugang zu Netzen und anderen wesentlichen Einrichtungen als Bestandteil der kartellrechtlichen Mißbrauchsaufsicht, WuW 1998, 15, S. 17.

227 Potentielle Wettbewerber berechnen danach ihre Marktchancen, indem sie den aktuellen Preis des eingesessenen Unternehmens als gegeben annehmen und diesen unterbieten. Hierbei wird eine vollständige Information seitens der Marktteilnehmer vorausgesetzt, vgl. Knieps, Der disaggregierte Regulierungsansatz der Netzökonomie, in: Knieps/Brunekreeft, Zwischen Regulierung und Wettbewerb - Netzsektoren in Deutschland, S. 9.

handlungen von Netzzusammenschaltungs- und -zugangsbedingungen zwischen den Unternehmen auch ohne Regulierungseingriffe des Staates zu ökonomisch effizienten Lösungen führen.[228]

Liegen diese Bedingungen demgegenüber nicht vor, so erschwert die Marktmacht des Netzbetreibers eine effiziente Verhandlungslösung mit anderen Unternehmen über einen Zugang zum Netz. Das Problem verschärft sich, wenn der marktmächtige Netzbetreiber nicht nur die Infrastruktur betreibt, sondern auch selbst auf dem vor- oder nachgelagerten Markt, der vom Netzzugang abhängt, tätig ist. In diesem Fall hat der marktmächtige Netzbetreiber ein Interesse daran, anderen Unternehmen den Netzzugang entweder völlig zu verwehren oder einen solchen Zugang nur zu diskriminierenden Bedingungen, d.h. in schlechterer Qualität oder zu schlechteren Bedingungen als sich selbst, zu gewähren. Die jeweilige Ausgestaltung der Marktmachtregulierung hat daher wesentliche Auswirkungen auf das Funktionieren des Wettbewerbs auf komplementären Märkten, die für sich betrachtet wettbewerblich gestaltet werden können.[229] Um auf diesen Märkten einen Wettbewerb zwischen mehreren Unternehmen gewährleisten zu können, sind besondere Eingriffe in die Rechte des Netzbetreibers gerechtfertigt, der die Kontrolle über einen monopolistischen Engpaßbereich ausübt.[230]

Da der Effekt einer totalen Verweigerung des Netzzugangs auch dadurch erreicht werden kann, daß der Zugang lediglich zu untragbar hohen Tarifen bereitgestellt wird, müssen die Netzzugangsregelungen mit einer adäquaten Regulierung der Zusammenschaltungs- und Zugangsbedingungen kombiniert werden.[231] Da sich Regulierungseingriffe des Gesetzgebers grundsätzlich auf die Netzbereiche beschränken müssen, in denen eine stabile Marktmacht gegeben ist, gilt dies auch für die entsprechenden Netznutzungsbedingungen.[232]

---

228 Knieps, Der disaggregierte Regulierungsansatz der Netzökonomie, in: Knieps/Brunekreeft, Zwischen Regulierung und Wettbewerb - Netzsektoren in Deutschland, S. 14. Spezifische Regulierungsauflagen würden in diesem Fall den Verhandlungsspielraum der Unternehmen unnötig einschränken.

229 So auch Knieps, Der disaggregierte Regulierungsansatz der Netzökonomie, in: Knieps/Brunekreeft, Zwischen Regulierung und Wettbewerb - Netzsektoren in Deutschland, S. 17.

230 Klimisch/Lange, Zugang zu Netzen und anderen wesentlichen Einrichtungen als Bestandteil der kartellrechtlichen Mißbrauchsaufsicht, WuW 1998, 15, S. 18; Knieps, Der disaggregierte Regulierungsansatz der Netzökonomie, in: Knieps/Brunekreeft, Zwischen Regulierung und Wettbewerb - Netzsektoren in Deutschland, S. 17.

231 Knieps, Netzökonomie - Ein disaggregierter Ansatz, in: Zippel, Transeuropäische Netze, 11, S. 23.

232 Vgl. Knieps, Der disaggregierte Regulierungsansatz der Netzökonomie, in: Knieps/Brunekreeft, Zwischen Regulierung und Wettbewerb - Netzsektoren in Deutschland, S. 19.

Insgesamt wandelt sich der Charakter der Regulierung damit von der klassischen Monopolregulierung hin zu einer den Wettbewerb fördernden Regulierung,[233] die sich auf monopolistische Engpaßbereiche beschränkt.[234]

III. Marktmacht in der Telekommunikation und Elektrizitätswirtschaft

Bei Anwendung des disaggregierten Regulierungsansatzes auf die Telekommunikation und die Elektrizitätswirtschaft sind in beiden Sektoren monopolistische Engpaßbereiche zu lokalisieren, in denen ein Regulierungsbedarf besteht.

1. Telekommunikation

In der Telekommunikation wird ein Netzwettbewerb als Schlüssel zu mehr Wettbewerbsdynamik in der gesamten Telekommunikationswirtschaft angesehen.[235] Netzwettbewerb bedeutet, daß Unternehmen das Recht haben, eigene Netze aufzubauen und zu betreiben.[236] Aufgrund der hohen Anfangsinvestitionen und versunkenen Kosten im Falle des Marktaustritts ist die Errichtung paralleler Netzinfrastruktureinrichtungen in der Telekommunikation aber nur auf bestimmten Märkten bzw. Teilmärkten denkbar und ein bundesweiter Netzwettbewerb ökonomisch nicht sinnvoll.[237]

---

233 Klodt/Laaser/Lorz/Maurer, Wettbewerb und Regulierung in der Telekommunikation, S. 163. Insoweit kann auch von einer Regulierung der Deregulierung gesprochen werden, vgl. Gerpott, Wettbewerbsstrategien im Telekommunikationsmarkt, S. 72. Die Deregulierung bedeutet danach eine Stärkung des allgemeinen Wirtschaftsrechts in den deregulierten Bereichen, vgl. Welfens/Graack, Telekommunikationswirtschaft, S. 126.

234 Zu unterscheiden ist zwischen Regulierungsgründen, die eine ökonomische Notwendigkeit zum Ausdruck bringen und solchen, die sozialpolitisch motiviert sind. Art und Umfang der Regulierung müssen die Innovationsdynamik des zu regulierenden Marktes berücksichtigen, da sich andernfalls die Regulierung als Innovationsbremse auswirken kann, vgl. Klodt/Laaser/Lorz/Maurer, Wettbewerb und Regulierung in der Telekommunikation, S. 37.

235 Welfens/Graack, Telekommunikationswirtschaft, S. 17.

236 Welfens/Graack, Telekommunikationswirtschaft, S. 132.

237 Telekommunikationsnetze zeichnen sich insbesondere durch Netzwerkexternalitäten aus. Netzwerkexternalitäten bestehen darin, daß der Nutzen des Netzes für sämtliche Teilnehmer zunimmt, wenn ein weiterer Teilnehmer an das Netz angeschlossen wird (vgl. auch Welfens/Graack, Telekommunikationswirtschaft, S. 51). So beruht der Nutzen eines Telefonanschlusses maßgeblich darauf, mit einer Vielzahl anderer Nutzer kommunizieren zu können. Grundsätzlich stellt sich daher beim Aufbau eines neuen Netzes das Problem, eine Mindestanzahl von Netzteilnehmern gewinnen zu müssen, um überhaupt ein funktionsfähiges Netz errichten zu können (Klimisch/Lange, Zugang zu Netzen und anderen wesentlichen Einrichtungen als Bestandteil der kartellrechtlichen Mißbrauchsaufsicht, WuW 1998, 15, S. 16). Die sog. kritische Masse wartet, bis eine Mindestteilnehmerzahl erreicht ist. Das Netz der DTAG weist insoweit einen strategischen Wettbewerbsvorteil auf (Gröner/Köhler/Knorr, Liberalisierung der Telekommunikationsmärkte, S. 36). Allerdings können die Netzwerkexternalitäten als Markteintrittsschranken für neue Anbieter im Bereich der Tele-

So ist insbesondere der Aufbau eines leitungsgebundenen und in der Erde verlegten Teilnehmeranschlußnetzes mit hohen Kosten verbunden.[238] Diese Netzinfrastruktureinrichtungen können zudem bei einem späteren Marktaustritt im Regelfall nicht anderweitig genutzt bzw. an einen anderen Ort verbracht werden.[239] Der Ortsnetzbereich stellt daher unter den gegenwärtigen technischen Gegebenheiten einen monopolistischen Engpaßbereich dar. Der Zugang zu den Teilnehmeranschlußleitungen wird von den Wettbewerbern für eine Vielzahl von Leistungen benötigt, da erst über die Teilnehmeranschlußleitungen eine direkte Anbindung der Kunden erfolgt.[240] Für den Zugang zu den Teilnehmeranschlußleitungen besteht danach ein Regulierungsbedarf.[241]

Anders als im Ortsnetzbereich wirken sich im Fernleitungsbereich die Bündelungsvorteile von Netzen besonders aus. Dies führt im Fernleitungsbereich zu subadditiven Kostenverläufen. Erst wenn die Bündelungsvorteile im Fernnetz erschöpft sind und zusätzliche Verbindungen auch von anderen Unternehmen ohne besondere technische Schwierigkeiten oder das Risiko versunkener Kosten bereitgestellt werden können, kann für den Bereich des Fernnetzes nicht mehr vom Vorliegen eines monopolistischen Engpaßbereiches ausgegangen werden.[242] Seit der Marktöffnung hat bereits eine Vielzahl von Unternehmen eigene Netzinfrastruktureinrichtungen auf dieser Netzebene errichtet, so daß die Anbieter von Telekommunikationsdienstleistungen regelmäßig zwischen den Angeboten mehrerer Unternehmen

---

kommunikation während des Netzaufbaus durch eine Zusammenschaltung mit bereits vorhandenen Netzen abgemildert werden. Technisch ist dabei eine Interoperabilität, also die Zusammenschaltbarkeit von Netzen, zu gewährleisten (Welfens/Graack, Telekommunikationswirtschaft, S. 130). Die Zusammenschaltung von Telekommunikationsnetzen ist (bedingt durch die positiven externen Effekte) demnach Voraussetzung für die Akzeptanz sich neu entwickelnder Telekommunikationsnetze, die selber erst wenige Teilnehmer miteinander verbinden. Insgesamt kann und muß das Problem der Netzwerkexternalitäten in der Telekommunikation durch entsprechende Auflagen zur Einhaltung des Prinzips des offenen Netzzugangs gelöst werden. Regulierende staatliche Eingriffe sind insoweit also als erforderlich anzusehen.

238 Allein die durchschnittlichen Anschlußkosten mittels Kupferkabelleitungen betragen beispielsweise in den städtischen Gebieten mindestens Euro 800 pro Anschluß und können in Regionen mit geringer Bevölkerungsdichte um ein Vielfaches höher liegen. Vgl. hierzu Backhaus/Stadie/Voeth, Was bringt der Wettbewerb im Telekommunikationsmarkt? - Erste Erfahrungen aus dem liberalisierten Markt, S. 53 f.

239 Versunkene Kosten treten in Telekommunikationsnetzen aufgrund der langen technischen Lebensdauer der Netze, ihrer räumlich geographischen Immobilität und ihrer Verwendbarkeit für nur eine einzige Nutzungsart auf. Vgl. Backhaus/Stadie/Voeth, Was bringt der Wettbewerb im Telekommunikationsmarkt? - Erste Erfahrungen aus dem liberalisierten Markt, S. 54; Engel, Der Weg der deutschen Telekommunikation in den Wettbewerb, MMR-Beilage 3/1999, 7, S. 10.

240 Gabelmann/Gross, Telekommunikation: Wettbewerb in einem dynamischen Markt, in: Knieps/Brunekreeft, Zwischen Regulierung und Wettbewerb - Netzsektoren in Deutschland, S. 93.

241 Fritsch/Wein/Ewers, Marktversagen und Wirtschaftspolitik, S. 190.

242 Vgl. Fritsch/Wein/Ewers, Marktversagen und Wirtschaftspolitik, S. 191.

wählen können. Dies gilt jedoch auch für den Fernleitungsbereich nicht bundesweit. Zu berücksichtigen ist darüber hinaus, daß die Anbieter von Ferngesprächen sowohl den Zugang zu den Fernleitungen als auch zu den Teilnehmeranschlußleitungen benötigen, in denen die jeweiligen Gesprächsteilnehmer eingerichtet sind. Da das Ortsnetz einen monopolistischen Engpaßbereich darstellt, muß die Wirtschaftspolitik insbesondere dort für einen diskriminierungsfreien Netzzugang sorgen.[243] Andernfalls könnte ein Ortsnetzbetreiber, der als vertikal integriertes Unternehmen auch als Anbieter von Telekommunikationsdienstleistungen auftritt, seine Monopolmacht aus dem Ortsnetz auf den Fernverkehr, und damit auf das gesamte Angebot von Telekommunikationsdienstleistungen übertragen.

2. *Elektrizitätswirtschaft*

Die reine Stromerzeugung ist für Unternehmen der Elektrizitätswirtschaft unabhängig von dem Vorhandensein einer eigenen Netzinfrastruktur möglich. Monopolistische Engpaßbereiche bestehen insoweit nicht.[244] Damit stellen sich bei der Aufnahme einer Tätigkeit in diesem Bereich zunächst auch keine netzbedingten Probleme, die einer Regulierung bedürfen. Dies gilt auch für den Bereich des Stromhandels. Ob eine in einem dieser beiden Bereiche getätigte Investition wirtschaftlich sinnvoll ist, muß nicht von einer Behörde geprüft werden, so daß ein Regulierungsbedarf nicht besteht.[245] Beide Bereiche sind daher ohne weiteres wettbewerblich zu organisieren.[246]

Allerdings sind weder Stromerzeugung noch Stromhandel sinnvoll, wenn nicht zugleich auch der netzgebundene Transport der Elektrizität zum Kunden sichergestellt ist. Sind die Stromerzeuger also nicht zugleich Betreiber eigener Netzinfrastruktureinrichtungen bis zu dem zu versorgenden Kunden, benötigen sie den Zugang zu dem nachgelagerten Markt für Übertragungswege, d.h. einen Zugang zu dem Übertragungs- und Verteilungsnetz Dritter.[247]

---

[243] Der Ortsnetzbetreiber übernimmt dann die Funktion eines „common carriers".

[244] Schneider, Liberalisierung der Stromwirtschaft durch regulative Marktorganisation, S. 122; vgl. auch von Weizsäcker, Energiewirtschaft und Wettbewerb, ZfE 1994, 197, S. 200 f.

[245] Brunekreeft/Keller, Elektrizität: Verhandelter versus regulierter Netzzugang, in: Knieps/Brunekreeft, Zwischen Regulierung und Wettbewerb - Netzsektoren in Deutschland, S. 131.

[246] Eickhof/Kreikenbaum, Die Liberalisierung der Märkte für leitungsgebundene Energien, WuW 1998, 666, S. 672.

[247] Zum Teil wird bereits aus diesem Grund eine Trennung in den Energieliefer- und den Transportmarkt vorgenommen, wobei der Transportmarkt einen Hilfsmarkt für den eigentlichen Leistungsaustausch auf dem Energieliefermarkt darstellt, vgl. Steinberg/Britz, Der Energieliefer- und -erzeugungsmarkt nach nationalem und europäischem Recht, S. 157 ff. Steinberg und Britz weisen darauf hin, daß eine Begrenzung auf den sachlich relevanten Markt der Energieversorgung zu eng wäre. Dies würde verkennen, daß es auch Fallkonstellationen geben kann, bei denen eine fremde Leitung lediglich dazu genutzt werden soll, das Versorgungsgebiet zu „durchqueren".

Die Übertragung und Verteilung elektrischer Energie ist - abgesehen von der Möglichkeit eines Direktleitungsbaus - allein unter Nutzung der bereits vorhandenen Spannungsnetze des jeweiligen regionalen Netzmonopolisten möglich. Das dabei vorhandene Verhandlungsungleichgewicht erschwert - selbst bei Abwesenheit jeglicher rechtlicher Beschränkungen des Marktzutritts - die Marktöffnung in der Elektrizitätswirtschaft.[248] Die Errichtung eines eigenen parallelen Leitungsnetzes ist für Wettbewerber mit einem erheblichen Zeit- und Kostenaufwand verbunden. Insbesondere auf den untersten Netzebenen, auf denen die Bündelungsvorteile gering sind, kann die Errichtung einer alternativen Netzstruktur - wie auch in der Telekommunikation - ökonomisch nur im Ausnahmefall sinnvoll sein.[249] Selbst ein kapazitätsstärkeres Übertragungsnetz stellt einen monopolistischen Engpaßbereich dar, den es bei der Schaffung von Wettbewerb zu überwinden gilt.[250]

Insgesamt wird die Errichtung und der Betrieb von Versorgungsnetzen (Übertragungs- und Verteilungsnetzen) in der Elektrizitätswirtschaft aufgrund der räumlichen Spezifität und der durch die Netzstruktur vermittelten Vorteile beim Lastfaktor, Energiemix und der Vorhaltung von Reserve- und Zusatzkapazitäten als natürliches Monopol[251] und somit auch als monopolistischer Engpaßbereich eingestuft, in dem ein Regulierungsbedarf besteht. Ein Wettbewerb auf der Erzeugungs- und Versorgungsebene setzt danach Regelungen über einen diskriminierungsfreien Zugang zu den Netzinfrastruktureinrichtungen voraus.[252] Aufgrund der weit verbreiteten vertikalen Integration von EVU sind die Diskriminierungsanreize für die etablierten Unternehmen in diesem Bereich besonders hoch.[253] In der Praxis hat dies dazu geführt, daß die etablierten Unternehmen den Wettbewerb durch überhöhte Durchleitungsentgelte zu verhindern suchen.[254]

---

248 Gröner/Köhler/Knorr, Liberalisierung der Telekommunikationsmärkte, S. 32.

249 Nach Ungemach/Wißmann/Cameron/Styles, Mehr Mut zur Reform - Anmerkungen zum Stand der Diskussion über die Liberalisierung des deutschen Elektrizitäts- und Gasmarktes, ET 1997, 364, S. 365 scheidet ein Direktleitungsbau bereits aus umwelt- und landesplanerischen Gesichtspunkten aus.

250 Hefekäuser, Vom Monopol zum Wettbewerb, EW 1997, S. 873.

251 Schneider, Liberalisierung der Stromwirtschaft durch regulative Marktorganisation, S. 124.

252 Etwa 75 % der Stromversorgungskosten fallen im Erzeugungs- und Übertragungsbereich an; auf die Stromverteilung entfallen nur rd. 25 %, vgl. Hagenmeyer, Stromerzeugung und Netzausbau im Wettbewerb, EW 1997, S. 878.

253 Brunekreeft/Keller, Elektrizität: Verhandelter versus regulierter Netzzugang, in: Knieps/Brunekreeft, Zwischen Regulierung und Wettbewerb - Netzsektoren in Deutschland, S. 132.

254 Das Bundeskartellamt sah sich aus diesem Grund veranlaßt, bereits mehrere Mißbrauchsverfahren gegen EVU einzuleiten.

Direktleitungen,[255] die nur für einen einzelnen Kunden vorgehalten werden, können betriebswirtschaftlich nur in Ausnahmefällen ökonomisch sinnvoll sein und insgesamt den Netzbetreiber nicht hinreichend disziplinieren.[256] Den Wettbewerbern ist daher über regulierende Eingriffe des Gesetzgebers ein Zugang zum Netz des jeweiligen Übertragungswegemonopolisten zu gewähren.[257]

3. *Regulierungsbedarf in der Telekommunikation und der Elektrizitätswirtschaft im Vergleich*

Die Netzinfrastruktureinrichtungen stellen danach in beiden Sektoren - jedenfalls in Teilbereichen - einen monopolistischen Engpaßbereich dar, in denen ein Regulierungsbedarf besteht.[258] Sowohl in der Telekommunikation als auch in der Elektrizitätswirtschaft sind die Wettbewerber der etablierten Unternehmen regelmäßig auf die Nutzung der Netzinfrastruktureinrichtungen dieser (überwiegend) vertikal integrierten Unternehmen angewiesen.[259] Damit werden in beiden Sektoren die Marktchancen der Wettbewerber aufgrund der bestehenden Ressourcenmonopole in beträchtlichem Ausmaß von den Verhaltensweisen des jeweils marktbeherrschenden Anbieters beeinflußt.[260] Entsprechende Regelungen haben danach grundsätzlich eine ordnungspolitische Legitimation.[261]

---

[255] Zu der Frage, ob die Möglichkeit zu einem Direktleitungsbau bei Verhandlungen über den Netzzugang in der Elektrizitätswirtschaft überhaupt ein hinreichendes Drohpotential darstellt vgl. Klees, Der Direktleitungsbau im deutschen und europäischen Energie- und Wettbewerbsrecht, S. 240 f.

[256] Klafka/Hinz/Zander/Ritzau/Held, Netzzugangsverordnung für elektrische Netze, ET 1998, 35, S. 36; Brunekreeft/Keller, Elektrizität: Verhandelter versus regulierter Netzzugang, in: Knieps/Brunekreeft, Zwischen Regulierung und Wettbewerb - Netzsektoren in Deutschland, S. 131 f.

[257] Davon zu trennen ist im Übertragungsbereich der Markt für die Bereitstellung von Systemdienstleistungen, zu denen die Frequenzhaltung, die Dauerreservebereitstellung, die Spannungshaltung, die Kurzschlußleistung, die Versorgungswiederaufnahme sowie die Betriebsführung zählen, vgl. Hagenmeyer, Stromerzeugung und Netzausbau im Wettbewerb, EW 1997, 878, S. 879. Bei diesen Systemdienstleistungen kann nicht von dem Vorhandensein eines monopolistischen Engpasses ausgegangen werden, so daß die Notwendigkeit einer Regulierung insoweit nicht besteht.

[258] Zu dem Modell eines Wettbewerbs um Netze vgl. zusammenfassend Hermes, Staatliche Infrastrukturverantwortung, S. 320 f. Dieses Modell geht davon aus, daß trotz des Vorliegens eines natürlichen Monopols die Möglichkeit eines Wettbewerbs um den Markt bestehen bleibt. Um feststellen zu können, wer ein Gut unter Ausschöpfung aller Größenvorteile am kostengünstigsten produzieren kann, sollen einem Anbieter in einem Vertrag exklusive Rechte für die Versorgung des gesamten Marktes auf Zeit eingeräumt werden.

[259] Auf eine klare Trennung von Netz- und Diensteebene hat der Gesetzgeber in beiden Sektoren verzichtet, vgl. hierzu Hermes, Staatliche Infrastrukturverantwortung, S. 332 f.

[260] Für die Telekommunikation vgl. Gröner/Köhler/Knorr, Liberalisierung der Telekommunikationsmärkte, S. 35. Alternative Netzstrukturen bzw. alternative Zugangsmöglichkeiten zum Anschluß des Kunden lassen sich allerdings durch technische Entwicklungen in der Telekommunikation mit geringerem Aufwand verwirklichen als in der Elektrizitätswirtschaft, so daß sich eine

D. Die Liberalisierungsstufen und -ziele in der Telekommunikation und Elektrizitätswirtschaft

Die Reformbemühungen in der Telekommunikation und der Elektrizitätswirtschaft mündeten jeweils in der Verabschiedung und Novellierung sektorspezifischer Gesetze. Am 01.01.1998 trat zunächst das TKG[262] als wesentliches Element der dritten Postreform vollständig in Kraft, welches das den Sektor der Telekommunikation bis dahin prägende Fernmeldeanlagen-Gesetz aus dem Jahre 1928 ablöste.[263] Nur wenige Monate später, am 29.04.1998, löste das „Gesetz zur Neuregelung des Energiewirtschaftsrechts“[264], das in Art. 1 eine Neufassung des EnWG enthält, das bis dahin geltende EnWG 1935 ab. Inhaltlich wurden diese Gesetze insbesondere von den Vorgaben des europäischen Gesetzgebers beeinflußt.

I. Die Liberalisierung der Telekommunikation: Europäische Vorgaben und nationale Umsetzung

Das TKG[265] vom 25.07.1996 bildet nach den Postreformen von 1989[266] und 1994[267] den zumindest vorläufigen Abschluß der Liberalisierung der Tele-

---

Aussage zum Vorliegen eines monopolistischen Engpaßbereiches nur in Abhängigkeit von dem jeweiligen Stand der Technik treffen läßt.

261 Demgegenüber ist im Hinblick auf die Bereiche der Stromerzeugung und der Erbringung von Telekommunikationsdienstleistungen eine solche aktive staatliche Regulierungspolitik entbehrlich und eine Beschränkung auf die Kontrolle nach den Vorschriften des allgemeinen Wettbewerbsrechts ausreichend sowie ordnungspolitisch geboten.

262 Telekommunikationsgesetz vom 25.07.1996, BGBl. I S. 1120. Erst zu diesem Zeitpunkt wurden die für diese Untersuchung wesentlichen Liberalisierungsschritte vollzogen; im übrigen ist das TKG bereits zum 01.08.1996 in Kraft getreten.

263 Während die Telekommunikation gemäß Art. 73 Nr. 7 GG Gegenstand der ausschließlichen Gesetzgebungszuständigkeit des Bundes ist, ist die Energiewirtschaft Gegenstand der konkurrierenden Gesetzgebung nach Art. 74 Abs. 1 Nr. 11 GG.

264 Gesetz zur Neuregelung des Energiewirtschaftsrechts vom 24.04.1998, BGBl. I S. 730.

265 BGBl. I, S. 1120.

266 Die erste Postreform beruhte im wesentlichen auf den Empfehlungen der „Witte-Kommission“ aus dem Jahre 1985, vgl. Börnsen, Das Telekommunikationsgesetz 1996 - Entwicklungen und Hintergründe, Zeitschrift für Gesetzgebung 1996, 323, S. 324. Sie endete mit einem politischen Kompromiß: Das Sondervermögen Deutsche Bundespost wurde zur Wahrnehmung der betrieblichen Aufgaben organisatorisch in die Unternehmen DBP Telekom, DBP Postdienst und DBP Postbank als Teilsondervermögen aufgeteilt. Sie blieben öffentliche Unternehmen unter Beibehaltung des Beamtenstatus und des öffentlichen Dienstrechts für die Mitarbeiter. Die hoheitlichen Aufgaben wurden dem Bundesministerium für Post und Telekommunikation zugewiesen, vgl. hierzu Monopolkommission, Die Telekommunikation im Wettbewerb, Sondergutachten 24, Baden-Baden 1996, Tz. 4. Die Übertragungswege und der Sprachtelefondienst blieben zunächst im Monopol der DBP Telekom, alle anderen Bereiche, so z.B. Dienste und Endgeräte, wurden für den Wettbewerb geöffnet, vgl. Lammich, Telekommunikationsgesetz-Kommentar, Einführung, S. 1 f.

kommunikationsmärkte, die stufenweise zu einem Strukturwandel - weg von den Merkmalen (staatlicher) daseinsvorsorgender Leistungsverwaltung und hin zu einer Leistungserbringung durch Private - geführt hat.[268] Dabei ist der deutsche Gesetzgeber schrittweise den Vorgaben des europäischen Gesetzgebers gefolgt.[269] Aufgrund eines am 04.02.2002 von der EU verabschiedeten Richtlinienpakets[270] hat der deutsche Gesetzgeber in den kommenden Monaten weitere Reformen umzusetzen und hierfür am 30.04.2003 einen entsprechenden Referentenentwurf vorgelegt.

Den Ausgangspunkt für diese Entwicklung bildete die Empfehlung des Rates betreffend die Durchführung der Harmonisierung auf dem Gebiet des Fernmeldewesens aus dem Jahre 1984.[271] Entscheidend für die Einleitung der eigentlichen Liberalisierungsphase war schließlich das „Grünbuch über die Entwicklung des gemeinsamen Marktes für Telekommunikationsdienstleistungen und Telekommu-

---

267 Die zweite Postreform hat in dem Gesetz zur Neuordnung des Postwesens und der Telekommunikation vom 14.09.1994 seine vorläufige Ausgestaltung gefunden und trat zum 01.01.1995 in Kraft. Auch sie endete mit einem politischen Kompromiß zwischen der Loslösung vom Staat und seinen Handlungsformen einerseits und der Fortführung staatlicher Aufgaben in privatrechtlicher Form andererseits, vgl. hierzu Hermes, Staatliche Infrastrukturverantwortung, S. 182 f. Die Postunternehmen wurden in die Aktiengesellschaften Deutsche Telekom AG, Deutsche Post AG und Postbank AG umgewandelt. Über den Aktiengesellschaften wurde eine Holding als Bundesanstalt, die Bundesanstalt für Post und Telekommunikation, eingerichtet.

268 Hermes, Staatliche Infrastrukturverantwortung, S. 163; BeckTKG-Komm/Schuster, § 1 Rn. 1.

269 Monopolkommission, Die Telekommunikation im Wettbewerb, Sondergutachten 24, Baden-Baden 1996, Tz. 3.

270 Scherer, Re-Regulierung des TK-Sektors: Mehr Wettbewerb in der EU, MMR 2002, S. 201. Das Richtlinienpaket zielt im wesentlichen darauf ab, folgende Regelungsziele zu erreichen: Die bestehende gemeinschaftsrechtliche Ordnung der TK-Märkte soll vereinfacht und transparenter gestaltet werden. Darüber hinaus soll durch einen einheitlichen Rechtsrahmen der Konvergenz von Telekommunikation, Medien und Informationstechnologien Rechnung getragen werden. Die sektorspezifische ex-ante-Regulierung soll flexibilisiert und zugunsten der Anwendung des allgemeinen Wettbewerbsrechts allmählich abgebaut werden, sobald ein nachhaltiger Wettbewerb vorhanden ist.

271 Richtlinie 84/549/EWG; Abl. EG Nr. L 298 vom 16.11.1984. Darin wurde die Einführung neuer dienstintegrierter digitaler Netze (ISDN) und neuer Breitbandkommunikationsdienste als besonders günstige Gelegenheit zur Harmonisierung und zur Sicherstellung der Wirtschaftsentwicklung der Gemeinschaft durch die Nutzung des vollen Potentials des Fernmeldewesens bezeichnet. Außerdem sollte durch offene Normen für Endgeräte und Netzeinrichtungen eine europaweite Harmonisierung erreicht werden.

nikationsgeräte“[272] aus dem Jahre 1987 mit der Maßgabe, die Telekommunikationsmärkte stufenweise vollständig zu liberalisieren.[273]

Auf der ersten Stufe sollte der Endgerätemarkt in den Mitgliedstaaten durch die Umsetzung der Richtlinie über den Wettbewerb auf dem Markt für Telekommunikationsendgeräte[274] liberalisiert werden. Diese erfolgte im Rahmen der ersten Postreform. Bereits mit dieser Reform hatte beim deutschen Gesetzgeber ein Paradigmenwechsel stattgefunden. Monopole wurden fortan nicht mehr dort festgelegt, wo der Staat die Kontrolle behalten wollte, sondern dort, wo der Staat begründen konnte, daß Monopole zur ausreichenden Versorgung mit Telekommunikationsleistungen erforderlich waren. Der Wettbewerb wurde somit bereits 1989 formal zur Regel, das durch den Gesetzgeber geschützte Monopol zu einer zu begründenden Ausnahme erklärt.[275]

Diesem ersten Schritt folgte im Jahre 1990 die Richtlinie der Europäischen Kommission[276] über den Wettbewerb auf dem Markt für Telekommunikation (Diensterichtlinie).[277] Der Kern dieser auf Art. 90 Abs. 3 EGV a.F. gestützten Richtlinie bestand in einer Verpflichtung der Mitgliedstaaten, die besonderen und ausschließlichen Rechte für die Telekommunikationsdienstleistungen - mit einer Ausnahme für den Sprachtelefondienst - aufzuheben. Die Beibehaltung besonderer und ausschließlicher Rechte für das Angebot von Sprachtelefondienstleistungen galt weiter als gerechtfertigt, da die Geldmittel für den Ausbau der Netze im wesentlichen aus

---

[272] KOM [87] 290, v. 30.06.1987. In dem Vorwort des Grünbuchs heißt es: „Angesichts eines sich rapide entwickelnden Weltmarktes für Telekommunikations- und Informationstechnologien muß die Gemeinschaft wettbewerbsorientierte Marktstrukturen schaffen, die es erlauben, der Dynamik zu begegnen, die von den Vereinigten Staaten und Japan auf diesem Gebiet entwickelt wird.“

[273] Schulte-Braucks, Europäisches Telekommunikationsrecht für den gemeinsamen Telematikmarkt - Das Grünbuch der EG-Kommission, in: Scherer, Telekommunikation und Wirtschaftsrecht, 1,
S. 3 f.; BeckTKG-Komm/Schuster, § 1 Rn. 6.

[274] Richtlinie 88/301/EWG vom 16.05.1988 über den Wettbewerb auf dem Markt für Telekommunikationsendgeräte, Abl. EG Nr. L 131 vom 27.05.1988, später ergänzt durch die Richtlinie 91/287/EWG, Abl. EG Nr. L 128 vom 23.05.1991.

[275] Hefekäuser, Vom Monopol zum Wettbewerb, EW 1997, S. 873.

[276] Die Richtlinien der Kommission ergehen auf der Grundlage von Art. 86 Abs. 3 EG (Art. 90 Abs. 3 EGV a. F.).

[277] Richtlinie 90/388/EWG über den Wettbewerb auf dem Markt für Telekommunikation, Abl. EG Nr. L 192 vom 24.07.1990, in der Folgezeit ergänzt und abgewandelt durch verschiedene Einzelrichtlinien, zuletzt durch die Wettbewerbs-Richtlinie 96/19/EG, Abl. EG Nr. L 74 vom 22.03.1996, durch die u.a. der bis zum 01.01.1998 zulässige Monopolbereich für den Sprachtelefondienst definiert wurde.

diesem Dienst stammten und eine vorzeitige Öffnung für den Wettbewerb somit das finanzielle Gleichgewicht der Fernmeldeorganisationen gefährden konnte.[278]

Gleichzeitig wurde erkannt, daß der Zurverfügungstellung der Netzinfrastruktureinrichtungen an Dritte bei der Öffnung des Wettbewerbs eine herausragende Bedeutung zukommt. Auf der Basis der ONP-Rahmenrichtlinie 90/387/EWG[279], der dazu ergangenen Einzelrichtlinien sowie mehrerer Empfehlungen und Vorschläge sollte danach EU-weit der offene und effiziente Zugang zu den öffentlichen Telekommunikationsnetzen und -diensten ermöglicht werden.

Die auf der Grundlage von Art. 95 EG ergangene ONP-Rahmenrichtlinie[280] des Rates enthielt Vorgaben für die Ausgestaltung der Netzzugangsregelungen in den Mitgliedstaaten. Nach Art. 3 Abs. 1 dieser Richtlinie mußten die Netzzugangsbedingungen insbesondere den Grundsätzen der Objektivität, Transparenz und Diskriminierungsfreiheit genügen. Eine Verweigerung des Netzzugangs sollte nur unter eng umschriebenen Voraussetzungen möglich sein. Grundsätzlich sollten die Netzzugangsbedingungen gemäß Art. 3 Abs. 2 S. 1 der ONP-Rahmenrichtlinie den Zugang zu öffentlichen Telekommunikationsnetzen oder -diensten nicht beschränken, es sei denn aus Gründen, die auf grundlegenden Anforderungen beruhten und die in Übereinstimmung mit dem Gemeinschaftsrecht standen. Art. 3 Abs. 2 S. 2 der Richtlinie zählte dafür enumerativ („Diese grundlegenden Anforderungen *sind:*“) die Gründe auf, nach denen eine Beschränkung des Netzzugangs möglich war; dies waren die Sicherheit des Netzbetriebes, die Aufrechterhaltung der Netzintegrität, die Interoperabilität der Dienste und der Datenschutz.

Eine Umsetzung dieser Richtlinie erfolgte noch nicht im Rahmen der zweiten Postreform, die insgesamt keine weitergehenden ordnungspolitischen Änderungen brachte.[281] Insbesondere wurden die verbliebenen Monopolbereiche nicht aufgehoben, sondern überwiegend bis zum 31.12.1997 festgeschrieben.

---

278 Vgl. 5. Erwägung der Diensterichtlinie, Abl. EG Nr. L 192 vom 24.07.1990.

279 Abl. EG Nr. L 192 vom 24.07.1990. Inhaltlich beschreiben hierbei die ONP-Normen die Festlegung technischer Schnittstellen zur Eröffnung des Netzzuganges, Benutzungsbedingungen für die Inanspruchnahme von Dienstleistungen sowie Tarifgrundsätze.

280 Rudolf, Das Recht auf Netzzugang in der Telekommunikation, S. 27. Die ONP-Rahmenrichtlinie enthielt allgemeine Vorgaben zu den Zugangs- und Nutzungsbedingungen öffentlicher Telekommunikationsnetze, verpflichtete jedoch nicht selbst zur Gewährung von Netzzugang. Die ONP-Rahmenrichtlinie ist inzwischen außer Kraft getreten und wurde durch das neue EU-Richtlinienpaket ersetzt (Fn. 311).

281 Lammich, Telekommunikationsgesetz-Kommentar, Einführung, S. 2.

Im November 1994 gaben die für den Telekommunikationsbereich zuständigen Minister der Mitgliedstaaten ihre politische Zustimmung[282] zu der von der Europäischen Kommission befürworteten vollständigen Liberalisierung[283] des Telekommunikationssektors bis zum 01.01.1998.[284] Um einen effektiven Marktzugang zu ermöglichen, sollten die Mitgliedstaaten dafür Sorge tragen, daß die Telekommunikationsanbieter rechtzeitig vor dem 01.01.1998 Standardangebote veröffentlichten, die nicht diskriminierend und hinreichend entbündelt sein mußten. Dies sollte es den neuen Marktteilnehmern ermöglichen, von Anfang an nur die Teile des Zusammenschaltungsangebots zu erwerben, die sie tatsächlich benötigten.[285]

Ergänzende Regelungen sah der Richtlinien-Vorschlag über die Zusammenschaltung in der Telekommunikation zur Gewährleistung des Universaldienstes und der Interoperabilität durch Anwendung der Grundsätze für einen offenen Netzzugang vor.[286] Gemäß Art. 4 Abs. 2 S. 1 der Richtlinie bestand für Anbieter von öffentlichen Telekommunikationsnetzen oder -diensten mit beträchtlicher Marktmacht die Verpflichtung, allen begründeten Anträgen auf Netzzugang stattzugeben. Eine beträchtliche Marktmacht in diesem Sinne sollte Organisationen regelmäßig dann

---

282 Vgl. van Miert, Probleme der wettbewerblichen Öffnung von Märkten mit Netzstrukturen aus europäischer Sicht - Das Beispiel der Telekommunikation, WuW 1998, 7, S. 8.

283 Zur stufenweisen Marktöffnung in der USA-amerikanischen Telekommunikation vgl. Haar, Offener Netzzugang in der Telekommunikation - Kartell- und regulierungsrechtliche Problemlösungen, CR 1996, S. 713 ff.; Windthorst, Regulierungsansätze im deutschen und US-amerikanischen Telekommunikationsrecht (I und II), CR 1998, S. 281 - 285 und S. 340 - 345.

284 Die rechtliche Umsetzung dieser Entscheidung erfolgte im wesentlichen in drei auf Art. 90 Abs. 3 EGV gestützten Richtlinien der Kommission, der Richtlinie 95/51/EG vom 15.10.1995 zur Öffnung der Kabelfernsehnetze für die Erbringung von Telekommunikationsdiensten (Abl. EG Nr. L 256 vom 26.10.1995), der Richtlinie 96/2/EG vom 16.01.1996 zur Liberalisierung der Mobilkommunikation (Abl. EG Nr. L 20 vom 26.01.1996) und der Richtlinie 96/19/EG vom 13.03.1996 zur Einführung vollständigen Wettbewerbs auf den Telekommunikationsmärkten (Abl. EG Nr. L 74 vom 22.03.1996). Eine weitere Einzelrichtlinie ist die Sprachtelefondienstrichtlinie des Europäischen Parlaments und des Rates vom 13.12.1995 (Richtlinie 95/62/EG des Europäischen Parlaments und des Rates zur Einführung des offenen Netzzugangs (ONP) beim Sprachtelefondienst vom 13.12.1995, Abl. EG Nr. L 321 vom 30.12.1995, S. 6), die Endbenutzern, aber auch Diensteanbietern ein Recht auf Anschluß an das feste öffentliche Telefonnetz gewährt. Zur Zusammenschaltung von Telekommunikationsnetzen äußert sich auch die Änderungsrichtlinie 96/19/EG der Kommission vom 13.03.1996 (Richtlinie 96/19/EG der Kommission zur Änderung der Richtlinie 90/388/EWG hinsichtlich der Einführung des vollständigen Wettbewerbs auf den Telekommunikationsmärkten, Abl. EG Nr. L 74 vom 22.03.1996, S. 13). Die Zusammenschaltung soll danach grundsätzlich Gegenstand von Verhandlungen zwischen den Parteien sein.

285 Vgl. 13. Erwägung der Änderungsrichtlinie für Wettbewerb auf Telekommunikationsmärkten, Richtlinie 96/19/EG vom 13.03.1996.

286 Abl. EG Nr. C 313/7 vom 24.11.1995, in der geänderten Fassung Abl. EG Nr. C 178/3 vom 21.06.1996.

zukommen, wenn sie einen Anteil von über 25 % an einem bestimmten Telekommunikationsmarkt in einem Mitgliedstaat besitzen.[287]

Entscheidend für die Umsetzung dieser Vorgaben in nationales Recht war die dritte Postreform, in der die regulatorischen Rahmenbedingungen für die wettbewerbliche Öffnung der Telekommunikationsmärkte geschaffen und die Defizite der zweiten Postreform überwunden wurden.

Am 27.03.1995 wurde von der damaligen Bundesregierung erstmals ein Konzept für eine Liberalisierung des Telekommunikationsmarktes vorgestellt, das wegen der darin vorgesehenen einseitigen Auflagen für marktbeherrschende Unternehmen und eine nicht vorgesehene Flächendeckungsaufgabe bei der Opposition auf Kritik stieß.[288] Die Fraktionen von CDU/CSU, SPD und FDP brachten schließlich Anfang 1996 gemeinsam den Entwurf eines Telekommunikationsgesetzes in den Bundestag ein,[289] mit dem Ziel, in Erfüllung des verfassungsrechtlichen Auftrags aus Art. 87 f GG auf den Telekommunikationsmärkten einen chancengleichen Wettbewerb sicherzustellen und einen funktionsfähigen Wettbewerb zu fördern.[290] Hierfür wurde parteiübergreifend die Schaffung sektorspezifischer Netzzugangsregelungen als Ergänzung zum allgemeinen Wettbewerbsrecht für erforderlich gehalten.[291] Die Regelungen zum offenen Netzzugang und Interconnection-Vereinbarungen galten als „Stellschraube für mehr Wettbewerb".

Die DTAG und ihre Wettbewerber versuchten, auf das Gesetzgebungsverfahren Einfluß zu nehmen. Während die DTAG argumentierte, sie gehe mit den „Fesseln des öffentlichen Dienstrechts", mit Personalüberhang, hohen Pensionsansprüchen

---

[287] Vgl. Erwägung 7 zum Entwurf einer Zusammenschaltungsrichtlinie. Sobald ein effektiver Wettbewerb auf dem Markt entstanden ist, wurden die allgemeinen Wettbewerbsbestimmungen des Vertrages als ausreichend erachtet, um eine ex-post-Kontrolle des lauteren Wettbewerbs durchzuführen. Die 25. Erwägung der ONP-Zusammenschaltungsrichtlinie machte damit den Übergangscharakter der sektorspezifischen Regulierung in der Telekommunikation deutlich.

[288] Börnsen, Das Telekommunikationsgesetz 1996 - Entwicklungen und Hintergründe, Zeitschrift für Gesetzgebung 1996, 323, S. 325.

[289] BT-Drs. 13/3609 vom 30.01.1996. Der in Text und Begründung identische Gesetzentwurf der Bundesregierung (BT-Drs. 13/4438) wurde am 25.04.1996 ebenfalls dem Ausschuß für Post und Telekommunikation zur federführenden Beratung und den anderen Ausschüssen zur Mitberatung überwiesen. Der Ausschuß für Post und Telekommunikation hat die Entwürfe in mehreren Sitzungen zwischen dem 07.02.1996 und dem 12.06.1996 beraten, vgl. hierzu den Bericht der Abgeordneten Elmar Müller, Hans Martin Bury, Dr. Manuel Kiper, Dr. Max Stadler und Gerhard Jüttemann, BT-Drs. 13/4864 (neu), S. 70.

[290] Bericht der Abgeordneten, Elmar Müller, Hans Martin Bury, Dr. Manuel Kiper, Dr. Max Stadler und Gerhard Jüttemann, BT-Drs. 13/4864 (neu), S. 73.

[291] Börnsen, Das Telekommunikationsgesetz 1996 - Entwicklungen und Hintergründe, Zeitschrift für Gesetzgebung 1996, 323, S. 334.

und mit Verpflichtungen zur flächendeckenden Versorgung in den Wettbewerb, argumentierten die Wettbewerber mit der überragenden Marktstellung der DTAG, durch die sie einen erheblichen Wettbewerbsvorsprung habe. Die Wettbewerber befürworteten daher die Einrichtung einer über die allgemeine Mißbrauchsaufsicht des Kartellrechts hinausgehenden sektorspezifischen Verhaltenskontrolle.[292]

In einer Stellungnahme des Bundesrates wurde die Befürchtung geäußert, daß sich ein Wettbewerb auf die Bedienung von Ballungsräumen und lukrativen Kunden beschränken werde, was durch geeignete Auflagen ausgeglichen werden sollte.[293] Derartige Auflagen wurden von der Bundesregierung wegen möglicher Markteintrittsschranken für kleinere und mittlere Unternehmen abgelehnt,[294] zumal sich aus Art. 87 f GG keine uneingeschränkte Verpflichtung zur Schaffung eines flächendeckenden Wettbewerbs herleiten ließ.[295] Auch der Ausschuß für Wirtschaft sprach sich in seiner Stellungnahme ausdrücklich gegen die Forderungen des Bundesrates aus,[296] sah zugleich allerdings einen weiteren Regelungsbedarf im Bereich des Netzzugangs und der Netzzusammenschaltung. In den §§ 33 bis 37 TKG sollten insbesondere die europarechtlichen Vorgaben durch die Wettbewerbs-Richtlinie 96/19/EG und die ONP-Richtlinien Berücksichtigung finden. Die bis dahin vorgesehene undifferenzierte Behandlung von marktbeherrschenden und nicht marktbeherrschenden Anbietern wurde aufgegeben.[297]

Der Deutsche Bundestag nahm das Gesetz am 27.06.1996 mit den Änderungsvorschlägen des Vermittlungsausschusses an. Am 05.07.1996 stimmte der Bundesrat dem Gesetz gem. Art. 87 f GG zu, welches am 31.07.1996 im Bundesgesetzblatt veröffentlicht und am 01.08.1996 in Kraft trat.[298] Am 01.01.1998 wurde dann mit der Aufhebung des Sprachtelefondienstemonopols rechtlich auch der letzte der DTAG verbliebene Monopolbereich im Interesse der Schaffung eines funktionsfähigen Wettbewerbs aufgelöst.

---

292 Vgl. zu den während des Gesetzgebungsverfahrens vorgebrachten Argumenten Lammich, Telekommunikationsgesetz-Kommentar, Einführung, S. 4 ff.

293 Vgl. die Stellungnahme des Bundesrates, BT-Drs. 13/4438, S. 5.

294 Gegenäußerung der Bundesregierung zur Stellungnahme des Bundesrates, BT-Drs. 13/4438, S. 29 ff.

295 Gegenäußerung der Bundesregierung zur Stellungnahme des Bundesrates, BT-Drs. 13/4438, 29, S. 30.

296 Bericht der Abgeordneten, Elmar Müller, Hans Martin Bury, Dr. Manuel Kiper, Dr. Max Stadler und Gerhard Jüttemann, BT-Drs. 13/4864 (neu), S. 71.

297 Bericht der Abgeordneten, a.a.O., S. 72.

298 Börnsen, Das Telekommunikationsgesetz 1996 - Entwicklungen und Hintergründe, Zeitschrift für Gesetzgebung 1996, 323, S. 327.

Die Regelungen des TKG ermöglichen einen Dienste- und Infrastrukturwettbewerb,[299] wobei sich der Gesetzgeber angesichts der erhofften Verbundvorteile[300] gleichzeitig gegen eine strukturelle Separierung zwischen Netz und Diensten oder zwischen verschiedenen Ebenen des Netzes und für eine Privatisierung der DTAG als vertikal integriertes Unternehmen entschieden hat.[301] Um Investitionshemmnisse zu vermeiden, wurde ordnungspolitischen Modellen, die auf einer Trennung von Netz- und Diensteebene beruhten, und die einen Wettbewerb nur auf der Diensteebene oder auf der Diensteebene und auf Teilen der Netzebene zulassen wollten, eine Absage erteilt.[302] Den Hintergrund für die Aufhebung auch des Infrastrukturmonopols der DTAG bildete die Erwartung, daß der Wettbewerb in der Telekommunikation nur ein Netzwettbewerb nachhaltig sein wird, d.h. nur ein Netzwettbewerb auf Dauer eine staatliche Regulierung insgesamt überflüssig machen kann.[303]

Bereits im ersten Jahr wurden von der Regulierungsbehörde 155 Lizenzen für Sprachtelefondienste erteilt. Daneben erhielten 167 Unternehmen eine Lizenz für den Betrieb von Übertragungswegen.[304] Darüber hinaus konnte sich ein Wettbewerb bei den Mietleitungen[305] auf der Fernleitungsebene etablieren.[306] Dennoch

---

[299] Engel, Der Weg der deutschen Telekommunikation in den Wettbewerb, MMR-Beilage 3/1999, 7, S. 8.

[300] Engel, Der Weg der deutschen Telekommunikation in den Wettbewerb, MMR-Beilage 3/1999, 7, S. 8; Hefekäuser, Telekommunikationsmärkte zwischen Regulierung und Wettbewerb, MMR 1999, 144, S. 151.

[301] Engel/Knieps, Die Vorschriften des Telekomunikationsgesetzes über den Zugang zu wesentlichen Leistungen, S. 15.

[302] Van Miert, Probleme der wettbewerblichen Öffnung von Märkten mit Netzstrukturen aus europäischer Sicht - Das Beispiel der Telekommunikation, WuW 1998, 7, S. 9.

[303] Die Aufhebung einer Regulierung im Verhältnis zwischen dem vertikal integrierten Netzbetreiber und einem Diensteanbieter, der zur Erbringung eigener Leistungen ganz oder teilweise auf die Infrastruktureinrichtungen des vertikal integrierten Unternehmens zurückgreifen muß, setzt voraus, daß das vertikal integrierte Unternehmen in seinem Angebot von Netzinfrastruktureinrichtungen von anderen Unternehmen diszipliniert wird, vgl. Engel, Der Weg der deutschen Telekommunikation in den Wettbewerb, MMR-Beilage 3/1999, 7, S. 8; Hefekäuser, Telekommunikationsmärkte zwischen Regulierung und Wettbewerb, MMR 1999, 144, S. 151. Dies sei nur bei einem funktionsfähigen Netzwettbewerb der Fall.

[304] Ende 1998 standen noch weitere 145 Anträge der Lizenzklasse 3 und 61 Anträge der Lizenzklasse 4 zur Genehmigung aus. Für eine bundesweite Betätigung waren bis zu diesem Zeitpunkt 8 Lizenzen der Lizenzklasse 3 und 23 Lizenzen der Lizenzklasse 4 an insgesamt 24 Unternehmen ausgegeben worden. Bereits im ersten Jahr der Liberalisierung in der Telekommunikation sind inländische Fernverbindungen zur Hauptverkehrszeit für die Endverbraucher um bis zu 70 % günstiger geworden. Zu den Konsequenzen der Liberalisierung für das Preisniveau im deutschen Telekommunikationsmarkt vgl. Backhaus/Stadie/Voeth, Was bringt der Wettbewerb im Telekommunikationsmarkt? - Erste Erfahrungen aus dem liberalisierten Markt, S. 16 ff.

[305] Der Markt für Mietleitungen war bereits zum 01.08.1996 für den Wettbewerb geöffnet worden.

ist die Dominanz der DTAG im Festnetz nachwievor ungebrochen. Hier erreicht die DTAG auch mehr als vier Jahre nach der Liberalisierung einen Marktanteil von 75,9% der täglichen Verbindungsminuten. Im Ortsnetz liegt dieser Anteil bei 96,4%.[307]

Im Jahre 1999 hat die Kommission den Telekommunikationsbericht - Review 1999 - vorgelegt.[308] Das Ziel dieser Überprüfung der Rahmenbedingungen für die Telekommunikationsregulierung war die Anpassung des bestehenden Ordnungsrahmens an die nach der Liberalisierung der Telekommunikation veränderten Marktbedingungen. Am 12.07.2000 hat die Kommission zusammen mit dem Vorschlag für eine Richtlinie über einen gemeinsamen Rechtsrahmen für elektronische Kommunikationsnetze und –dienste (Rahmenrichtlinie) vier weitere Richtlinienvorschläge – eine Genehmigungsrichtlinie, eine Zugangsrichtlinie, eine Universaldienstrichtlinie und eine Datenschutzrichtlinie[309] - sowie einen Vorschlag für eine Verordnung[310] vorgelegt. Anfang des Jahres 2002 ist der neue Rechtsrahmen für elektronische Kommunikation in Kraft getreten, der eine Vereinfachung und Harmonisierung des europäischen Rechts sowie eine Flexibilisierung der sektorspezifischen Regulierung im Bereich der elektronischen Kommunikation herbeiführen soll. Das Paket umfaßt fünf Richtlinien[311] und eine Entscheidung[312], die bis zum

---

306 Vgl. zu diesen Angaben den Jahresbericht 1998 der Regulierungsbehörde für Telekommunikation und Post, S. 9 f.

307 FAZ vom 08.11.2002, S. 14, „Die Dominanz der Deutschen Telekom ist ungebrochen". Auch in dem umkämpften Markt für nationale Ferngespräche liegt der Marktanteil der DTAG bei ca. 70%.

308 Europäische Kommission, Entwicklungen neuer Rahmenbedingungen für elektronische Kommunikationsinfrastrukturen und zugehörige Dienste, Kommunikationsbericht 1999, Mitteilung der Kommission an das Europäische Parlament, den Ministerrat, den Wirtschafts- und Sozialausschuß und den Ausschuß der Regionen, KOM (1999) 539.

309 Richtlinie des Europäischen Parlaments und des Rates über die Genehmigung elektronischer Kommunikationsnetze und –dienste (Genehmigungsrichtlinie), KOM (2000) 386; Richtlinie des Europäischen Parlaments und des Rates über den Zugang zu elektronischen Kommunikationsnetzen und zugehörigen Einrichtungen sowie deren Zusammenschaltung (Zugangsrichtlinie), KOM (2000) 384; Richtlinie des Europäischen Parlaments und des Rates über den Universaldienst und Nutzerrechte bei elektronischen Kommunikationsnetzen und –diensten (Universaldienstrichtlinie), KOM (2000) 392; Richtlinie des Europäischen Parlaments und des Rates über die Verarbeitung personenbezogener Daten und den Schutz der Privatsphäre in der elektronischen Kommunikation (Datenschutzrichtlinie), KOM (2000) 385.

310 Verordnung des Europäischen Parlaments und des Rates über den entbündelten Zugang zum Teilnehmeranschluß, KOM (2000), 394.

311 Richtlinie 2002/21/EG des Europäischen Parlaments und des Rates vom 07.03.2002 über einen gemeinsamen Rechtsrahmen für elektronische Kommunikationsnetze und –dienste (Rahmenrichtlinie), ABl. EG Nr. L 108 vom 24.04.2002, S. 33 ff.; Richtlinie 2002/19/EG des Europäischen Parlaments und des Rates vom 07.03.2002 über den Zugang zu elektronischen Kommunikationsnetzen und zugehörigen Einrichtungen sowie deren Zusammenschaltung (Zugangsrichtlinie), ABl. EG Nr. L 108 vom 24.04.2002, S. 7 ff.; Richtlinie 2002/22/EG des Europäischen Parlaments und des Rates

24.07.2003 bzw. 31.10.2003 in nationales Recht umzusetzen sind. Ergänzt werden diese Richtlinien durch die Richtlinie über den Wettbewerb auf den Märkten für elektronische Kommunikationsnetze und –dienste,[313] die insbesondere neue Begriffsbestimmungen enthält, um zukunftsoffen alle elektronischen Kommunikationsnetze und –dienste zu erfassen.

Hierzu hat das Bundesministerium für Wirtschaft und Arbeit am 30.04.2003 einen Referentenentwurf vorgelegt, der sich nicht auf einzelne Änderungen des TKG beschränkt, sondern eine vollständige Neufassung des Gesetzes vorsieht. Auf europäischer und nationaler Ebene zeigt sich dabei in der Telekommunikation die Tendenz zu einer Perpetuierung der sektorspezifischen Regulierung.[314]

II. Die Liberalisierung der Elektrizitätswirtschaft: Europäische Vorgaben und nationale Umsetzung

Als erste Stufen auf dem Weg zur Vollendung eines Elektrizitätsbinnenmarktes können die Richtlinie 90/547/EWG des Rates vom 29.10.1990 über den Transit von Elektrizitätslieferungen über große Netze[315] und die Richtlinie 90/377/EWG des Rates vom 29.06.1990 zur Einführung eines gemeinschaftlichen Verfahrens zur Gewährleistung der Transparenz der vom industriellen Endverbraucher zu zahlenden Gas- und Strompreise[316] angesehen werden. Wesentlich für die Liberalisierung der Elektrizitätswirtschaft und die Vorgaben für die nationalen Gesetzgeber war dann allerdings die Richtlinie 96/92/EG betreffend gemeinsame Vorschriften für

vom 07.03.2002 über den Universaldienst und Nutzerrechte bei elektronischen Kommunikationsnetzen und –diensten (Universaldienstrichtlinie), ABl. EG Nr. L 108 vom 24.04.2002, S. 51 ff.; Richtlinie 2002/20/EG des Europäischen Parlaments und des Rates vom 07.03.2002 über die Genehmigung elektronischer Kommunikationsnetze und –dienste (Genehmigungsrichtlinie), ABl. EG Nr. L 108 vom 24.04.2002, S. 21 ff.; Richtlinie 2002/58/EG des Europäischen Parlaments und des Rates vom 07.03.2002 über die Verarbeitung personenbezogener Daten und den Schutz der Privatsphäre in der elektronischen Kommunikation (Datenschutzrichtlinie), ABl. EG Nr. L 201 vom 31.07.2002, S. 27 ff.

312 Entscheidung Nr. 676/2002/EG des Europäischen Parlaments und des Rates vom 07.03.2002 über einen Rechtsrahmen für die Frequenzpolitik in der Europäischen Gemeinschaft (Frequenzentscheidung), ABl. EG Nr. L 108 vom 24.04.2002, S. 1 ff.

313 Richtlinie 2002/77/EG der Kommission vom 16.09.2002 über den Wettbewerb auf den Märkten für elektronische Kommunikationsnetze und –dienste, ABl. EG L 249 vom 17.09.2002, die die Richtlinie 90/388/EWG abgelöst hat.

314 Vgl. hierzu die Ausführungen im 3. Teil.

315 ABl. EG Nr. L 313 vom 13.11.1990, S. 30. Richtlinie zuletzt geändert durch die Entscheidung 95/162/EG der Kommission, Abl. Nr. L 107 vom 12.05.1995, S. 53.

316 Abl. Nr. L 185 vom 17.07.1990, S. 16. Richtlinie zuletzt geändert durch die Richtlinie 93/87/EWG der Kommission, Abl. Nr. L 277 vom 10.11.1993, S. 32.

den Elektrizitätsbinnenmarkt (Stromrichtlinie),[317] die am 19.02.1997 in Kraft getreten ist.[318]

Die Stromrichtlinie verfolgt das Ziel, über die Verwirklichung eines wettbewerbsorientierten Elektrizitätsmarktes zur Vollendung eines Energiebinnenmarktes in Europa zu gelangen.[319] Sie beläßt den Mitgliedstaaten dabei einen weiten Gestaltungsspielraum im Hinblick auf das Ausmaß und die Bedingungen der Liberalisierung.[320] Wettbewerbspolitisch soll die Richtlinie insbesondere die Grundlage dafür schaffen, den Wettbewerb auf der Stromerzeugerebene voranzutreiben.[321]

Einen wesentlichen Bestandteil der Stromrichtlinie bilden die Regelungen zur Durchleitung, auf deren Grundlage die Wettbewerber zum Netzzugang berechtigt sind. Die Richtlinie stellt den Mitgliedstaaten drei unterschiedliche Netzzugangssysteme zur Wahl, den Netzzugang auf Vertragsbasis (Art. 17 Abs. 1 bis 3 - Negotiated Third Party Access)[322], den geregelten (d.h. regulierten) Netzzugang (Art. 17 Abs. 4)[323] sowie das Alleinabnehmersystem (Art. 18). Das Alleinabnehmersystem unterscheidet sich in seinem wettbewerbstheoretischen Ansatz wesentlich von dem Netzzugang auf Vertragsbasis und dem regulierten Netzzugang. Der Grundgedanke

---

317 Richtlinie 96/92/EG des Europäischen Parlaments und des Rats vom 19.12.1996 betreffend gemeinsame Vorschriften für den Elektrizitätsbinnenmarkt (Abl. EG 1997 Nr. L 27 S. 20).

318 Vgl. BGBl. I, S. 730.

319 Zum Gestaltungsspielraum der Mitgliedstaaten vgl. Hermann, Binnenmarkt-Richtlinien für Strom und Gas - Gestaltungsspielräume und Tendenzen bei einer Umsetzung in den EU-Mitgliedstaaten, in: Kühne/Straßburg/Hermann/Rupp, Wettbewerb - Bestandsschutz - Umweltschutz, 25, S. 29 ff.

320 Rapp-Jung, Die EU-Richtlinie für Elektrizität im Spannungsfeld zwischen den Wettbewerbsregeln des Vertrags und den verbliebenen energiepolitischen Befugnissen der Mitgliedstaaten, RdE 1997, 133, S. 134.

321 Brunekreeft/Keller, Elektrizität: Verhandelter versus regulierter Netzzugang, in: Knieps/Brunekreeft, Zwischen Regulierung und Wettbewerb - Netzsektoren in Deutschland, S. 134.

322 Die hierzu ergangenen Regelungen bedeuten keine unmittelbare Durchleitungspflicht. Die Mitgliedstaaten müssen nur sicherstellen, daß ein Netzzugang diskriminierungsfrei ausgehandelt werden kann, vgl. Wiedemann-Zinow, Handbuch des Kartellrechts, § 34 Rn. 140.

323 Eickhof/Kreikenbaum, Die Liberalisierung der Märkte für leitungsgebundene Energien, WuW 1998, 666, S. 668. Das Modell des geregelten Netzzugangs war noch im ersten Vorschlag der Kommission als alleiniges Netzzugangsmodell vorgesehen, vgl. Baur, Die Elektrizitätsbinnenmarktrichtlinie: Gestaltungsmöglichkeiten von Mitgliedstaaten; Auswirkungen auf die Elektrizitätsunternehmen, in: Baur/Friauf, Energierechtsreform zwischen Europarecht und kommunaler Selbstverwaltung, S. 20. Die Grundlage einer solchen Durchleitung ist bei diesem System ein veröffentlichter, generalisierter und für alle potentiellen Durchleitungsinteressenten transparenter Tarif, in dem die Durchleitungsentgelte und -konditionen abstrakt festgelegt sind, vgl. Hermann, Binnenmarkt-Richtlinien für Strom und Gas - Gestaltungsspielräume und Tendenzen bei einer Umsetzung in den EU-Mitgliedstaaten, in: Kühne/Straßburg/Hermann/Rupp, Wettbewerb - Bestandsschutz - Umweltschutz, 25, S. 36.

dieses Systems besteht darin, daß regional eine zentrale Stelle (der Alleinabnehmer) den gesamten Strom einkauft, um ihn im Anschluß daran selbst an die Versorger weiter zu veräußern. Anders als beim verhandelten oder geregelten Netzzugang ermöglicht das Alleinabnehmersystem Dritten keinen Netzzugang im engeren Sinne und erreicht insoweit lediglich über Umwege wettbewerblich vergleichbare Ergebnisse.[324]

Entscheidend für den Vergleich mit den Netzzugangsregelungen in der Telekommunikation sind daher die Systeme des verhandelten und geregelten Netzzugangs. Beide verpflichten die Inhaber von Netzinfrastruktureinrichtungen, Dritten Zugang zu ihrem Netz zu gewähren. Sie unterscheiden sich dadurch, daß beim verhandelten Netzzugang die Konditionen und Tarife dem Sektor selbst zu überlassen sind, und lediglich die Einhaltung der Diskriminierungsfreiheit mit Hilfe des allgemeinen Kartellrechts überwacht wird. Im Vordergrund steht danach eine vertragliche Einigung zwischen den jeweiligen Parteien des Netzzugangsvertrages. Der verhandelte Netzzugang stellt damit die Privatautonomie in den Vordergrund, maßgeblich ist das, was zwischen den Parteien frei vertraglich vereinbart wird.[325] Der Netzzugang auf Vertragsbasis beinhaltet somit eine Abkehr von einem bürokratisch organisierten Verfahren.[326] Zur Erhöhung der Markttransparenz sind die Netzbetreiber verpflichtet, ihre Tarife zu veröffentlichen. Auf eine sektorspezifische Regulierung und die Errichtung einer Regulierungsbehörde wird hierbei im Interesse der Privatautonomie verzichtet. Die Parteien sollen allerdings die Möglichkeit haben, zur Streitbeilegung eine behördliche Entscheidung herbeizuführen.

Gemäß Art. 20 Abs. 2 der Stromrichtlinie haben die Mitgliedstaaten dafür zu sorgen, daß die Parteien über den Netzzugang nach dem Grundsatz von Treu und Glauben verhandeln und keine Partei ihre Verhandlungsposition mißbraucht. Art. 20 Abs. 3 der Stromrichtlinie verpflichtet die Mitgliedstaaten darüber hinaus, eine von den Parteien unabhängige zuständige Stelle zu benennen, die insbesondere für die umgehende Beilegung von Netzzugangsstreitigkeiten zuständig ist.[327]

---

[324] Vgl. hierzu Brunekreeft/Keller, in: Knieps/Brunekreeft, Zwischen Regulierung und Wettbewerb - Netzsektoren in Deutschland, S. 136.

[325] Baur, Die Elektrizitätsbinnenmarktrichtlinie: Gestaltungsmöglichkeiten von Mitgliedstaaten; Auswirkungen auf die Elektrizitätsunternehmen, in: Baur/Friauf, Energierechtsreform zwischen Europarecht und kommunaler Selbstverwaltung, S. 20.

[326] Baur, Die Elektrizitätsbinnenmarktrichtlinie: Gestaltungsmöglichkeiten von Mitgliedstaaten; Auswirkungen auf die Elektrizitätsunternehmen, in: Baur/Friauf, Energierechtsreform zwischen Europarecht und kommunaler Selbstverwaltung, S. 20.

[327] Ferner verpflichtet Art. 22 der Stromrichtlinie die Mitgliedstaaten zur Schaffung geeigneter und wirksamer Mechanismen für die Regulierung, die Kontrolle und die Sicherstellung von Transparenz, um den Mißbrauch von marktbeherrschenden Stellungen zum Nachteil (insbesondere) der Verbraucher und Verdrängungspraktiken zu verhindern.

Demgegenüber stellt das System des geregelten Netzzugangs ein normativ geregeltes Zulassungsverfahren dar. Die Netzzugangskonditionen und -gebühren werden in diesem System von einer sektorspezifischen Regulierungsbehörde festgelegt,[328] veröffentlicht und kommen gegenüber jedem Netzzugang zur Anwendung.[329] Zu den auf diese Weise festgelegten Bedingungen besteht dann ein Rechtsanspruch auf Zugang zum Netz.[330]

Nachdem zuvor alle Anstöße zur Liberalisierung oder klareren umweltpolitischen Ausrichtung der Energiewirtschaft im Geflecht der divergierenden staatlichen, kommunalen und unternehmerischen Interessen hängen geblieben waren,[331] gaben die Stromrichtlinie und die vorangegangenen Beratungen dem deutschen Gesetzgeber den entscheidenden Anstoß für die Reformierung des GWB und EnWG. Die Bundesregierung brachte ihren Entwurf für ein „Gesetz zur Neuregelung des Energiewirtschaftsrechts“ am 23.10.1996 in den Bundestag ein, und damit zu einem Zeitpunkt, in dem über den Inhalt der Stromrichtlinie noch nicht abschließend beraten worden war. Dies erklärt, warum in diesem Entwurf noch nicht sämtliche Elemente der späteren Stromrichtlinie berücksichtigt werden konnten.

Kernelement der Reform des Ordnungsrahmens für Strom und Gas sollte danach die Abschaffung der kartellrechtlichen Freistellung in § 103 GWB a.F. sein.[332] Zugleich wurde die Notwendigkeit gesehen, Dritten den Zugang zu den bereits vorhandenen Netzinfrastruktureinrichtungen zu eröffnen. Der Gesetzgeber ging zunächst davon aus, daß der Netzbetreiber diesen Zugang auf der Grundlage freiwilliger Vereinbarungen gewähren wird, da er aus der Einräumung der Nutzungsmöglichkeit Einnahmen erzielen kann. Ein spezieller Durchleitungstatbestand war

---

328 Vgl. zu der Abgrenzung beider Systeme Brunekreeft/Keller, in: Knieps/Brunekreeft, Zwischen Regulierung und Wettbewerb - Netzsektoren in Deutschland, S. 136 f.

329 Baur, Die Elektrizitätsbinnenmarktrichtlinie: Gestaltungsmöglichkeiten von Mitgliedstaaten; Auswirkungen auf die Elektrizitätsunternehmen, in: Baur/Friauf, Energierechtsreform zwischen Europarecht und kommunaler Selbstverwaltung, S. 20.

330 Gem. Art. 19 Abs. 3 der Stromrichtlinie sollen die Mitgliedstaaten den Kreis der Kunden in ihrem Hoheitsgebiet benennen, denen die Möglichkeit eröffnet werden soll, Elektrizitätslieferverträge nach den Art. 17 und 18 der Richtlinie zu schließen. Einbezogen werden sollen zumindest alle Endverbraucher mit einem Jahresverbrauch von mehr als 100 GWh je Verbrauchsstätte (einschließlich der Eigenerzeugung). Unbenommen bleibt es den Mitgliedstaaten, den Elektrizitätsmarkt für Endverbraucher und Verteilungsunternehmen in ihrem Gebiet rechtlich in einem Schritt vollständig zu öffnen, vgl. hierzu Hermann, Binnenmarkt-Richtlinien für Strom und Gas - Gestaltungsspielräume und Tendenzen bei einer Umsetzung in den EU-Mitgliedstaaten, in: Kühne/Straßburg/Hermann/Rupp, Wettbewerb - Bestandsschutz - Umweltschutz, 25, S. 34.

331 Vgl. hierzu Schneider, Liberalisierung der Stromwirtschaft durch regulative Marktorganisation, S. 496.

332 Vgl. hierzu die Begründung zum Regierungsentwurf, BT-Drs. 13/7274, S. 23.

daher in diesem Entwurf nicht vorgesehen.[333] Im Einzelfall sollte ein Netzzugang allerdings unter Rückgriff auf das allgemeine Mißbrauchs- und Behinderungsverbot für marktbeherrschende Unternehmen nach § 22 Abs. 4 und § 26 Abs. 2 GWB a.F. erzwungen werden können.[334] Der deutsche Gesetzgeber hatte die Frage des Netzzugangs in der Elektrizitätswirtschaft zunächst also als ein ausschließlich allgemein kartellrechtliches Problem begriffen.[335] Das Vorliegen der jeweiligen Voraussetzungen sollte im Einzelfall anhand einer umfassenden Abwägung der Interessen aller Beteiligten ermittelt werden, um dadurch den Kartellbehörden und Gerichten einen gegenüber einem speziellen Durchleitungstatbestand größeren Entscheidungsspielraum einzuräumen.[336]

Erst in der sich anschließenden Stellungnahme des Bundesrates wurde die Einführung einer spezialgesetzlichen Netzzugangsregelung zur Gewährleistung eines diskriminierungsfreien Netzzugangs für notwendig erachtet.[337] Die Bundesregierung hielt dennoch in ihrer Gegenäußerung an einem Verzicht auf eine detaillierte Spezialregelung zum Netzzugang ausdrücklich fest,[338] da diese nach ihrer Auffassung die Gefahr einer Sektoralisierung des Wettbewerbsrechts begründeten.[339]

Im Anschluß an eine öffentliche Sachverständigenanhörung durch den Ausschuß für Wirtschaft wurden von den Koalitionsfraktionen Änderungsanträge zum Gesetzentwurf der Bundesregierung erarbeitet, die u.a. die Gewährung eines Rechtsanspruchs auf Zugang zu den Stromnetzen beinhalteten. Die Durchsetzung dieses Anspruchs sollte dadurch erleichtert werden, daß zwischen den Beteiligten Einvernehmen über die Struktur und die wesentlichen Elemente derartiger Verträge erzielt wird. Dafür wurde von den Koalitionsfraktionen der rasche Abschluß einer „Ver-

---

333 BT-Drs. 13/7274, S. 11.

334 BT-Drs. 13/7274, S. 23.

335 Kühne, Der Netzzugang und seine Verweigerung im Spannungsfeld zwischen Zivilrecht, Energierecht und Kartellrecht, RdE 2000, 1, S. 4.

336 Das eigene Verhalten des Durchleitungsinteressenten hinsichtlich Durchleitungsbegehren Dritter sollte in die Abwägung einzubeziehen sein. Weitere zu berücksichtigende Umstände sollten im Einzelfall die mögliche Entwertung von bereits getätigten Investitionen des Netzinhabers und die Berücksichtigung der Möglichkeit zur Versorgung eigener Kunden sein (Begründung zum Gesetzentwurf der Bundesregierung, BT-Drs. 13/7274, S. 25).

337 Stellungnahme des Bundesrates, BT-Drs. 13/7274, S. 28.

338 Die Beschlüsse sind abgedruckt in BT-Drs. 13/7274, S. 30 ff.

339 BT-Drs. 13/7274, S. 36. Der Gesetzentwurf der Bundesregierung wurde am 17.04.1997 an den Ausschuß für Wirtschaft zur federführenden Beratung sowie zur Mitberatung an den Innenausschuß, den Rechtsausschuß und den Ausschuß für Umwelt, Naturschutz und Reaktorsicherheit überwiesen, vgl. den Bericht des Abgeordneten Gunnar Uldall, BT-Drs. 13/9211, S. 22 ff.

ändevereinbarung über Kriterien zur Bestimmung von Durchleitungsentgelten“ erwartet.[340]

Die anschließenden Beratungen im Deutschen Bundestag führten insgesamt zu einer Weiterentwicklung des ursprünglichen Gesetzentwurfs der Bundesregierung und insbesondere zu einer Konkretisierung der Regelungen über den Betrieb und die Öffnung der Stromnetze in den §§ 4 bis 9 EnWG.[341]

Gemäß Art. 5 Abs. 1 des „Gesetzes zur Neuregelung der Energiewirtschaft“ trat das Reformgesetz am 29.04.1998 - einen Tag nach der Verkündung im Bundesgesetzblatt - in Kraft.[342] Es enthält in Art. 1 eine Neufassung des EnWG und in Art. 2 Regelungen über die Nichtanwendbarkeit der kartellrechtlichen Bereichsausnahmen der §§ 103 ff. GWB für die Elektrizitäts- und Gaswirtschaft.

Obwohl die Stromrichtlinie den Mitgliedstaaten die Möglichkeit einräumt, den Netzzugang in der Elektrizitätswirtschaft auf der Grundlage eines regulierten Netzzugangs zu regeln, hat sich der deutsche Gesetzgeber - anders als die anderen Mitgliedstaaten, in denen eine sektorspezifische Regulierungsbehörde errichtet wurde[343] - für die Einführung des Systems eines verhandelten Netzzugangs entschieden. Einer aktiven Regulierungspolitik wurde damit – anders als in der Telekommunikation - eine Absage erteilt, ohne jedoch im Sinne einer vollständigen Deregulierung auf die Möglichkeiten staatlicher Einflußnahme zu verzichten. Zugleich wurde der Markt - in Übererfüllung der europäischen Vorgaben - unabhängig vom Verbrauch zeitgleich für sämtliche Kundengruppen geöffnet.[344]

Ein Grundelement der Energierechtsnovelle ist die Beseitigung der bisherigen Freistellung des energiewirtschaftlichen Systems geschlossener Versorgungsgebiete vom Kartellverbot, so daß die §§ 1, 14 und 16 GWB nunmehr uneingeschränkt Anwendung finden auf die zuvor systembegründenden ausschließlichen Konzessionsverträge sowie auf Demarkations- und Verbundabsprachen. Die Aufhebung dieser Bereichsausnahmen hat die kartellrechtliche Unzulässigkeit von Konzessions- und Demarkationsverträgen zur Folge, so daß ein spartengleicher Wettbewerb mehrerer EVU um dieselben Kunden nunmehr ebenso möglich ist wie in anderen Wirtschaftsbereichen. Den EVU wird dadurch die rechtliche Möglichkeit

340 Vgl. hierzu den Bericht des Abgeordneten Gunnar Uldall, BT-Drs. 13/9211, S. 24.

341 Cronenberg, Das neue Energiewirtschaftsrecht, RdE 1998, S. 85.

342 BGBl. I, S. 730.

343 Vgl. die Übersicht bei Brunekreeft/Keller, a.a.O., S. 137 ff.

344 Spätestens vom 01.07.2007 an müssen - so der Beschluß der 15 EU-Regierungen vom 25.11.2002 - alle privaten Haushalte ihren Strom- und Gaslieferanten frei wählen können. Vgl. FAZ vom 26.11.2002, „Der Strommarkt wird 2007 geöffnet“, S. 11.

eröffnet, die bislang von geschlossenen Versorgungsgebieten geprägten Marktstrukturen in der Elektrizitätswirtschaft zu durchbrechen. Verteilerunternehmen und Letztverbraucher sind nicht weiter auf eine Bedarfsdeckung durch ein bestimmtes - durch den Anschluß an das Netz eines bestimmten EVU vorgegebenes - Unternehmen angewiesen, sondern haben die Möglichkeit, ihren Stromlieferanten frei zu wählen. Dadurch soll ein Wettbewerb insbesondere auf der Stromerzeugerebene gefördert werden. Um eine Belieferung des Kunden auch technisch realisieren zu können, besteht für Betreiber von Netzinfrastruktureinrichtungen die Verpflichtung, anderen Unternehmen ihr Versorgungsnetz für Durchleitungen zur Verfügung zu stellen. Die im Gesetz vorgesehene Alternative des Direktleitungsbaus wird in der Praxis demgegenüber regelmäßig aus Kostengründen sowie unter umwelt- und landesplanerischen Gesichtspunkten ausscheiden.[345]

Das Versorgungsmonopol eines EVU in einem bestimmten Versorgungsgebiet wurde damit jedenfalls rechtlich aufgehoben. Ist das EVU verpflichtet, Energie in ein anderes Versorgungsgebiet weiterzuleiten, so wird dadurch in diesem anderen Versorgungsgebiet die Möglichkeit zu Wettbewerb eröffnet. Dadurch kann es nach dem Regelungsansatz des EnWG zur Entstehung von Wettbewerb auf zwei Märkten kommen, dem unmittelbar betroffenen Liefermarkt (Stromhandel) und dem Stromerzeugermarkt. Die klassischen Formen der Versorgungstätigkeit von der Energiebeschaffung über den Energietransport und die Energieverteilung werden dadurch ergänzt und überlagert durch neue Formen der Marktprozesse, insbesondere durch den Zugriff auf fremde Leitungsnetze im Wege von Durchleitungen.[346]

Der Bundestag hat in seinen Sitzungen vom 17.05.2002 und 27.06.2002 das Erste Gesetz zur Änderung des Gesetzes zur Neuregelung des Energiewirtschaftsrechts beschlossen,[347] gegen das der Bundesrat am 12.07.2002 vorsorglich Einspruch eingelegt hat.[348] Am 24.05.2003 ist das Erste Gesetz zur Änderung des Gesetzes zur Neuregelung des Energiewirtschaftsrechts dann mit einigen Änderungen in Kraft getreten. Das Gesetz soll insbesondere klarere Regelungen für den Zugang zu Strom- und Gasleitungsnetzen schaffen und die Liberalisierung der Märkte vorantreiben. § 6a EnWG enthält hierzu eine Regelung über den Zugang zu den Gasver-

---

345 Ungemach/Wißmann/Cameron/Styles, Mehr Mut zur Reform - Anmerkungen zum Stand der Diskussion über die Liberalisierung des deutschen Elektrizitäts- und Gasmarktes, ET 1997, 364, S. 365, unter Hinweis darauf, daß die Errichtung unwirtschaftlicher paralleler Leitungsnetze in der Regel auch dem Zweck des Energiewirtschaftsgesetzes widerspreche, zu einer möglichst sicheren und preisgünstigen Versorgung beizutragen. Direktleitungen fehlt insbesondere eine netzstützende Funktion.

346 Vgl. Büdenbender, Energierecht nach der Energierechtsreform, JZ 1999, S. 62.

347 BT-Drs. 14/5969 vom 09.05.2001 und BT-Drs. 14/9081 vom 27.06.2002.

348 Vgl. hierzu BT-Drs. 14/9797 vom 16.07.2002.

sorgungsnetzen, der ebenfalls nach dem System des verhandelten Netzzugangs erfolgen soll.

Am 13.03.2001 hat die Kommission einen Vorschlag und am 07.06.2002 einen geänderten Vorschlag für eine Verordnung über die Netzzugangsbedingungen für den grenzüberschreitenden Stromhandel vorgelegt.[349] Der Europäische Rat hat am 03.02.2003 einen gemeinsamen Standpunkt im Hinblick auf den Erlaß dieser Verordnung festgelegt.[350] Darüber hinaus hat der Rat am 03.02.2003 einen gemeinsamen Standpunkt im Hinblick auf den Erlaß der Richtlinie des Europäischen Parlaments und des Rates über gemeinsame Vorschriften für den Elektrizitätsbinnenmarkt und zur Aufhebung der Stromrichtlinie festgelegt.[351] Die Richtlinie 2003/54/EG des Europäischen Parlaments und des Rates vom 26.06.2003 über gemeinsame Vorschriften über den Elektrizitätsbinnenmarkt und zur Aufhebung der Richtlinie 96/92/EG[352] ist bis zum 01.07.2004 in nationales Recht umzusetzen. Die Verordnung (EG) Nr. 1228/2003 des Europäischen Parlaments und des Rates vom 26.06.2003 über die Netzzugangsbedingungen für den grenzüberschreitenden Stromhandel[353] ist bereits Anfang August 2003 in Kraft getreten.

III. Vergleichbarkeit der Entwicklungen

Den Reformen in der Telekommunikation und der Elektrizitätswirtschaft ist somit im Ergebnis ihre maßgebliche Beeinflussung durch das europäische Recht gemeinsam. Mit Inkrafttreten des TKG und des EnWG, deren Gesetzgebungsverfahren von deutlichen Interessengegensätzen geprägt waren, kam der deutsche Gesetzgeber seiner Verpflichtung zur Umsetzung der entsprechenden europäischen Richtli-

---

349 Vorschlag 2001/C 240 E/12 für eine Verordnung des Europäischen Parlaments und des Rates über die Netzzugangsbedingungen für den grenzüberschreitenden Stromhandel, ABl. EG Nr. C 240 E, S. 72 ff.; Geänderter Vorschlag 2002/C 227 E/20 für eine Verordnung des Europäischen Parlaments und des Rates über die Netzzugangsbedingungen für den grenzüberschreitenden Stromhandel, ABl. EG Nr. C 227 E, S. 440 ff.

350 Gemeinsamer Standpunkt (EG) Nr. 4/2003 (2003/C 50 E/01) vom Rat festgelegt am 03.02.2003 im Hinblick auf den Erlaß der Verordnung (EG) Nr. .../2003 des Europäischen Parlaments und des Rates vom ... über die Netzzugangsbedingungen für den grenzüberschreitenden Stromhandel, ABl. EG Nr. C 50 E, S. 1 ff.

351 Gemeinsamer Standpunkt (EG) Nr. 5/2003 vom 03.02.2003 im Hinblick auf den Erlaß der Richtlinie des Europäischen Parlaments und des Rates über gemeinsame Vorschriften für den Elektrizitätsbinnenmarkt und zur Aufhebung der Richtlinie 96/92/EG, ABl. EG Nr. C 50 E, S. 15 ff.

352 Richtlinie 2003/54/EG des Europäischen Parlaments und des Rates vom 26.06.2003 über gemeinsame Vorschriften über den Elektrizitätsbinnenmarkt und zur Aufhebung der Richtlinie 96/92/EG, ABl. EG Nr. L 176, S. 37 ff., vgl. hierzu die Ausführungen im 3. Teil.

353 Verordnung (EG) Nr. 1228/2003 des Europäischen Parlaments und des Rates vom 26.06.2003 über die Netzzugangsbedingungen für den grenzüberschreitenden Stromhandel, ABl. EG Nr. L 176, S. 1 ff.

nien in nationales Recht fristgerecht nach. Auf eine strukturelle Separierung, d.h. eine gesellschaftsrechtliche Trennung des Netzbetriebs von wettbewerblichen Dienstebereichen, hat der deutsche Gesetzgeber in beiden Sektoren verzichtet. Dies wurde von den Richtlinien auch nicht gefordert. Statt dessen finden sich Regelungen, die eine nach Geschäftsbereichen getrennte Buch- und Kontoführung bzw. die Schaffung eines eigenen Rechnungslegungskreises zur Nachvollziehbarkeit der finanziellen Beziehungen anordnen.[354]

Beide Sektoren wurden zudem von Beginn an ohne Beschränkung auf bestimmte Kundengruppen für den Wettbewerb geöffnet, so daß sämtliche Kundengruppen gleichermaßen von den Anbietern in der Telekommunikation und der Elektrizitätswirtschaft umworben werden können. Dies setzt in beiden Sektoren den Zugang zu den bereits vorhandenen Netzinfrastruktureinrichtungen voraus.

Obwohl die Ausgestaltung der dafür vorgegebenen Regelungen in beiden Sektoren in gleicher Weise über den Erfolg der Liberalisierungsbemühungen entscheidet, hat sich der deutsche Gesetzgeber in der Telekommunikation für die Einführung eines regulierten Netzzugangs unter der Aufsicht einer sektorspezifischen Regulierungsbehörde, in der Elektrizitätswirtschaft hingegen für die Einführung eines verhandelten Netzzugangs ohne die Errichtung einer Regulierungsbehörde entschieden. Dabei hatte der Gesetzgeber nach den Vorgaben der Stromrichtlinie auch in der Elektrizitätswirtschaft die Möglichkeit, sich für das System eines geregelten Netzzugangs zu entscheiden. Im Ergebnis hat sich der deutsche Gesetzgeber damit zunächst gegen eine Harmonisierung der Netzzugangsregelungen in der Telekommunikation und der Elektrizitätswirtschaft ausgesprochen. Diese unterschiedliche Entwicklung ist der Ausgangspunkt für eine ökonomische Analyse der Netzzugangsregelungen in beiden Sektoren.

Nach den ersten Erfahrungen mit der Liberalisierung beider Sektoren stehen aufgrund der Vorgaben des europäischen Gesetzgebers Reformen im TKG und EnWG an, die die Ausrichtung des zukünftigen Ordnungsrahmen maßgeblich bestimmen und aller Voraussicht nach – jedenfalls in der Elektrizitätswirtschaft – nachdrücklich verändern werden.[355]

---

354 So etwa in § 4 Abs. 4 EnWG, wonach das Übertragungsnetz als eigene Betriebsabteilung, getrennt von Erzeugung und Verteilung, zu führen ist, oder § 14 TKG, der Regelungen für eine strukturelle Separierung und eine getrennte Rechnungsführung enthält. Eine gewisse informationelle Entflechtung der Netzbetriebs- von den Dienstleistungsabteilungen sieht § 7 NZV vor.

355 Vgl. hierzu 3. Teil A., B. und C.

IV. Liberalisierungsziele und Zielkonflikte in der Telekommunikation und der Elektrizitätswirtschaft

TKG und EnWG enthalten Ziel- und Zweckbestimmungen, denen im Rahmen einer Auslegung der Netzzugangsregelungen eine entscheidende Bedeutung zukommt.

1. Telekommunikation

Gemäß § 1 TKG ist es Zweck des Telekommunikationsgesetzes, „durch Regulierung im Bereich der Telekommunikation den Wettbewerb zu fördern und flächendeckend angemessene und ausreichende Dienstleistungen zu gewährleisten sowie eine Frequenzordnung festzulegen." Die Ausführung der sektorspezifischen Regulierung obliegt der Regulierungsbehörde für Telekommunikation und Post (RegTP), die zum 01.01.1998 gegründet wurde. Der RegTP stehen verschiedene Instrumente zur Verfügung, die sich den Bereichen der technischen Regulierung[356], der Universaldienstregulierung sowie der Marktmachtregulierung zuordnen lassen.[357]

Die Liberalisierung des Telekommunikationssektors hat zunächst nicht zu einem Abbau von Vorschriften und Regulierungsinstrumenten geführt. Die ursprünglich vorhandenen staatlichen Interventionsmechanismen existieren vielmehr in modifizierter Form weiter. Die im TKG neu definierte Regulierung kann insoweit als zwangsläufige Antwort auf die mit der Reform verbundene wirtschaftliche Deregulierung betrachtet werden.[358] § 2 Abs. 2 TKG bestimmt die gleichberechtigt[359] nebeneinander stehenden Ziele der Regulierung. Dies sind u.a. die Wahrung der

---

356 Den Gegenbegriff zur Regulierung bildet die Deregulierung. Der wirtschaftswissenschaftliche Deregulierungsbegriff versteht unter einer Deregulierung den Abbau staatlicher Eingriffe in den marktwirtschaftlichen Vorgang der Zuweisung öffentlicher und privater Güter an die Wirtschaftssubjekte und deren unterschiedliche Zwecke der Güterverwendung, vgl. Stobbe, Mikroökonomik, S. 538.

357 Vgl. hierzu Gabelmann/Gross, in: Knieps/Brunekreeft, Zwischen Regulierung und Wettbewerb - Netzsektoren in Deutschland, S. 89.

358 Spoerr/Deutsch, Das Wirtschaftsverwaltungsrecht der Telekommunikation - Regulierung und Lizenzen als neue Schlüsselbegriffe des Verwaltungsrechts?, DVBl. 1997, 300, S. 302.

359 Eine ausdrückliche Festlegung eines Rangverhältnisses der Regulierungsziele untereinander ist dem TKG nicht zu entnehmen. Die Auflistung in § 2 Abs. 2 TKG läßt sich insoweit als Ausdruck der Gleichrangigkeit der Regulierungsziele deuten, sie kann aber auch unter Verweis auf die absteigenden Ordnungsziffern als Ausdruck einer gesetzlichen Wertung verstanden werden. Die Ordnung der Regulierungsziele ist jedoch schlichtweg Ausdruck gesetzestechnischer Notwendigkeit, zumal auch § 1 TKG keine Präferenzen zugunsten der Nutzerinteressen erkennen läßt, vgl. Koenig/Vogelsang/Kühling/Loetz/Neumann, Funktionsfähiger Wettbewerb auf den Telekommunikationsmärkten, S. 140.

Interessen der Nutzer auf dem Gebiet der Telekommunikation sowie die Sicherstellung eines chancengleichen und funktionsfähigen Wettbewerbs.

Die Regulierung des Telekommunikationssektors soll nicht dauerhaft erfolgen. § 81 Abs. 3 TKG macht deutlich, daß der Telekommunikationssektor vom Leitbild des funktionsfähigen Wettbewerbs geprägt ist.[360] Es ist ein wesentliches Charakteristikum des funktionsfähigen Wettbewerbs, daß Größenvorteile in der Produktion eine wichtige Rolle spielen, und daß Unternehmensstrategien, wie Produktdifferenzierung, Preisdifferenzierung, Aufbau von Goodwill und die Suche nach neuen Produkten und innovativen Produktionsprozessen von Bedeutung sind.[361] Kernaussage der Lehre vom funktionsfähigen Wettbewerb ist, daß der Wettbewerb seine dynamischen Funktionen weder bei vollkommener Konkurrenz noch im engen Oligopol ausreichend erfüllt.[362] In dieselbe Richtung gehen auch die für das TKG vorgesehenen Reformen, wonach die sektorspezifische ex-ante-Regulierung allmählich abgebaut werden soll, sobald und soweit der Wettbewerb auf den Kommunikationsmärkten so nachhaltig ist, daß die sektorspezifische Regulierung durch die Anwendung des allgemeinen Wettbewerbsrechts ersetzt werden kann.[363] Aufgabe der Monopolkommission ist es, alle zwei Jahre zu untersuchen, ob und auf welchen Märkten der Telekommunikation danach bereits ein funktionsfähiger Wettbewerb besteht, um den fortdauernden Regulierungsbedarf zu ermitteln. Der Gesetzgeber verfolgt in der Telekommunikation demzufolge nicht das Ziel der Herstellung eines vollständigen Wettbewerbs, auch potentieller oder substitutiver Wettbewerb kann - entsprechend dem Wettbewerbsleitbild des GWB - dem gesetzlichen Leitbild des funktionsfähigen Wettbewerbs genügen.[364]

---

360 Zum Begriff des funktionsfähigen Wettbewerbs vgl. Koenig/Vogelsang/Kühling/Loetz/Neumann, Funktionsfähiger Wettbewerb auf den Telekommunikationsmärkten, S. 32 ff.

361 Immenga/Kirchner/Knieps/Kruse, Telekommunikation im Wettbewerb – Eine ordnungspolitische Konzeption nach erfolgreicher Marktöffnung, S. 18.

362 Zusammenfassend Immenga/Mestmäcker-Zimmer, GWB, § 1 Rn. 136 f. Insgesamt hat die im Schrifttum geführte Diskussion unterschiedlicher Ansätze zur Definition eines subsumtionsfähigen Wettbewerbsbegriffs bisher nicht zu einem Konsens geführt. Für die Rechtspraxis hat die Auseinandersetzung um den Wettbewerbsbegriff nur wenig Relevanz. Heute besteht weitgehende Einigkeit darüber, daß der Wettbewerb als reales Phänomen sich einer begrifflichen Festlegung entzieht und kein normatives Element enthält, vgl. hierzu Immenga/Mestmäcker-Zimmer, GWB, § 1 Rn. 135, 137. Zu allgemeinen Kriterien für die Funktionsfähigkeit von Wettbewerb vgl. Koenig/Vogelsang/Kühling/Loetz/Neumann, Funktionsfähiger Wettbewerb auf den Telekommunikationsmärkten, S. 43 ff.

363 Scherer, Re-Regulierung des TK-Sektors: Mehr Wettbewerb in der EU, MMR 2002, S. 201.

364 Engel, Der Weg der deutschen Telekommunikation in den Wettbewerb, MMR-Beilage 3/1999, S. 7 u. 11.

2. *Elektrizitätswirtschaft*

Zweck des Energiewirtschaftsgesetzes ist gemäß § 1 EnWG „eine möglichst sichere, preisgünstige und umweltverträgliche leitungsgebundene Versorgung mit Elektrizität (...) im Interesse der Allgemeinheit." Primärziel ist damit nicht die Schaffung von Wettbewerb, sondern die Sicherstellung einer bundesweiten Stromversorgung, die auch den möglichen Bedarf in Spitzenzeiten jederzeit deckt.[365] Dem Ziel der Versorgungssicherheit in der Elektrizitätswirtschaft, also einer mengenmäßig ausreichenden Versorgung der Abnehmer,[366] steht in der Telekommunikation die flächendeckende Gewährleistung angemessener und ausreichender Dienstleistungen gegenüber.

Ein Wettbewerb in der Elektrizitätswirtschaft wird damit nur unter gleichzeitiger Gewährleistung der ständigen Verfügbarkeit von Strom für die Allgemeinheit für erstrebenswert erachtet.[367] Umgekehrt führt der Wettbewerb allein nicht zur Verwirklichung aller gemeinwohlorientierten Ziele, partiell sind Wettbewerb und Gemeinwohlprinzip sogar gegenläufig.[368] Die Existenz von Krisenabsicherungen im deutschen Recht ist der Grund dafür, daß generelle Forderungen nach einer Rückkehr zu staatlich kontrollierten Monopolen oder einer dirigistischen Preisaufsicht - anders als auf dem kalifornischen Strommarkt - kaum zu vernehmen sind.[369]

Über das Ziel der Gewährleistung einer preisgünstigen Versorgung ist die Förderung des Wettbewerbs zumindest mittelbar in § 1 EnWG enthalten, und daher ebenfalls bei der Auslegung und Anwendung der Vorschriften des EnWG zu berücksichtigen. Bestätigt wird dies durch § 8 S. 2 EnWG, wonach eine Entscheidung darüber, ob im EnWG Änderungen der Regelung des Netzzugangs erforderlich sind, am Maßstab der Ziele des § 1 EnWG und der Gewährleistung eines wirksamen Wettbewerbs gemessen werden soll. Das Ziel eines wirksamen Wettbewerbs

---

365 Begründung zum Regierungsentwurf eines Gesetzes zur Neuregelung des Energiewirtschaftsrechts, BT-Drs. 13/7274, S. 14.

366 Begründung zum Gesetzentwurf der Bundesregierung, BT-Drs. 13/7274, S. 14.

367 Anlaß für eine solche Unterordnung des Wettbewerbs bestand aufgrund internationaler Erfahrungen. Infolge der Deregulierung des kalifornischen Strommarktes wurde zum Jahreswechsel 2000/2001 ein Chaos befürchtet (vgl. FAZ vom 29.12.2000, Auf dem kalifornischen Strommarkt herrscht Chaos, S. 15). Dort nahm der Druck auf den kalifornischen Gesetzgeber zu, die Vorschriften auf dem deregulierten Strommarkt zu überarbeiten und die 1996 begonnene Liberalisierung teilweise zurückzunehmen. Als problematisch stellte sich dort heraus, daß die Energieversorger eine Kraftwerkskapazität bereithielten, die im Durchschnitt nur rund 15 % über der Nachfrage lag. Der Bau neuer Kraftwerke unterblieb, da die Banken angesichts der Unsicherheiten im Zusammenhang mit der Liberalisierung keine Finanzierungszusage gaben. Insbesondere war es den Energieversorgern vom Gesetzgeber verwehrt, ihren Kunden angemessene Preise in Rechnung zu stellen.

368 Kühne, Rechtsfragen der Kooperation in der Energiewirtschaft, RdE 1998, 41, S. 42.

369 Tettinger, Energierecht - nurmehr ein Anhängsel zum Wettbewerbsrecht?, RdE 2001, 41, S. 44.

steht damit gleichberechtigt neben den vom Gesetzgeber ausdrücklich formulierten Gesetzeszielen. Gesetzliches Leitbild des EnWG ist das des wirksamen Wettbewerbs, das inhaltlich dem Leitbild des funktionsfähigen Wettbewerbs im TKG entspricht.

3. Vergleich der gesetzlichen Regelungen und Zielkonflikte

In beiden Sektoren findet sich somit das Ziel der Schaffung und Förderung eines funktionsfähigen bzw. wirksamen Wettbewerbs. Dieser Zielsetzung müssen auch die jeweiligen Netzzugangsregelungen genügen. Keine Entsprechung in der Telekommunikation hat demgegenüber die Zielsetzung der Umweltverträglichkeit der Versorgung im EnWG, auch wenn sich im TKG vereinzelt Regelungen finden, in denen die Belange der Umwelt zu berücksichtigen sind.[370] Während in der Elektrizitätswirtschaft „Energieverbrauch" und „Ressourcenschonung" Gegenstand umfassender politischer Diskussionen sind,[371] fehlt in der Telekommunikation ein entsprechender Erzeugungsmarkt. Umweltpolitische Belange können in der Telekommunikation daher nur im Zusammenhang mit der Errichtung neuer Netzinfrastruktureinrichtungen relevant werden, wobei Belastungen der Umwelt aufgrund der geringen Flächeninanspruchnahme durch Telekommunikationslinien nur eine untergeordnete Rolle spielen.[372]

Dies führt zu einem grundlegenden Unterschied zwischen den Zielbestimmungen in der Telekommunikation und der Elektrizitätswirtschaft. So gibt es in beiden Sektoren Zielkonflikte zwischen der Schaffung von Wettbewerb einerseits und der Berücksichtigung der Interessen der Nutzer an einer sicheren und flächendeckenden Versorgung andererseits. Der Wettbewerb darf diese Grundversorgung der Bevölkerung in beiden Sektoren nicht gefährden. Die Entstehung von Wettbewerb in der Elektrizitätswirtschaft ist aber mit einem weiteren Zielkonflikt verbunden.[373] So lassen sich in beiden Sektoren über die Preispolitik der Unternehmen mittelfristig die Gewohnheiten der Verbraucher ändern. Es entsteht dadurch in der Elektrizitätswirtschaft ein Zielkonflikt zwischen der Preisgünstigkeit der Versorgung einerseits und deren Umweltverträglichkeit andererseits.[374] Dem Verbraucher muß

---

370 So etwa in § 54 TKG im Hinblick auf die Schonung der Baumpflanzen.

371 Man vergleiche etwa die Diskussion um die Einführung einer Öko-Steuer, die in ihrem theoretischen Ansatz zu einem sparsamen Energieverbrauch beitragen soll.

372 Hermes, Staatliche Infrastrukturverantwortung, S. 254.

373 Allgemein zu den Konflikten in der Energiewirtschaft vgl. Engelmann, Zielkonflikte in der Energiewirtschaft - Sichere und billige oder sparsame Versorgung?, in: Harms, Zielkonflikte in der Energiewirtschaft, S. 21 ff.

374 Zu Erfahrungen aus den USA vgl. Goldschmitt, Liberalisierung auf amerikanisch - Strommarkt bricht Rekorde - Niedrige Preise, hohe Verschwendung, in: „Die Welt" vom 26.02.1998. Die Schattenseite des gigantischen Elektrizitätsbooms in den USA ist danach eine erhebliche Energie-

daher auch bei sinkenden Preisen ein Anreiz zu einem energiesparenden Verhalten gegeben werden.[375]

Da der Gesetzgeber in § 1 EnWG die Preisgünstigkeit der Versorgung gleichberechtigt neben ihre Umweltverträglichkeit stellt, spiegelt sich dieser Zielkonflikt in der Zweckbestimmung des EnWG wider, ohne ein Ergebnis vorzugeben.[376] Nach der Begründung zum Gesetzentwurf der Bundesregierung rechtfertigt das Ziel der Preisgünstigkeit keine Beeinträchtigung der übrigen Gesetzesziele der Versorgungssicherheit und Umweltverträglichkeit. Ziel in der Elektrizitätswirtschaft ist danach, eine möglichst sichere und umweltverträgliche Elektrizitätsversorgung zu geringstmöglichen Kosten und damit zu möglichst günstigen Preisen zu gewährleisten. Umgekehrt müssen die Anforderungen an die Umweltverträglichkeit der Energieversorgung unter Berücksichtigung der Ziele Preisgünstigkeit und Sicherheit bestimmt werden.

E. Die Wettbewerbsaufsicht in der Telekommunikation und Elektrizitätswirtschaft

Der Erfolg der Liberalisierung eines traditionell monopolistisch geführten Sektors hängt nicht zuletzt von den (potentiellen) Eingriffs- und Steuerungsmöglichkeiten der aufsichtsführenden Behörde ab. In der Telekommunikation kommt der RegTP bei dieser Entwicklung eine Schlüsselstellung zu. Sie hat Märkte aktiv zu öffnen und Markteintrittsbarrieren zu beseitigen.[377] Die Eingriffs- und Steuerungs-

---

vergeudung (ganzjährig eingeschaltete Klimaanlagen und flächendeckende Beleuchtung). Vergleichbare Probleme sieht auch Schneider, Liberalisierung der Stromwirtschaft durch regulative Marktorganisation, S. 500.

375 Zum Einfluß des Preises auf das Verhalten der Verbraucher vgl. Engelmann, Zielkonflikte in der Energiewirtschaft - Sichere und billige oder sparsame Versorgung?, in: Harms, Zielkonflikte in der Energiewirtschaft, 21, S. 28.

376 Umweltverträglichkeit in diesem Sinne bedeutet nach § 2 Abs. 4 EnWG, daß die Energieversorgung den Erfordernissen eines rationellen und sparsamen Umgangs mit Energie genügt, eine schonende und dauerhafte Nutzung von Ressourcen gewährleistet ist und die Umwelt möglichst wenig belastet wird. Sowohl der Verbrauch nicht erneuerbarer Ressourcen als auch die Belastung der Umwelt sind danach zu minimieren. Vgl. etwa auch den Entwurf der SPD zu einem Gesetz über die Elektrizitätswirtschaft (BT-Drs. 13/7425 vom 15.04.1997). Dieser verfolgte das Ziel einer ökologischen „Minimalkostenplanung", dessen Erreichung die Fraktion der SPD durch einen auf ökonomische „Minimalkostenplanung" ausgerichteten Wettbewerb gefährdet sah. Demzufolge sollte auch ein Ausschluß von Wettbewerb in Kauf genommen werden. Vgl. hierzu Hermann, Binnenmarkt-Richtlinien für Strom und Gas - Gestaltungsspielräume und Tendenzen bei einer Umsetzung in den EU-Mitgliedstaaten, in: Kühne/Straßburg/Hermann/Rupp, Wettbewerb - Bestandsschutz - Umweltschutz, 25, S. 42. Dies soll insbesondere durch den Einsatz umweltschonender Technologien erreicht werden, vgl. Begründung zum Entwurf der Bundesregierung, BT-Drs. 13/7274, S. 14.

377 BT-Drs. 13/3609, S. 51.

möglichkeiten der RegTP unterscheiden die Telekommunikation grundlegend von der Wettbewerbsaufsicht in der Elektrizitätswirtschaft.

I. Telekommunikation

Bereits während des Gesetzgebungsverfahrens zum TKG bestand zwischen den politischen Parteien Einigkeit darüber, daß sich wettbewerbliche Strukturen und Verhaltensweisen auf den Telekommunikationsmärkten nicht allein durch die Aufhebung der Monopolrechte entwickeln werden.[378] Der deutsche Gesetzgeber hat daher im TKG als Ergänzung zum allgemeinen Wettbewerbsrecht[379] ein Sonderkartellrecht geschaffen, dessen Anwendung er nicht dem Bundeskartellamt, sondern der RegTP anvertraute. Diese Regelungen erlauben es der RegTP, marktbeherrschende Unternehmen in besonderer Weise zu regulieren. Das TKG hält dafür Regelungen bereit, die - im Gegensatz zur ex-post Aufsicht des GWB zur Verhinderung verfestigender marktbeherrschender Strukturen - eine ex-ante Verhaltenskontrolle sowie marktgestaltende Maßnahmen zulassen.

1. Aufgaben der RegTP

Nach § 71 S. 1 TKG überwacht die RegTP u. a. die Einhaltung der Vorgaben des TKG und der auf der Grundlage des TKG ergangenen Auflagen, Anordnungen und Verfügungen sowie sämtlicher auf der Grundlage des TKG erlassenen Rechtsverordnungen.[380]

---

378 Begründung des Gesetzentwurfs der Fraktionen von CDU/CSU, SPD und FDP zum Entwurf eines Telekommunikationsgesetzes vom 30.11.1996, BT-Drs. 13/3609, S. 33 f.

379 Mayen, Marktabgrenzung auf den Märkten der Telekommunikation, MMR 2001, S. 496.

380 Nicht ausdrücklich wird der Regulierungsbehörde auch die Überwachung der Einhaltung der auf der Grundlage des TKG erlassenen Rechtsverordnungen zugewiesen. Andererseits wird der Regulierungsbehörde in § 91 Abs. 1 S. 1 TKG aber ausdrücklich das Recht zugesprochen, Anordnungen und andere geeignete Maßnahmen zu treffen, „um die Einhaltung der Vorschriften des Elften Teils dieses Gesetzes und der auf Grund dieses Teils ergangenen Rechtsverordnungen sicherzustellen." Entgegen der Ansicht Kerkhoffs (BeckTKG-Komm/Kerkhoff, § 71 Rn. 3) ist die Annahme eines Redaktionsversehens durch die fehlende Nennung der Rechtsverordnung in § 71 S. 1 TKG damit zwar nicht zwingend, da § 91 Abs. 1 S. 1 TKG von seinem Wortlaut gerade nur die auf Grund des Elften Teils des TKG ergangenen Rechtsverordnungen erfaßt und somit ebenso gut auch von einer absichtlichen Zuständigkeitsdifferenzierung des Gesetzgebers ausgegangen werden könnte. Allerdings ist kein sachlicher Grund dafür ersichtlich, warum die Überwachung der Einhaltung der auf der Grundlage des Elften Teils des TKG erlassenen Rechtsverordnungen anderen Regeln unterliegen sollte als die Überwachung der Einhaltung der übrigen auf der Grundlage des TKG erlassenen Rechtsverordnungen. Gerade der NZV, der TEntgV und der Telekommunikations-Kundenschutzverordnung kommt im Rahmen der Liberalisierung der Telekommunikationsmärkte eine entscheidende Bedeutung zu. Die Überwachung ihrer Einhaltung dem Einflußbereich der Regulierungsbehörde zu entziehen, wäre daher sinnwidrig und stünde im Widerspruch zu der Absicht des Gesetzgebers, die Regulierungsbehörde mit durchsetzungsfähigen Überwachungs- und Eingriffs-

Die Aufgaben der RegTP wurden bis zum 31.12.1997 vom Bundesministerium für Post und Telekommunikation wahrgenommen (§ 98 S. 1 TKG).[381] Von den ursprünglichen Plänen, die Regulierungsbehörde als oberste Bundesbehörde zu institutionalisieren, wurde im Verlauf des Gesetzgebungsverfahrens Abstand genommen.[382] Dennoch wurde während des Gesetzgebungsverfahrens immer wieder der hohe Stellenwert der Unabhängigkeit der RegTP betont. Durch organisatorische Maßnahmen sollte die Voraussetzung dafür geschaffen werden, daß nicht jede Entscheidung der RegTP durch das zuständige Bundesministerium kassiert werden kann.[383] Die RegTP gehört - wie auch das Bundeskartellamt[384] - als Bundesoberbehörde zum Geschäftsbereich des Bundesministeriums für Wirtschaft (BMWi). Sie ist insoweit organisatorisch verselbständigt, ohne über eine eigene Rechtspersönlichkeit zu verfügen. Die RegTP ist daher den allgemeinen und nach überwiegender Auffassung[385] auch den auf den Einzelfall bezogenen Weisungen des BMWi unterworfen (§ 66 Abs. 1 und Abs. 5 TKG).[386] Allgemeine Weisungen des BMWi sind gemäß § 66 Abs. 5 TKG im Bundesanzeiger zu veröffentlichen.

Die RegTP hat u. a. die Aufgaben der Lizenzerteilung, Frequenzordnung und -vergabe, AGB-Kontrolle und Überwachung der ausreichenden Versorgung mit Universaldienstleistungen. Entscheidend sind ihre Zuständigkeiten im Rahmen des Netzzugangs, der Netzzusammenschaltung und der Entgeltregulierung, auf die noch im einzelnen einzugehen ist. Flankiert werden die Kompetenzen der RegTP

---

kompetenzen auszustatten, vgl. die Begründung des Gesetzentwurfs der Fraktionen von CDU/CSU, SPD und FDP zum Entwurf eines Telekommunikationsgesetzes vom 30.01.1996, BT-Drs. 13/3609, S. 51. Daher muß im Ergebnis auch die Überwachung sämtlicher auf der Grundlage des TKG erlassenen Rechtsverordnungen der Zuständigkeit der Regulierungsbehörde unterliegen.

381 Dieses konnte dadurch noch wichtige Vorentscheidungen, etwa über die Erteilung von Lizenzen für Sprachtelefondienst ab dem 01.01.1998 und die Festsetzung von Zusammenschaltungsentgelten, treffen, vgl. Leo/Schellenberg, Die Regulierungsbehörde für Telekommunikation und Post - Aufgaben und Befugnisse, ZUM 1997, S. 188.

382 Bender, Regulierungsbehörde quo vadis?, K&R 2001, 506, S. 508.

383 Beschlußempfehlung und Bericht des Ausschusses für Post und Telekommunikation, BT-Drs. 13/4864, S. 82.

384 Vgl. § 51 Abs. 1 GWB, der allerdings im Gegensatz zu § 66 Abs. 1 TKG von einer „selbständigen Bundesoberbehörde" spricht, ohne daß sich hieraus organisationsrechtliche Unterschiede herleiten ließen, vgl. Bender, a. a. O., S. 508 Fn. 25.

385 Eschweiler, Die Regulierungsbehörde im Spannungsfeld zwischen Unabhängigkeit und Weisungsunterworfenheit, K&R 2001, 238, S. 240 f.

386 Demgegenüber ist dem anglo-amerikanischen Rechtskreis eine Weisungsunterworfenheit der sektorspezifischen Regulierungsbehörden fremd. So handelt es sich etwa bei der britischen Regulierungsbehörde OFTEL um eine in Deutschland dem Bundesrechnungshof entsprechende ministerialfreie Behörde, die keinem Minister unmittelbar untersteht und folglich auch keinen ministeriellen Weisungen unterliegt, vgl. hierzu Eschweiler, Die Regulierungsbehörde im Spannungsfeld zwischen Unabhängigkeit und Weisungsunterworfenheit, K&R 2001, 238, S. 239.

von dem Auskunftsrecht in § 31 Abs. 1 Nr. 1 TKG und der Möglichkeit einer nachträglichen Überprüfung gem. § 30 Abs. 1 und 3 bis 6 TKG.

Die RegTP trifft ihre Entscheidungen gemäß § 73 Abs. 1 S. 1 und 2 TKG durch Beschlußkammern, die sich aus einem Vorsitzenden und zwei Beisitzern zusammensetzen.[387] Das TKG hat sich insoweit an das Muster des GWB angelehnt (vgl. § 51 GWB). Die Verfahren der Beschlußkammern sind gerichtsähnlich aufgebaut und sollen die Unabhängigkeit der Behörde verdeutlichen. Das BMWi kann die Entscheidungen der Beschlußkammern der RegTP nicht aufheben.[388] Bis zu einer endgültigen Entscheidung kann die RegTP einstweilige Anordnungen treffen (§ 78 TKG).

Da die Entscheidungen der Beschlußkammern durch Verwaltungsakt ergehen (§ 73 Abs. 1 S. 2 TKG), ist gegen die Entscheidungen der RegTP der Rechtsweg zu den Verwaltungsgerichten eröffnet. Gemäß § 68 Abs. 1 S. 2 VwGO i. V. m. § 80 Abs. 1 TKG kann die Aufhebung eines Verwaltungsaktes sowie der Erlaß eines abgelehnten oder unterlassenen Verwaltungsaktes der RegTP ohne Vorverfahren unmittelbar durch die Erhebung von Anfechtungs- bzw. Verpflichtungsklage vor dem zuständigen Verwaltungsgericht geltend gemacht werden. Der Verzicht auf ein Vorverfahren wurde erst im Laufe des Gesetzgebungsverfahrens in das TKG aufgenommen, um - ausweislich der Begründung des Bundestagsausschusses für Post und Telekommunikation - die Unabhängigkeit der Regulierungsbehörde zu stärken und ein zügiges Verfahren zu gewährleisten.[389] Es sollte vermieden werden, daß Bundesregierung, Bundestagsfraktionen oder Bundesländer aus politischen Gründen versuchen, Einfluß auf Entscheidungen der RegTP zu nehmen. Insbesondere sollte eine aufsichtliche Einwirkung des BMWi während der Dauer des Vorverfahrens ausgeschlossen werden.[390] Da Klagen gegen die Entscheidungen der Regulierungsbehörde im Regelfall keine aufschiebende Wirkung haben (§ 80 Abs. 2 TKG), sind die Entscheidungen der RegTP inhaltlich zunächst umzusetzen.

---

387 Insgesamt gibt es bei der RegTP 5 Beschlußkammern, deren Zuständigkeit sich nach dem Regulierungsgegenstand richtet. Beschlußkammer 2 ist für die Entgeltregulierung, genehmigungspflichtige Entgelte im Bereich Übertragungswege und Sprachtelefondienst, Beschlußkammer 3 für die besondere Mißbrauchsaufsicht sowie die nachträgliche Entgeltregulierung und Beschlußkammer 4 für besondere Netzzugänge einschließlich Zusammenschaltungen zuständig.

388 Eschweiler, Die Regulierungsbehörde im Spannungsfeld zwischen Unabhängigkeit und Weisungsunterworfenheit, K&R 2001, S. 238.

389 BT-Drs. 13/4864, S. 82.

390 Eschweiler, Die Regulierungsbehörde im Spannungsfeld zwischen Unabhängigkeit und Weisungsunterworfenheit, K&R 2001, 238, S. 239.

2. *Zusammenarbeit zwischen RegTP und Bundeskartellamt*

§ 82 TKG regelt die Zusammenarbeit zwischen RegTP und Bundeskartellamt. Danach entscheidet die Regulierungsbehörde in den Fällen des § 11 Abs. 3 TKG, also dann, wenn ein Unternehmen von dem Vergabeverfahren zur Lizenzerteilung ausgeschlossen werden soll, im „Einvernehmen" mit dem Bundeskartellamt. Gleiches gilt für die Abgrenzung sachlich und räumlich relevanter Märkte und die Feststellung einer marktbeherrschenden Stellung im Rahmen des TKG. Die Vorschrift bezweckt damit eine einheitliche Marktbewertung von RegTP und Bundeskartellamt.[391] Um Verfahrensverzögerungen zu vermeiden, soll ein in bestimmten Fragen bereits bestehendes Einvernehmen zwischen Regulierungsbehörde und Bundeskartellamt - unabhängig vom Einzelfall - ausreichen.[392] Über § 82 S. 3 TKG wird dem Bundeskartellamt darüber hinaus in den Bereichen der Entgeltregulierung, des Netzzugangs und der Zusammenschaltung die Möglichkeit zur Stellungnahme vor Verfahrensabschluß, d.h. vor einer Entscheidung der Regulierungsbehörde, eingeräumt, ohne daß hierdurch für die RegTP eine Bindungswirkung entsteht. Da die Mitwirkung des Bundeskartellamtes an einer Entscheidung der RegTP gegenüber den Verfahrensbeteiligten lediglich einen verwaltungsinternen Mitwirkungsakt darstellt, unterliegt dieser auch keiner selbständigen Anfechtung.

Durch die parallele Zuständigkeit von RegTP und Bundeskartellamt auf dem Gebiet der Telekommunikation entsteht die Gefahr widersprüchlicher Entscheidungen, wenn beide Behörden mit demselben Sachverhalt befaßt werden. Die Konsultationspflichten aus § 82 S. 3 und 4 TKG vermögen dieses Problem nicht zu lösen, da die Stellungnahme der jeweils anderen Behörde keine bindende Wirkung hat. Nach den allgemeinen Grundsätzen soll das Bundeskartellamt aber etwa an eine bestandskräftige Genehmigung von Entgelten nach dem TKG gebunden sein.[393] Auch ein einheitlicher Rechtsweg für den Rechtsschutz gegen die Entscheidungen der Behörden besteht nicht.[394]

II. Elektrizitätswirtschaft

Durch die Liberalisierung der Elektrizitätswirtschaft haben sich keine grundlegenden Veränderungen im Hinblick auf die aufsichtsführenden Behörden ergeben. Neben den Energie- und Tarifaufsichtsbehörden der Länder bestehen parallele Zu-

---

[391] Begründung zum Gesetzentwurf, BT-Drs. 13/3609, S. 52.

[392] BeckTKG-Komm/Geppert, § 82 Rn. 10.

[393] Martenczuk, Regulierungsbehörde contra Bundeskartellamt? – Das Verhältnis der Kompetenzen auf dem Gebiet der Telekommunikation, CR 1999, 363, S. 365.

[394] Vgl. hierzu 2. Teil D.I.2.

ständigkeiten der Kartellbehörden.[395] Anders als in der Telekommunikation wurde in der Elektrizitätswirtschaft keine gesonderte Wettbewerbsaufsichtbehörde eingerichtet, obwohl dies den Forderungen der Monopolkommission und der Umsetzung der Stromrichtlinie in den übrigen Mitgliedstaaten entsprach.[396] Dies erschien in Deutschland eher möglich als in Ländern mit ehemaligen Staatsmonopolen, da in Deutschland im Zeitpunkt der Marktöffnung – anders als in den anderen Ländern der EU – bereits verschiedene private EVU tätig waren, die bei einer Marktöffnung in Wettbewerb treten konnten.[397]

1. Energieaufsichtsbehörden der Länder gemäß § 18 EnWG

§ 18 Abs. 1 EnWG enthält eine Generalklausel, über die die nach Landesrecht zuständige Energieaufsichtsbehörde[398] die Einhaltung der Vorschriften des EnWG überwacht und dazu im Einzelfall die erforderlichen Maßnahmen zur Durchführung des Gesetzes anordnen kann. Nach der Gesetzesbegründung enthält § 18 Abs. 1 EnWG „die notwendige allgemeine Befugnisnorm, damit die Behörde die Einhaltung der Vorschriften dieses Gesetzes überwachen und die im Einzelfall erforderlichen Maßnahmen zur Durchführung des Gesetzes anordnen kann."[399] Ein formalisiertes Verfahren der zügigen Koordinierung zwischen den einzelnen Fachaufsichtsbehörden der Länder existiert nicht. Dies kann zu Verzögerungen bei Sachverhalten führen, die die Grenzen einzelner Bundesländer überschreiten und damit der Energieaufsicht mehrerer Bundesländer unterliegen. Es besteht insoweit

---

395 Das Bundeswirtschaftsministerium – nunmehr Ministerium für Wirtschaft und Arbeit – hat im April 2001 darüber hinaus eine Task Force Netzzugang gegründet, die auf die Weiterentwicklung der Verbändevereinbarung hinzuwirken und vor allem in deren Umfeld Defizite beim Netzzugang aufzuspüren und Lösungsmöglichkeiten aufzuzeigen hat.

396 Monopolkommission, Hauptgutachten 1973/1975, Tz. 776. Für die Erforderlichkeit einer zentralen Regulierungsbehörde sprechen sich Ungemach/Wißmann/Cameron/Styles, Mehr Mut zur Reform - Anmerkungen zum Stand der Diskussion über die Liberalisierung des deutschen Elektrizitäts- und Gasmarktes, ET 1997, 364, S. 368, aus.

397 Hauptgutachten der Monopolkommission XIII (1998/1999), Wettbewerbspolitik in Netzstrukturen, S. 67. Bei einem Verzicht auf einen Regulierer müssen danach folgende Rahmenbedingungen geschaffen werden: die in der Verbändevereinbarung vorgesehenen Regelungen für die Durchleitung müssen die Nutzung fremder Netze problemlos möglich machen und zum Regelfall werden lassen; Entgelte müssen den Kosten entsprechen und dürfen nicht als künstliche Mittel zum Ausschluß von Wettbewerbern mißbraucht werden; wo Engpässe die Erfüllung von Durchleitungswünschen behindern, müssen die Regelungen zur Kapazitätsverteilung so gestaltet sein, daß sie den Netzbetreiber nicht ungerechtfertigt bevorteilen.

398 Die Energieaufsicht ressortiert bei den Wirtschaftsministern bzw. Wirtschaftssenatoren der Länder und Stadtstaaten, vgl. hierzu Ludwig/Odenthal, Lexikon des Rechts der Energie- und Wasserversorgung, Stichwort „Energieaufsicht".

399 Begründung zum Gesetzentwurf der Bundesregierung, BT-Drs. 13/7274, S. 22.

eine fragmentierte Fachaufsicht durch voll weisungsunterworfene Landesbehörden auf Ministerialebene.[400]

Ob die Energieaufsichtsbehörden auf der Grundlage von § 18 EnWG den Netzzugang nach § 6 EnWG durch Anordnung gegenüber dem Netzbetreiber erzwingen können, ist zwischen den betroffenen Bundes- und Landesbehörden und innerhalb der Literatur umstritten.[401] Dem steht der privatrechtliche Charakter der Netzzugangsregelung entgegen.[402] Da es zu den allgemein anerkannten Grundsätzen des Überwachungsrechts gehört, daß sich die behördliche Befolgungskontrolle auf öffentlich-rechtliche Vorschriften beschränkt – nur ihnen ist der für die Staatsaufsicht erforderliche unmittelbare Gemeinwohlbezug zu eigen -, stellt die aufsichtsbehördliche Überwachung privatrechtlicher Rechtsverhältnisse keine Alternative zur Rechtsdurchsetzung auf dem Zivilrechtsweg dar.[403] Nur im Ausnahmefall können auch privatrechtliche Rechtsverhältnisse gemeinwohlrelevant werden, etwa dann, wenn besonders schwerwiegende und langandauernde Pflicht- oder Rechtsgutverletzungen auftreten.[404] Auch für diese Fälle ist in der Elektrizitätswirtschaft jedoch durch die Kartellbehörden eine wirksame staatliche Aufsicht gewährleistet, so daß ein Nebeneinander von energieaufsichtlicher Überwachung und Kartellaufsicht bei Fragen des Netzzugangs nicht geboten ist.[405] Das mit der Liberalisierung verfolgte Ziel der Deregulierung[406] gebietet im übrigen eine restriktive Handhabung staatsaufsichtlicher Eingriffsbefugnisse.[407] Die alleinige Zuständigkeit der Kartellbehörden entspricht darüber hinaus dem Gebot der größeren Sachnähe, da

---

400 Schneider, Liberalisierung der Stromwirtschaft durch regulative Marktorganisation, S. 531.

401 Vgl. hierzu Kühne, Der Netzzugang und seine Verweigerung im Spannungsfeld zwischen Zivilrecht, Energierecht und Kartellrecht, RdE 2000, S. 1; Kühne, Energieaufsicht als Überwachung (Befolgungskontrolle), in: Bartsch/Röhling/Salje/Scholz, Stromwirtschaft, Kap. 17 Rn. 8 ff., S. 138 f.; ablehnend: Danner-Danner, Energiewirtschaftsrecht, EnWG § 18 Rn. 3, der allerdings generell nicht zwischen den einzelnen Bereichen der Rechtsaufsicht differenziert.

402 Kühne, Der Netzzugang und seine Verweigerung im Spannungsfeld zwischen Zivilrecht, Energierecht und Kartellrecht, RdE 2000, 1, S. 4.

403 Kühne, Energieaufsicht als Überwachung (Befolgungskontrolle), in: Bartsch/Röhling/Salje/Scholz, Stromwirtschaft, Kap. 17 Rn. 14, S. 141.

404 Kühne, Energieaufsicht als Überwachung (Befolgungskontrolle), in: Bartsch/Röhling/Salje/Scholz, Stromwirtschaft, Kap. 17 Rn. 14, S. 141 f.

405 So auch Scholz/Röhling, Durchsetzung des Netzzugangs, in: Bartsch/Röhling/Salje/Scholz, Stromwirtschaft, Kap. 56 Rn. 14, S. 515.

406 RegE BT-Drs. 13/7274, S. 10.

407 Kühne, Der Netzzugang und seine Verweigerung im Spannungsfeld zwischen Zivilrecht, Energierecht und Kartellrecht, RdE 2000, S. 1.

die Netzzugangsregelungen des EnWG ihrem Wesen nach kartellrechtlicher Natur sind.[408]

Die gegenteilige Auffassung[409] führt demgegenüber zwangsläufig zu Koordinationsdefiziten zwischen den Energieaufsichts- und den Kartellbehörden. Aus diesem Grund wird davon ausgegangen, daß sich in der Praxis der Elektrizitätswirtschaft eine Aufgabenteilung zwischen der Energieaufsicht und den Kartellbehörden durchsetzen wird, wonach die Energieaufsicht die technischen und die Kartellbehörden die wettbewerblichen Belange wahrnehmen werden.[410]

Ein Vorverfahren gegen Entscheidungen dieser Behörden findet gemäß § 68 Abs. 1 S. 2 Nr. 1 VwGO nicht statt, so daß das betroffene Unternehmen unmittelbar Klage bei dem zuständigen Verwaltungsgericht erheben kann.[411] Gemäß § 80 Abs. 1 VwGO hat die Klageerhebung aufschiebende Wirkung, so daß die Behörde von der angeordneten Maßnahme zunächst keinen Gebrauch machen kann, der Adressat sich also nicht an das ausgesprochene Gebot oder Verbot halten muß.[412]

2. Zuständigkeiten der Landeskartellbehörden und des Bundeskartellamtes

Gemäß § 6 Abs. 1 S. 4 und § 7 Abs. 2 S. 2 EnWG bleiben die Mißbrauchsaufsicht des § 19 Abs. 4 GWB und das Behinderungs- und Diskriminierungsgebot in § 20 Abs. 1 und 2 GWB von den Regelungen zum verhandelten Netzzugang und der Netzzugangsalternative unberührt, so daß sich der Durchleitungsinteressent in materiellrechtlicher Hinsicht auch auf diese allgemeinen Vorschriften berufen kann. Angesichts des weitgehenden Fehlens paralleler Leitungsnetze verfügen die Netzbetreiber in ihrem Gebiet regelmäßig über eine marktbeherrschende Stellung. Sie haben daher die allgemeinen kartellrechtlichen Regelungen für marktbeherrschende Unternehmen zu beachten,[413] die der Kontrolle durch die Landeskartellbehörden bzw. das Bundeskartellamt unterliegen.

---

408 Kühne, Energieaufsicht als Überwachung (Befolgungskontrolle), in: Bartsch/Röhling/Salje/Scholz, Stromwirtschaft, Kap. 17 Rn. 16, S. 142.

409 Schneider, Liberalisierung der Stromwirtschaft durch regulative Marktorganisation, S. 530, der für Aufsichtsmaßnahmen auch nicht den vorherigen Erlaß einer Netzzugangsverordnung gemäß § 6 Abs. 2 EnWG für erforderlich erachtet; Büdenbender, Energierecht nach der Energierechtsreform, JZ 1999, 62, S. 69, wonach in diesem Fall das Energierecht denselben zivil- und aufsichtsrechtlichen Parallellauf zur Gewährleistung des Netzzugangs eröffnen würde, den auch das Kartellrecht kennt.

410 Immenga/Mestmäcker-Möschel, GWB, § 19 Rn 223.

411 Vgl. hierzu Eyermann-Rennert, Verwaltungsgerichtsordnung, § 68 Rn. 25.

412 Eyermann-Schmidt, Verwaltungsgerichtsordnung, § 80 Rn. 5.

413 Ungemach/Weber, Verfahrensfragen des Netzzugangs bei Elektrizität und Gas, RdE 1999, 11, S. 12.

Kartellbehördliche Untersagungsbefugnisse ergeben sich aus § 32 i.V.m. § 19 Abs. 4 Nr. 4 GWB. Danach sind die Kartellbehörden zu negativen Untersagungen ermächtigt, ohne allerdings positive Handlungsgebote aussprechen zu dürfen, wie dies den Energieaufsichtsbehörden der Länder möglich ist. Die Kartellbehörden haben in der Elektrizitätswirtschaft somit weder durch die Reform des Energiewirtschaftsrechts noch durch die GWB-Reform positive Gestaltungsmöglichkeiten erhalten. Wie auch im EnWG hat der Gesetzgeber zudem - bislang - auf eine gesetzliche Anordnung der sofortigen Vollziehbarkeit von kartellbehördlichen Untersagungen bezüglich Netzzugangsverweigerungen verzichtet. Dies kann zu erheblichen Verzögerungen bei Durchleitungsvorgängen führen.

Umstritten ist, inwieweit die energierechtliche Sonderregelung in § 6 EnWG auch im Rahmen der kartellrechtlichen Wertungen zu berücksichtigen ist. Im Verhältnis zwischen § 19 Abs. 4 Nr. 4 GWB zu den spezialgesetzlichen Netzzugangsregelungen im EnWG müssen die Kartellbehörden die energierechtlichen Vorgaben zumindest in der Weise beachten, daß sie keine widersprechenden Entscheidungen treffen. Die energie- und kartellrechtlichen Durchleitungstatbestände sollen als eigenständige Normkomplexe zu behandeln sein, zwischen denen Widersprüche zu vermeiden sind, die aber über spezifische tatbestandliche Voraussetzungen und Rechtsfolgen verfügen und insofern als einander wechselseitig ergänzende Auffangordnungen verstanden werden können. Dabei soll das Kartellrecht auf den institutionellen Schutz des Wettbewerbs bzw. den individuellen Schutz von Wettbewerbern ausgerichtet bleiben, während dem Energiewirtschaftsrecht aufgrund der besonderen sozialen Funktionen und öffentlichen Auswirkungen die Verarbeitung einer komplexeren Zielsetzung obliegt.[414]

Die Zuständigkeitsverteilung zwischen den Landeskartellbehörden und dem Bundeskartellamt wird in § 48 Abs. 2 S. 1 GWB geregelt. Danach nimmt das Bundeskartellamt die im GWB der Kartellbehörde übertragenen Aufgaben und Befugnisse wahr, wenn die Wirkung der Marktbeeinflussung oder des wettbewerbsbeschränkenden oder diskriminierenden Verhaltens oder einer Wettbewerbsregel über das Gebiet eines Bundeslandes hinausreicht und die Zuständigkeit einer bestimmten Kartellbehörde durch das GWB nicht gesondert bestimmt wird. In allen übrigen Fällen sind gemäß § 48 Abs. 2 S. 2 GWB die Landeskartellbehörden zuständig.

Liegen Ein- und Ausspeisepunkt bei dem in Anspruch genommenen Netzbetreiber in verschiedenen Bundesländern, so ist danach die Zuständigkeit des Bundeskartellamtes gegeben. Das gilt auch, wenn die konkrete Durchleitungsverweigerung in ihren Auswirkungen zwar nicht die Landesgrenzen überschreitet, diese jedoch Bestandteil einer einheitlichen Verhaltensweise des Netzbetreibers mit Auswirkungen

---

[414] Schneider, Liberalisierung der Stromwirtschaft durch regulative Marktorganisation, S. 535 f.

in mehreren Bundesländern ist.[415] Beteiligte des Kartellverwaltungsverfahrens sind im Falle einer Durchleitungsverweigerung u.a. der Netzbetreiber, der Durchleitungsinteressent, sofern das Verfahren auf seinen Antrag hin eingeleitet wurde, sowie diejenigen, deren Interessen durch die Entscheidung erheblich berührt werden.

Wie auch in der Telekommunikation hat die Parallelzuständigkeit von Energieaufsichtsbehörde und Bundeskartellamt zur Folge, daß die entsprechenden Rechtswegzuweisungen divergieren. Für die Fragen der Tarif- und Energieaufsicht sind die Verwaltungsgerichte, für kartellrechtliche Sachverhalte und vertragsrechtliche Streitigkeiten die Zivilgerichte zuständig.[416]

Eine neuerliche Diskussion über die Errichtung einer Regulierungsbehörde für die Elektrizitätswirtschaft entstand im Zusammenhang mit der Liberalisierung der Gaswirtschaft. Angestoßen wurde diese Diskussion durch die Uneinigkeit zwischen den Industrieverbänden und der deutschen Gaswirtschaft über die Durchleitungsbedingungen von Gas durch fremde Leitungsnetze. Nachdem diese sich Anfang Mai 2002 auf einen Regelungsrahmen (Verbändevereinbarung) einigen konnten, scheint die Errichtung einer Regulierungsbehörde für die Gaswirtschaft, die dann zugleich auch die Elektrizitätswirtschaft mit reguliert hätte, zunächst abgewendet.[417] Die Monopolkommission fordert demgegenüber die Errichtung einer allgemeinen Regulierungsbehörde für alle Netzbranchen, deren Notwendigkeit allerdings umgehend von der Bundesregierung in Frage gestellt wurde.[418]

Allerdings bestehen weiterhin Forderungen der EU-Kommission, eine Regulierungsbehörde für die Elektrizitätswirtschaft auch in Deutschland zu errichten, da sich alle übrigen Mitgliedstaaten der EU für einen geregelten Netzzugang und die Errichtung einer dafür zuständigen Regulierungsbehörde entschieden haben. Dieses Argument allein ist jedoch nicht stichhaltig, da die Förderung von Wettbewerb auch bedeutet, einen Wettbewerb zwischen unterschiedlichen institutionellen

---

415 Ungemach/Weber, Verfahrensfragen des Netzzugangs bei Elektrizität und Gas, RdE 1999, 11, S. 13.

416 Ungemach/Wißmann/Cameron/Styles, Mehr Mut zur Reform - Anmerkungen zum Stand der Diskussion über die Liberalisierung des deutschen Elektrizitäts- und Gasmarktes, ET 1997, 364, S. 368.

417 Bonde, „Behörden im Dienste des Marktes - Zur Rolle der Regulierer", FAZ vom 07.04.2001, S. 13.

418 FAZ vom 09.07.2002, „Monopolkommission fordert allgemeine Regulierungsbehörde". Nach Auffassung der Monopolkommission wird der Wettbewerb in netzgebundenen Branchen ohne die Errichtung einer solchen allgemeinen Regulierungsbehörde behindert. Die Bundesregierung erachtet demgegenüber eine Stärkung der Mißbrauchsaufsicht durch das Bundeskartellamt für vorzugswürdig.

Gestaltungsmöglichkeiten zuzulassen. Der Wettbewerb selbst kann dann losgelöst von staatlichen Vorgaben über die Vorzugswürdigkeit des einen oder anderen Modells entscheiden. Ansatzpunkte hierfür ergeben sich aus einem Vergleich der Netzzugangsregelungen in der Telekommunikation und Elektrizitätswirtschaft.

Ob und inwieweit das Regulierungsmodell aus der Telekommunikation überhaupt Vorteile gegenüber dem Verhandlungsmodell in der Elektrizitätswirtschaft aufweist, soll im folgenden geklärt werden.

2. Teil: Vergleich der Netzzugangsregelungen in der Telekommunikation und Elektrizitätswirtschaft

Die für den Wettbewerb in der Telekommunikation und Elektrizitätswirtschaft maßgeblichen Regelungen betreffen die Frage des Zugangs zu den Netzinfrastruktureinrichtungen anderer Unternehmen, durch den ein Wettbewerb auf den vor- und nachgelagerten Märkten ermöglicht wird.

Grundlage eines Netzzugangsbegehrens können neben den spezialgesetzlichen Regelungen in TKG und EnWG auch das europäische und das nationale Wettbewerbsrecht sein. Vorab ist daher zu klären, auf welche dieser Regelungen ein Netzzugangsbegehren von dem Interessenten unter welchen Voraussetzungen gestützt werden kann (A.). Kommen danach die spezialgesetzlichen Netzzugangsregelungen aus TKG und EnWG zur Anwendung, so bestimmt sich ihre Anwendung im Einzelfall nach dem persönlichen und sachlichen Anwendungsbereich der jeweiligen Regelung. Den in den §§ 33 ff. TKG geregelten Netzzugangs- bzw. Netzzusammenschaltungstatbeständen in der Telekommunikation stehen dabei der in § 6 EnWG geregelte Durchleitungstatbestand sowie die in § 7 EnWG geregelte Netzzugangsalternative in der Elektrizitätswirtschaft gegenüber (B.). Die Vorteilhaftigkeit der Netzzugangsregelungen des einen Sektors gegenüber den Netzzugangsregelungen des anderen Sektors zeigt sich dabei insbesondere an der Ermittlung der Netznutzungsbedingungen, insbesondere der Netznutzungsentgelte (C.), sowie den Möglichkeiten zur Verweigerung und verfahrensrechtlichen Durchsetzung des Netzzugangs (D.). Beide Sektoren unterscheiden sich insoweit nicht unerheblich voneinander.

A. Netzzugangsbegehren im europäischen und nationalen Wettbewerbsrecht

Außerhalb der spezialgesetzlichen Netzzugangstatbestände aus TKG und EnWG kommen Netzzugangsbegehren insbesondere nach dem europäischen Wettbewerbsrecht gemäß Art. 81, 82 EG (ehemals Art. 85, 86 EGV) sowie dem nationalen Wettbewerbsrecht gemäß § 19 Abs. 4 Nr. 4 bzw. § 20 Abs. 1 GWB in Betracht. Verweigert der Netzbetreiber einem anderen Unternehmen den Zugang zu seinen Netzinfrastruktureinrichtungen, so kann hierin ein Mißbrauch einer marktbeherrschenden Stellung des Netzbetreibers liegen. Demgegenüber können Vereinbarungen, mit denen dem anderen Unternehmen der Netzzugang gewährt wird, grundsätzlich eine wettbewerbsfördernde Wirkung entfalten, wenn der Zugang zum nachgelagerten Markt verbessert und dadurch eine höhere Wertschöpfung erreicht wird. Sie können aber auch zu einer Einschränkung des Wettbewerbs unter den

Parteien oder zu einer Einschränkung des Wettbewerbs Dritter führen.[419] In diesen Fällen können die Regelungen des europäischen und nationalen Wettbewerbsrechts zur Anwendung kommen.

I. Netzzugangsbegehren im europäischen Wettbewerbsrecht

Die in den Europäischen Verträgen enthaltenen Wettbewerbsregeln und die zu ihrer Durchsetzung ergangenen Verordnungen sind unmittelbar geltendes Recht.[420] Sie bilden einen Teil der Vorschriften zur Sicherung des Systems unverfälschten Wettbewerbs im Gemeinsamen Markt, wie er in Art. 3 Abs. 1 lit. g EG festgelegt ist. Da private Wettbewerbsbeschränkungen dieselben Wirkungen wie staatliche Handelsschranken haben können, verfolgt das europäische Wettbewerbsrecht das Ziel, die Errichtung des Systems unverfälschten Wettbewerbs in der Gemeinschaft gegen künstliche oder willkürliche Eingriffe von Unternehmen zu schützen.[421]

Während die Art. 81, 82 EG wettbewerbsrechtlich erhebliche Sachverhalte nach ihren Auswirkungen auf den zwischenstaatlichen Handel beurteilen, kann das nationale Recht denselben Sachverhalt im Hinblick auf seine innerstaatlichen Auswirkungen unter anderen Gesichtspunkten beurteilen.[422] Normenkonflikte zwischen dem europäischen und dem nationalen Wettbewerbsrecht sind nach dem Grundsatz des Vorrangs des Gemeinschaftsrechts zu lösen.[423] Der Vorrang des Gemeinschaftsrechts bedeutet insoweit nicht, daß auf denselben Sachverhalt europäisches und nationales Wettbewerbsrecht nicht nebeneinander angewendet werden dürften.[424]

1. Art. 81 EG

Art. 81 Abs. 1 EG verbietet Vereinbarungen zwischen Unternehmen, Beschlüsse von Unternehmensvereinbarungen und aufeinander abgestimmte Verhaltensweisen,

---

419 Riehmer, EG-Wettbewerbsrecht und Zugangsvereinbarungen in der Telekommunikation, MMR 1998, S. 355 f.

420 Immenga/Mestmäcker-Mestmäcker, GWB, Einleitung Rn. 70.

421 Emmerich, Kartellrecht, § 33 Anm. 2. a), S. 502.

422 Langen/Bunte-Bunte, Kommentar zum deutschen und europäischen Kartellrecht, Einführung zum GWB Rn. 83.

423 EuGH, Urteil vom 13.02.1969, Slg. 1969, 1, S. 14 – Walt Wilhelm. In dieser Entscheidung hat der EuGH die für das Verhältnis zwischen dem europäischem und dem nationalem Wettbewerbsrecht zuvor vertretene Zweischranken-Theorie aufgegeben, wonach ein Kollisionsproblem zwischen staatlichen und europäischen Wettbewerbsnormen wegen verschiedener Schutzzwecke als begrifflich ausgeschlossen galt, vgl. hierzu Immenga/Mestmäcker-Mestmäcker, GWB, Einleitung Rn. 71.

424 Langen/Bunte-Bunte, Kommentar zum deutschen und europäischen Kartellrecht, Einführung zum GWB Rn. 84; Gleiss/Hirsch, Kommentar zum EG-Kartellrecht, Einl. Rn. 60 f.

die den Handel zwischen den Mitgliedstaaten beeinträchtigen können und eine Wettbewerbsverzerrung bezwecken oder bewirken.[425] Dies kann bei Netzzugangsvereinbarungen der Fall sein, wenn sie Dritte vom Zugang ausschließen.[426] Gleiches gilt für Absprachen über Netznutzungsbedingungen oder die Festlegung technischer und qualitativer Normen, die sich für Dritte ebenfalls zugangsbeschränkend auswirken können. Der EuGH hält Art. 81 EG auf das Verhalten von EVU im Wettbewerb für grundsätzlich anwendbar,[427] wobei EVU im Einzelfall über Art. 86 Abs. 2 EG privilegiert sein können.[428] Art. 81 Abs. 3 EG eröffnet im Einzelfall die Möglichkeit zu einer Freistellung von den Beschränkungen des Art. 81 Abs. 1 EG, die eines ausdrücklichen Verwaltungsakts der zuständigen Behörde bedarf.[429]

2. *Art. 82 EG*

Art. 82 EG verbietet die mißbräuchliche Ausnutzung einer beherrschenden Stellung auf dem Gemeinsamen Markt oder auf einem wesentlichen Teil desselben, soweit dies zu einer Beeinträchtigung des Handels zwischen den Mitgliedstaaten führen kann.[430] EU-einheitlich wurde das Verbot des Mißbrauchs einer marktbeherrschenden Stellung nach Art. 82 EG durch Rezeption der „essential facilities-Doktrin" aus dem US-Kartellrecht[431] erweitert.[432] Dort ist allgemein für Netze oder Teilnetze,

---

425 Art. 81 EG unterscheidet nicht zwischen horizontalen und vertikalen Wettbewerbsbeschränkungen, vgl. Langen/Bunte-Bunte, Kommentar zum deutschen und europäischen Kartellrecht, Art. 81 Rn. 2.

426 Rudolf, Das Recht auf Netzzugang in der Telekommunikation, S. 67.

427 EuGH, Urteil vom 27.04.1994, Slg. 1994 I, S. 1477 ff. – Almelo.

428 Unstreitig ist insoweit, daß EVU regelmäßig „Dienstleistungen von allgemeinem wirtschaftlichen Interesse" erbringen. Umstritten ist hingegen, ob die deutschen EVU i.S.v. Art. 86 Abs. 2 EG mit der Wahrnehmung ihrer Aufgaben von staatlicher Seite „betraut" sind. Vgl. zum Meinungsstand Langen/Bunte-Bunte, Kommentar zum deutschen und europäischen Kartellrecht, Art. 81 Rn. 166.

429 Langen/Bunte-Bunte, Kommentar zum deutschen und europäischen Kartellrecht, Art. 81 Rn. 146.

430 Gemäß Art. 22 der Stromrichtlinie haben die Mitgliedstaaten geeignete Maßnahmen zu treffen, um einen Mißbrauch von marktbeherrschenden Stellungen unter besonderer Beachtung des Art. 86 EGV, nunmehr Art. 82 EG, zu verhindern. Dahinter steht im Ergebnis eine potentielle Durchleitungspflicht aus dem Mißbrauchsverbot des Art. 82 EG. Vgl. hierzu Wiedemann-Zinow, Handbuch des Kartellrechts, § 34 Rn. 140.

431 Lampert, Der EuGH und die essential facilities-Lehre, NJW 1999, S. 2235. Zur essential facilities-Doktrin nach US-Kartellrecht vgl. Börner, Der Netzzugang für Dritte als grundsätzliches rechtliches Problem - Ein Blick auf die USA, in: Schwarze, Der Netzzugang für Dritte im Wirtschaftsrecht, 137, S. 141 ff. Der „Durchbruch" für die essential facilities-Doktrin kam dort 1982 mit der Entscheidung in Sachen MCI Communications Corp. vs. American Telephone & Telegraph Co., in der erstmals die vier Elemente der essential facilities-Doktrin von einem amerikanischen Gericht benannt wurden (vgl. Börner, a.a.O., S. 167). Seither wird die essential-facilities-doctrine zunehmend in den Zusammenhang mit § 2 Sherman Act gestellt.

deren Nutzung für die Aufnahme oder Aufrechterhaltung von Wettbewerb unerläßlich ist, und die durch Wettbewerber nicht ohne weiteres duplizierbar sind (monopolistischer Engpaß), der Begriff der wesentlichen Einrichtung („essential facility") geprägt worden.[433] Abweichend vom US-Kartellrecht richtet sich Art. 82 EG allein gegen die Ausnutzung einer bereits erlangten Marktstellung, nicht jedoch gegen den Erwerb und die Verteidigung dieser Macht durch unangemessene Mittel.[434] Die Kommission mißt der essential facilities-Doktrin inzwischen bei der Anwendung des europäischen Wettbewerbsrechts zur Durchsetzung der Marktöffnung liberalisierter und monopolistisch geprägter Märkte eine bedeutende Rolle zu.[435] Der EuGH hat in seinem Urteil vom 26.11.1998 in der Rechtssache Bronner[436] den Anwendungsbereich der essential-facilities-Doktrin im Rahmen von Art. 82 EG allerdings eng umgrenzt und hohe Anforderungen an das Vorliegen eines Anspruchs auf Zugang zu den Einrichtungen eines marktbeherrschenden Unternehmens aufgestellt. Dies gilt insbesondere für die (Un-)Zumutbarkeit der Erschließung und Nutzung potentieller Alternativen.[437]

Voraussetzung für eine Anwendung von Art. 82 EG in der Telekommunikation und Elektrizitätswirtschaft ist, daß der betreffende Netzbetreiber mindestens in einem wesentlichen Teil des Gemeinsamen Marktes marktbeherrschend ist und sein Verhalten geeignet ist, den Handel zwischen den Mitgliedstaaten zu beeinträchtigen (Zwischenstaatlichkeitsklausel). Beschränken sich die Auswirkungen auf den

---

432 Die essential facilities-Doktrin wurde im wesentlichen im Rahmen des Art. 86 EGV (nunmehr Art. 82 EG) entwickelt und von der Kommission erstmals 1992 und 1993 in den Seehafenanlagen-Fällen angewandt. Der EuGH hatte sich mit den Voraussetzungen der Lehre zum ersten Mal in dem Magill-Urteil beschäftigt, wobei er die essential facilities-Doktrin nicht ausdrücklich erwähnte. Danach darf ein TV-Sender den aus seiner TV-Monopolstellung resultierenden Wissensvorsprung über die Programmplanung nicht exklusiv an das Publikum vermarkten, sondern muß diese anderen Zeitschriften in Programmübersichten bereitstellen, vgl. EuGH, Urteil vom 06.04.1995 in den verbundenen Rechtssachen C-241/91 P und C-242/91 P, Slg. 1995, 743 - Magill. Auch in dem Urteil Oscar Bronner/Mediaprint (EuGH WRP 1999, 167) hat sich der EuGH nicht die Sprachweise der Antragsteller zu eigen gemacht und die essential facilities-Doktrin nicht ausdrücklich erwähnt.

433 Klimisch/Lange, Zugang zu Netzen und anderen wesentlichen Einrichtungen als Bestandteil der kartellrechtlichen Mißbrauchsaufsicht, WuW 1998, S. 15.

434 Rudolf, Das Recht auf Netzzugang in der Telekommunikation, S. 59. Im Unterschied zum US-Kartellrecht kann die Kommission selbst das Unternehmen nur verpflichten, den Mißbrauch abzustellen, und gegebenenfalls Zwangsgelder verhängen.

435 So hat sie die essential facilities-Doktrin inzwischen in ihrer „Mitteilung über die Anwendung der Wettbewerbsregeln auf Zugangsvereinbarungen im Telekommunikationsbereich" (Abl. EG Nr. C 265 vom 22.08.1998, S. 2 Rdnr. 89 ff.) für das Telekommunikationsrecht sektorspezifisch angepaßt, vgl. Lampert, Der EuGH und die essential facilities-Lehre, NJW 1999, S. 2235.

436 EuGH WRP 1999, 167 - Oscar Bronner/Mediaprint.

437 Scherer, Das Bronner-Urteil des EuGH und die Essential facilities-Doktrin im TK-Sektor, MMR 1999, 315, S. 318.

Wettbewerb demgegenüber auf den nationalen Markt eines Mitgliedstaates, so scheidet die Anwendung des Gemeinschaftsrechts aus.[438]

a) Marktbeherrschung in einem wesentlichen Teil des Gemeinsamen Marktes

Eine marktbeherrschende Stellung im Sinne von Art. 82 EG ist nach der Rechtsprechung des EuGH die wirtschaftliche Machtstellung eines Unternehmens, die dieses in die Lage versetzt, die Aufrechterhaltung eines wirksamen Wettbewerbs auf dem relevanten Markt zu verhindern, indem sie ihm die Möglichkeit verschafft, sich seinen Wettbewerbern, seinen Abnehmern und letztlich den Verbrauchern gegenüber in einem nennenswerten Umfang unabhängig zu verhalten.[439] Bei der Prüfung, ob ein Unternehmen mindestens in einem wesentlichen Teil des Gemeinsamen Marktes marktbeherrschend ist, wird der Bestimmung des betroffenen Marktes und der Abgrenzung des wesentlichen Teils des Gemeinsamen Marktes, auf dem das Unternehmen gegebenenfalls mißbräuchliche Praktiken anwenden kann, die einen wirksamen Wettbewerb verhindern, eine wesentliche Bedeutung beigemessen.[440] Ob ein wesentlicher Teil des Gemeinsamen Marktes betroffen ist, hängt dabei u.a. von der wirtschaftlichen Bedeutung des betroffenen Marktes ab.[441] Ausreichend kann es danach bereits sein, wenn sich die marktbeherrschende Stellung des Unternehmens auf das Gebiet eines Mitgliedstaates beschränkt,[442] sofern der betroffene Markt von den anderen Mitgliedstaaten hinreichend abgegrenzt ist.[443] Angesichts ihrer wirtschaftlichen Unverzichtbarkeit sollen etwa die öffentlichen Festnetze in der Telekommunikation trotz ihres weitgehend nationalen Charakters bereits einen wesentlichen Teil des Gemeinsamen Marktes darstellen.[444]

---

438 EuGH NJW 1979, 2461, S. 2462 f. - Hugin/Liptons.

439 EuGH, 23.02.1979, Slg. 1979, 461, S. 520 – Hoffmann-La Roche/Vitamine.

440 EuGH WRP 1999, 167, S. 170, Ziffer 32 - Oscar Bronner/Mediaprint. Nach der Rechtsprechung des EuGH (C-241/91 P und C-242/91 P, Slg. 1995, 743 - Magill) handelt es sich etwa bei der in der Bereitstellung einer Einrichtung liegenden Leistung und der unter Nutzung dieser Einrichtung erbrachten Dienstleistung grundsätzlich um getrennte Märkte.

441 EuGH Rs. C-179/90, Slg. 1991 I-5889 (5928) - Hafen von Genua.

442 EuGH WRP 1999, 167, S. 170, Ziffer 36 - Oscar Bronner/Mediaprint.

443 Langen/Bunte-Dirksen, Kommentar zum deutschen und europäischen Kartellrecht, Art. 82 Rn. 70.

444 Rudolf, Das Recht auf Netzzugang in der Telekommunikation, S. 54. Da die über ein Netz erbrachten Dienstleistungen in der gesamten EU gehandelt werden und Zugangsvereinbarungen die Möglichkeiten eines Diensteanbieters oder eines Betreibers eine Dienstleistung zu erbringen, entscheidend bestimmen, wirken sich Netzzugangsvereinbarungen in der Telekommunikation nach Ansicht der Kommission in der Regel auf den Handel zwischen den Mitgliedstaaten aus, vgl. Mitteilung über die Anwendung der Wettbewerbsregeln auf Zugangsvereinbarungen im Telekommunikationsbereich (Abl. EG Nr. C 265 vom 22.08.1998, Ziff. 147). Selbst dort, wo die Märkte im wesentlichen einen nationalen Charakter haben, führt nach Ansicht der Kommission der Mißbrauch

Bereits 1995 hat die Kommission für die Telekommunikation Leitlinien zur Anwendung der Wettbewerbsregeln des EG-Vertrages auf Zugangsvereinbarungen angekündigt und im März 1997 einen ersten Entwurf ihrer „Mitteilung über die Anwendung der Wettbewerbsregeln auf Zugangsvereinbarungen im Telekommunikationsbereich - Rahmen, relevante Märkte und Grundsätze" vorgelegt.[445] Nach Abschluß des Konsultationsprozesses hat die Kommission am 31.03.1998 die endgültige Fassung der Mitteilung gebilligt.[446] Die Mitteilung bezweckt, für den Bereich der Telekommunikation die Voraussetzungen der Anwendung von Art. 81, 82 EG auf Zugangsvereinbarungen zu erläutern, Anhaltspunkte für die Abgrenzung der relevanten sachlichen und räumlichen Märkte vorzugeben, das Verhältnis zwischen sektorspezifischem Recht auf nationaler und Gemeinschaftsebene und allgemeinem europäischen Wettbewerbsrecht zu klären und gegenüber den nationalen Regulierungsbehörden und Gerichten sowie den mit der Anwendung der ONP-Richtlinien befaßten Teilen der Kommission den – subsidiären - Zugriff der Generaldirektion für Wettbewerb der Kommission auf wettbewerbsbeschränkende Vereinbarungen und Verhaltensweisen sicherzustellen.[447] Die dafür von der Kommission in der Mitteilung aufgestellten Leitlinien stellen keine verbindlichen Rechtssätze dar. Mit ihnen verfolgt die Kommission vielmehr den Zweck, den Marktbeteiligten ein gewisses Maß an Sicherheit hinsichtlich ihrer Wettbewerbspolitik im Bereich des Netzzugangs und der Netzzusammenschaltung zu geben. Für die betroffenen Unternehmen und den EuGH hat die Mitteilung insoweit keinen rechtsverbindlichen Charakter[448]

Im Unterschied zu dem Begriff der „beträchtlichen Marktmacht" in Art. 4 Abs. 3 der ONP-Richtlinie[449], für deren Vorliegen als Ausgangsvermutung ein Marktanteil von über 25% ausreichen kann, soll nach der Mitteilung der Kommission bei der Feststellung der marktbeherrschenden Stellung i.S.v. Art. 82 EG ein Marktanteil von über 50% - bei Berücksichtigung weiterer Faktoren - erforderlich sein.[450]

---

einer marktbeherrschenden Stellung zu Rückwirkungen auf den Handel zwischen den Mitgliedstaaten.

445 Konsultationsentwurf, Abl. EG Nr. C 76/9 vom 11.03.1997.

446 Mitteilung über die Anwendung der Wettbewerbsregeln auf Zugangsvereinbarungen im Telekommunikationsbereich (Abl. EG Nr. C 265 vom 22.08.1998, Ziff. 89 ff.).

447 Mitteilung der Kommission, Ziff. 133; vgl. Riehmer, EG-Wettbewerbsrecht und Zugangsvereinbarungen in der Telekommunikation - Die neue Mitteilung der Europäischen Kommission, MMR 1998, S. 355.

448 Märkl, Netzzusammenschaltung in der Telekommunikation, S. 187; Rudolf, Das Recht auf Netzzusammenschaltung in der Telekommunikation, S. 35.

449 Abl. EG Nr. L 199 vom 26.07.1997, S. 32 ff.

450 Mitteilung der Kommission, Ziff. 73. Daß ein Unternehmen nach den ONP-Regeln als Unternehmen mit beträchtlicher Marktmacht anzusehen ist, soll nach der Mitteilung der Kommis-

Die Kommission erkennt in diesem Zusammenhang an, daß die Anwendung von Art. 82 EG mit seinem Merkmal der Marktbeherrschung im Bereich von Zugangsvereinbarungen untrennbar mit dem Begriff der „wesentlichen Einrichtung“ verbunden ist.[451] Der Mißbrauch einer marktbeherrschenden Stellung i.S.v. Art. 82 EG wird insoweit angenommen, wenn die Verweigerung des Zugangs geeignet ist, jeglichen Wettbewerb auf dem nachgelagerten Markt durch denjenigen, der den Zugang begehrt, auszuschließen, die Verweigerung objektiv nicht zu rechtfertigen ist und der Zugang für die Ausübung der Tätigkeit unentbehrlich ist.[452]

b) Zwischenstaatlichkeitsklausel

Eine Anwendung von Art. 82 EG setzt weiter voraus, daß die Vereinbarung geeignet ist, den Handel zwischen den Mitgliedstaaten zu beeinträchtigen. Dies ist nach der Rechtsprechung des EuGH[453] der Fall, wenn sich anhand der Gesamtheit objektiver rechtlicher oder tatsächlicher Umstände mit hinreichender Wahrscheinlichkeit voraussehen läßt, daß durch die betreffende Vereinbarung unmittelbar oder mittelbar, tatsächlich oder der Möglichkeit nach, der Handel zwischen den Mitgliedstaaten spürbar beeinflußt wird. Entscheidend ist dabei, ob sich infolge der betreffenden Vereinbarung der zwischenstaatliche Handel anders als in einem System unverfälschten Wettbewerbs entwickelt.[454] Das Merkmal dient insoweit der Abgrenzung zwischen europäischem und nationalem Wettbewerbsrecht.[455] Liegen die genannten Voraussetzungen vor, so besteht ein Anspruch auf Zugang zu der wesentlichen Einrichtung des Netzbetreibers, d.h. das marktbeherrschende Unternehmen ist insoweit kontrahierungspflichtig.[456]

---

sion in der Telekommunikation für sich genommen - von Ausnahmen abgesehen - nicht zur Annahme einer marktbeherrschenden Stellung führen, vgl. die Mitteilung der Kommission, Fn. 57.

451 Mitteilung der Kommission, Ziff. 87 ff.

452 Vgl. hierzu auch die Erwägungen in EuGH WRP 1999, 167, S. 171, Ziff. 41 - Oscar Bronner/Mediaprint. Unter Ziff. 91 nennt die Kommission die Voraussetzungen, die kumulativ vorliegen müssen, damit die Zugangsverweigerung insgesamt als Mißbrauch einer marktbeherrschenden Stellung zu bewerten ist.

453 EuGH WRP 1999, 167, S. 168, Ziffer 15 - Oscar Bronner/Mediaprint; EuGH Slg. 1966, 281, S. 303 - LTM/MBU; Slg. 1981, 861, S. 867 - Lab; Slg. 1981, 1563, S. 1578 f. - Salonia; Slg. 1989, 2117, S. 2189 ff. - Belasco.

454 EuGH Slg. 1979, 3279, S. 3288 f.

455 Langen/Bunte-Dirksen, Kommentar zum deutschen und europäischen Kartellrecht, Art. 82 Rn. 199.

456 Vgl. Riehmer, EG-Wettbewerbsrecht und Zugangsvereinbarungen in der Telekommunikation, MMR 1998, 355, S. 357. In diesem Zusammenhang nennt die Kommission verschiedene sachliche Gründe zur Rechtfertigung einer Zugangsverweigerung (Mitteilung der Kommission, Ziff. 91 e) ff.) und weitere Arten des möglichen Mißbrauchs einer marktbeherrschenden Stellung (Mitteilung der Kommission, Ziff. 101 ff.).

3. *Verhältnis zum nationalen Wettbewerbsrecht*

Die Kommission hat in der Mitteilung klargestellt, daß sie gegenüber der wettbewerblichen Regulierung der nationalen Regulierungsbehörden nur eine subsidiäre Rolle einnehmen wird.[457] Danach will sich die Kommission bei der Anwendung ihrer Entscheidungsbefugnisse auf diejenigen Anmeldungen, Beschwerden und von Amts wegen eingeleiteten Verfahren beschränken, die für die Gemeinschaft von besonderer politischer, wirtschaftlicher oder rechtlicher Bedeutung sind. Sie behält sich jedoch vor, erforderlichenfalls auf eine Beschwerde hin oder von Amts wegen selbst tätig zu werden.[458] Generell sieht sie sich vorrangig für die EU-weite Wettbewerbspolitik zuständig.

Ist nach Ansicht eines nationalen Gerichts ein Konflikt zwischen dem Gemeinschaftsrecht und dem nationalen Recht möglich, so ist das nationale Gericht allerdings nicht gehindert, den EuGH um Auslegung des einschlägigen Gemeinschaftsrechts, insbesondere des Art. 82 EG zu ersuchen.[459] Aus Sicht eines nationalen EVU kommt es auf die Anwendung von Art. 82 EG allerdings nur an, wenn für eine Durchleitung zu einem Abnehmer in Deutschland auch Netzstrecken in anderen Mitgliedstaaten in Anspruch genommen werden müssen und deren Betreiber nicht dem Zugriff des Bundeskartellamtes unterliegen.[460] Entsprechendes gilt für die Anbieter von Telekommunikationsdienstleistungen.

4. *Durchsetzung des Netzzugangs*

Wegen des in Art. 82 EG verpönten Mißbrauchs der marktbeherrschenden Stellung kann das den Netzzugang begehrende Unternehmen bei der Kommission die Einleitung eines Mißbrauchsverfahrens anregen, in dessen Rahmen der Netzbetreiber verpflichtet werden kann, die festgestellte Zuwiderhandlung abzustellen und weitere Verstöße zu unterlassen.[461] Möglich sind auch die Androhung eines Zwangsgeldes oder die Auferlegung einer Geldbuße durch die Kommission, sofern

---

[457] Unklar ist allerdings, inwieweit das Bundeskartellamt diese nicht bindende wettbewerbspolitische Vorgabe der Kommission im Rahmen seiner Kompetenzen gemäß § 47 GWB berücksichtigt, wonach auch das Bundeskartellamt die Wettbewerbsaufsicht im Sinne der §§ 81, 82 EG wahrnimmt, vgl. hierzu Märkl, Netzzusammenschaltung in der Telekommunikation, S. 274.

[458] Mitteilung der Kommission, Ziff. 25, 34.

[459] EuGH WRP 1999, 167, S. 169, Ziffer 20 - Oscar Bronner/Mediaprint.

[460] Markert, Zwangsdurchleitung mittels Kartellrecht, ET 1998, 252, S. 255.

[461] Art. 83 EG i.V.m. der auf dieser Grundlage erlassenen Verordnung Nr. 17 des Rates, die Erste Durchführungsverordnung zu den Artikeln 85 und 86 des Vertrages (KartellVO).

der Verstoß gegen die kartellrechtlichen Mißbrauchsnormen zumindest fahrlässig erfolgte.[462] Dies ist auch im Wege einer einstweiligen Anordnung möglich.[463]

Antragsberechtigt sind gemäß Art. 3 Abs. 2b KartellVO nur solche juristischen Personen, die ein berechtigtes Interesse an einem Eingreifen der Kommission nachweisen können. Dies ist bei den betreffenden Unternehmen in der Telekommunikation und Elektrizitätswirtschaft jeweils im Einzelfall zu prüfen.

II. Netzzugangsbegehren nach nationalem Wettbewerbsrecht

Die Entwicklungen des europäischen Wettbewerbsrechts, natürliche Monopole den Wettbewerbern zur Mitbenutzung zu öffnen, haben im Rahmen der 6. GWB-Novelle mit § 19 Abs. 4 Nr. 4 GWB auch in das nationale Wettbewerbsrecht Einzug gehalten,[464] die am 01.01.1999 in Kraft getreten ist. Die Aufnahme dieses Mißbrauchsbeispiels in das nationale Wettbewerbsrecht beruhte allerdings nicht auf Vorgaben des europäischen Gesetzgebers. Als Grundlage für einen Anspruch auf Zugang zu fremden Versorgungsnetzen kommt darüber hinaus das kartellrechtliche Behinderungs- und Diskriminierungsverbot des § 20 Abs. 1 GWB in Betracht. Da das GWB nicht nur auf innerstaatliche Sachverhalte Anwendung findet, überschneiden sich die Anwendungsbereiche von nationalem und europäischem Wettbewerbsrecht.[465]

1. Netzzugangsbegehren nach § 19 Abs. 4 Nr. 4 GWB

Die Mißbrauchsaufsicht nach § 19 Abs. 4 GWB kann seit Inkrafttreten der 6. GWB-Novelle auch auf dem Wege der Privatklage von Konkurrenten durchgesetzt werden. Durch mißbräuchliche Verhaltensweisen betroffene Dritte können sich daher unabhängig von einem kartellbehördlichen Vorgehen mit Untersagungs- und Schadenersatzansprüchen durch Klage vor den Zivilgerichten schützen. Die Neufassung des GWB bedeutet damit einen verstärkten Konkurrentenschutz.

---

[462] Art. 15 Abs. 2a KartellVO, vgl. hierzu Theobald/Zenke, Netzzugang, in: Schneider/Theobald, Handbuch zum Recht der Energiewirtschaft, S. 750 Rn. 209.

[463] Theobald/Zenke, Grundlagen der Strom- und Gasdurchleitung, S. 153.

[464] Börner, Der Netzzugang für Dritte als grundsätzliches rechtliches Problem - Ein Blick auf die USA, in: Schwarze, Der Netzzugang für Dritte im Wirtschaftsrecht, 137, S. 140; zur fehlenden Notwendigkeit der Aufnahme von § 19 Abs. 4 Nr. 4 GWB vgl. von Wallenberg, Diskriminierungsfreier Zugang zu Netzen und anderen Infrastruktureinrichtungen, K&R 1999, 152, S. 153 ff.

[465] Rudolf, Das Recht auf Netzzugang in der Telekommunikation, S. 75. Wie sich aus Art. 87 Abs. 2 lit. e EG ergibt, schließen die Art. 81, 82 EG die Anwendung nationaler Bestimmungen auf denselben Sachverhalt grundsätzlich nicht aus. Danach kann die Gemeinschaft das Verhältnis zwischen den gemeinschaftsrechtlichen und nationalen Vorschriften festlegen, was zunächst eine grundsätzlich parallele Anwendung voraussetzt.

Die Mißbrauchsaufsicht nach § 19 Abs. 4 GWB hat – im Sinne einer Verhaltenskontrolle - die Aufgabe, die mißbräuchliche Ausnutzung einer marktbeherrschenden Stellung zu unterbinden. Für die Feststellung der Marktbeherrschung bedeutet dies, daß diese zur Zeit der infragestehenden, als mißbräuchlich angesehenen Verhaltensweise vorliegen muß. Erfaßt werden somit die Verhaltensweisen der bereits marktbeherrschenden Unternehmen. Auf künftige Entwicklungen kommt es demgegenüber grundsätzlich nicht an.[466]

a) Regelungs- und Anwendungsbereich von § 19 Abs. 4 Nr. 4 GWB

Seit Inkrafttreten der 6. GWB-Novelle enthält das GWB in § 19 Abs. 4 Nr. 4 ein Mißbrauchsbeispiel für den Zugang zu Netzen oder anderen Infrastruktureinrichtungen. Danach handelt ein marktbeherrschendes Unternehmen mißbräuchlich, wenn es sich als Anbieter oder Nachfrager einer bestimmten Art von Waren oder gewerblichen Leistungen weigert, einem anderen Unternehmen gegen angemessenes Entgelt Zugang zu den eigenen Netzen oder anderen Infrastruktureinrichtungen zu gewähren. Der Sinn und Zweck von § 19 Abs. 4 Nr. 4 GWB besteht darin, einen Wettbewerb auf den vor- oder nachgelagerten Märkten zu erreichen, nicht jedoch darin, jedem Unternehmen, das auf dem vor- oder nachgelagerten Markt tätig werden möchte, den Zutritt zu dem Netz bzw. der nachgefragten Infrastruktureinrichtung sicherzustellen.[467] In der Sache sind damit die Elektrizitäts- und Gaswirtschaft, die Telekommunikation, der schienengebundene Verkehr sowie der Bereich virtueller Netze in gleicher Weise angesprochen. Grund für die Einführung von § 19 Abs. 4 Nr. 4 GWB ist die vom Gesetzgeber beabsichtigte Verhinderung einer Sektoralisierung des Wettbewerbs. Gemeint ist damit die Gefahr einer Zersplitterung des Kartellrechts, wenn jede Behörde ihr Spezialrecht entwickelt, obwohl es sich im Kern immer wieder um die gleiche Mißbrauchsaufsicht handelt.[468] § 19 Abs. 4 Nr. 4 GWB könnte insoweit spezialgesetzliche Netzzugangsregelungen, die der Anwendung gesonderter Behörden unterliegen, überflüssig machen. Es wird jedoch davon ausgegangen, daß die effektive Anwendung der Vorschrift zunächst unter den durch ihre Unbestimmtheit bedingten Auslegungsproblemen bei den Tatbestandsmerkmalen leiden wird.[469]

---

466 Immenga/Kirchner/Knieps/Kruse, Telekommunikation im Wettbewerb – Eine ordnungspolitische Konzeption nach erfolgreicher Marktöffnung, S. 32.

467 von Wallenberg, Diskriminierungsfreier Zugang zu Netzen und anderen Infrastruktureinrichtungen, K&R 1999, 152, S. 155.

468 Märkl, Netzzusammenschaltung in der Telekommunikation, S. 277.

469 Bechtold, Das neue Kartellgesetz, NJW 1998, 2769, S. 2772.

aa) Marktbeherrschende Stellung

Voraussetzung von § 19 Abs. 4 Nr. 4 GWB ist zunächst das Vorliegen einer marktbeherrschenden Stellung des Netzbetreibers,[470] die unter Anwendung der allgemeinen gesetzlichen Regelungen in § 19 Abs. 2 GWB und unter Beachtung der Vermutungsregelungen in § 19 Abs. 3 GWB festzustellen ist.[471] Dafür ist zunächst der sachlich, räumlich und gelegentlich auch zeitlich relevante Markt abzugrenzen. Als Maßstab der sachlichen Abgrenzung hat sich dabei das Bedarfsmarktkonzept bzw. das Kriterium der funktionellen Austauschbarkeit durchgesetzt,[472] wobei die Rechtsanwendungspraxis durch eine tendenziell sehr enge Marktabgrenzung gekennzeichnet ist.[473] Anschließend ist der Beherrschungsgrad des oder der beteiligten Unternehmen auf diesem Markt zu bestimmen.[474] Von einer marktbeherrschenden Stellung ist nach der Rechtsprechung des BGH auszugehen, wenn ein Unternehmen auf dem relevanten Markt einen vom Wettbewerb nicht mehr hinreichend kontrollierten, überragenden Verhaltensspielraum besitzt.[475] Die den Verhaltensspielraum indizierenden Kriterien wie die Marktanteile, die wettbewerbliche Entwicklung (einschließlich Preisentwicklung) auf dem Wettbewerbsmarkt und die Marktzutrittskosten sollen dabei grundsätzlich einer Gesamtbewertung unterzogen werden.[476] Da bereits bei der Marktabgrenzung implizit über den Beherrschungsgrad sowie darüber, ob ein bestimmtes Verhalten einem Unternehmen überhaupt als mißbräuchlich zugerechnet werden kann, mitentschieden wird – je enger die Marktabgrenzung ist, desto leichter fällt die Feststellung der Marktbeherrschung -, können Marktabgrenzung und Feststellung des Beherrschungsgrades letztlich nicht isoliert voneinander erfolgen.[477]

---

470 Nach BGH NJW 1995, S. 2718 existiert ein eigenständiger sachlich relevanter Markt für Durchleitungen. Die Entscheidung kann nach der Öffnung des Netzzugangs im Rahmen der Liberalisierung nun erst recht Geltung beanspruchen.

471 Büdenbender, Rechtsfragen anläßlich der Durchleitung elektrischer Energie, a.a.O., 73, S. 122.

472 Sämtliche Erzeugnisse, die sich nach ihren Eigenschaften, ihrem wirtschaftlichen Verwendungszweck und ihrer Preislage so nahestehen, daß der verständige Verbraucher sie als für die Deckung eines bestimmten Bedarfs geeignet in berechtigter Weise abwägend miteinander vergleicht und als gegeneinander austauschbar ansieht, sind danach marktgleichwertig, vgl. BGHZ 67, 104, S. 113 ff. – Vitamin B 12; BGH NJW 1977, 675, S. 676 - Valium; BGH GRUR 1988, S. 323 – Gruner + Jahr – Zeit II; BGH GRUR 1986, S. 180 – Edelstahlbestecke; BGH NJW 1996, 595, S. 596 – Backofenmarkt; BGH vom 19.03.1996 WuW/E, 3058, S. 3059 – Pay-TV-Durchleitung.

473 Zu Beispielen der Marktabgrenzung in der Rechtsprechung vgl. Immenga/Mestmäcker-Möschel, GWB, § 19 Rn. 34.

474 Immenga/Mestmäcker-Möschel, GWB, § 19 Rn. 18.

475 BGHZ 73, 65, S. 73 - Erdgas Schwaben; BGH GRUR 1986, S. 180 - Edelstahlbestecke.

476 BVerwG, K&R 2001, 530, S. 535 – Zugang zur Teilnehmeranschlußleitung.

477 Dem entspricht es, daß Verfahren nach § 19 GWB ihren Ausgangspunkt regelmäßig nicht von irgendwelchen abstrakten Marktbeherrschungsfeststellungen nehmen, sondern umgekehrt von den

bb) Weitere Voraussetzungen von § 19 Abs. 4 Nr. 4 GWB

Als weitere Voraussetzung darf es dem nachfragenden Unternehmen aus rechtlichen oder tatsächlichen Gründen ohne die Mitbenutzung nicht möglich sein, auf dem vor- oder nachgelagerten Markt als Wettbewerber des marktbeherrschenden Unternehmens tätig zu werden.[478] Außerdem darf das marktbeherrschende Unternehmen - im Sinne einer Beweislastumkehr[479] - nicht nachweisen können, daß ihm die Gewährung einer Mitbenutzung aus betriebsbedingten oder sonstigen Gründen nicht möglich oder zumutbar ist.[480] Die Voraussetzungen von § 19 Abs. 4 Nr. 4 GWB entsprechen damit im wesentlichen denen der essential facilities-Doktrin.[481]

b) Rechtsfolgen von § 19 Abs. 4 Nr. 4 GWB

Liegen die Voraussetzungen des Mißbrauchs einer marktbeherrschenden Stellung gemäß § 19 Abs. 4 Nr. 4 GWB vor, so kommt aufgrund der Ausgestaltung als Verbotstatbestand § 32 GWB zur Anwendung, wonach die Kartellbehörden ermächtigt sind, ein verbotenes Verhalten, also auch die mißbräuchliche Ausnutzung einer marktbeherrschenden Stellung, zu untersagen. Die Verfügung ist dabei auf die Untersagung eines bestimmten Verhaltens gerichtet, deren Erlaß im Ermessen der Kartellbehörde steht.[482] Im Unterschied zu den spezialgesetzlichen Netzzugangsregelungen aus TKG und EnWG ergibt sich der allgemeine kartellrechtliche Anspruch auf Zugang zu fremden Leitungsnetzen aus § 19 Abs. 4 Nr. 4 GWB also nicht als Regelanspruch, sondern als Element der Mißbrauchsaufsicht über marktbeherrschende Unternehmen.[483] Gebotsverfügungen, mit denen ein bestimmtes

---

unter Wettbewerbsaspekten „anstößigen" Verhaltensweisen, vgl. Immenga/Mestmäcker-Möschel, GWB, § 19 Rn. 20.

478 Zum Inhalt des Anspruchs und dessen Begrenzung auf den Zugang zu strategischen Engpaßeinrichtungen mit Monopolcharakter vgl. von Wallenberg, Diskriminierungsfreier Zugang zu Netzen und anderen Infrastruktureinrichtungen, K&R 1999, 152, S. 155.

479 Ungemach/Weber, Verfahrensfragen des Netzzugangs bei Elektrizität und Gas, RdE 1999, 11, S. 12.

480 Die Beweislastumkehr wurde erst auf Vorschlag des Bundesrats in § 19 Abs. 4 Nr. 4 GWB aufgenommen, da die Stichhaltigkeit der Verweigerungsgründe für das den Zugang begehrende Unternehmen nicht überprüfbar ist, vgl. BT-Drs. 13/9720, S. 73 f.

481 Welfens/Graack, Telekommunikationswirtschaft, Berlin 1996, S. 82; Knieps, Netzökonomie - Ein disaggregierter Ansatz, in: Zippel, Transeuropäische Netze, 11, S. 22.

482 Langen/Bunte-Schultz, Kommentar zum deutschen und europäischen Kartellrecht, § 19 Rn. 178.

483 Zum Teil wird daher vertreten, daß in § 19 Abs. 4 Nr. 4 GWB der Netzzugang den Ausnahmefall bildet, der nur bei Bestehen besonderer Voraussetzungen gegeben ist, wenn auch im übrigen eine gewisse Annäherung an die spezialgesetzlichen Regelungen erfolgt, vgl. Büdenbender, Rechtsfragen anläßlich der Durchleitung elektrischer Energie, a.a.O., 73, S. 121, der auf die Parallelen zu § 6 Abs. 1 S. 1 EnWG hinweist.

normenkonformes Verhalten herbeigeführt werden soll, scheiden grundsätzlich aus.[484] Auch die noch in § 22 Abs. 5 GWB a.F. enthaltene Möglichkeit für die Kartellbehörden, Verträge für unwirksam zu erklären, wurde im Rahmen der 6. GWB-Novelle ersatzlos gestrichen.[485]

Zuständig für den Erlaß der Untersagungsverfügung ist gemäß § 48 Abs. 2 GWB das Bundeskartellamt, sofern die Wirkung der Marktbeeinflussung bzw. des wettbewerbsbeschränkenden oder diskriminierenden Verhaltens über das Gebiet eines Bundeslandes hinausreicht, ansonsten die jeweils zuständige Landeskartellbehörde.

2. *Netzzugangsbegehren nach § 20 Abs. 1 GWB*

Das auch für marktstarke Unternehmen im Sinne von § 20 Abs. 2 GWB geltende Behinderungs- und Diskriminierungsverbot in § 20 Abs. 1 GWB bildet zusammen mit dem Mißbrauchsverbot des § 19 Abs. 1 GWB und den Verboten des § 20 Abs. 3 und 4 GWB das besondere Kontrollsystem des nationalen Wettbewerbsrechts für das Marktverhalten marktmächtiger Unternehmen.[486] Die durch § 20 GWB erfaßten Verhaltensweisen sind unabhängig von einem Einschreiten der Kartellbehörden kraft Gesetzes verboten.[487]

§ 20 Abs. 1 und 2 S. 1 GWB begründet für bestimmte Unternehmen und Unternehmensvereinigungen das Verbot, andere Unternehmen unbillig zu behindern oder ohne sachlich gerechtfertigten Grund unterschiedlich zu behandeln. Eine solche gegen § 20 Abs.1 GWB verstoßende Geschäftsabschlußverweigerung kann auch in einer generellen oder gegenüber einzelnen zugangsbegehrenden Unternehmen ausgesprochenen Verweigerung des Netzzugangs bestehen.[488] Für marktbeherrschende Unternehmen ist insoweit die Beurteilung von Zugangsverweigerungen nach § 19 Abs. 4 Nr. 4 GWB auch für § 20 Abs. 1 GWB maßgebend, da es die sich aus dem Verstoß gegen § 19 Abs. 1 GWB ergebende Rechtswidrigkeit von vornherein ausschließt, die Zugangsverweigerung im Rahmen des § 20 Abs. 1 GWB als sachlich gerechtfertigt oder als nicht unbillig zu beurteilen.[489] Die Auslegungskriterien zu § 19 Abs. 4 Nr. 4 GWB können daher auch im Rahmen der Aus-

---

[484] Immenga/Mestmäcker-Möschel, GWB, § 19 Rn. 242; Langen/Bunte-Schultz, Kommentar zum deutschen und europäischen Kartellrecht, § 19 Rn. 174.

[485] Vgl. Immenga/Mestmäcker-Möschel, GWB, § 19 Rn. 238.

[486] Immenga/Mestmäcker-Markert, GWB, § 20 Rn. 1.

[487] Langen/Bunte-Schultz, Kommentar zum deutschen und europäischen Kartellrecht, § 20 Rn. 1.

[488] Immenga/Mestmäcker-Markert, GWB, § 20 Rn. 163.

[489] Immenga/Mestmäcker-Markert, GWB, § 20 Rn. 131, 163.

füllung des Tatbestandes des § 20 Abs. 1 GWB gesondert angewendet werden.[490] Dabei schließt die für marktbeherrschende Unternehmen bei der Anwendung des § 20 Abs. 1 GWB maßgebliche Rechtslage nach § 19 Abs. 4 Nr. 4 GWB auch die darin enthaltene Beweislastregelung ein.[491]

3. *Das Verhältnis der §§ 19 Abs. 4 Nr. 4, 20 Abs. 1 GWB zu den spezialgesetzlichen Netzzugangsregelungen aus TKG und EnWG*

Die §§ 19 Abs. 4 Nr. 4, 20 Abs. 1 GWB finden danach auf Sachverhalte aus dem Bereich der Telekommunikation und der Elektrizitätswirtschaft grundsätzlich in gleicher Weise Anwendung. Das Verhältnis zu den spezialgesetzlichen Netzzugangsregelungen aus TKG und EnWG bestimmt sich nach § 2 Abs. 3 TKG bzw. § 6 Abs. 1 S. 4 EnWG.

a) Telekommunikation

Nach § 2 Abs. 3 TKG bleiben die Vorschriften des GWB unberührt. Dies entspricht zunächst der klassischen Formulierung des Gesetzgebers, wenn der Anwendungsbereich eines anderen Gesetzes in keinerlei Hinsicht eingeschränkt werden soll.[492] Trotz dieses vermeintlich eindeutigen Wortlauts ist das Verhältnis zwischen den spezialgesetzlichen Netzzugangsregelungen aus den §§ 33 ff. TKG und § 19 Abs. 4 Nr. 4 bzw. 20 Abs. 1 GWB umstritten.

aa) § 2 Abs. 3 TKG als Ausdruck eines Spezialitätsverhältnisses

Im Regierungsentwurf[493] heißt es dazu, daß § 2 Abs. 3 TKG das Verhältnis der sektorspezifischen Verhaltensaufsicht im Bereich der Telekommunikation als Spezialgesetz gegenüber dem GWB unterstreicht, das lediglich subsidiär immer dann Anwendung finden soll, wenn keine Spezialregelung vorliegt.[494] Der Gesetzgeber versteht § 2 Abs. 3 TKG somit als Ausdruck eines Spezialitätsverhältnisses, das sich im übrigen auch in der Gesetzesbegründung zu § 19 Abs. 4 Nr. 4 GWB wiederfindet.[495] Danach genießen spezialgesetzliche Regelungen, zu denen auch die

---

490 Scholz/Röhling, Netzzugang aufgrund kartellrechtlicher Bestimmungen, in: Bartsch/Röhling/Salje/Scholz, Stromwirtschaft, Kap. 55 Rn. 9, S. 509.

491 Immenga/Mestmäcker-Markert, GWB, § 20 Rn. 163.

492 Immenga/Mestmäcker-Möschel, GWB, § 19 Rn. 222.

493 Begründung der Fraktionen von CDU/CSU, SPD und FDP zum Entwurf eines Telekommunikationsgesetzes, BT-Drs. 13/3609, S. 36.

494 So im Ergebnis auch Börner, Der Netzzugang für Dritte als grundsätzliches rechtliches Problem - Ein Blick auf die USA, in: Schwarze, Der Netzzugang für Dritte im Wirtschaftsrecht, 137, S. 140.

495 Vgl. den Regierungsentwurf zur 6. GWB-Novelle, BR-Drs. 852/97, S. 38 sowie BT-Drs. 13/9720, S. 37; von Wallenberg, Diskriminierungsfreier Zugang zu Netzen und anderen Infrastruktureinrichtungen, K&R 1999, 152, S. 153; anderer Ansicht sind Weisser/Meinking, Zugang zum

Netzzugangsregelungen des TKG gehören, grundsätzlich Vorrang vor § 19 Abs. 4 Nr. 4 GWB und § 20 Abs. 1 GWB.[496]

Dieses vom Gesetzgeber gewollte generelle Spezialitätsverhältnis findet sich im Gesetzeswortlaut nicht wieder. Unter gesetzessystematischen Gesichtspunkten wäre es aber bedenklich, der Gesetzesbegründung den Vorrang gegenüber dem Gesetzeswortlaut einzuräumen. Werden die Bestimmungen des TKG als leges speciales gegenüber dem GWB betrachtet, so würde der Wortlaut von § 2 Abs. 3 TKG in sein Gegenteil verkehrt.[497] Diese Auffassung ist daher abzulehnen.

bb) Parallele Anwendung von TKG und GWB

Nach anderer Auffassung bleiben die Regelungen des GWB daher parallel neben den spezialgesetzlichen Netzzugangsregelungen aus dem TKG anwendbar, obwohl das TKG als spezifisches Wettbewerbsrecht für die Telekommunikation geschaffen worden ist und zum Teil kartellrechtliche Begriffe und Regelungen übernommen und modifiziert hat.[498] Begründet wird diese Auffassung damit, daß auch bei der entsprechenden Vorgängervorschrift des § 7 S. 5 PTRegG nicht von einem Exklusivitätsverhältnis ausgegangen worden sei. Sofern sich der Aussagegehalt von § 2 Abs. 3 TKG hierauf beschränke, sei dies unter gesetzessystematischen Gesichtspunkten eine Selbstverständlichkeit und als eigenständige gesetzliche Regelung überflüssig.[499]

Dies würde bedeuten, daß die Kartellbehörden die allgemeine Mißbrauchsaufsicht gemäß §§ 19, 20 GWB grundsätzlich auch in der Telekommunikation ausüben können.[500] Da das Wettbewerbsverhalten der Unternehmen in der Telekommunikation demzufolge sowohl den spezialgesetzlichen Vorschriften des TKG als auch den allgemeinen Vorschriften des GWB genügen muß, wird in diesem Zusammenhang auch von einer Zweischrankendoktrin gesprochen.[501] Hieraus können sich Zuständigkeitskonflikte zwischen den Kartellbehörden, insbesondere dem

---

digitalen Fernsehkabelnetz außerhalb von must-carry-Regelungen, WuW 1998, 831, S. 847, die einen Anspruch auf Netzzugang nach TKG und GWB nebeneinander bejahen.

[496] Nach Piltz, Netznutzungsentgelte für Stromlieferungen in der Kritik, WuW 2001, 552, S. 555 ist § 19 Abs. 4 Nr. 4 GWB in seinem Regelungs- und Anwendungsbereich in § 6 Abs. 1 S. 1 EnWG enthalten.

[497] Rudolf, Das Recht auf Netzzugang in der Telekommunikation, S. 77.

[498] Scheurle/Mayen-Glahs, Telekommunikationsgesetz, Vor §§ 33-39 Rn. 42 f.

[499] Schroeder, Telekommunikationsgesetz und GWB, WuW 1999, 14, S. 16.

[500] Vgl. Märkl, Netzzusammenschaltung in der Telekommunikation, S. 273.

[501] Engel, Der Weg der deutschen Telekommunikation in den Wettbewerb, MMR-Beilage 3/1999, 7, S. 10.

Bundeskartellamt, und der RegTP ergeben,[502] zumal den Unternehmen nach dieser Auffassung die Möglichkeit eröffnet wird, ihren Netzzugangsanspruch wahlweise bei einer von beiden Behörden oder sogar bei beiden Behörden gleichzeitig geltend zu machen.[503] Dies kann vom Gesetzgeber nicht gewollt sein.

cc) Vermittelnde Auffassung

Um eine Doppelzuständigkeit von Kartellbehörden und RegTP zu vermeiden, eine Aushöhlung des TKG zu verhindern und die Rechtssicherheit zu wahren, ist daher in den Fällen, in denen die §§ 33 ff. TKG Anwendung finden, eine parallele Aufsichtsbefugnis durch die Kartellbehörden zu verneinen.[504] Das TKG geht damit als spezielleres Gesetz vor, wenn es in einem konkreten Fall eine vom GWB abweichende – speziellere - Regelung enthält. Es gelten dann allein die Regelungen des TKG.[505] Ermöglicht das TKG in den §§ 33 und 35 somit für die RegTP bereits eine Zugangskontrolle zu Telekommunikationsinfrastruktureinrichtungen, scheidet eine gleichzeitige Berufung auf § 19 Abs. 4 Nr. 4 GWB aus.[506] Diese Auslegung trägt sowohl dem Wortlaut von § 2 Abs. 3 TKG als auch der Gesetzesbegründung in angemessener Weise Rechnung .

Die eigenständige Bedeutung der §§ 19 Abs. 4 Nr. 4, 20 Abs. 1 GWB neben den spezialgesetzlichen Netzzugangsregelungen des TKG wird im übrigen dadurch genommen, daß die Wertungen des TKG im Hinblick auf die Einheitlichkeit der Rechtsordnung und zur Vermeidung von Wertungswidersprüchen auch auf die Auslegung der Vorschriften des GWB zurückwirken müssen. So ist die Annahme des Mißbrauchs einer marktbeherrschenden Stellung nach § 19 Abs. 4 Nr. 4 GWB ausgeschlossen, wenn das beanstandete Verhalten aufgrund einer Regelung im TKG zulässig ist.[507] Umgekehrt sind Zulassungsansprüche, die zwar grundsätzlich von der spezialgesetzlichen Zugangsregelung im TKG erfaßt werden, aber aus den spezialgesetzlich geregelten Gründen nicht bestehen, in der Regel auch kartellrechtlich nicht begründet.[508]

---

502 Dies gilt insbesondere für die Mißbrauchsaufsicht über marktbeherrschende Unternehmen. Vgl. hierzu Möschel, Regulierungswirrwarr in der Telekommunikation, MMR-Beilage 3/1999, S. 3.

503 Märkl, Netzzusammenschaltung in der Telekommunikation, S. 274.

504 Märkl, Netzzusammenschaltung in der Telekommunikation, S. 275.

505 Scheurle/Mayen-Glahs, Telekommunikationsgesetz, Vor §§ 33-39 Rn. 43.

506 Immenga/Mestmäcker-Möschel, GWB, § 19 Rn. 222.

507 Vgl. den Regierungsentwurf zur 6. GWB-Novelle, BR-Drs. 852/97, S. 53.

508 Bechtold, Kartellgesetz, § 19 Rn. 90.

b) Elektrizitätswirtschaft

Gemäß § 6 Abs. 1 S. 4 EnWG bleiben die §§ 19 Abs. 4, 20 Abs. 1 und 2 GWB unberührt. Deckungsgleich[509] normiert § 130 Abs. 3 GWB, daß die Vorschriften des EnWG einer Anwendung der §§ 19, 20 GWB nicht entgegenstehen. Die rechtliche Tragweite dieser Konkurrenzklauseln ist dennoch – ähnlich wie in der Telekommunikation - umstritten.

aa) Spezialitätsverhältnis oder parallele Zugangskontrolle?

Eine hierzu vertretene Auffassung[510] orientiert sich an § 2 Abs. 3 TKG und geht von einem Spezialitätsverhältnis zwischen § 6 EnWG und den §§ 19 Abs. 4 Nr. 4, 20 Abs. 1 GWB aus. Die überwiegende Auffassung tritt demgegenüber für eine parallele Zugangskontrolle nach dem GWB ein.[511] Der Gesetzgeber des EnWG habe mit der Unberührtheitsklausel in § 6 Abs. 1 S. 4 EnWG einen parallelen kartellrechtlichen Durchleitungsanspruch gemäß der §§ 22 und 26 GWB a.F. gerade nicht ausschließen wollen.[512] Mit der Einführung des § 19 Abs. 4 Nr. 4 GWB habe sich daran nichts geändert.[513] Für die letztgenannte Auffassung spricht, daß sie die Besonderheiten der Elektrizitätswirtschaft gegenüber der Telekommunikation besser berücksichtigt. Zuständigkeitskonflikte zwischen den Kartellbehörden und einer Regulierungsbehörde können in der Elektrizitätswirtschaft – bislang - nicht entstehen. Obwohl der Gesetzgeber in der Begründung zu § 19 Abs. 4 Nr. 4 GWB ausdrücklich den Vorrang spezialgesetzlicher Regelungen betont hat,[514] konnte er hiermit nicht § 6 EnWG gemeint haben, der zu diesem Zeitpunkt noch nicht in

509 Immenga/Mestmäcker-Möschel, GWB, § 19 Rn. 223.

510 Börner, Verhandelter Stromnetzzugang und Kartellrecht, Versorgungswirtschaft 1999, 77, S. 83. Danach weise die Unberührtheitsklausel in § 6 Abs. 1 S. 4 EnWG ein Redaktionsversehen auf, da der Zusatz „die §§ 19, 20 GWB bleiben *im übrigen* unberührt“ fehle. Möschel, Strompreis und kartellrechtliche Kontrolle, WuW 1999, 5, S. 7 ff., vertritt allerdings die Auffassung, daß die energierechtlichen Verweigerungsgründe nur über § 6 EnWG Berücksichtigung finden soll.

511 BVerfG, RdE 2000, 194, S. 198; Kühne, Der Netzzugang und seine Verweigerung im Spannungsfeld zwischen Zivilrecht, Energierecht und Kartellrecht, RdE 2000, 1, S. 5; Salje, Das Gesetz zur Neuregelung des Energiewirtschaftsrechts, NVwZ 1998, 916, S. 920; Böwing-Recknagel, EnWG 1998, § 6 Anm. 14.3 ff., S. 127 ff.; Tüngler, Der Netzzugang in der Elektrizitätswirtschaft auf der Grundlage des Energiewirtschaftsgesetzes, S. 240; Büdenbender, Rechtsfragen anläßlich der Durchleitung elektrischer Energie, a.a.O., 73, S. 120; Markert, Zwangsdurchleitung mittels Kartellrecht, ET 1998, 252, S. 253; Langen/Bunte-Schultz, Kommentar zum deutschen und europäischen Kartellrecht, § 19 Rn. 183.

512 Vgl. den Bericht des Abgeordneten Gunnar Uldall, BT-Drs. 13/9211, S. 25.

513 Immenga/Mestmäcker-Möschel, GWB, § 19 Rn. 223.

514 Vgl. den Regierungsentwurf zur 6. GWB-Novelle, BR-Drs. 852/97, S. 38 sowie BT-Drs. 13/9720, S. 37.

Kraft getreten war.[515] Selbst wenn der Gesetzgeber aber in der Begründung zu § 19 Abs. 4 Nr. 4 GWB bereits § 6 EnWG mitbedacht haben sollte, wollte er über § 6 Abs. 1 S. 4 EnWG die Annahme eines Spezialitätsverhältnisses mit verdrängender Wirkung gerade ausschließen.[516]

Insgesamt liegt dem EnWG damit ein von der Telekommunikation abweichendes Konzept zugrunde, wonach der Durchleitungsinteressent grundsätzlich die Kartellbehörden anrufen kann, die dem Netzbetreiber eine mißbräuchliche Durchleitungsverweigerung bzw. eine unbillige Behinderung des Durchleitungsinteressenten untersagen können.[517] Die im EnWG genannten Ablehnungsgründe für eine Durchleitung schließen dabei eine kartellrechtliche Beurteilung der Ablehnung nach den Regeln des allgemeinen Wettbewerbsrechts grundsätzlich nicht aus.[518]

bb) Voraussetzungen für ein Einschreiten der Kartellbehörden

Ein Tätigwerden im Rahmen der kartellrechtlichen Mißbrauchsaufsicht setzt das Bestehen einer marktbeherrschenden Stellung des Netzbetreibers voraus, die marktstrukturbedingt in der Elektrizitätswirtschaft regelmäßig gegeben ist.[519] Bereits vor der Energierechtsreform hatte der BGH entschieden, daß ein eigenständiger Markt für Durchleitungen als sachlich relevanter Markt besteht.[520] Dies gilt nunmehr erst recht, nachdem der Zugang zu fremden Leitungsnetzen im Rahmen der Energierechtsreform umfassend eröffnet wurde.[521] Energierechtlich wie kartellrechtlich ist der Netzbetreiber damit gehalten, sein Netz gegen Zahlung eines angemessenen Entgelts[522] für Durchleitungwünsche Dritter zu öffnen. Dabei gelten

---

515 Bestehende spezialgesetzliche Regelungen waren die §§ 14 AEG, 28, 29 PostG und die §§ 33 ff. TKG.

516 Hierfür spricht, daß in der Elektrizitätswirtschaft – anders als in der Telekommunikation – eine sektorspezifische Regulierungsbehörde nicht errichtet wurde, und damit die Gefahr einer weiteren Sektoralisierung des Kartellrechts nicht bestand, vgl. Tüngler, Der Netzzugang in der Elektrizitätswirtschaft auf der Grundlage des Energiewirtschaftsgesetzes, S. 237.

517 Zu Einzelheiten vgl. Ungemach/Weber, Verfahrensfragen des Netzzugangs bei Elektrizität und Gas, RdE 1999, 11, S. 12.

518 Daraus folgt, daß die Ablehnung des begehrten Netzzugangs auch weiterhin ein unzulässiger Mißbrauch von Marktmacht, eine unbillige Behinderung oder eine sachlich nicht gerechtfertigte unterschiedliche Behandlung des Durchleitungsinteressenten sein kann.

519 Büdenbender, Durchleitung elektrischer Energie nach der Energierechtsreform, RdE 1999, 1, S. 9.

520 BGHZ 128, S. 17 ff. - Weißenborn.

521 Büdenbender, Durchleitung elektrischer Energie nach der Energierechtsreform, RdE 1999, 1, S. 9. Dies soll unabhängig davon gelten, ob die Durchleitung elektrischer Energie einer eigenständigen und abschließenden Marktpositionierung des Durchleitungsinteressenten gilt.

522 Zu den Möglichkeiten einer Berechnung des Entgelts nach den kartellrechtlichen Vorschriften vgl. Büdenbender, Durchleitung elektrischer Energie nach der Energierechtsreform, RdE 1999, 1,

im Rahmen der §§ 19 Abs. 4 Nr. 4, 20 Abs. 1 GWB die Beweislastregeln der §§ 6 Abs. 1 S. 2, 7 Abs. 2 S. 2 EnWG entsprechend.[523]

Auch in der Elektrizitätswirtschaft gilt jedoch insoweit, daß Zulassungsansprüche, die zwar grundsätzlich von von § 6 EnWG erfaßt werden, aber aus den im EnWG geregelten Gründen nicht bestehen, regelmäßig auch kartellrechtlich nicht begründet sind, sofern sich aus dem EnWG eine sachliche Rechtfertigung der Zugangsverweigerung ergibt.[524] Dies ist im Hinblick auf die Einheitlichkeit der Rechtsordnung und zur Vermeidung von Wertungswidersprüchen geboten.

B. Die Netzzugangsregelungen in der Telekommunikation und Elektrizitätswirtschaft

Die spezialgesetzlichen Netzzugangsregelungen im TKG und EnWG unterscheiden sich in ihrem persönlichen und sachlichen Anwendungsbereich. Regelungstechnisch stehen dabei die Netzzugangs- bzw. Netzzusammenschaltungstatbestände in den §§ 33 ff. TKG dem Durchleitungstatbestand in § 6 EnWG bzw. der Netzzugangsalternative in § 7 EnWG gegenüber.

I. Telekommunikation

Das TKG unterscheidet in § 35 Abs. 1 S. 2 zwischen dem allgemeinen und dem besonderen Netzzugang. Allgemeine Netzzugänge sind die für sämtliche Nutzer bereitgestellten Anschlüsse.[525] Sie können im Rahmen der vorliegenden Untersuchung außer Betracht bleiben. Die für den Vergleich mit den Netzzugangsregelungen in der Elektrizitätswirtschaft maßgeblichen Rechtsbeziehungen der Telekommunikationsunternehmen untereinander sind Gegenstand des besonderen Netzzugangs nach § 35 TKG und der Netzzusammenschaltung nach den §§ 36, 37 TKG, die einen Unterfall des besonderen Netzzugangs darstellt. Ergänzend findet die besondere Mißbrauchsaufsicht aus § 33 TKG Anwendung.

S. 9. Die Entgeltforderungen des Netzbetreibers unterliegen grundsätzlich der kartellrechtlichen Preismißbrauchsaufsicht nach § 19 GWB, vgl. Markert, Zwangsdurchleitung mittels Kartellrecht, ET 1998, 252, S. 255. Berücksichtigungsfähig sind danach bei der Beurteilung von Durchleitungsentgelten nach § 19 GWB nur die notwendigen Leitungskosten, die auch jedes andere Unternehmen für den Bau der genutzten Leitung zwangsläufig gehabt hätte

523 Dies ist auch im Hinblick auf die Einheit der Rechtsordnung geboten, da es letztlich um eine ganzheitliche Beurteilung identischer Durchleitungswünsche geht, vgl. Lukes, Liberalisierung des Strommarkts - Realität oder Utopie?, Beilage 12 zu BB 1998, 1, S. 15.

524 Vgl. Bechtold, Kartellgesetz, § 19 Rn. 90.

525 Etwa die Telefonanschlußdose in der Wohnung des Teilnehmers bzw. Kunden.

1. *Der besondere Netzzugang gemäß § 35 TKG*

§ 35 Abs. 1 S. 1 TKG verpflichtet den Betreiber eines Telekommunikationsnetzes, der Telekommunikationsdienstleistungen für die Öffentlichkeit anbietet und auf einem solchen Markt über eine marktbeherrschende Stellung nach § 19 GWB verfügt, anderen Nutzern den Zugang zu seinem Telekommunikationsnetz oder zu Teilen desselben zu ermöglichen.

a) Persönlicher Anwendungsbereich von § 35 TKG

Möglicher Adressat eines Netzzugangsbegehrens nach § 35 Abs. 1 S. 1 TKG ist der *Betreiber eines Telekommunikationsnetzes*,[526] der *Telekommunikationsdienstleistungen für die Öffentlichkeit* anbietet und auf einem Telekommunikationsdienstleistungsmarkt über eine *marktbeherrschende Stellung nach § 19 GWB* verfügt.[527]

aa) Betreiber eines Telekommunikationsnetzes

Betreiber eines Telekommunikationsnetzes ist gemäß § 3 Nr. 2 TKG derjenige, der die rechtliche und tatsächliche Kontrolle (Funktionsherrschaft) über die Gesamtheit der Funktionen ausübt, die zur Erbringung von Telekommunikationsdienstleistungen oder nichtgewerblichen Telekommunikationszwecken über Telekommunikationsnetze unabdingbar zur Verfügung gestellt werden müssen.[528] Das Gemeinschaftsrecht kennt den Begriff des Betreibers nicht, verwendet dafür aber an verschiedenen Stellen den Begriff der Kontrolle.[529]

§ 3 Nr. 21 TKG definiert das *Telekommunikationsnetz* als die Gesamtheit der technischen Einrichtungen[530], die zur Erbringung von Telekommunikationsdienstleistungen oder zu nichtgewerblichen Telekommunikationszwecken dienen.[531]

---

[526] Gemäß § 35 Abs. 4 TKG gilt § 35 Abs. 1 TKG entsprechend für solche Unternehmen, die mit einem Betreiber nach § 35 Abs. 1 S. 1 TKG ein einheitliches Unternehmen bilden (sog. Konzernklausel).

[527] Noch im Entwurf des TKG vom 30.01.1996 war in § 34 TKG-E eine Verpflichtung zur Gewährung von Netzzusammenschaltung und besonderen Netzzugang nicht nur für marktbeherrschende Anbieter, sondern für alle Anbieter öffentlicher Telekommunikationsnetze vorgesehen (BT-Drs. 13/3609, S. 14).

[528] Reine Wiederverkäufer und Mehrwertdiensteanbieter sind demnach keine Netzbetreiber, vgl. BeckTKG-Komm/Piepenbrock, § 35 Rn. 1.

[529] Vgl. hierzu Rudolf, Das Recht auf Netzzugang in der Telekommunikation, S. 79.

[530] Übertragungswege, Vermittlungseinrichtungen und sonstige Einrichtungen, die zur Gewährleistung eines ordnungsgemäßen Betriebs des Telekommunikationsnetzes unerläßlich sind.

[531] Diese Definition ist wenig geglückt, da sie das Telekommunikationsnetz über sich selbst definiert. Im übrigen verweist sie auf weitere Begriffsbestimmungen, die den Text kaum noch verständ-

Innerhalb des Telekommunikationsnetzes können dabei auch technische Einrichtungen – Netzinfrastruktureinrichtungen - zum Einsatz kommen, die im Eigentum Dritter stehen. Betreiber eines Telekommunikationsnetzes ist somit nicht nur dasjenige Unternehmen, welches durchgängig eigene Netzinfrastruktureinrichtungen aufweisen kann.[532]

bb) Mindestanforderungen an ein Telekommunikationsnetz

Ob ein Telekommunikationsnetz eine bestimmte Mindestanzahl von Verbindungswegen und/oder Vermittlungseinrichtungen aufweisen muß, ist im einzelnen umstritten.[533] Dies ist insbesondere im Hinblick auf den später noch zu erörternden Kreis der Anspruchsberechtigten für eine Netzzusammenschaltung gemäß §§ 36, 37 TKG von entscheidender Bedeutung. Gegenstand intensiver Diskussionen[534] war in diesem Zusammenhang die Praxis der RegTP, bereits die Zuteilung einer Verbindungsnetzbetreiberkennzahl an ein Unternehmen als Rechtsgrundlage für den Abschluß einer Netzzusammenschaltungsvereinbarung ausreichen zu lassen.[535] Die RegTP hat nach einer Anhörung der beteiligten Unternehmen inzwi-

---

lich erscheinen lassen, wenn sie in die Netzdefinition einbezogen werden. So auch Rudolf, Das Recht auf Netzzugang in der Telekommunikation, S. 80.

532 Dies hat sich eine Reihe kleinerer Netzbetreiber unmittelbar nach der Marktöffnung in der Telekommunikation zu Nutze gemacht, indem sie Zusammenschaltungen nachfragten und diese zu den von der Regulierungsbehörde festgelegten Bedingungen erhielten. Einige dieser Unternehmen verfügten lediglich über einen einzigen Vermittlungsrechner im Netz der DTAG. Ein Gespräch, das über das „Netz" dieser Unternehmen geführt werden soll, muß - unabhängig davon, an welcher Stelle der Ausgangspunkt für das Gespräch ist - über diesen Vermittlungsrechner und somit u.U. über weite Strecken im Netz der DTAG geleitet werden. Dies kann atypische Verkehrsströme auf dem Netz der DTAG verursachen, wodurch das Netz an seine Kapazitätsgrenzen stoßen kann, vgl. Berger, Netzbetreiber und Zusammenschaltung im Telekommunikationsrecht, CR 1999, 222, S. 223.

533 Zum Meinungsstand vgl. Rudolf, Das Recht auf Netzzugang in der Telekommunikation, S. 81 ff.

534 Teilweise wird die Verkehrsführung auf dem Netz als unterscheidungskräftiges Merkmal angeführt. Unternehmen, die auf dem Netz atypische Verkehrsströme verursachen (vgl. Fn. 533), soll danach keine Netzbetreibereigenschaft zukommen, vgl. Berger, Netzbetreiber und Zusammenschaltung im Telekommunikationsrecht, CR 1999, 222, S. 226. Andererseits führt eine ausschließliche Orientierung an einer bestimmten Mindestanzahl von Netzbestandteilen zu einem willkürlichen Ausschluß bestimmter Unternehmensgruppen und wird damit den Gesetzeszielen des TKG nicht gerecht. Eine Differenzierung zwischen Teilnehmer- und Verbindungsnetzbetreibern ist nach dem Gesetzeswortlaut nicht möglich, vgl. Berger, Netzbetreiber und Zusammenschaltung im Telekommunikationsrecht, CR 1999, 222, S. 224.

535 Vgl. hierzu die Ergebnisse der öffentlichen Anhörung über die regulatorische Behandlung von Verbindungsnetzen und öffentlichen Telekommunikationsnetzen im Hinblick auf die Zusammenschaltungsvorschriften des TKG, ABl. Reg TP Nr. 4/99, Mitteilung Nr. 73/1999, 739, S. 740.

schen zu diesem Problemkreis Stellung genommen.[536] Danach soll jedenfalls der Anschluß einer einzigen Vermittlungseinrichtung an das Netz der DTAG nicht als Zusammenschaltung i.S.v. §§ 36, 37 TKG,[537] sondern nur als besonderer Netzzugang gemäß § 35 TKG zu werten sein.[538] Der Betreiber einer einzigen Vermittlungseinrichtung ist somit nach der gegenwärtigen Praxis der RegTP nicht als Betreiber eines Telekommunikationsnetzes i.S.v. § 3 Nr. 21 TKG anzusehen.

Im übrigen soll über die erforderlichen Mindestanforderungen an ein Telekommunikationsnetz - im Sinne einer funktionalen Betrachtungsweise - im Einzelfall anhand einer umfassenden Interessenabwägung entschieden werden.[539] Hierbei müssen nach Auffassung der RegTP „wesentliche" Vermittlungsleistungen innerhalb des eigenen Netzes möglich sein. Beim Sprachtelefondienst muß danach ein Telekommunikationsnetz aus mindestens drei Übertragungswegen und einer Vermittlungseinrichtung bestehen,[540] da die Vermittlung von Sprache begrifflich eine Auswahlmöglichkeit zwischen mehr als zwei Endpunkten voraussetzt.[541] Insgesamt erfolgt damit hinsichtlich der Mindestanforderungen an ein Telekommunikationsnetz ein Rückzug der RegTP in die Einzelfallentscheidung, wodurch für die Beteiligten – angesichts der herausragenden Bedeutung für das betreffende Unternehmen, ob ein Anspruch auf die §§ 36, 37 TKG oder § 35 TKG gestützt werden kann - eine zusätzliche Rechtsunsicherheit entsteht.

---

536 Hierzu hatte die RegTP am 22.07.1998 im ABl. RegTP Nr. 14/98 als Mitteilung Nr. 134/98 sieben Fragen veröffentlicht und zu einer Stellungnahme aufgefordert, um die bisherigen Erfahrungen der aktuellen und potentiellen Marktteilnehmer festzustellen.

537 Zu vergleichbaren Ergebnissen kommt auch die Kommission in ihrer Empfehlung über Zusammenschaltungsentgelte (Empfehlung der Kommission zur Zusammenschaltung in einem liberalisierten Telekommunikationsmarkt, Teil I - Zusammenschaltungsentgelte, ABl. EG 1998 L 73, S. 42), die sich an der Anzahl der erforderlichen Vermittlungsvorgänge orientiert und Unternehmen, die atypische Verkehrsströme verursachen, keine Zusammenschaltungstarife gewähren will.

538 Gerpott, Reregulierung der Telekommunikation in Deutschland?, K&R 1999, 49, S. 50.

539 So auch Bock/Völcker, Regulatorische Rahmenbedingungen für die Zusammenschaltung von TK-Netzen, CR 1998, 473, S. 479 f.; Weißhaar/Koenig, Anspruch auf Netzzugang und -zusammenschaltung im Lichte des EU-Rechts, MMR 1998, 475, S. 477. Bei dieser Abwägung ist zu berücksichtigen, daß eine völlige Gleichbehandlung von Anbietern von Telekommunikationsdienstleistungen ohne Netz mit solchen, die Milliardeninvestitionen in eine eigene Netzinfrastruktur tätigen, im Hinblick auf die Zielbestimmungen des TKG fragwürdig ist.

540 Entscheidung der 4. Beschlußkammer der RegTP vom 06.05.1999 - Zusammenschaltungsanordnung EconoPhone GmbH, abgedruckt in MMR 1999, 430, S. 433. Netzbetreiber, die durch atypische Verkehrsströme belastet werden, können im Einzelfall nachzuweisende genehmigungsfähige Zusatzentgelte verlangen, vgl. den Jahresbericht 1998 der RegTP, S. 36.

541 Zur Kritik an der Auslegung der RegTP vgl. Rudolf, Das Recht auf Netzzugang in der Telekommunikation, S. 82.

cc) Telekommunikationsdienstleistungen für die Öffentlichkeit

§ 35 Abs. 1 S. 1 TKG setzt weiter voraus, daß der Netzbetreiber *Telekommunikationsdienstleistungen für die Öffentlichkeit* anbietet. Dies ist gemäß § 3 Nr. 19 TKG der Fall, wenn Telekommunikation – einschließlich der Übertragungswege – beliebigen natürlichen oder juristischen Personen – und nicht lediglich für die Teilnehmer geschlossener Benutzergruppen - gewerblich angeboten wird.

dd) Telekommunikationsrechtlicher Begriff der marktbeherrschenden Stellung i.S.v. § 19 GWB?

§ 35 TKG beschränkt die Verpflichtung zur Gewährung von Netzzugang auf Netzbetreiber, die auf einem Telekommunikationsdienstleistungsmarkt eine *marktbeherrschende Stellung nach § 19 GWB* haben.[542] Umstritten ist, ob der im TKG verwendete Begriff der marktbeherrschenden Stellung teleologisch zu reduzieren ist.

(1) Der Ansatz einer asymmetrischen Regulierung

Vereinzelt wird in der Literatur die Auffassung vertreten, daß der Begriff der marktbeherrschenden Stellung eines Unternehmens nach § 19 GWB im TKG teleologisch auf solche Unternehmen zu reduzieren ist, die infolge eines staatlich vermittelten Monopols Marktbeherrscher geworden sind und bereits bei Inkrafttreten des TKG marktbeherrschend waren.[543] Eine im funktionierenden Wettbewerb erworbene marktbeherrschende Stellung sei insoweit qualitativ anders zu bewerten als die durch ein gesetzliches – von dem Verhalten des Unternehmens unabhängiges - Monopol erlangte marktbeherrschende Stellung. Ein Unternehmen, das im Zeitpunkt des Inkrafttretens des TKG noch nicht marktbeherrschend war und diese marktbeherrschende Stellung erst später im Wettbewerb erworben hat, könne daher nicht Normadressat sein.[544] Für diese Unternehmen soll nach dieser Auffassung

---

[542] Vgl. dazu die Ausführungen unter A.II.1). Während in den ursprünglichen Entwürfen für ein TKG auch solche Unternehmen verpflichtet wurden, die über einen Marktanteil von mindestens 25% verfügen, stellt die Gesetz gewordene Regelung allein auf die marktbeherrschende Stellung ab. Dies entsprach der Regelung in der späteren ONP-Zusammenschaltungsrichtlinie. Umstritten ist daher, ob die Regelungen der §§ 33 ff. TKG richtlinienkonform sind. Es wird insoweit vorgeschlagen, § 35 Abs. 1 TKG i.V.m. § 19 GWB richtlinienkonform dahingehend auszulegen, daß die Vermutungswirkung bereits bei einem Marktanteil von über 25% greift, vgl. hierzu Scheurle/Mayen-Glahs, TKG, § 33 Rn. 5 ff.; Rudolf, Das Recht auf Netzzugang in der Telekommunikation, S. 89; Nolte, Das Recht auf Netzzugang nach dem Telekommunikationsgesetz, BB 1996, 2629, S. 2632 Fn. 29.

[543] Lampert, Der Begriff der Marktbeherrschung als geeignetes Kriterium zur Bestimmung der Normadressaten für das sektorspezifische Kartellrecht nach dem TKG?, WuW 1998, 27, S. 39.

[544] Lampert, Der Begriff der Marktbeherrschung als geeignetes Kriterium zur Bestimmung der Normadressaten für das sektorspezifische Kartellrecht nach dem TKG?, WuW 1998, 27, S. 35 f.

der Mißbrauch einer marktbeherrschenden Stellung lediglich nach den Regeln des GWB sanktioniert werden.[545] Im Ergebnis würde damit von den sektorspezifischen Vorschriften des TKG, die eine marktbeherrschende Stellung des Verpflichteten voraussetzen, allein die DTAG erfaßt werden.

Begründet wird diese Auffassung damit, daß die Bundesregierung im Rahmen des Gesetzgebungsverfahrens nicht davon ausgegangen sei, daß auch andere Unternehmen als die DTAG auf den Telekommunikationsmärkten eine marktbeherrschende Stellung aufweisen oder in absehbarer Zeit erlangen könnten. Für eine Übergangszeit sollte nach dem Willen des Gesetzgebers daher allein die DTAG einer besonderen Regulierung unterworfen werden, um den neu in den Markt eintretenden Unternehmen einen chancengleichen Wettbewerb zu ermöglichen.[546] Hierbei habe der Gesetzgeber übersehen, daß die DTAG nicht auf sämtlichen Telekommunikationsmärkten tätig war, die nunmehr vom Anwendungsbereich der §§ 33 ff. TKG erfaßt werden.

(2) Der Ansatz einer symmetrischen Regulierung

Nach anderer Auffassung spielt es für die Anwendung der Vorschriften im TKG keine Rolle, auf welche Weise ein Unternehmen seine Marktstellung erlangt hat. Ein im Sinne einer positiven Diskriminierung verstandener asymmetrischer Regulierungsansatz zu Lasten der DTAG liege den §§ 33 ff. TKG nicht zugrunde.[547]

Zuzugeben sei, daß einem Unternehmen staatliche Eingriffe leichter zuzumuten sind, wenn es über eine – ehemals – staatlich vermittelte Monopolstellung verfügt. Allerdings habe die DTAG auch mit den ererbten Nachteilen aus dieser Zeit zu leben. Dies seien etwa die Nachwirkungen vergangener Ineffizienz in Zeiten ausschließlich politischer Kontrolle und fehlender Marktkontrolle. Demgegenüber hätten potentielle Wettbewerber von Anfang an die Chance, ihr Unternehmen präzise auf den geänderten institutionellen Rahmen abzustimmen.[548] Auch unter dogmatischen Gesichtspunkten sei eine vom Wortlaut abweichende Interpretation

---

545 Lampert, Der Begriff der Marktbeherrschung als geeignetes Kriterium zur Bestimmung der Normadressaten für das sektorspezifische Kartellrecht nach dem TKG?, WuW 1998, 27, S. 37 f. Die Intention des Gesetzgebers würde danach ad absurdum geführt, wenn die DTAG ihrerseits das TKG dazu „mißbrauchen" könne, sich erfolgreicher Wettbewerber durch Einschaltung der RegTP zu erwehren.

546 Lampert, Der Begriff der Marktbeherrschung als geeignetes Kriterium zur Bestimmung der Normadressaten für das sektorspezifische Kartellrecht nach dem TKG?, WuW 1998, 27, S. 34 f.

547 Engel/Knieps, Die Vorschriften des Telekommunikationsgesetzes über den Zugang zu wesentlichen Leistungen, S. 67.

548 Engel/Knieps, Die Vorschriften des Telekommunikationsgesetzes über den Zugang zu wesentlichen Leistungen, S. 67 f.

des TKG nicht geboten. Das TKG verwende stets die abstrakten Begriffe des „marktbeherrschenden“ oder „lizenzierten“ Anbieters und sei damit - anders als noch der Regierungsentwurf - gerade keine „Lex Telekom“. Das Ziel des Gesetzgebers bestehe darin – dies zeige sich an dem transitorischen Charakter der Vorschriften des TKG (§ 81 Abs. 3 TKG) -, einen funktionsfähigen Wettbewerb auf den Telekommunikationsmärkten zu schaffen, ohne weitere Einschränkungen hinsichtlich der Regulierung bestimmter Unternehmen vorzunehmen.[549]

(3) Stellungnahme

Für die erstgenannte Auffassung spricht, daß der Gesetzgeber mit der Schaffung des TKG u.a. das Ziel verfolgt, die monopolistischen Strukturen im Telekommunikationssektor schrittweise in Wettbewerbsstrukturen zu überführen. Zutreffend ist auch, daß den Regelungen des TKG mit kartellrechtlichem Inhalt ein asymmetrischer Regulierungsansatz in dem Sinne zugrunde liegt, daß dem marktbeherrschenden Anbieter von Telekommunikationsdienstleistungen in wesentlichen Fragen erhöhte, besondere Verpflichtungen auferlegt werden können.[550] Dies wird auch von der Gegenauffassung nicht bestritten.

Adressat wird daher in der Regulierungspraxis auch mehrere Jahre nach der Marktöffnung regelmäßig die DTAG sein, was aber nicht dazu führen kann, daß die Regelungen des TKG mit kartellrechtlichem Inhalt – entgegen dem insoweit eindeutigen Gesetzeswortlaut - allein zu Lasten der DTAG angewendet werden. Voraussetzung dieser Regelungen ist, daß das betroffene Unternehmen auf dem relevanten Markt über eine marktbeherrschende Stellung *verfügt*. Die Entscheidung darüber, ob dies der Fall ist, soll nach dem Willen des Gesetzgebers also erst in dem Zeitpunkt getroffen werden, in dem von dem betroffenen Unternehmen die Vornahme einer bestimmten Handlung begehrt wird bzw. diesem Unternehmen eine bestimmte Verpflichtung auferlegt werden soll. Es wird insoweit gerade nicht auf eine marktbeherrschende Stellung im Zeitpunkt des Inkrafttretens des TKG abgestellt.

Die unterschiedliche Behandlung marktbeherrschender Unternehmen würde im übrigen voraussetzen, daß es für die wirtschaftliche und juristische Bewertung von

---

549 Engel/Knieps, Die Vorschriften des Telekommunikationsgesetzes über den Zugang zu wesentlichen Leistungen, S. 70 f.

550 Fuhr/Kerkhoff, Entgelte für die Gewährung von Netzzugang gemäß § 39 TKG, NJW 1997, S. 3209; Bock/Völcker, Regulatorische Rahmenbedingungen für die Zusammenschaltung von TK-Netzen, CR 1998, 473, S. 480; Hefekäuser/Dreier, Der gesetzliche Rahmen für Netzzugang und Netzzusammenschaltungen, CR 1997, 110, S. 111; Lampert, Der Begriff der Marktbeherrschung als geeignetes Kriterium zur Bestimmung der Normadressaten für das sektorspezifische Kartellrecht nach dem TKG?, WuW 1998, S. 27.

Bedeutung ist, ob ein Unternehmen seine marktbeherrschende Stellung aufgrund eigener unternehmerischer Leistung oder aufgrund eines gesetzlichen Monopols erworben hat. Im GWB findet sich eine solche Differenzierung nicht. Tatsächlich besteht auch kein qualitativer Unterschied, ob die DTAG als ehemaliges Monopolunternehmen einem Wettbewerber den Marktzutritt verweigert oder ein Unternehmen diese Weigerung ausspricht, dessen marktbeherrschende Stellung sich erst aus dem Wettbewerb heraus gebildet hat. In beiden Fällen ist die Gefahr einer mißbräuchlichen Ausnutzung der marktbeherrschenden Stellung gleichermaßen gegeben. Aus diesem Grund ist auch in beiden Fällen eine gleichartige Regulierung geboten.

Das Ziel der Netzzugangsregelungen ist zudem die Sicherstellung eines chancengleichen und funktionsfähigen Wettbewerbs.[551] Chancengleicher Wettbewerb bedeutet, daß die DTAG gegenüber ihren Wettbewerbern nicht bevorzugt, aber auch nicht benachteiligt werden darf.[552] Eine besondere Sozialbindung des Eigentums der DTAG besteht insoweit nicht.[553] Auf welche Weise das Unternehmen seine marktbeherrschende Stellung erlangt hat, ist somit für die Anwendung der Regelungen im TKG, die eine marktbeherrschende Stellung voraussetzen, unerheblich.

ee) Der relevante Markt

Die Marktbeherrschung und die daran geknüpften Rechtsfolgen müssen allerdings speziell für die Zwecke des TKG näher bestimmt werden, wenn auch die marktbeherrschende Stellung im Rahmen des TKG im Ergebnis nach den gleichen Kriterien zu beurteilen ist, die im GWB für die allgemeine Mißbrauchsaufsicht und die übrigen Verhaltensnormen gelten.[554] Da die Telekommunikation eine Vielzahl unterschiedlicher Leistungen umfaßt, kann es keinen im Sinne des Bedarfsmarktkonzeptes einheitlich zu beurteilenden Markt für Telekommunikationsdienstleistungen geben.[555] Die Definition erfaßt sowohl Märkte, auf denen Tele-

---

551 BT Drs. 13/3609, S. 34.

552 Lammich, Telekommunikationsgesetz Kommentar, § 2 Rn. 7.

553 Hefekäuser, Die Deutsche Telekom - ein reguliertes Unternehmen im Wettbewerb, in: Oberender, Die Dynamik der Telekommunikationsmärkte als Herausforderung an die Wettbewerbspolitik, 47, S. 50.

554 Mestmäcker, Entgeltregulierung, Marktbeherrschung und Wettbewerb im Mobilfunk, Beilage zu MMR 8/98, 1, S. 2; Salje, Marktbeherrschung auf Telekommunikations-Märkten, K&R 1998, 331, S. 332. Die RegTP stellte in diesem Zusammenhang zur Diskussion, das Bedarfsmarktkonzept durch den sog. hypothetischen Monopolistentest zu ergänzen, bei dem neben dem Nachfragerverhalten auch das Anbieterverhalten in die Entscheidung einfließt. Vor dem Hintergrund der Gefahr, die herkömmlichen kartellrechtlichen Kriterien für die Abgrenzung des sachlich relevanten Markts zu verwässern, stieß dieser Vorschlag in der Literatur auf Kritik, vgl. Mayen, Marktabgrenzung auf den Märkten der Telekommunikation, MMR 2001, 496, S. 497 f.

555 Immenga, Relevante Märkte und Marktbeherrschung in der Regulierungspraxis, MMR 2000,

kommunikationsdienstleistungen für Endbenutzer erbracht werden, also Endkundenmärkte, als auch Zugangs- oder Vorleistungsmärkte, also Märkte für den Zugang zu Einrichtungen oder Leistungen, die zur Erbringung von Diensten für Endbenutzer erforderlich sind.[556] Daher kann zunächst - in Anlehnung an die technischen Grundlagen der Telekommunikation und der Mitteilung der Kommission[557] folgend - zwischen einem Gesamtmarkt für Dienstleistungen an Endverbraucher einerseits, und einem Markt für den Zugang zu solchen Einrichtungen, die zur Erbringung dieser Dienstleistungen für die Endverbraucher erforderlich sind, andererseits, unterschieden werden.[558]

Teilweise wird vorgeschlagen, in Abhängigkeit davon, wer auf dem jeweiligen Markt als Anbieter oder Nachfrager auftritt, drei sachlich relevante Märkte voneinander zu unterscheiden, um die jeweilige Marktstellung auf Telekommunikationsmärkten näher kennzeichnen zu können.[559] Zu unterscheiden sind danach die Endkunden-, Reselling-[560] und Netzzugangsmärkte[561]. Innerhalb der Endkundenmärkte sollen weiter die Festnetz- und Mobilfunkmärkte[562] sachlich voneinander zu trennen sein,[563] da sie derzeit noch in einem Verhältnis von Grundversorgung

---

S. 196 ff.

556 Mitteilung der Europäischen Kommission vom 26.04.2000, Entbündelter Zugang zum Teilnehmeranschluß: Wettbewerbsorientierte Bereitstellung einer vollständigen Palette von elektronischen Kommunikationsdiensten einschließlich multimedialer Breitband- und schneller Internet-Dienste, KOM (2000) 237, S. 6 f.; BeckTKG-Komm/Wendland, Vorb. § 33 Rn. 20 ff.

557 Mitteilung über die Anwendung der Wettbewerbsregeln auf Zugangsvereinbarungen im Telekommunikationsbereich, ABl. Nr. C 265 vom 22.08.1998 - Rahmen, relevante Märkte und Grundsätze, Erwägungsgrund 45.

558 Salje, Marktbeherrschung auf Telekommunikations-Märkten, K&R 1998, S. 331; Lampert, Der Begriff der Marktbeherrschung als geeignetes Kriterium zur Bestimmung der Normadressaten für das sektorspezifische Kartellrecht nach dem TKG?, WuW 1998, 27, S. 30.

559 Salje, Marktbeherrschung auf Telekommunikations-Märkten, K&R 1998, S. 331 ff.

560 Im Unterschied zu den Endkundenmärkten treten auf den Reselling-Märkten Unternehmen, nicht aber Nutzer als Nachfrager auf, die - wie etwa die Service Provider - als Mittler zwischen den Endkunden und den Lizenzinhabern auftreten. Die Service Provider sind auf das Angebot der Netzbetreiber dringend angewiesen. Für sie bestehen keine Ausweichmöglichkeiten, vgl. Salje, Marktbeherrschung auf Telekommunikations-Märkten, K&R 1998, 331, S. 337; Mestmäcker, Entgeltregulierung, Marktbeherrschung und Wettbewerb im Mobilfunk, Beilage zu MMR 8/1998, 1, S. 12.

561 Für die Annahme eines gesonderten Marktes für Netzzugänge spricht die besondere Behandlung durch den Gesetzgeber des TKG.

562 Hier fehlt es an einer Substituierbarkeit, vgl. Salje, Marktbeherrschung auf Telekommunikations-Märkten, K&R 1998, 331, S. 338 f.

563 Salje, Marktbeherrschung auf Telekommunikations-Märkten, K&R 1998, 331, S. 332 f.; Mestmäcker, Entgeltregulierung, Marktbeherrschung und Wettbewerb im Mobilfunk, Beilage zu MMR 8/1998, 1, S. 11.

und Zusatzversorgung zueinander stehen.[564] Für den Bereich des Festnetzes wird weiter vorgeschlagen, jeweils die Ortsnetze als besondere sachlich relevante Märkte getrennt von den Fernnetzen zu bewerten.[565] Das Bundeskartellamt unterscheidet demgegenüber insgesamt sechs verschiedene Teilmärkte in der Telekommunikation, die Märkte für terrestrische Übertragungswege, Sprachtelefondienst, kundenspezifische Pakete von Telekommunikationsdienstleistungen für Unternehmen, Mobilfunk, paketvermittelte Datenübertragung und Online-Dienste.[566]

Der für die Feststellung der Marktbeherrschung räumlich relevante Markt entspricht grundsätzlich dem Gebiet, auf dem der Wettbewerber tätig werden will,[567] begrenzt auf das gesamte Bundesgebiet.[568] Räumlich relevant ist somit das Gebiet, in dem die in Rede stehenden Produkte nachgefragt werden, die Wettbewerbsbedingungen hinreichend homogen sind und sich von anderen Gebieten durch spürbar unterschiedliche Wettbewerbsbedingungen unterscheidet.[569] Geht es um Netzzugangsangebote, so soll das entsprechende lokale Netz einen selbständigen räumlich relevanten Markt darstellen.[570] Wegen der schnellen Entwicklung der Technologie

---

564 Für den Bereich des Mobilfunks ist im einzelnen umstritten, ob es auf diesem Markt Unternehmen gibt, die über eine marktbeherrschende Stellung i.S.v. § 19 GWB verfügen. Mestmäcker, Entgeltregulierung, Marktbeherrschung und Wettbewerb im Mobilfunk, Beilage zu MMR 8/1998, 1, S. 6 ff., verneint dies. Danach sei der Mobilfunkmarkt von einem Wettbewerb gekennzeichnet, wie er angesichts der durch Lizenzierungen und Regulierungen geschaffenen Marktstruktur und bei unabhängigem Verhalten der beteiligten Unternehmen zu erwarten ist. Dies erscheint in Anbetracht des Verlaufs des Preiswettbewerbs zwischen beiden Lizenzinhaberinnen der D-Netze und der engen Reaktionsverbundenheit nur wenig überzeugend, vgl. Salje, Marktbeherrschung auf Telekommunikations-Märkten, K&R 1998, 331, S. 333 ff.

565 Salje, Marktbeherrschung auf Telekommunikations-Märkten, K&R 1998, 331, S. 334. Es hat sich gezeigt, daß die Frage der zutreffenden Marktabgrenzung ein erhebliches Konfliktpotential bietet. Diskutiert wurde etwa darüber, ob ein getrennter Markt für Geschäfts- und Privatkunden existiert - wovon die britische Regulierungsbehörde OFTEL ausgeht (Entscheidung vom Januar 2001 (Cable&Wireless), Ziff. 2.4 - und eine Abgrenzung von Märkten für Auslandsverbindungen nach Zielländern erfolgen muß. Beides hat die RegTP bislang offen gelassen, vgl. vgl. RegTP, Beschluß vom 20.02.2001, BK 2c 00/019, S. 25 - Fernverbindungen Dänemark; RegTP, Beschluß vom 20.02.2001, BK 2b 00/014, MMR 2001, S. 413 - Fernverbindungen USA.

566 BKartA, WuW 1997, 414, S. 415.

567 BVerwG, K&R 2001, 530, S. 533 f. – Zugang zur Teilnehmeranschlußleitung.

568 BGH NJW 1996, 595, S. 596 – Backofenmarkt.

569 Vgl. Monopolkommission, Wettbewerb auf Telekommunikations- und Postmärkten, Sondergutachten (29) gemäß § 81 Abs. 3 TKG und § 44 PostG, 2000, S. 12.

570 Scheurle/Mayen-Glahs, TKG, § 33 Rn. 19. Die Bestimmung des räumlich relevanten Marktes entscheidet letztlich darüber, ob der jeweilige Anbieter von Telekommunikationsdienstleistungen über eine marktbeherrschende Stellung verfügt. Wird für die räumliche Marktabgrenzung auf das gesamte Bundesgebiet abgestellt, so ist die DTAG selbst dann noch auf dem Markt für Telekommunikationsdienstleistungen im Ortsnetz marktbeherrschend, wenn Wettbewerber der DTAG bereits in mehreren Städten eigene Netzinfrastruktureinrichtungen errichtet haben.

ist die Definition des relevanten Marktes in der Telekommunikation insgesamt dynamischen Veränderungen unterworfen.[571]

Die Marktbeherrschung wird von der RegTP dann regelmäßig - entgegen der Kritik aus der Literatur[572] - allein mit dem prozentualen Marktanteil des betroffenen Unternehmens begründet.[573]

ff) Netzzugangsberechtigte nach § 35 Abs. 1 S. 1 TKG

§ 35 Abs. 1 S. 1 TKG setzt voraus, daß *andere Nutzer*, also Nachfrager nach Telekommunikationsdienstleistungen (§ 3 Nr. 11 TKG), einen Netzzugang beanspruchen. Für die Anspruchstellung ist also zunächst weder der Betrieb eines eigenen Netzes noch das Angebot von Dienstleistungen für die Öffentlichkeit erforderlich.[574] Nach dem Wortlaut von § 35 Abs. 1 S. 1 TKG hat grundsätzlich jeder, der das Telekommunikationsnetz des marktbeherrschenden Unternehmens nutzen will, einen Anspruch auf Netzzugang.

Dies bedeutet allerdings nicht, daß jeder Nutzer den gleichen Netzzugang fordern kann. Wer einen Netzzugang über besondere Anschlüsse – also einen besonderen Netzzugang – verlangen kann, wird durch § 1 Abs. 2 NZV[575] konkretisiert. Danach steht der besondere Netzzugang nur solchen Nutzern offen, die ihn als Anbieter von Telekommunikationsdienstleistungen oder als Betreiber von Telekommunikationsnetzen nachfragen, um Telekommunikationsdienstleistungen anzubieten.[576] Der besondere Netzzugang wird damit im Ergebnis durch eine Beschränkung des Nutzerkreises und die Zweckrichtung der Nachfrage definiert. Eine Beschränkung auf Netzbetreiber erfolgt allerdings auch insoweit nicht, so daß auch Nutzer, die kein öffentliches Telekommunikationsnetz betreiben, Zugang zum Netz

---

571 BeckTKG-Komm/Piepenbrock, § 33 Rn. 13.

572 Mayen, Feststellung der Marktbeherrschung auf den Märkten der Telekommunikation, MMR 2001, 648, S. 650 f.

573 Vgl. RegTP, Beschluß vom 20.02.2001, BK 2c 00/019, S. 29 - Fernverbindungen Dänemark; RegTP, Beschluß vom 20.02.2001, BK 2b 00/014, MMR 2001, S. 413 - Fernverbindungen USA.

574 Vgl. Nolte, Das Recht auf Netzzugang nach dem Telekommunikationsgesetz, BB 1996, 2629, S. 2632.

575 § 35 Abs. 5 i.V.m. § 37 Abs. 3 TKG ermächtigt die Bundesregierung zum Erlaß einer Rechtsverordnung, die der Zustimmung des Bundesrates bedarf. Die Bundesregierung hat von dieser Ermächtigung mit dem Erlaß der Verordnung über besondere Netzzugänge (Netzzugangsverordnung - NZV) vom 23. 10. 1996 (BGBl. I S. 1568 vom 31.10.1996) Gebrauch gemacht. Die §§ 1 Abs. 2 und 2 NZV waren dabei Gegenstand intensiver Diskussionen, vgl. Hefekäuser/Dreier, Der gesetzliche Rahmen für Netzzugang und Netzzusammenschaltungen, CR 1997, 110, S. 112. Es ging dabei um die Frage, ob die NZV nur für das Angebot von Telekommunikationsdienstleistungen für die Öffentlichkeit gelten soll.

576 BeckTKG-Komm/Piepenbrock, § 1 NZV Rn. 4 ff.

des marktbeherrschenden Anbieters begehren können.[577] Besonderheiten ergeben sich gemäß § 35 Abs. 1 S. 3 TKG für die Betreiber eines öffentlichen Telekommunikationsnetzes.

b) Sachlicher Anwendungsbereich von § 35 TKG

Nach § 35 Abs. 1 S. 1 TKG hat der Normadressat dem Normbegünstigten Zugang zu seinem Telekommunikationsnetz oder zu Teilen desselben zu ermöglichen.[578] § 3 Nr. 9 TKG definiert den Netzzugang als die physische und logische Verbindung von Endeinrichtungen oder sonstigen Einrichtungen mit einem Telekommunikationsnetz oder Teilen desselben sowie die physische und logische Verbindung eines Telekommunikationsnetzes mit einem anderen Telekommunikationsnetz oder Teilen desselben[579] zum Zwecke des Zugriffs auf Funktionen dieses Telekommunikationsnetzes oder auf die darüber erbrachten Dienstleistungen.[580]

Zum besonderen Netzzugang zählt gemäß § 35 Abs. 1 S. 3 TKG insbesondere die Zusammenschaltung öffentlicher Telekommunikationsnetze.[581] Der marktbeherrschende Netzbetreiber ist danach zur Zusammenschaltung seines Netzes mit *öffentlichen Telekommunikationsnetzen* anderer Betreiber verpflichtet. Nicht marktbeherrschende Betreiber öffentlicher Telekommunikationsnetze sind demgegenüber nach § 36 TKG nur verpflichtet, anderen Betreibern öffentlicher Telekommunikationsnetze auf Nachfrage ein Angebot auf Zusammenschaltung abzugeben.[582]

Einzelheiten ergeben sich auch hierzu aus der NZV. Nach § 2 S. 1 NZV muß der Betreiber eines Telekommunikationsnetzes i.S.v. § 35 Abs. 1 TKG Leistungen ge-

---

577 Schroeder, Telekommunikationsgesetz und GWB, WuW 1999, 14, S. 23.

578 Vgl. hierzu Kemmler, Telekommunikationsgesetz (TKG), ArchivPT 1996, 321, S. 325.

579 Der marktbeherrschende Betreiber eines öffentlichen Telekommunikationsnetzes ist gemäß § 3 Abs. 1 NZV verpflichtet, dem zugangsbegehrenden Unternehmen die Nutzung von Telekommunikationsdienstleistungen räumlich an der übertragungs-, vermittlungs- oder betriebstechnischen Schnittstelle einzuräumen. Dabei sollen die Netzinfrastruktureinrichtungen der Netzbetreiber räumlich auf einem Grundstück oder in einem Gebäude zusammengefaßt werden (physische Kollokation), vgl. Nolte, Das Recht auf Netzzugang nach dem Telekommunikationsgesetz, BB 1996, 2629, S. 2635. Die Kollokation ist zu diskriminierungsfreien Bedingungen zu ermöglichen. Insbesondere die Sicherheit des Netzbetriebs, die Netzintegrität sowie datenschutzrechtliche Gründe können daher die Verpflichtung zur physischen Kollokation entfallen lassen.

580 Gemäß Art. 4 Abs. 2 der ONP-Zusammenschaltungsrichtlinie, die durch das EU-Richtlinienpaket (Fn. 311) abgelöst wurde, ist der besondere Netzzugang ein Zugang an Punkten, bei denen es sich nicht um die der Mehrheit der Endbenutzer angebotenen Netzabschlußpunkte handelt.

581 Das Gemeinschaftsrecht versteht die Zusammenschaltung nicht als Unterfall des besonderen Netzzugangs, die damit nach Gemeinschaftsrecht einen größeren Anwendungsbereich hat als nach deutschem Recht, vgl. hierzu Rudolf, Das Recht auf Netzzugang in der Telekommunikation, S. 91 f.

582 Rudolf, Das Recht auf Netzzugang in der Telekommunikation, S. 93 f.

mäß § 33 Abs. 1 TKG einschließlich der jeweils erforderlichen übertragungs-, vermittlungs- und betriebstechnischen Schnittstellen in einer Weise anbieten, daß keine Leistungen abgenommen werden müssen, die nicht nachgefragt werden. Aufgrund der Komplexität der in der Anlage zu § 5 Abs. 2 NZV aufgeführten Bestandteile einer Vereinbarung über besondere Netzzugänge einschließlich der Zusammenschaltung, an denen sich nach Vorstellung des Gesetzgebers die Vereinbarungen über besondere Netzzugänge ausrichten sollen,[583] handelt es sich dabei noch nicht um ein Angebot im Sinne der §§ 145 ff. BGB. Allerdings muß sich das „Angebot" auf die in der NZV genannten Bestandteile erstrecken und bereits derart substantiiert sein, daß es eine tragfähige Grundlage für die konkreten Vertragsverhandlungen mit der Aussicht auf einen zeitnahen Vertragsabschluß bildet.[584] Fristen hierfür sieht das TKG nicht vor. Nach § 4 S. 1 NZV sind dem Nachfrager in jedem Stadium der Vertragsverhandlungen alle für die Inanspruchnahme von Leistungen benötigten Informationen zur Verfügung zu stellen. Inhaltlich müssen Netzzugangsvereinbarungen gemäß § 35 Abs. 2 S. 1 TKG auf objektiven Maßstäben beruhen, nachvollziehbar sein und einen gleichwertigen Zugang zu den Telekommunikationsnetzen eines Betreibers nach § 35 Abs. 1 S. 1 TKG gewähren. Verlangt ein Wettbewerber des marktbeherrschenden Betreibers den besonderen Netzzugang, gelten darüber hinaus die besonderen Bedingungen des § 33 TKG.

Gemäß § 35 Abs. 2 S. 3 TKG i.V.m. § 6 Abs. 1 NZV müssen Netzzugangsvereinbarungen nach § 35 Abs. 1 S. 1 TKG der RegTP von dem Betreiber unverzüglich nach ihrem Abschluß schriftlich vorgelegt werden. Soweit zu erwarten ist, daß die in einer solchen Netzzugangsvereinbarung enthaltenen Bedingungen Bestandteil einer Vielzahl von Vereinbarungen sein werden, veröffentlicht die Regulierungsbehörde sie in ihrem Amtsblatt (§ 6 Abs. 5 S. 1 NZV). Der Betreiber ist verpflichtet, diese Bedingungen als Grundangebot in seine AGB aufzunehmen (§ 6 Abs. 5 S. 2 NZV).[585] Da zunächst die Wirtschaftssubjekte selbst Vereinbarungen treffen, denen im nachhinein aufgrund einer regulativen Entscheidung ein genereller, wenn

583 Z.B. Beschreibung der einzelnen Leistungen sowie Festlegung, wie und innerhalb welcher Frist diese bereitzustellen sind, Zugang zu zusätzlichen Dienstleistungen, Standorte der Anschlußpunkte, Gemeinsame Nutzung von Einrichtungen und Kollokation, technische Normen für den besonderen Netzzugang, Festlegung der Entgelte und deren Laufzeit für die bereitzustellenden Leistungen und den Zugang zu zusätzlichen Dienstleistungen, etc.

584 VG Köln, K&R 1999, 91, S. 93 - Zugang zur Teilnehmeranschlußleitung. Das Angebot darf sich daher nicht allein auf die technischen Fragen der Zugangsgewährung beschränken, sondern muß bereits Preisvorstellungen für die angebotenen Leistungen enthalten.

585 Dies entspricht § 4 Abs. 2 EnWG, wonach die Betreiber von Übertragungsnetzen verpflichtet sind, technische Mindestanforderungen für den Anschluß an diese Netze festzulegen und zu veröffentlichen.

auch nicht zwingender Mustercharakter zugemessen wird, stellt das Grundangebot des Netzbetreibers eine Form regulierter Selbstregulierung[586] dar.

2. *Die besondere Mißbrauchsaufsicht gemäß § 33 TKG*

§ 33 TKG regelt das für die Herstellung chancengleichen und funktionsfähigen Wettbewerbs besonders wichtige Verhältnis von marktbeherrschendem Unternehmen und Wettbewerber in der Telekommunikation. Gemäß § 33 Abs. 1 S. 1 TKG hat ein Anbieter, der auf einem Markt für Telekommunikationsdienstleistungen für die Öffentlichkeit über eine marktbeherrschende Stellung nach § 19 GWB verfügt, Wettbewerbern auf diesem Markt diskriminierungsfrei den Zugang zu seinen intern genutzten und zu seinen am Markt angebotenen Leistungen, soweit sie wesentlich sind, zu den Bedingungen zu ermöglichen, die er sich selbst bei der Nutzung dieser Leistungen für die Erbringung anderer Telekommunikationsdienstleistungen einräumt, es sei denn, daß die Einräumung ungünstigerer Bedingungen sachlich gerechtfertigt ist. Einem Anbieter, der dagegen verstößt, kann die RegTP gemäß § 33 Abs. 2 S. 1 TKG ein Verhalten auferlegen oder untersagen und Verträge ganz oder teilweise für unwirksam erklären, soweit dieser Anbieter seine marktbeherrschende Stellung mißbräuchlich ausnutzt.

a) Persönlicher Anwendungsbereich von § 33 TKG

Normadressaten von § 33 TKG sind Anbieter, die auf einem *Markt für Telekommunikationsdienstleistungen für die Öffentlichkeit* i.S.v. § 3 Nr. 19 TKG über eine marktbeherrschende Stellung nach § 19 GWB verfügen.[587] Anders als bei § 35 TKG muß der Normadressat also nicht selbst Betreiber eines Telekommunikationsnetzes sein.[588] Noch nicht abschließend geklärt ist, ob die in § 33 Abs. 1 S. 1 TKG geforderte Marktbeherrschung des verpflichteten Unternehmens sowohl auf dem vorgelagerten als auch auf dem nachgelagerten Markt bestehen muß.[589] Das BVerwG[590] hat dies in seinem Urteil vom 25.04.2001 ausdrücklich offengelassen, jedoch darauf hingewiesen, daß eine schutzzweckbezogene Auslegung von § 33 TKG es nahelegt, zumindest auch oder sogar allein den Vorleistungsmarkt als sachlich relevanten Markt i.S.v. § 33 Abs. 1 S. 1 TKG anzusehen. Anspruchsgegner sind somit regelmäßig Unternehmen, die zugleich auf einem Wettbewerbsmarkt und auf einem vorgelagerten monopolistischen Engpaß tätig sind, und als vertikal

---

586 Schneider, Liberalisierung der Stromwirtschaft durch regulative Marktorganisation, S. 507.

587 Vgl. hierzu unter A.II.1. und B.I.1.

588 BeckTKG-Komm/Piepenbrock, § 33 Rn. 13.

589 Vgl. Scheurle/Mayen-Glahs, TKG, § 33 Rn. 23a, die davon ausgehen, daß die marktbeherrschende Stellung sowohl auf dem vorgelagerten als auch auf dem nachgelagerten Markt bestehen muß.

590 BVerwG K&R 2001, 530, S. 534 – Zugang zur Teilnehmeranschlußleitung.

integrierte Unternehmen auf dem Wettbewerbsmarkt für Telekommunikationsdienstleistungen für die Öffentlichkeit über eine marktbeherrschende Stellung verfügen.[591] Die Vorschrift entspricht insoweit der essential facilities-Doktrin,[592] die – wie bereits dargestellt - ebenfalls einen doppelten Ansatz der Marktbeherrschung enthält.

Normbegünstigte sind die Wettbewerber des vertikal integrierten Unternehmens auf dem Wettbewerbsmarkt, d.h. Anbieter von Telekommunikationsdienstleistungen i.S.v. § 3 Nr. 18 TKG, nach dem Sinn und Zweck des TKG aber auch solche Unternehmen, die erst neu in den Markt eintreten möchten,[593] und daher erst zukünftig Wettbewerber des vertikal integrierten Unternehmens sein werden.

b) Sachlicher Anwendungsbereich von § 33 TKG

§ 33 Abs. 1 S. 1 TKG verpflichtet den marktbeherrschenden Anbieter von Telekommunikationsdienstleistungen, seinen Wettbewerbern einen diskriminierungsfreien Zugang zu den *wesentlichen* intern genutzten und am Markt angebotenen Leistungen zu solchen Bedingungen zu ermöglichen, die er sich selbst bei der Nutzung dieser Leistungen einräumt. § 33 Abs. 1 S. 1 TKG gewährt den Wettbewerbern einen Anspruch auf einen diskriminierungsfreien Zugang zu diesen Leistungen,[594] und will damit verhindern, daß die Vorleistungen erschwert werden, um sich auf dem eigentlichen Wettbewerbsmarkt einen Vorteil zu verschaffen.[595]

§ 33 Abs. 2 S. 1 TKG gibt der RegTP die Befugnis, dem marktbeherrschenden Anbieter ein bestimmtes Verhalten positiv aufzuerlegen oder zu untersagen bzw. Verträge ganz oder teilweise für unwirksam zu erklären.[596]

Der im TKG nicht näher bestimmte Begriff der Leistung erfaßt alle Einrichtungen, die der marktbeherrschende Anbieter intern nutzt oder am Markt anbietet, um Telekommunikationsdienstleistungen zu erbringen, sofern diese isoliert nutzbar

---

591 Vgl. Engel, Der Weg der deutschen Telekommunikation in den Wettbewerb, MMR-Beilage 3/1999, 7, S. 12; Hefekäuser, Telekommunikationsmärkte zwischen Regulierung und Wettbewerb, MMR 1999, 144, S. 147.

592 Vgl. hierzu Engel/Knieps, Die Vorschriften des Telekommunikationsgesetzes über den Zugang zu wesentlichen Leistungen, S. 13 ff.

593 BeckTKG-Komm/Piepenbrock, § 33 Rn. 19.

594 BeckTKG-Komm/Piepenbrock, § 33 Rn. 4.

595 Scheurle/Mayen-Glahs, TKG, § 33 Rn. 1.

596 Vgl. hierzu 2. Teil D.I.2)a).

sind.[597] Das Kernproblem möglicher Auseinandersetzungen bleibt insoweit, welche Leistungen als *wesentlich* anzusehen sind. Die Kommission bezeichnet als „wesentliche Einrichtung“ eine Infrastruktur, die erforderlich ist, um Kunden zu erreichen und/oder Wettbewerbern die Durchführung ihrer Geschäftstätigkeit zu ermöglichen, und die mit angemessenen Mitteln nicht neu geschaffen werden kann.[598] Soweit es für den Wettbewerber objektiv unmöglich ist, eine vergleichbare Einrichtung selbst zu errichten bzw. ohne Nutzung der Einrichtung des beherrschenden Unternehmens auf dem relevanten Markt tätig zu werden, steht die Notwendigkeit der Drittnutzung und damit die Wesentlichkeit der Leistung außer Frage. Darüber hinaus sollen aber auch wirtschaftliche Gesichtspunkte berücksichtigt werden können.[599] Ausreichend ist danach, daß das vertikal integrierte Unternehmen über eine Leistung verfügt, die für den Zutritt auf einem Wettbewerbsmarkt, auf dem das vertikal integrierte Unternehmen marktbeherrschend ist, für den Wettbewerber zur eigenen Leistungserbringung wirtschaftlich zwingend erforderlich ist.[600] Dies ist auch dann der Fall, wenn die Leistung aus wirtschaftlichen Gründen nicht ohne weiteres duplizierbar ist.

Sind diese Voraussetzungen erfüllt, so ist die wesentliche Leistung dem Wettbewerber auf dem nachgelagerten Markt – also auf dem Markt für Telekommunikationsdienstleistungen - diskriminierungsfrei zur Verfügung zu stellen,[601] es sei denn, daß sachlich gerechtfertigte Gründe dem entgegenstehen. Der marktbeherrschende Netzbetreiber ist also grundsätzlich verpflichtet, seine Wettbewerber, die bei ihm Netzzugangsleistungen nachfragen, nicht schlechter zu behandeln als eigene Tochterunternehmen oder eigene nachgelagerte Dienstleistungssparten. Dadurch soll verhindert werden, daß ein Unternehmen seine Marktmacht von einem

---

597 BVerwG K&R 2001, 530, S. 536 – Zugang zur Teilnehmeranschlußleitung; VG Köln, K&R 1999, 91, S. 92 f. – Zugang zur Teilnehmeranschlußleitung. Inwieweit auf einzelne Leistungen zurückgegriffen werden kann, ist eine Frage der Reichweite des Entbündelungsgebots.

598 Bei folgenden Einrichtungen geht die Kommission - unter Rückgriff auf eine Definition der WTO-Arbeitsgruppe Basistelekommunikation – von wesentlichen Telekommunikationseinrichtungen aus: öffentliche Telekommunikationsnetze für Sprach- und/oder Datendienste, Mietleitungen und/oder zugehörige Netzabschlußeinrichtungen, Basisdaten zu Teilnehmern am öffentlichen Fernsprechdienst, Nummernpläne und andere technische oder kundenbezogene Informationen, vgl. Entwurf EG-Wettbewerbsregeln, ABl. EG Nr. C 76 vom 11.03.1997, S. 9.

599 BeckTKG-Komm/Piepenbrock, § 33 Rn. 41.

600 Hefekäuser, Telekommunikationsmärkte zwischen Regulierung und Wettbewerb, MMR 1999, 144, S. 147; Engel, Der Weg der deutschen Telekommunikation in den Wettbewerb, MMR-Beilage 3/1999, 7, S. 12.

601 Es handelt sich um eine sektorspezifische Ergänzung zu dem allgemeinen Diskriminierungsverbot, das in den §§ 22, 26 GWB a.F. verankert war und nunmehr in den §§ 19, 20 GWB zu finden ist, vgl. hierzu die amtliche Begründung zum Entwurf eines Telekommunikationsgesetzes der Fraktionen der CDU/CSU, SPD und FDP, BT-Drs. 13/3609, S. 45 f.

Markt auf einen anderen Markt transferiert.[602] § 33 Abs. 1 S. 1 TKG spricht insoweit einen Kontrahierungszwang für den marktbeherrschenden Anbieter aus.[603]

Ein Mißbrauch der marktbeherrschenden Stellung wird gemäß § 33 Abs. 2 S. 3 TKG vermutet, wenn der marktbeherrschende Netzbetreiber sich selbst den Zugang zu seinen intern genutzten und zu seinen am Markt angebotenen Leistungen zu günstigeren Bedingungen ermöglicht, als er sie den Wettbewerbern bei der Nutzung dieser Leistungen für ihre Dienstleistungsangebote einräumt, es sei denn, der Netzbetreiber weist Tatsachen nach, die die Einräumung ungünstigerer Bedingungen, insbesondere die Auferlegung von Beschränkungen, sachlich rechtfertigen.

c) Das systematische Verhältnis zwischen § 33 und § 35 TKG

Umstritten ist, ob zu den Leistungen i.S.v. § 33 Abs. 1 S. 1 TKG auch die Gewährung des besonderen Netzzugangs nach § 35 Abs. 1 TKG gehört. Entscheidend dafür ist das systematische Verhältnis zwischen § 33 und § 35 TKG. Versteht man die Vorschriften als voneinander unabhängige Anspruchsgrundlagen, so hat dies zur Folge, daß mit § 35 TKG die zentrale Norm der Netzzugangsgewährung von der RegTP nicht selbständig durchgesetzt werden könnte, da § 35 TKG - anders als § 33 Abs. 2 TKG - keine selbständige Ermächtigungsgrundlage für ein Einschreiten der RegTP vorsieht.[604] Ein Zugangsbegehren nach § 35 TKG wäre dann im Verfahren des § 37 TKG durchzusetzen, wonach den Netzbetreiber lediglich eine Verhandlungspflicht mit dem Zugangsbegehrenden aus § 36 TKG trifft.[605]

Die Voraussetzungen von § 33 TKG stimmen nur teilweise mit denen von § 35 TKG überein. Während § 33 TKG den diskriminierungsfreien Zugang zu allen wesentlichen intern genutzten oder am Markt angebotenen Leistungen des marktbe-

---

602 Engel, Der Weg der deutschen Telekommunikation in den Wettbewerb, MMR-Beilage 3/1999, 7, S. 12. Für einen marktbeherrschenden Anbieter gilt danach, daß er sich selbst bei der Erbringung von Telekommunikationsdienstleistungen jedweder Art nur solche technischen, betrieblichen und ökonomischen Bedingungen einräumen darf, wie er sie auch Wettbewerbern einzuräumen bereit ist, mit anderen Worten seine externe Behandlung der internen entsprechen muß. Die Vorschrift beschränkt damit das Marktverhalten des Normadressaten und greift in die grundrechtlich geschützte Wettbewerbsfreiheit ein, vgl. Engel/Knieps, Die Vorschriften des Telekommunikationsgesetzes über den Zugang zu wesentlichen Leistungen, S. 15 f.

603 Engel/Knieps, Die Vorschriften des Telekommunikationsgesetzes über den Zugang zu wesentlichen Leistungen, S. 28.

604 Auswirkungen hat dies auch auf das Entbündelungsgebot in § 2 NZV, da der Anspruch auf einen entbündelten Netzzugang zu allen Teilen des Telekommunikationsnetzes eines marktbeherrschenden Unternehmens und der Anspruch auf Zugang zu den Teilnehmeranschlußleitungen von der RegTP als Form des „besonderen Netzzugangs" gegenüber einem marktbeherrschenden Unternehmen nicht mehr auf dem Anordnungsweg durchsetzbar wäre.

605 Vgl. hierzu unter B.I.3.

herrschenden Anbieters sichert, gewährt § 35 TKG - enger als § 33 TKG - Zugang nur zum Telekommunikationsnetz oder zu Teilen desselben und nicht auch zu anderen wesentlichen Leistungen des marktbeherrschenden Unternehmens.[606] Andererseits begünstigt § 35 TKG grundsätzlich alle Nutzer im Verhältnis zum marktbeherrschenden Anbieter und setzt eine Wettbewerbssituation nicht notwendig voraus. Ob ein Nutzer nicht nur in den persönlichen Anwendungsbereich von § 35 TKG, sondern zusätzlich in den persönlichen Anwendungsbereich von § 33 TKG fällt, bestimmt sich also auch danach, ob er ein Wettbewerber des marktbeherrschenden Anbieters auf einem Markt für Telekommunikationsdienstleistungen für die Öffentlichkeit ist.

aa) Die Auffassung von Engel und Knieps

Nach Auffassung von Engel und Knieps verfolgen § 33 TKG und § 35 TKG unterschiedliche Regelungsziele, so daß sich Überschneidungen in ihrem Anwendungsbereich von vornherein nicht ergeben können.[607] Während sich § 35 TKG mit der Möglichkeit einer Verzerrung des Wettbewerbs zwischen Netzbetreibern befasse, die aktuell auf dem gleichen Markt tätig sind, gehe es in § 33 TKG um die Rückwirkungen der vertikalen Integration mit einem monopolistischen Engpaß auf den Fernnetzmarkt. § 35 TKG regele demzufolge horizontale, § 33 TKG hingegen vertikale Wettbewerbsbeziehungen.[608] Beziehe sich ein Zugangsanspruch somit auf einen Markt, auf dem der nachfragende Konkurrent selbst tätig ist, sei allein § 35 TKG einschlägig. Beziehe sich der Zugangsanspruch demgegenüber auf einen Markt, auf dem der nachfragende Konkurrent selbst nicht tätig ist, sei allein § 33 TKG einschlägig.[609]

Lediglich die Zugangsansprüche der Fernnetzkonkurrenten zu den Ortsnetzen der DTAG sollen danach über § 33 TKG geltend gemacht werden können, da aus Sicht der Fernnetzbetreiber die Ortsnetze einen monopolistischen Engpaß darstellen und

---

606 Vgl. BVerwG, K&R 2001, 530, S. 536 – Zugang zur Teilnehmeranschlußleitung.

607 Engel/Knieps, Die Vorschriften des Telekommunikationsgesetzes über den Zugang zu wesentlichen Leistungen, S. 57.

608 Bereits durch die Wortwahl („soweit sie wesentlich sind") in § 33 TKG habe der Gesetzgeber deutlich gemacht, daß die Vorschrift eine Adaption der essential facilities-Doktrin sei, die die Antwort auf ein spezifisches Wettbewerbsproblem, die vertikale Integration zwischen einem Wettbewerbsmarkt und einem komplementären monopolistischen Engpaßbereich, darstelle, vgl. Engel/Knieps, Die Vorschriften des Telekommunikationsgesetzes über den Zugang zu wesentlichen Leistungen, S. 36.

609 Engel/Knieps, Die Vorschriften des Telekommunikationsgesetzes über den Zugang zu wesentlichen Leistungen, S. 57 und 86.

sie insoweit der DTAG als vertikal integrierte Unternehmen gegenüberstehen.[610] Die NZV, die in § 2 auch Regelungen für die über § 33 TKG durchzusetzenden Netzzugangsbegehren enthält, ist nach Auffassung von Engel und Knieps verfassungswidrig.[611]

bb) Die herrschende Auffassung in Rechtsprechung und Literatur

Nach herrschender Auffassung in Rechtsprechung[612] und Literatur[613] besteht zwischen § 33 TKG, § 35 TKG und § 2 NZV ein klares systematisches Stufenverhältnis im Sinne einer fortschreitenden Konkretisierung des Anspruchs auf Zugangsgewährung zu Leistungen des marktbeherrschenden Unternehmens. § 33 TKG stellt danach die Grundnorm der besonderen Mißbrauchsaufsicht dar, die alle wesentlichen internen und externen Leistungen des marktbeherrschenden Anbieters von Telekommunikationsdienstleistungen erfaßt. Der besondere Netzzugang i.S.v. § 35 Abs. 1 TKG ist danach - bei Vorliegen der übrigen Voraussetzungen des § 33 TKG - auch mit den Mitteln der Mißbrauchsaufsicht durchsetzbar, da er einen herausragenden wichtigen Anwendungsfall der wesentlichen Leistung darstellt.[614] Der Begriff der Leistung in § 33 Abs. 1 S. 1 TKG läßt sich nach dieser Auffassung

610 Engel/Knieps, Die Vorschriften des Telekommunikationsgesetzes über den Zugang zu wesentlichen Leistungen, S. 23 f.

611 Da § 2 NZV Regelungen enthalte, die auch die nach § 33 TKG durchzusetzenden Zugangsbegehren betreffen, die Ermächtigungsgrundlage zum Erlaß der NZV sich aber allein aus § 35 Abs. 2 TKG ergebe, und die §§ 33 und 35 TKG unterschiedliche Fälle des Netzzugangs betreffen, verstoße § 2 NZV gegen Art. 80 Abs. 1 S. 1 GG. Außerdem ergebe sich aus einem Umkehrschluß von Art. 129 Abs. 3 GG, daß das Grundgesetz keine gesetzesändernden Rechtsverordnungen kennt. Stehe daher der Inhalt einer Verordnung im Widerspruch zum Inhalt des ermächtigenden Gesetzes, so sei die Verordnung bereits aus diesem Grund verfassungswidrig, vgl. Engel/Knieps, Die Vorschriften des Telekommunikationsgesetzes über den Zugang zu wesentlichen Leistungen, S. 42.

612 BVerwG K&R 2001, 530, S. 536 – Zugang zur Teilnehmeranschlußleitung; Beschluß des OVG Münster vom 29.09.1997, MMR 1998, S. 98 ff. – Zugang zur Teilnehmeranschlußleitung; VG Köln, K&R 1999, S. 91 ff. – Zugang zur Teilnehmeranschlußleitung.

613 Riehmer, Anmerkungen zum Beschluß des OVG Münster vom 29.09.1997, MMR 1998, 100, S. 101; Tschentscher/Neumann, Das telekommunikationsrechtliche Regulierungsverfahren - Verfahrensfragen, Mißbrauchsaufsicht, Entbündelung, BB 1997, 2437, S. 2444 f., die insbesondere auf den Wortlaut und die Begründung der NZV abstellen.

614 BVerwG, K&R 2001, 530, S. 536 – Zugang zur Teilnehmeranschlußleitung. Dies folge u.a. aus der Gesetzesbegründung und der Inbezugnahme der ONP-Rahmenrichtlinie 90/387/EWG in § 33 Abs. 1 S. 2 TKG und § 35 Abs. 2 S. 2 und Abs. 5 S. 3 TKG. Der deutsche Gesetzgeber habe danach die europarechtlichen Vorgaben der ONP-Zusammenschaltungsrichtlinie auch bei der Systematik des Vierten Teils des TKG im Blick gehabt. Bereits die Überschrift dieses Vierten Teils „Offener Netzzugang und Netzzusammenschaltung“ deute auf die Durchsetzbarkeit des besonderen Netzzugangs mit den Mitteln der Mißbrauchsaufsicht hin.

auch nicht auf Telekommunikationsdienstleistungen i.S.v. § 3 Nr. 18 TKG reduzieren.[615]

Dem sollen auch nicht die §§ 36 ff. TKG entgegenstehen, da die in § 36 TKG geregelte Pflicht zu Verhandlungen über eine Zusammenschaltung schon nach ihrem Wortlaut nicht vorrangig auf marktbeherrschende Unternehmen und Marktzutritt suchende Wettbewerber zugeschnitten sei, auch wenn die Verhandlungspflicht für diese Unternehmen gleichermaßen gelte. Auch die Anordnungsbefugnis nach § 37 TKG stehe nicht ohne weiteres gleichberechtigt neben der Mißbrauchsaufsicht des § 33 TKG, wenn ein monopolartig den Markt beherrschendes Unternehmen beteiligt ist.[616] Liegen sowohl die Voraussetzungen von § 33 TKG als auch von § 37 TKG vor, so habe die RegTP im Hinblick auf die gesetzgeberische Absicht, chancengleichen und funktionsfähigen Wettbewerb zu fördern und sicherzustellen, grundsätzlich vorrangig nach § 33 TKG gegen das beteiligte marktbeherrschende Unternehmen einzuschreiten.

Konkretisiert danach § 35 TKG die bereits in § 33 Abs. 1 S. 1 TKG enthaltene Verpflichtung zur Gewährung des besonderen Netzzugangs, so stellt § 35 Abs. 5 TKG zugleich eine Ermächtigung des Verordnungsgebers zur weiteren Konkretisierung der dem marktbeherrschenden Unternehmen obliegenden Verpflichtungen aus § 33 Abs. 1 TKG bezogen auf den besonderen Netzzugang dar.[617] § 2 NZV wäre danach eine inhaltlich zulässige Konkretisierung der in § 33 Abs. 1 S. 1 TKG ausgesprochenen Verpflichtungen.

cc) Stellungnahme

Den Vorzug verdient die herrschende Auffassung in Rechtsprechung und Literatur, wonach sich aus den §§ 33 ff. TKG und § 2 NZV ein geschlossenes Regelungssystem ergibt. Dies ergibt sich aus einer Gesetzesauslegung.[618]

Der Wortlaut von § 33 und § 35 TKG ist zunächst nicht eindeutig. § 35 TKG erweitert zum einen den Kreis der Anspruchsberechtigten, beschränkt andererseits aber den Anwendungsbereich auf den allgemeinen oder besonderen Netzzugang. Nach dem Wortlaut ist aber nicht ausgeschlossen, daß § 35 TKG im Hinblick auf

---

[615] BVerwG K&R 2001, 530, S. 537. Dies folge aus dem Gesetzeswortlaut und der Definition aus § 3 Nr. 19 TKG, wonach eine Telekommunikationsdienstleistung notwendig an Dritte gerichtet ist, während es sich bei einer „Leistung" auch um ein nicht vermarktetes, sondern lediglich intern genutztes Vorprodukt handeln kann.

[616] BVerwG, K&R 2001, 530, S. 536 - Zugang zur Teilnehmeranschlußleitung.

[617] OVG Münster, MMR 1998, 98, S. 99 - Zugang zur Teilnehmeranschlußleitung.

[618] Vgl. hierzu Larenz/Canaris, Methodenlehre der Rechtswissenschaft, S. 140; Wank, Die Auslegung von Gesetzen, S. 47.

die Wettbewerber des marktbeherrschenden Unternehmens eine bereits in § 33 Abs. 1 S. 1 TKG enthaltene Verpflichtung zur Gewährung des besonderen Netzzugangs konkretisiert.

Diese Annahme wird durch eine systematische, d.h. am Bedeutungszusammenhang des Gesetzes orientierte Auslegung[619] bestätigt.[620] § 33 TKG und § 35 TKG befinden sich beide im vierten Teil des TKG unter der Überschrift „Offener Netzzugang und Zusammenschaltungen“. § 33 Abs. 1 S. 2 TKG konkretisiert die in § 33 Abs. 1 S. 1 TKG allgemein genannte Möglichkeit der Beschränkung des Zugangs zu Leistungen des marktbeherrschenden Anbieters („insbesondere“). Der in § 33 Abs. 1 S. 2 TKG verwendete Begriff des „Zugangs“ unter gleichzeitigem Verweis auf die ONP-Zusammenschaltungsrichtlinie, durch die gerade europaweit der offene und effiziente Zugang zu den öffentlichen Telekommunikationsnetzen gewahrt werden soll, deutet darauf hin, daß von § 33 Abs. 1 S. 1 TKG gerade auch die Fälle des Netzzugangs i.S.v. § 35 TKG erfaßt werden sollen.

Dies entspricht auch erkennbar der Regelungsabsicht des Gesetzgebers bzw. dessen eigener Normvorstellung.[621] Ausgehend von den in den §§ 1, 2 TKG genannten Gesetzeszielen sind die im TKG getroffenen Regelungen nach Möglichkeit so auszulegen, daß die Entstehung von chancengleichem und funktionsfähigem Wettbewerb möglichst weitgehend gefördert wird. Die Fragen des Netzzugangs sind demzufolge im Interesse des Wettbewerbs zu lösen. Nach Auffassung von Engel und Knieps wäre die Regelung des § 35 TKG ein „stumpfes Schwert“, da im Falle einer Nichteinigung zwischen dem Netzbetreiber und dem Zugangsbegehrenden weder die RegTP noch die Gerichte eine Möglichkeit hätten, einen solchen Zugang anzuordnen. Dies kann vom Gesetzgeber so nicht gewollt sein.

---

619 Larenz/Canaris, Methodenlehre der Rechtswissenschaft, S. 145. Der Bedeutungszusammenhang des Gesetzes bestimmt zunächst einmal in der gleichen Weise das Verständnis einzelner Sätze und Worte wie auch sonst das Verständnis einer Textstelle durch deren Kontext mit bestimmt wird.

620 Gegen die Ansicht von Engel und Knieps sprechen demgegenüber systematische Bedenken, soweit sie davon ausgehen, daß in der NZV Regelungen getroffen wurden, die nicht vom Umfang der Ermächtigung in § 35 Abs. 5 TKG gedeckt sind. Vorliegend steht allein das Verhältnis zwischen verschiedenen Vorschriften des TKG in Frage, das sich nicht daran orientieren kann, ob auch die auf Basis dieser Vorschriften erlassenen Rechtsverordnungen verfassungskonform sind. Dann nämlich würde sich die Auslegung einfachen Gesetzesrechts an einer niederrangigen Norm orientieren. Vgl. zur rangkonfomen Auslegung von Gesetzen Wank, Die Auslegung von Gesetzen, S. 65 ff. und Larenz/Canaris, Methodenlehre der Rechtswissenschaft, S. 153 ff.

621 Larenz/Canaris, Methodenlehre der Rechtswissenschaft, S. 149 f. Die einzelne Bestimmung ist im Rahmen ihres möglichen Wortsinns und in Übereinstimmung mit dem Bedeutungszusammenhang des Gesetzes in dem Sinne auszulegen, der den Zwecken der gesetzlichen Regelung und dem Rangverhältnis dieser Zwecke optimal entspricht.

3. Die Netzzusammenschaltung gemäß §§ 36, 37 TKG

Nach § 36 S. 1 TKG ist jeder Betreiber eines öffentlichen Telekommunikationsnetzes verpflichtet, anderen Betreibern solcher Netze auf Nachfrage ein Angebot auf Zusammenschaltung abzugeben. Kommt eine Vereinbarung über die Zusammenschaltung nicht zustande, so ordnet die RegTP gemäß § 37 Abs. 1 S. 1 TKG nach Anhörung der Beteiligten innerhalb eines Frist von sechs Wochen die Zusammenschaltung an.

Netzzusammenschaltungen sind unabdingbare Voraussetzung für die Existenz verschiedener nationaler und internationaler Netze.[622] Bei wirtschaftlicher Betrachtung ermöglicht es die Netzzusammenschaltung den neu in den Markt eintretenden Unternehmen, die noch nicht flächendeckend über eigene Netzinfrastruktureinrichtungen verfügen, im Wettbewerb mit dem angestammten Netzbetreiber ein eigenes Netz aufzubauen, und dabei von Anfang an von den positiven Netzexternalitäten des bereits vorhandenen Netzes zu profitieren.[623] Die Netzzusammenschaltung ist damit unabdingbare Voraussetzung für die Wettbewerbsfähigkeit dieser Unternehmen.[624]

a) Persönlicher Anwendungsbereich der §§ 36, 37 TKG

Berechtigt zur Nachfrage und verpflichtet zur Abgabe eines Angebots auf Netzzusammenschaltung sind alle *Betreiber öffentlicher Telekommunikationsnetze.* Ein öffentliches Telekommunikationsnetz ist gemäß § 3 Nr. 12 TKG die Gesamtheit der technischen Einrichtungen (Übertragungswege, Vermittlungseinrichtungen und sonstige Einrichtungen, die zur Gewährleistung eines ordnungsgemäßen Betriebs des Telekommunikationsnetzes unerläßlich sind), an die über Abschlußeinrichtungen Endeinrichtungen angeschlossen werden und die zur Erbringung von Tele-

---

622 Vgl. dazu Gramlich, Rechtsfragen bei Zusammenschaltungsvereinbarungen, CR 1997, 65, S. 66.

623 Auch international erfolgt eine Zusammenschaltung von Netzinfrastruktureinrichtungen verschiedener nationaler Anbieter, die ihrerseits nicht im Wettbewerb um dieselben Nutzer stehen. In diesem Fall führt die Netzzusammenschaltung zu keinen Einbußen an Gesprächsvolumen. Es kommt vielmehr zu einer stärkeren Netzauslastung und zusätzlichen Einnahmen durch die Entgelte, die der Zusammenschaltungspartner dem betreffenden Netzbetreiber für die Terminierung von Gesprächen zahlen muß, vgl. Bock/Völcker, Regulatorische Rahmenbedingungen für die Zusammenschaltung von TK-Netzen, CR 1998, S. 473 f.

624 Vgl. BeckTKG-Komm/Piepenbrock, § 33 Rn. 1 f.; Bock/Völcker, Regulatorische Rahmenbedingungen für die Zusammenschaltung von TK-Netzen, CR 1998, 473, S. 474. Ein Wettbewerb auf der Dienstleistungsebene findet dabei innerhalb eines integrierten Gesamtnetzes statt, das erst durch die Netzzusammenschaltung geschaffen wird, vgl. Klodt/Laaser/Lorz/Maurer, Wettbewerb und Regulierung in der Telekommunikation, S. 124.

kommunikationsdienstleistungen für die Öffentlichkeit dient.[625] Betreiber eines Telekommunikationsnetzes ist nach § 3 Nr. 2 TKG, wer die rechtliche und tatsächliche Kontrolle (Funktionsherrschaft) über die Gesamtheit der Funktionen, die zur Erbringung von Telekommunikationsdienstleistungen oder nichtgewerblichen Telekommunikationszwecken zur Verfügung gestellt werden müssen, ausübt.[626]

Die Netzbetreibereigenschaft[627] ist somit wesentliche Voraussetzung dafür, im Rahmen der Verhandlungspflicht eine Zusammenschaltung auf der Grundlage der von der RegTP festgesetzten Zusammenschaltungsentgelte verlangen zu können.[628] Andernfalls steht dem Unternehmen lediglich ein Anspruch auf besonderen Zugang zum Netz des marktbeherrschenden Anbieters zu.[629] Auf eine marktbeherrschende Stellung des Netzbetreibers kommt es für die Anwendung der §§ 36, 37 TKG nicht an,[630] so daß grundsätzlich sowohl die marktbeherrschenden als auch die nicht marktbeherrschenden Betreiber öffentlicher Telekommunikationsnetze zur Abgabe eines Angebots auf Zusammenschaltung verpflichtet sind. Allerdings müssen die Angebote marktbeherrschender Betreiber eines öffentlichen Telekommunikationsnetzes gemäß § 35 Abs. 1 S. 3 TKG zusätzlich den Grundsätzen aus § 35 Abs. 2 TKG entsprechen.

b) Sachlicher Anwendungsbereich der §§ 36, 37 TKG

§ 36 S. 1 TKG verpflichtet alle Betreiber eines öffentlichen Telekommunikationsnetzes, anderen Betreibern solcher Netze auf Nachfrage ein Angebot auf Zusam-

---

[625] Die RegTP fordert insoweit nicht, daß das Netz im Zeitpunkt der Antragstellung bereits tatsächlich betrieben wird, vgl. Scheurle/Mayen-Glahs, TKG, § 37 Rn. 14.

[626] Virtuellen Netzbetreibern, die nicht die Funktionsherrschaft über die Gesamtheit der Funktionen ausüben, wird daher zum Teil pauschal der Status des Betreibers eines öffentlichen Telekommunikationsnetzes abgesprochen, vgl. Hefekäuser, MMR aktuell 4/1998, S. VIII. Offen bleibt nach dieser Auffassung allerdings, ab wann aus einem virtuellen Netzbetreiber ein physischer Netzbetreiber wird, der zusammenschaltungsberechtigt ist.

[627] Zu der noch nicht abschließend geklärten Frage, welche Mindestvoraussetzungen ein Telekommunikationsnetz aufweisen muß vgl. die Ausführungen unter B.I.1.a) sowie die Ergebnisse zur öffentlichen Anhörung über die regulatorische Behandlung von Verbindungsnetzen im Hinblick auf die Zusammenschaltungsvorschriften im TKG, ABl. RegTP Nr. 4/99, Mitteilung Nr. 73/1999 vom 10.03.1999.

[628] Entscheidung des BMPT vom 12.09.1997.

[629] Unternehmen, denen die Netzbetreibereigenschaft fehlt, sind als Anbieter von Telekommunikationsdienstleistungen über § 1 Abs. 2 S. 1 NZV zumindest Nutzer i.S.v. § 35 Abs. 1 TKG.

[630] Hefekäuser/Dreier, Der gesetzliche Rahmen für Netzzugang und Netzzusammenschaltungen, CR 1997, 110, S. 111; Scheurle/Mayen-Glahs, TKG, § 37 Rn. 4 ff. Dies folgt aus dem Ziel der Zusammenschaltung, die Kommunikation der Nutzer verschiedener öffentlicher Telekommunikationsnetze zu ermöglichen.

menschaltung abzugeben. Hierfür genügt es, wenn einer der Beteiligten ein entsprechendes Anliegen eindeutig und unmißverständlich an den anderen Beteiligten herangetragen hat. Gemäß § 36 S. 2 TKG dient die Netzzusammenschaltung dem Interesse der Nutzer an einer Kommunikation mit den Teilnehmern anderer Netze. Durch diese Drittbezogenheit der Netzzusammenschaltung und dem damit im Grundsatz symmetrischen Regulierungsansatz[631] unterscheidet sich § 36 TKG von den Kerngedanken der §§ 33, 35 TKG, die im Hinblick auf die Beteiligung marktbeherrschender Unternehmen regulatorische Eingriffe vorsehen, weil dort vom Gesetzgeber aufgrund der marktbeherrschenden Stellung einer der Verhandlungspartner ein Marktversagen befürchtet wird.

Der Normierung einer allgemeinen Verhandlungspflicht in § 36 TKG liegt die Vorstellung des Gesetzgebers zugrunde, daß jedem Netzbetreiber zumindest die rechtlich abgesicherte Möglichkeit zu verschaffen ist, eine Zusammenschaltung auch ohne Umweg über ein Verfahren vor der RegTP zu erreichen.[632]

aa) Inhalt eines Zusammenschaltungsangebotes gemäß § 36 TKG

Weder das TKG noch die NZV enthalten nähere Angaben darüber, welchen Inhalt ein Angebot auf Abschluß einer Netzzusammenschaltungsvereinbarung aufweisen muß, das von einem nicht-marktbeherrschenden Betreiber eines öffentlichen Telekommunikationsnetzes abzugeben ist. § 5 Abs. 1 NZV findet insoweit unmittelbar nur auf besondere Netzzugänge Anwendung. Für sie greift daher das Prinzip der Vertragsfreiheit ein,[633] das eine wesentliche Voraussetzung für den Abgleich von Angebot und Nachfrage durch marktwirtschaftliche Mechanismen darstellt. Nach dem Sinn und Zweck von § 36 TKG muß das Angebot allerdings bereits ein Mindestmaß an Aussagekraft besitzen, da es die Grundlage für die späteren Verhandlungen zwischen den Unternehmen bilden soll.[634] Es findet dabei keine ex-ante Regulierung durch die RegTP in dem Sinne statt, daß ein Grundangebot von Zusammenschaltungsklauseln des Netzbetreibers vorab abstrakt geprüft und genehmigt wird.[635]

---

631 Hefekäuser/Dreier, Der gesetzliche Rahmen für Netzzugang und Netzzusammenschaltungen, CR 1997, 110, S. 111.

632 Gramlich, Rechtsfragen bei Zusammenschaltungsvereinbarungen, CR 1997, 65, S. 67. Andererseits drückt sich in den §§ 36, 37 TKG eine Skepsis des Gesetzgebers gegenüber einer Lehre aus, die darauf vertraut, daß allein die Marktkräfte die Betreiber von öffentlichen Telekommunikationsnetzen zu einer Zusammenschaltung ihrer Netze mit denen von Wettbewerbern veranlassen würden, vgl. Nolte, Das Recht auf Netzzugang nach dem Telekommunikationsgesetz, BB 1996, 2629, S. 2631.

633 BeckTKG-Komm/Piepenbrock, § 36 Rn. 14.

634 Schneider, Liberalisierung der Stromwirtschaft durch regulative Marktorganisation, S. 507.

635 Scheurle/Mayen-Glahs, TKG, § 37 Rn. 11.

Handelt es sich um das Angebot eines marktbeherrschenden Netzbetreibers, so muß der Inhalt des Angebotes gemäß § 35 Abs. 1 S. 3 TKG den Grundsätzen aus § 35 Abs. 2 TKG entsprechen, also auf objektiven Maßstäben beruhen, nachvollziehbar sein und einen gleichwertigen Zugang zu dem Telekommunikationsnetz des marktbeherrschenden Unternehmens gewähren. Statt einer Zusammenschaltungspflicht für alle Betreiber eines öffentlichen Telekommunikationsnetzes sieht das TKG also lediglich für marktbeherrschende Anbieter die Pflicht vor, eine Zusammenschaltung mit öffentlichen Telekommunikationsnetzen anderer Betreiber zu nicht diskriminierenden Bedingungen zu ermöglichen (§ 35 Abs. 1 S. 3 TKG i.V.m. § 33 Abs. 1 TKG).[636]

Inhalt einer Netzzusammenschaltungsvereinbarung sind neben den Zusammenschaltungsentgelten und den technischen Zugangsbedingungen auch die allgemeinen vertraglichen Bedingungen der Haftung, Gewährleistung, Störungsbeseitigung sowie Verfügbarkeitsgarantien.[637] Eine Netzzusammenschaltungsvereinbarung kann auf unbestimmte Zeit oder befristet getroffen werden, wobei aufgrund der mit der Zusammenschaltung verbundenen hohen und - teilweise - irreversiblen Kosten zwischen den Netzbetreibern regelmäßig eine lange Laufzeit vereinbart wird.[638]

bb) Anordnungsbefugnis der RegTP gemäß § 37 TKG

Sofern sich die verhandelnden Netzbetreiber nicht über den Inhalt einer Zusammenschaltungsvereinbarung einigen können, die Vertragsverhandlungen zwischen den Parteien also gescheitert sind, gewährt § 37 TKG der RegTP das Recht, nach Anrufung durch einen der Verhandlungspartner und Anhörung der Parteien, die Netzzusammenschaltung anzuordnen.

(1) Scheitern der Vertragsverhandlungen

Unklar ist zunächst, welche Anforderungen an ein Scheitern der Vertragsverhandlungen zu stellen sind.[639] Auf ein schuldhaftes Verhalten der Parteien soll es dabei

---

636 Vgl. Hefekäuser/Dreier, Der gesetzliche Rahmen für Netzzugang und Netzzusammenschaltungen, CR 1997, 110, S. 111. Noch im Gesetzentwurf der Fraktionen der CDU/CSU, SPD und FDP war eine Zusammenschaltungspflicht für sämtliche Anbieter öffentlicher Telekommunikationsnetze vorgesehen, ungeachtet ihrer Marktstellung (BT-Drs. 13/3609 vom 30.01.1996, S. 14, § 34 und S. 46, § 34). Im Verlauf des Gesetzgebungsverfahrens wurde diese undifferenzierte Behandlung von marktbeherrschenden und nicht marktbeherrschenden Anbietern nach einer Stellungnahme des Bundesrates (BT-Drs. 13/4864, S. 112.) aufgegeben.

637 Vgl. hierzu Märkl, Netzzusammenschaltung in der Telekommunikation, S. 59.

638 Denkbar ist auch, daß ein fester Zeitpunkt für eine Nachverhandlung bzw. Anpassung der Zusammenschaltungsvereinbarung vereinbart wird, vgl. Märkl, Netzzusammenschaltung in der Telekommunikation, S. 63.

639 Scheurle/Mayen-Glahs, TKG, § 37 Rn. 16.

nicht ankommen.[640] Eine Anrufung der RegTP soll jedoch ausgeschlossen sein, wenn der nachfragende Verhandlungspartner ein zumutbares Angebot nicht annimmt, weil er eine Anordnung der RegTP nach § 37 Abs. 1 TKG dem Abschluß eines Vertrages vorzieht.[641] Nicht geklärt ist damit allerdings, wann ein Angebot zumutbar ist und wer über die Zumutbarkeit des Angebots entscheidet. Im übrigen ist eine Anordnung gemäß § 37 Abs. 2 TKG nur zulässig, soweit – möglich sind insoweit auch Teilanordnungen der RegTP - und solange die Beteiligten keine Netzzusammenschaltungsvereinbarung treffen.[642] Die Anordnungsbefugnis der RegTP ist also subsidiär,[643] so daß die Parteien auch während des Anordnungsverfahrens weiterhin dispositionsbefugt sind.

(2) Inhalt der Zusammenschaltungsanordnung

Die nähere Ausgestaltung der Zusammenschaltungsanordnung wird nach § 37 Abs. 3 S. 1 TKG den Regelungen der NZV überlassen. Gemäß § 9 Abs. 2 NZV ist von dem anrufenden Verhandlungspartner schriftlich darzulegen, welche Leistung nachgefragt wurde und über welche Punkte keine Einigung erzielt werden konnte. § 9 Abs. 3 NZV verpflichtet die RegTP, diese Anrufungsgründe zu beachten. Die RegTP hat - nach Anhörung der Beteiligten - innerhalb von sechs Wochen, beginnend mit der Anrufung, durch eine ihrer Beschlußkammern (§ 73 Abs. 1 S. 1 TKG) per Verwaltungsakt über die begehrte Zusammenschaltung zu entscheiden (§ 37 Abs. 1 S. 1 TKG).[644] Inhaltlich soll sich die RegTP bei der Anordnung an den Soll-Bestandteilen einer freiwilligen Zusammenschaltungsvereinbarung, die in der Anlage zu § 5 Abs. 2 NZV aufgeführt sind, orientieren.[645] Dabei hat die RegTP - entgegen der insbesondere von der DTAG in der Vergangenheit vertretenen Auffassung[646] - auch das Recht, eine Entscheidung über die wesentliche Frage der

---

[640] Entscheidung der 4. Beschlußkammer der RegTP vom 06.05.1999, MMR 1999, 430, S. 432 - Zusammenschaltungsanordnung EconoPhone GmbH.

[641] VG Köln, Beschluß vom 30.05.2000 – 1 L 557/00, zitiert nach Scheurle/Mayen-Glahs, TKG, § 37 Rn. 12.

[642] Scheurle/Mayen-Glahs, TKG, § 37 Rn. 11 f.

[643] Es gilt insoweit das Primat der Verhandlungspflicht bzw. der Vorrang von kommerziellen Vereinbarungen zwischen den Verhandlungspartnern, vgl. Hefekäuser/Dreier, Der gesetzliche Rahmen für Netzzugang und Netzzusammenschaltungen, CR 1997, 110, S. 111.

[644] Vgl. Nolte, Das Recht auf Netzzugang nach dem Telekommunikationsgesetz, BB 1996, 2629, S. 2633.

[645] Die RegTP ist nach eigener Einschätzung allerdings berechtigt, die Anordnung inhaltlich so auszugestalten, wie dies im Verhältnis der Parteien des Anordnungsverfahrens rechtlich geboten, angemessen und zweckmäßig ist, vgl. Entscheidung der 4. Beschlußkammer der RegTP vom 11.05.1999, MMR 1999, 428, S. 429.

[646] Die DTAG hat sich in den Anordnungsverfahren auf den Standpunkt gestellt, daß die Anordnungsbefugnis der Regulierungsbehörde auf die rein technische Realisierung der Zusammenschaltung beschränkt ist.

Entgelthöhe für eine Netzzusammenschaltung zu treffen.[647] Die Anordnung einer Netzzusammenschaltung wäre sinnlos, wenn nicht alle Bestandteile eines entsprechenden Vertrages von der RegTP angeordnet werden könnten.[648] Inhaltlich erstreckt sich die Zusammenschaltungsanordnung somit auf alle technischen und kommerziellen Teile der Zusammenschaltung, über die die Parteien keine Einigung erzielen konnten.[649]

Die RegTP ist allerdings nicht in jedem Fall verpflichtet, dem Antrag auf Zusammenschaltung stattzugeben. Der Verweis des § 37 Abs. 3 S. 3 TKG auf § 35 Abs. 2 TKG bestätigt vielmehr, daß die RegTP den Zusammenschaltungsantrag auf die Vereinbarkeit mit dem TKG zu überprüfen und diesem gegebenenfalls nur teilweise oder gar nicht stattzugeben hat.[650]

(3) Folgen der Zusammenschaltungsanordnung

Die Zusammenschaltungsanordnung der RegTP hat privatrechtsgestaltende Wirkung, da die RegTP nicht nur die Zusammenschaltung als solche anordnen, sondern auch die Bedingungen der Zusammenschaltung im einzelnen festsetzen kann.[651] Insgesamt bleiben die Zusammenschaltungsvereinbarungen aber rein privatrechtlicher Natur,[652] wobei die allgemeinen öffentlich-rechtlichen Bindungen und die konkreten – inter partes wirkenden[653] - Anordnungen der RegTP gestaltend auf das Zivilrechtsverhältnis zwischen den Netzbetreibern einwirken.[654] Der Zusammenschaltungsanordnung ist insoweit eine gestaltende Wirkung beizumessen, die zur direkten Entstehung von privatrechtlich zu beurteilenden Rechtsbeziehungen führt.[655]

---

647 Berger, Netzbetreiber und Zusammenschaltung im Telekommunikationsrecht, CR 1999, S. 222.

648 Vgl. Bock/Völcker, Regulatorische Rahmenbedingungen für die Zusammenschaltung von TK-Netzen, CR 1998, 473, S. 476 f.

649 Koenig/Loetz, Rechtsnatur und Inhalt der Zusammenschaltungsanordnung nach § 37 TKG, K&R 1999, 298, S. 303.

650 Koenig/Loetz, Rechtsnatur und Inhalt der Zusammenschaltungsanordnung nach § 37 TKG, K&R 1999, 298, S. 300.

651 Leo/Schellenberg, Die Regulierungsbehörde für Telekommunikation und Post, ZUM 1997, 188, S. 195 unter Verweis auf die Begründung des Gesetzentwurfs, BT-Drs. 13/3609, S. 47 zu § 38.

652 Gramlich, Rechtsfragen bei Zusammenschaltungsvereinbarungen, CR 1997, 65, S. 66.

653 Berger, Netzbetreiber und Zusammenschaltung im Telekommunikationsrecht, CR 1999, 222, S. 223.

654 Hierzu allgemein Groß, DÖV 1996, S. 52 ff.

655 Koenig/Loetz, Rechtsnatur und Inhalt der Zusammenschaltungsanordnung nach § 37 TKG, K&R 1999, 298, S. 303.

Gemäß § 9 Abs. 5 NZV müssen die betroffenen Netzbetreiber einer Anordnung nach § 37 Abs. 1 TKG innerhalb einer Frist von längstens drei Monaten nachkommen, es sei denn, daß dies aus technischen Gründen objektiv nicht möglich ist. Dadurch soll sichergestellt werden, daß im Interesse der Nutzer - § 36 S. 2 TKG - eine zügige Zusammenschaltung und damit eine funktionierende Kommunikation gewährleistet wird.[656] Nach § 9 Abs. 6 NZV veröffentlicht die RegTP die Zusammenschaltungsanordnung in ihrem Amtsblatt. Darüber hinaus sind die Bedingungen zu veröffentlichen, von denen zu erwarten ist, daß sie Bestandteil einer Vielzahl von Vereinbarungen werden (§ 9 Abs. 6 S. 2 i.V.m. § 6 Abs. 5 NZV).

II. Elektrizitätswirtschaft

Gemäß § 5 EnWG erfolgt der Zugang zum Elektrizitätsversorgungsnetz - vorbehaltlich der Möglichkeit zu einer Bewilligung des Alleinabnehmersystems (§ 7 EnWG) - nach dem System des verhandelten Netzzugangs in § 6 EnWG.[657] Der verhandelte Netzzugang gibt somit den Maßstab für die angestrebte Marktöffnung in der Elektrizitätswirtschaft vor.[658] Der deutsche Gesetzgeber hat sich damit für die Umsetzung des Netzzugangs auf Vertragsbasis gemäß Art. 17 Abs. 1 – 3 der Stromrichtlinie entschieden, bei dem eine freiwillige vertragliche Vereinbarung zwischen den beteiligten Unternehmen im Vordergrund steht.[659] Dabei war das Fehlen eines ehemaligen Staatsmonopols ein Hauptgrund dafür, daß sich der deutsche Gesetzgeber gegen einen regulierten und für einen verhandelten Netzzugang entschieden hat,[660] obwohl parallel dazu in der Telekommunikation ein System des regulierten Netzzugangs installiert wurde.

---

656 Hefekäuser/Dreier, Der gesetzliche Rahmen für Netzzugang und Netzzusammenschaltungen, CR 1997, 110, S. 111.

657 Zu den internationalen Erfahrungen mit verschiedenen Netzzugangsmodellen und deren Übertragbarkeit auf Deutschland vgl. Klopfer/Schulz, Märkte für Strom, S. 11 ff.; zu den Wettbewerbswirkungen des Durchleitungs- und des Poolmodells im Vergleich, vgl. Schneider, Liberalisierung der Stromwirtschaft durch regulative Marktorganisation, S. 129 ff. Gelegentlich wird der verhandelte Netzzugang auch als „TPA“ (Third Party Access) bezeichnet.

658 Danner-Danner, Energiewirtschaftsrecht, § 5 EnWG Rn. 9. Für den Bereich der Stromerzeugung hat der Gesetzgeber demgegenüber darauf vertraut, daß der Marktmechanismus in Verbindung mit dem Kartellrecht ausreicht, um ein abgestimmtes Verhalten oder den Mißbrauch einer Marktstellung zu verhindern, und daher auf spezielle Regelungen verzichtet, vgl. Lukes, Liberalisierung des Strommarkts - Realität oder Utopie?, Beilage 12 zu BB 1998, S. 1.

659 Ungemach/Weber, Verfahrensfragen des Netzzugangs bei Elektrizität und Gas, RdE 1999, S. 11 f.; Piltz, Netznutzungsentgelte für Stromlieferungen in der Kritik, WuW 2001, S. 552.

660 Hauptgutachten der Monopolkommission XIII (1998/1999), Wettbewerbspolitik in Netzstrukturen, S. 68. Die Chancen für einen verhandelten Netzzugang wurden vom deutschen Gesetzgeber positiv eingeschätzt, da bereits ungefähr gleich große integrierte EVU als Netzbetreiber vorhanden waren, die unter Gleichen über den Netzzugang verhandeln konnten.

1. *Die Durchleitung gemäß § 6 Abs. 1 S. 1 EnWG*

Gemäß § 6 Abs. 1 S. 1 EnWG haben Betreiber von Elektrizitätsversorgungsnetzen anderen Unternehmen das Versorgungsnetz für Durchleitungen zu Bedingungen zur Verfügung zu stellen, die nicht ungünstiger sind, als sie von ihnen in vergleichbaren Fällen für Leistungen innerhalb ihres Unternehmens oder gegenüber verbundenen oder assoziierten Unternehmen tatsächlich oder kalkulatorisch in Rechnung gestellt werden.

a) Persönlicher Anwendungsbereich von § 6 Abs. 1 S. 1 EnWG

Durchleitungsberechtigt sind gemäß § 6 Abs. 1 S. 1 EnWG *andere Unternehmen,*[661] also alle Unternehmen mit Durchleitungsinteressen.[662] Ihr Anspruch richtet sich gegen die *Betreiber von Elektrizitätsversorgungsnetzen.*

aa) Der Unternehmensbegriff i.S.v. § 6 Abs. 1 S. 1 EnWG

Eine eigenständige energierechtsspezifische Definition des Unternehmensbegriffs enthält das EnWG nicht. Teilweise wird dafür der handelsrechtliche Unternehmensbegriff herangezogen.[663] Da § 6 Abs. 1 S. 1 EnWG der Intensivierung brancheninternen Wettbewerbs in der leitungsgebundenen Energieversorgung durch Begründung eines Zugangsanspruchs zu den dazu notwendigen Netzinfrastruktureinrichtungen dient, weist die Vorschrift allerdings eine größere Nähe zum Kartellrecht auf.[664] Aufgrund ihrer wettbewerbsfördernden Wirkung wird die Vorschrift daher auch als „kartellrechtliche Regelung im Gewande des Energierechts" bezeichnet.[665] Der in § 6 EnWG enthaltene Unternehmensbegriff ist daher in Übereinstimmung mit dem kartellrechtlichen Unternehmensverständnis i.S.d. GWB funktional auszulegen,[666] und somit in einem denkbar weitesten Sinne zu

---

661 Die Auffassung Cronenbergs, Das neue Energiewirtschaftsrecht, RdE 1998, 85, S. 86, § 6 Abs. 1 EnWG begründe einen Rechtsanspruch für jedermann auf Netzzugang, setzt sich damit in Widerspruch zu dem eindeutigen Gesetzeswortlaut.

662 Büdenbender, Durchleitung elektrischer Energie nach der Energierechtsreform, RdE 1999, S. 1; Seeger, Die Durchleitung elektrischer Energie nach neuem Recht, S. 231.

663 Böwing-Recknagel, EnWG 1998, § 6 Anm. 4.1.

664 Seeger, Die Durchleitung elektrischer Energie nach neuem Recht, S. 231; So auch Scholz/Röhling, Der verhandelte Netzzugang gemäß § 6 EnWG, in: Bartsch/Röhling/Salje/Scholz, Stromwirtschaft, Kap. 53 Rn. 6, S. 451, wonach § 6 EnWG kartellrechtlicher Natur ist.

665 So pointierend Büdenbender, Rechtsfragen anläßlich der Durchleitung elektrischer Energie, a.a.O., 73, S. 120.

666 Scholz/Röhling, Der verhandelte Netzzugang gemäß § 6 EnWG, in: Bartsch/Röhling/Salje/Scholz, Stromwirtschaft, Kap. 53 Rn. 6, S. 451.

verstehen.[667] Entscheidend ist die aktive Teilnahme des *Unternehmens* am Wirtschaftsleben, also eine wirtschaftliche Tätigkeit, die darin besteht, Waren oder Dienstleistungen auf einem bestimmten Markt anzubieten oder nachzufragen.[668] Nicht erfaßt sind natürliche Personen bzw. private Haushalte, die wirtschaftlich nur als Nachfrager für den eigenen Verbrauch auftreten.[669] Private Verbraucher scheiden damit aber nur als Inhaber des Netzzugangsanspruchs aus. Hingegen gewährt § 6 Abs. 1 S. 1 EnWG den anspruchsberechtigten Unternehmen ohne weiteres Durchleitungsansprüche zur Versorgung privater Verbraucher als Zielgruppe der Durchleitung. In diesem Fall bleibt das einspeisende Unternehmen Gläubiger des Durchleitungsanspruchs.[670]

Anspruchsberechtigt sind damit sämtliche Durchleitungsinteressenten, die über eine Unternehmensqualität im kartellrechtlichen Sinne verfügen, unabhängig davon, ob es sich bei ihnen um Anbieter oder Nachfrager von Elektrizität handelt.[671] Dies sind u.a. Elektrizitätserzeuger, weiterverteilende Unternehmen, Stromhändler, Eigenanlagenbetreiber mit Interesse am Absatz der über den eigenen Bedarf hinausgehend erzeugten Energie sowie sämtliche über eine Unternehmensqualität im kartellrechtlichen Sinne verfügende Endverbraucher, unabhängig davon, ob sie ein eigenes Leitungsnetz betreiben.[672]

Regelmäßig wird das Durchleitungsbegehren von einem Abnehmer gestellt werden, der im Netz des Netzbetreibers eingerichtet ist, um den anderweitig im Wege eines Stromliefervertrages kontrahierten Strom zumindest mengengleich aus dem Netz zu erhalten. Denkbar ist aber auch, daß die Verhandlungen von dem Stromproduzenten geführt werden, mit dem der Abnehmer einen Versorgungsvertrag geschlossen hat, oder beide Unternehmen gemeinsam Verhandlungen mit dem

---

667 BGH vom 16.12.1976, WuW/E BGH 1474, S. 1477 – Architektenkammer; BGH vom 23.10.1979, WuW/E BGH 1661, S. 1662 – Berliner Musikschule; Immenga/Mestmäcker-Emmerich, GWB, § 14 Rn. 10; Langen/Bunte-Bunte, Kommentar zum deutschen und europäischen Kartellrecht, § 1 Rn. 12 ff.

668 Bechtold, GWB, § 1 Rn. 2; Langen/Bunte-Bunte, Kommentar zum deutschen und europäischen Kartellrecht, § 1 Rn. 13.

669 BGH vom 20.10.1970, WuW/E BGH S. 1142 – Volksbühne II; Büdenbender, Durchleitung elektrischer Energie nach der Energierechtsreform, RdE 1999, S. 1; v. Gamm, Kartellrecht, § 1 Rn. 8 ff.

670 Scholz/Röhling, Der verhandelte Netzzugang gemäß § 6 EnWG, in: Bartsch/Röhling/Salje/Scholz, Stromwirtschaft, Kap. 53 Rn. 8, S. 452.

671 Vgl. Scholz/Röhling, Der verhandelte Netzzugang gemäß § 6 EnWG, in: Bartsch/Röhling/Salje/Scholz, Stromwirtschaft, Kap. 53 Rn. 7, S. 451.

672 Büdenbender, Rechtsfragen anläßlich der Durchleitung elektrischer Energie, in: Baur, Energiewirtschaft - Der neue energie- und kartellrechtliche Rahmen, 73, S. 84; Scholz/Röhling, Der verhandelte Netzzugang gemäß § 6 EnWG, in: Bartsch/Röhling/Salje/Scholz, Stromwirtschaft, Kap. 53 Rn. 8, S. 452.

Netzbetreiber führen.[673] Einschränkungen im Hinblick auf die Nachfragemenge bestehen dabei nicht.[674]

bb) Betreiber von Elektrizitätsversorgungsnetzen i.S.v. § 6 Abs. 1 S. 1 EnWG

Nach § 6 Abs. 1 S. 1 EnWG haben *Betreiber von Elektrizitätsversorgungsnetzen* anderen Unternehmen das Versorgungsnetz zur Verfügung zu stellen. Das Gesetz knüpft an das Betreiben des Netzes und damit an die Planungs- und Führungskompetenz über das Netz an.[675] Eine unmittelbare technische Verbindung zwischen dem Durchleitungsinteressenten und dem Netzbetreiber ist nicht erforderlich. Dies widerspräche dem Ziel des Gesetzgebers, im Wege der Durchleitung den Wettbewerb in der Elektrizitätswirtschaft zu fördern. Durchleitungsvorgänge berühren im Regelfall ein Verteilungsnetz sowie ein oder mehrere Übertragungsnetze.[676] Das Versorgungsnetz i.S.v. § 4 Abs. 1 EnWG geht über das Hochspannungsverbundnetz hinaus und erfaßt auch die der Übertragung und Verteilung von Mittel- bzw. Niederspannung dienenden Netzebenen.[677] Unmittelbare Direktleitungen zwischen einem Kraftwerk und nur einem Kunden sind demgegenüber nicht Bestandteil des Netzes und können daher nicht in Anspruch genommen werden.[678] Im übrigen sind die Eigentumsverhältnisse an dem Versorgungsnetz jedoch irrelevant.[679]

---

673 Schneider, Liberalisierung der Stromwirtschaft durch regulative Marktorganisation, S. 127; Lukes, Liberalisierung des Strommarkts - Realität oder Utopie?, Beilage 12 BB 1998, 1, S. 9. Dies kann zur Folge haben, daß der Netzbetreiber zwei im Verhältnis zueinander kongruenten Durchleitungsansprüchen gegenübersteht – mit dem Anspruch des einspeisenden Unternehmens, die eingespeiste Elektrizität in entsprechender Menge und Qualität zugunsten eines bestimmten Abnehmers an einer bestimmten Entnahmestelle auszuspeisen korrespondiert der Anspruch des Abnehmers, den von seinem Vertragspartner eingespeisten Strom zeitgleich entnehmen zu können.

674 Damit ist der deutsche Gesetzgeber über die europäischen Mindestanforderungen hinausgegangen. Art. 17 Abs. 1 der Stromrichtlinie sieht einen „Netzzugang auf Vertragsbasis" lediglich für Elektrizitätserzeuger, EVU sowie für zugelassene Kunden i.S.v. Art. 19 Abs. 3 der Stromrichtlinie vor. Ein Wettbewerb soll damit nur um bestimmte Kundengruppen stattfinden. Beabsichtigt war danach eine stufenweise Marktöffnung, vgl. Börner, Der Energiemarkt und die geschlossenen Versorgungsgebiete der Strom- und Gaswirtschaft im Übergang zum Wettbewerb, S. 47 f. Das EnWG schränkt nunmehr (im Sinne einer zügigen Umsetzung) das Netzmonopol weiter ein als in der Richtlinie vorgesehen, indem es eine Quoten- und Periodenbeschränkungen von Marktzugang und Durchleitung vermeidet, vgl. Büdenbender, Energierecht nach der Energierechtsreform, JZ 1999, S. 62.

675 Seeger, Die Durchleitung elektrischer Energie nach neuem Recht, S. 229.

676 Salje, Der Durchleitungsvertrag, RdE 1998, 169, S. 174.

677 Danner-Danner, Energiewirtschaftsrecht, § 6 EnWG Rn. 11.

678 Dagegen fallen Direktleitungen, soweit sie Netze verbinden, unter den Begriff des Elektrizitätsversorgungsnetzes, vgl. Seeger, Die Durchleitung elektrischer Energie nach neuem Recht, S. 229.

679 Büdenbender, Durchleitung elektrischer Energie nach der Energierechtsreform, RdE 1999, S. 1.

cc) Marktbeherrschende Stellung des Netzbetreibers?

Eine Beschränkung auf marktbeherrschende Netzbetreiber sieht § 6 Abs. 1 S. 1 EnWG nicht vor. Vereinzelt wird allerdings die Auffassung vertreten, daß die Marktbeherrschung ein ungeschriebenes Tatbestandsmerkmal des § 6 Abs. 1 S. 1 EnWG darstellt.[680] Mit dem – auf absehbare Zeit allerdings eher theoretischen – Verlust der marktbeherrschenden Stellung würde dann die Durchleitungspflicht aus § 6 EnWG entfallen. Dies beruht auf der Annahme, daß es sich bei § 6 Abs. 1 S. 1 EnWG um ein Sonderkartellrecht für die Energieversorgung handelt. Dieser Auffassung kann nicht gefolgt werden. Anders als § 19 Abs. 4 Nr. 4 GWB kann dem Wortlaut des § 6 EnWG das Erfordernis einer marktbeherrschenden Stellung nicht entnommen werden. Im übrigen hat sich die Vorschrift in verschiedenen Punkten von ihren kartellrechtlichen Wurzeln gelöst,[681] so daß die Begründung über den kartellrechtlichen Charakter der Vorschrift nicht greift. § 6 Abs. 1 S. 1 EnWG setzt daher weder eine marktbeherrschende Stellung noch einen Mißbrauch voraus.[682]

Unerheblich ist außerdem, ob der Netzbetreiber als vertikal integriertes Unternehmen neben der Netzbetreiberfunktion andere Funktionen im Elektrizitätssektor - etwa Erzeugung oder Vertrieb – wahrnimmt oder es sich um eine reine Netzbetreibergesellschaft handelt.[683] Dies gilt jedenfalls für die Frage, ob dem Durchleitungsinteressenten der Netzzugang zu gewähren ist. Das spezielle Diskriminierungsverbot des § 6 Abs. 1 S. 1 EnWG betrifft insoweit lediglich die Durchleitungsbedingungen und damit das „Wie" des Netzzugangsanspruchs.[684] Damit ist für die Anwendung von § 6 EnWG eine marktbeherrschende Stellung des Netzbetreibers weder auf dem Energieversorgungs- noch auf dem Energietransportmarkt erforderlich.

b) Sachlicher Anwendungsbereich von § 6 Abs. 1 EnWG

§ 6 Abs. 1 S. 1 EnWG verpflichtet den Netzbetreiber, dem Durchleitungsinteressenten sein Netz für Durchleitungen zu nichtdiskriminierenden Bedingungen zur Verfügung zu stellen. § 6 Abs. 1 S. 1 EnWG ist damit für den Durchleitungsinte-

---

680 Böwing-Recknagel, EnWG 1998, § 6 Anm. 14.5.

681 So können in Abweichung von kartellrechtlichen Grundsätzen bei der nach § 6 Abs. 1 S. 2 EnWG vorzunehmenden Abwägung in gewissem Umfang sowohl Drittinteressen als auch öffentliche Interessen berücksichtigt werden. Außerdem weicht das Diskriminierungsverbot in § 6 Abs. 1 S. 1 EnWG zweifach vom kartellrechtlichen Diskriminierungsverbot ab. Vgl. hierzu Seeger, Die Durchleitung elektrischer Energie nach neuem Recht, S. 228 f.

682 Seeger, Die Durchleitung elektrischer Energie nach neuem Recht, S. 228.

683 Seeger, Die Durchleitung elektrischer Energie nach neuem Recht, S. 229.

684 Seeger, Die Durchleitung elektrischer Energie nach neuem Recht, S. 230.

ressenten eine eigenständige zivilrechtliche Anspruchsgrundlage auf Netzzugang zu diskriminierungsfreien Bedingungen.[685]

aa) Rechtsnatur des Netzzugangsanspruchs

Umstritten ist, ob § 6 Abs. 1 S. 1 EnWG für den Durchleitungsinteressenten lediglich einen Anspruch auf Aufnahme von Vertragsverhandlungen über den Abschluß eines Netznutzungsvertrages, einen Anspruch auf Abschluß eines Netznutzungsvertrages oder einen unmittelbaren Anspruch gegen den Netzbetreiber auf Benutzung des Netzes begründet.

(1) Anspruch auf Aufnahme von Vertragsverhandlungen

Nach einer Auffassung[686] beschränkt sich der Anspruch des Durchleitungsinteressenten aus § 6 Abs. 1 S. 1 EnWG auf die Aufnahme von Vertragsverhandlungen über den Abschluß eines Netznutzungsvertrages. Rechtstechnisch entspreche § 6 Abs. 1 S. 1 EnWG den Vorschriften über die Netzzusammenschaltung in den §§ 36, 37 TKG, die zunächst ebenfalls nur eine Verhandlungspflicht der Parteien vorsehen. Im übrigen folge dies aus der vom Gesetzgeber gewählten Überschrift des „Verhandelten Netzzugangs", die dem „Netzzugang auf Vertragsbasis" aus Art. 17 Abs. 1 der Stromrichtlinie nachgebildet sei. Der „Netzzugang auf Vertragsbasis" aus Art. 17 Abs. 1 der Stromrichtlinie sehe aber gerade keinen Netzzugangsanspruch, sondern lediglich einen Netzzugang auf der Grundlage freiwilliger kommerzieller Vereinbarungen vor.

Diese Auffassung überzeugt nicht. Insbesondere entspricht § 6 Abs. 1 S. 1 EnWG rechtstechnisch nicht den §§ 36, 37 TKG. Dies ergibt sich bereits aus dem Wortlaut von § 36 TKG, der den Netzbetreiber ausdrücklich verpflichtet, anderen Netzbetreibern „auf Nachfrage ein Angebot auf Zusammenschaltung abzugeben." Hieran zeigt sich, daß der Gesetzgeber für den Fall der Statuierung einer Verhandlungspflicht bereits im Gesetzeswortlaut ausdrücklich die Verpflichtung zur Abgabe eines Angebotes vorsieht. Sofern der Gesetzgeber also auch in der Elektrizi-

---

685 Horstmann, Netzzugang in der Energiewirtschaft, S. 37.

686 LG Magdeburg, RdE 2000, 206, S. 207, wonach der durch Verhandlung zu erreichende Netzzugang allerdings zu einem Anspruch auf Netzzugang verdichten kann; LG Berlin, RdE 2000, 237, S. 240; Lukes, Die Neuregelung des Energiewirtschaftsrechts, BB 1998, 1217, S. 1219, der seine Auffassung offensichtlich später dahingehend relativiert hat, daß der Wortlaut von § 6 Abs. 1 S. 1 EnWG wohl doch für die Gewährung eines subjektiven Rechts auf Netzzugang spreche, vgl. Lukes, Liberalisierung des Strommarkts - Realität oder Utopie?, Beilage 12 BB 1998, 1, S. 8. Unklar ist, ob Lukes damit die von ihm zuvor vertretene Auffassung aufgegeben hat. Er vertritt insoweit die Auffassung, diese Frage nicht entscheiden zu müssen, da das Nutzungsbegehren aus Beweisgründen ohnehin schriftlich mitgeteilt wird, vgl. Lukes, Liberalisierung des Strommarkts - Realität oder Utopie?, Beilage 12 BB 1998, 1, S. 9.

tätswirtschaft lediglich eine Verpflichtung des Netzbetreibers zur Aufnahme von Vertragsverhandlungen regeln wollte, hätte er dies in § 6 Abs. 1 S. 1 EnWG ebenso deutlich zum Ausdruck bringen können wie in § 36 TKG. Im übrigen übersieht diese Auffassung, daß Art. 17 Abs. 5 der Stromrichtlinie nur in bestimmten Ausnahmefällen zur Verweigerung des Netzzugangs berechtigt, im Regelfall also gerade ein Netzzugangsanspruch besteht.[687] Die Vorschrift geht damit deutlich über einen reinen Verhandlungsanspruch hinaus.[688]

(2) Anspruch auf Abschluß eines Netznutzungsvertrages

Nach anderer Auffassung[689] begründet § 6 Abs. 1 S. 1 EnWG einen Anspruch auf Abschluß eines Netznutzungsvertrages. § 6 Abs. 1 S. 1 EnWG enthalte insoweit einen gesetzlich geregelten Fall des Kontrahierungszwangs,[690] der auf die Abgabe einer auf Vertragsabschluß gerichteten Willenserklärung zielt. Können sich die Parteien nicht über die Ausgestaltung des Netznutzungsvertrages einigen, so kommt es zu keinem Vertragsabschluß. Dem Netzbetreiber obliege es hierbei, den Vertragsabschluß zu fördern.[691] Mit dem Kontrahierungszwang unvereinbar sei die vollständige Verweigerung des Vertragsabschlusses durch den Netzbetreiber oder der Vertragsabschluß zu ungünstigeren als unternehmensintern in Rechnung gestellten Bedingungen, soweit nicht ein besonderer Ablehnungsgrund eingreife. Teilweise wird innerhalb dieser Auffassung angenommen, daß sich der Anspruch des Durchleitungsinteressenten zu einem Anspruch auf Netzzugang verdichtet, wenn der Durchleitungsinteressent sämtliche Voraussetzungen für einen Vertragsabschluß zur Durchleitung vorgelegt und der Netzbetreiber seinerseits keine Verweigerungsgründe dargelegt hat.[692]

---

687 Scholz/Röhling, Der verhandelte Netzzugang gemäß § 6 EnWG, in: Bartsch/Röhling/Salje/Scholz, Stromwirtschaft, Kap. 53 Rn. 10, S. 452 f.

688 Büdenbender, Rechtsfragen anläßlich der Durchleitung elektrischer Energie, in: Baur, Energiewirtschaft - Der neue energie- und kartellrechtliche Rahmen, 73, S. 80.

689 Scholz/Röhling, Der verhandelte Netzzugang gemäß § 6 EnWG, in: Bartsch/Röhling/Salje/Scholz, Stromwirtschaft, Kap. 53 Rn. 9, S. 452; Kühne, Der Netzzugang und seine Verweigerung im Spannungsfeld zwischen Zivilrecht, Energierecht und Kartellrecht, RdE 2000, 1, S. 2; so wohl auch Tüngler, Der Netzzugang in der Elektrizitätswirtschaft auf der Grundlage des EnWG, S. 61 ff.

690 Herrmann/Dick, Die Kundenbündelung und ihre Bedeutung für das Energie- und Konzessionsabgabenrecht, BB 2000, 885, S. 889; Tüngler, Der Netzzugang in der Elektrizitätswirtschaft auf der Grundlage des EnWG, S. 60.

691 Scholz/Röhling, Der verhandelte Netzzugang gemäß § 6 EnWG, in: Bartsch/Röhling/Salje/Scholz, Stromwirtschaft, Kap. 53 Rn. 13, S. 453 f. Nach der Rechtsprechung des BGH (NJW 1974, 1903, S. 1904) folgt aus einem gesetzlich angeordneten Kontrahierungszwang ein gesetzliches Schuldverhältnis, das auf die Verpflichtung zur Abgabe einer auf Vertragsabschluß gerichteten Willenserklärung zielt. Den Netzbetreiber trifft insoweit eine Förderpflicht.

692 LG Magdeburg, Urteil vom 14.04.2000, RdE 2000, 206, S. 207.

Problematisch ist, daß über das Wettbewerbsinstrument des Netzzugangs ein effektiver brancheninterner Wettbewerb in angemessener Zeit nur dann geschaffen werden kann, wenn den Durchleitungsinteressenten ein unmittelbarer Zugang zu den Elektrizitätsversorgungsnetzen gewährt wird. Dies zeigt sich an den Möglichkeiten zu einer verfahrensrechtlichen Durchsetzung. Ein gegebenenfalls stattgebendes Urteil beschränkt sich nach dieser Auffassung auf die Verpflichtung zum Abschluß eines Netznutzungsvertrages.[693] Legt der Netzbetreiber gegen die Entscheidung Rechtsmittel ein, so fehlt es an der für einen Netzzugang entscheidenden Vollstreckbarkeit, auf die unter Umständen bis zu einer rechtskräftigen Entscheidung durch den BGH zu warten ist. Da auf diesem Weg ein zeitnaher Zugang zum Netz nicht gewährleistet werden kann, widerspricht eine solche Auslegung dem Ziel des Gesetzgebers zur Schaffung eines wirksamen Wettbewerbs, das mittelbar in § 1 EnWG zum Ausdruck kommt.

(3) Anspruch auf Netzzugang

Nach wohl herrschender Auffassung.[694] begründet § 6 Abs. 1 S. 1 EnWG daher einen unmittelbaren und zivilrechtlich durchsetzbaren Anspruch auf Netzzugang gegen angemessenes Entgelt. Dies folge bereits aus dem Gesetzeswortlaut und der Entstehungsgeschichte dieser Vorschrift.[695] Nach § 6 Abs. 1 S. 1 EnWG haben die EVU anderen Unternehmen das Versorgungsnetz *zur Verfügung zu stellen*. Diese Formulierung weise auf einen strikten Netzzugangsanspruch hin.[696] Der Anspruch ist danach die Folge aus einem durch § 6 Abs. 1 S. 1 EnWG konstituierten gesetzlichen Schuldverhältnis. Ein unmittelbares Netzzugangsrecht des Durchleitungsinteressenten widerspreche auch nicht dem Leitbild des verhandelten Netzzugangs. Zwar sei das „Ob“ des Netzzugangs bei dieser Auslegung einer Verhandlung zwischen den Parteien entzogen. Den Parteien sei jedoch die Möglichkeit eröffnet, die

---

693 Horstmann, Netzzugang in der Energiewirtschaft, S. 39.

694 OLG Dresden, Urteil vom 08.02.2001 – U 2978 Kart -, OLG-NL 4/2001, 79, S. 82; LG Chemnitz, Beschluß vom 24.07.2000, Az.: 4HK O 3126/00; LG Potsdam, Urteil vom 02.02.2000, S. 518 ff.; Horstmann, Netzzugang in der Energiewirtschaft, S. 38 ff.; Seeger, Die Durchleitung elektrischer Energie nach neuem Recht, S. 265; Cronenberg, Das neue Energiewirtschaftsrecht, RdE 1998, 85, S. 86; Schneider, Liberalisierung der Stromwirtschaft durch regulative Marktorganisation, S. 511, S. 529; Kühne/Scholtka, Das neue Energiewirtschaftsrecht, NJW 1998, 1902, S. 1905; Theobald/Zenke, Grundlagen der Strom- und Gasdurchleitung, S. 28 f.

695 Bericht des Wirtschaftsausschusses, BT-Drs. 13/9211, S. 54. So heißt es in dem Bericht des Wirtschaftsausschusses vom 12.11.1997, daß die dem heutigen § 6 EnWG entsprechende Regelung des § 3c der Entwurfsfassung einen Rechtsanspruch auf Zugang zu den Stromnetzen begründe und die Zugangsregelungen Ansprüche gewähren, die unmittelbar von den Gerichten durchgesetzt werden können.

696 Seeger, Die Durchleitung elektrischer Energie nach neuem Recht, S. 265.

Bedingungen, also das „Wie" der Netznutzung, im gesetzlichen Rahmen des § 6 Abs. 1 EnWG frei zu verhandeln.[697]

Dagegen wird vorgebracht, daß § 6 Abs. 1 S. 1 EnWG lediglich den äußeren Rahmen für die Ausgestaltung des Durchleitungsverhältnisses statuiere[698] und eine Festschreibung des Netznutzungsentgeltes und der Durchleitungskonditionen erst in dem von den Parteien noch abzuschließenden Netznutzungsvertrag erfolge.[699] Dieser Einwand überzeugt nicht. § 6 Abs. 1 S. 1 EnWG verliert seinen unmittelbaren Anspruchscharakter nicht dadurch, daß noch Verhandlungen zwischen den Parteien über die einzelnen Netznutzungsbedingungen erforderlich sind. Dies hätte ansonsten zur Folge, daß dem Durchleitungsinteressenten eine Netznutzung verweigert werden könnte, solange zwischen den Parteien ein Streit über die einzelnen Netznutzungsbedingungen, etwa die Höhe des Netznutzungsentgelts, besteht,[700] und stünde damit im Widerspruch zu den vom Gesetzgeber mit der Liberalisierung verfolgten Zielen.

Im übrigen zeigt auch hier der Vergleich mit den §§ 33 ff. TKG, daß der Gesetzgeber zwischen einer Verpflichtung des Netzbetreibers zur Aufnahme von Vertragsverhandlungen über die Netznutzung und der Verpflichtung zur Gewährung des Netzzugangs in der Wahl des Gesetzeswortlauts zu differenzieren weiß. Auch für § 35 Abs. 1 S. 1 TKG wird insoweit angenommen, daß diese Vorschrift vom Grundsatz her einen unmittelbaren Netzzugangsanspruch begründet, der hinsichtlich der Netznutzungsbedingungen einer weitergehenden vertraglichen Ausgestaltung bedarf.[701] Der unmittelbare Anspruchscharakter der Vorschrift geht dadurch nicht verloren.

---

697 Vgl. hierzu Seeger, Die Durchleitung elektrischer Energie nach neuem Recht, S. 265.

698 Scholz/Röhling, Der verhandelte Netzzugang gemäß § 6 EnWG, in: Bartsch/Röhling/Salje/Scholz, Stromwirtschaft, Kap. 53 Rn. 12, S. 453.

699 Herrmann/Dick, Die Kundenbündelung und ihre Bedeutung für das Energie- und Konzessionsabgabenrecht, BB 2000, 885, S. 890 ff.

700 Horstmann, Netzzugang in der Energiewirtschaft, S. 39.

701 Die Relevanz dieses Streites relativiert sich dadurch, daß im Rahmen eines Netznutzungsvertrages neben die eigentliche Durchleitungsabrede ohnehin individuell auszuhandelnde Vereinbarungen über den Lastausgleich und die Vorhaltung von Reservekapazitäten treten müssen, vgl. Schneider, Liberalisierung der Stromwirtschaft durch regulative Marktorganisation, S. 127; Lukes, Liberalisierung des Strommarkts - Realität oder Utopie?, Beilage 12 BB 1998, 1, S. 9.

bb) Der Inhalt des Netznutzungsanspruchs

Nach dem Wortlaut des § 6 Abs. 1 S. 1 EnWG haben die Betreiber von Elektrizitätsversorgungsnetzen anderen Unternehmen das Netz für *Durchleitungen* zur Verfügung zu stellen.

(1) Der Begriff der Durchleitung

Die Durchleitung kann definiert werden als Einspeisung von elektrischer Energie (Leistung und Arbeit), gleich welcher Herkunft, in definierte Einspeisepunkte des Netzsystems und die damit verbundene zeitgleiche Entnahme der eingespeisten elektrischen Energie an räumlich davon entfernt liegenden Entnahmepunkten des Netzsystems.[702] Hierbei wird das Leitungsnetz als Transportmedium benutzt.[703] Dieses Verständnis vom Begriff der Durchleitung entspricht jedoch nicht den technisch-physikalischen Gesetzmäßigkeiten, da über das Leitungsnetz in der Elektrizitätswirtschaft keine substanzgleiche, sondern allenfalls eine mengenidentische Belieferung des Abnehmers möglich ist.[704] Einen festen Durchleitungsweg zu bestimmten Abnehmern gibt es in der Regel nicht.[705] Es handelt sich bei diesem Verständnis der Durchleitung somit um eine wirtschaftlich-juristische Fiktion, welche die zwei technisch getrennten Vorgänge der Einspeisung und Stromentnahme rechtlich zusammenfaßt.[706]

Darüber hinaus sind mit dem Transport und der Verteilung von Strom vielfältige Dienstleistungen seitens des Netzbetreibers – etwa die Frequenz- und Spannungshaltung - verbunden, die unerläßliche Voraussetzung einer Durchleitung sind. Die Durchleitung ist daher nicht auf ein passives Zurverfügungstellen der eigenen Netzinfrastruktureinrichtungen beschränkt.[707] § 6 Abs. 1 S. 1 EnWG begründet somit ein umfassendes Netznutzungsrecht unter Einschluß der Netzdienstleistungen und gewährt dem Durchleitungsinteressenten in diesem Sinne ein Mitbenutzungsrecht an fremden Elektrizitätsversorgungsnetzen.

---

702 Abgedruckt in: VIK-Mitteilungen 48(3), S. 57-62. Die Verbändevereinbarung II vom 13.12.2001, abgedruckt in: Danner, Energiewirtschaftsrecht, EnWG C 30 ff., verwendet in der Präambel nunmehr den Begriff der Netznutzung.

703 Salje, Der Durchleitungsvertrag, RdE 1998, S. 169.

704 Der Grund hierfür ist die Vermaschung des Versorgungsnetzes und die Tatsache, daß sich Strom stets den Weg des geringsten Widerstandes sucht (Zweites Kirchhoffsches Gesetz), vgl. Wiedemann-Zinow, Handbuch des Kartellrechts, München 1999, § 34 Rn. 119; Lukes, Liberalisierung des Strommarkts - Realität oder Utopie?, Beilage 12 BB 1998, S. 1.

705 Horstmann, Netzzugang in der Energiewirtschaft, S. 34.

706 Horstmann, Netzzugang in der Energiewirtschaft, S. 35.

707 Horstmann, Netzzugang in der Energiewirtschaft, S. 34 f.; Wiedemann-Zinow, Handbuch des Kartellrechts, § 34 Rn. 119. Der Begriff der „Durchleitung" hat sich dabei gegenüber anderen Vorschlägen - etwa der „Einspeisung mit Zweckbindung" - durchgesetzt.

Hinsichtlich der denkbaren Durchleitungsvorgänge ist das Gesetz umfassend, es enthält keine Restriktionen, die bestimmte Nutzungswünsche von dem verhandelten Netzzugang ausklammern.[708] Erfaßt werden somit bloße Transportvorgänge, bei denen fremde Stromnetze ohne Wettbewerbsprozesse genutzt werden, die Belieferung räumlich getrennter Betriebsstätten durch Eigenanlagenbetreiber sowie der klassische Wettbewerbsfall, bei dem ein Konkurrent des bisherigen Versorgers dessen Kunden mittels Durchleitung abwirbt. Den rechtlichen und tatsächlichen physikalischen Gegebenheiten entspricht es daher eher, wenn der komplexe Vorgang der Durchleitung mit dem allgemeineren Begriff der Netznutzung bezeichnet wird.[709]

(2) Der Inhalt des Netznutzungsvertrages

Vertragstechnisch schließt der Netzbetreiber mit dem Durchleitungs- bzw. Netznutzungsinteressenten einen privatrechtlichen atypischen Vertrag[710] über die Zurverfügungstellung des Netzes und die jeweilige Anbindung, d.h. die damit zusammenhängenden wirtschaftlichen und technischen Bedingungen.[711] Dabei geht der Gesetzgeber gemäß § 6 Abs. 2 EnWG davon aus, daß der Durchleitungsinteressent mit jedem von der Durchleitung betroffenen Netzbetreiber einen gesonderten Durchleitungsvertrag schließen muß.[712] Der Netzbetreiber selbst wird dadurch nicht zum Partner des Versorgungsvertrages[713]. Dieser besteht ausschließlich zwischen dem einspeisenden Unternehmen und dem entnehmenden Dritten, obwohl der Abnehmer bei physikalisch-technischer Betrachtung weiterhin voll von dem für sein Versorgungsgebiet zuständigen Netzbetreiber versorgt wird.[714]

---

708 Büdenbender, Durchleitung elektrischer Energie nach der Energierechtsreform, RdE 1999, S. 1.

709 Horstmann, Netzzugang in der Energiewirtschaft, S. 36.

710 Zur Rechtsnatur des zu schließenden Durchleitungsvertrages vgl. Salje, Der Durchleitungsvertrag, RdE 1998, 169, S. 170 ff., der zu dem Ergebnis kommt, daß die wirtschaftlichen, technischen und rechtlichen Gegebenheiten für das Vorliegen eines Geschäftsbesorgungsvertrages (mit möglicher Drittbegünstigung) sprechen, wenn man den Durchleitungsvertrag nicht von vornherein als gemischten Vertrag mit mietrechtlichen, werkvertraglichen und kaufvertraglichen Elementen einordnen will.

711 Danner-Danner, Energiewirtschaftsrecht, § 6 EnWG Rn. 9.

712 Vgl. Büdenbender, Rechtsfragen anläßlich der Durchleitung elektrischer Energie, a.a.O., 73, S. 108; Salje, Der Durchleitungsvertrag, RdE 1998, 169, S. 174, der von dem Grundsatz der Singularität und Individualität ausgeht.

713 Auf einen solchen Versorgungsvertrag finden die Kaufrechtsvorschriften des BGB Anwendung, vgl. Ebel, Energielieferungsverträge, S. 2; Salje, Der Durchleitungsvertrag, RdE 1998, S. 169; RG JW 1930, S. 1924; BGH NJW 1969, S. 1903.

714 Wiedemann-Zinow, Handbuch des Kartellrechts, § 34 Rn. 119. Es besteht technisch somit kein Unterschied zur Versorgung anderer Kunden.

Hinsichtlich des Vertragsinhalts eines Netznutzungsvertrages enthält § 6 EnWG keine konkreten Vorgaben, so daß die Parteien hierüber im Einzelfall eine Einigung erzielen müssen.[715] § 6 Abs. 1 S. 1 EnWG bestimmt allerdings, daß anderen Unternehmen das Versorgungsnetz zu solchen Bedingungen zur Verfügung zu stellen ist, die nicht ungünstiger sind, als sie in vergleichbaren Fällen für Leistungen innerhalb des Unternehmens oder gegenüber verbundenen oder assoziierten Unternehmen tatsächlich oder kalkulatorisch in Rechnung gestellt werden.[716] Das die Durchleitung begehrende Unternehmen soll bei der Netznutzung also nicht schlechter gestellt werden als das vertikal integrierte Unternehmen, das eine Strombelieferung über eigene Netze durchführt. Abweichungen zu Lasten des Durchleitungsinteressenten begründen die Vermutung inkorrekten Verhaltens.[717] Inhaltlich entspricht § 6 Abs. 1 S. 1 EnWG insoweit dem Diskriminierungsverbot aus § 33 Abs. 1 S. 1 TKG.

2. Die Netzzugangsalternative gemäß § 7 EnWG

Neben dem Regelfall des verhandelten Netzzugangs in § 6 EnWG eröffnet § 7 EnWG den EVU eine erst auf politischen Druck der Gemeindevertreter in das EnWG aufgenommene Netzzugangsalternative.[718] Danach können EVU, die Letztverbraucher mit Elektrizität versorgen, zeitlich befristet bis zum 31.12.2005 eine Bewilligung als Alleinabnehmer innerhalb ihres Versorgungsgebietes erhalten. Die Bewilligung setzt formal einen Antrag des EVU an die zuständige Energieaufsichtsbehörde voraus, die im Rahmen des Erteilungsverfahrens insbesondere die in den §§ 7 Abs. 1 S. 2, Abs.3 und Abs. 4 EnWG genannten materiellen Voraussetzungen zu prüfen hat.[719] Durch die Bewilligung erhält der Alleinabnehmer

---

715 Kühne, Der Netzzugang und seine Verweigerung im Spannungsfeld zwischen Zivilrecht, Energierecht und Kartellrecht, RdE 2000, 1, S. 2.

716 § 6 Abs. 1 S. 1 EnWG verfolgt damit eine doppelte Zielrichtung: Zum einen wird das Durchleitungsrecht von Unternehmen zur Stromlieferung zum Regelfall erklärt, wodurch die Frage des „Ob" einer Durchleitung geklärt wird. Darüber hinaus trifft das Gesetz eine Aussage über die inhaltliche Ausgestaltung einer Durchleitungsvereinbarung, indem es anordnet, Konkurrenten einen diskriminierungsfreien Zugang zum Elektrizitätsversorgungsnetz zu gewähren, ohne den Begriff der Diskriminierungsfreiheit ausdrücklich zu verwenden, vgl. auch Büdenbender, Rechtsfragen anläßlich der Durchleitung elektrischer Energie, in: Baur, Energiewirtschaft - Der neue energie- und kartellrechtliche Rahmen, 73, S. 80.

717 Büdenbender, Energierecht nach der Energierechtsreform, JZ 1999, 62, S. 67.

718 In den Grundzügen entspricht diese dem Alleinabnehmersystem, das in Art. 18 der Stromrichtlinie vorgesehen ist. Vgl. Lukes, Liberalisierung des Strommarkts - Realität oder Utopie?, Beilage 12 zu BB 1998, 1, S. 8.

719 Voraussetzung für die Bewilligung ist, daß die Netzzugangsalternative zu gleichwertigen wirtschaftlichen Ergebnissen wie das System des verhandelten Netzzugangs und daher zu einer direkt vergleichbaren Marktöffnung sowie einem direkt vergleichbaren Zugang zu den Elektrizitätsmärk-

Monopolrechte für den Leitungsbau auf der Verteilungsnetzebene und den Verkauf von Strom.[720] Die bereits bestehenden Vertragsverhältnisse im Versorgungsgebiet bleiben dadurch formal unverändert.[721]

a) Die Rechtsbeziehungen bei der Netznutzungsalternative

§ 7 Abs. 2 S. 1 EnWG verpflichtet das EVU mit Alleinabnehmerstatus zur Abnahme von Elektrizität, die ein im Versorgungsgebiet ansässiger Letztverbraucher bei einem anderen EVU in oder außerhalb des Gebiets gekauft hat, und begründet für den Alleinabnehmer damit eine Ankaufspflicht.[722] Der Letztverbraucher hat insoweit die Möglichkeit, Verträge mit beliebigen EVU zu schließen, bleibt selbst aber Kunde des Alleinabnehmers,[723] der als Verteilungsnetzbetreiber für die Belieferung des Letztverbrauchers weiterhin allein zuständig ist. Von dem Alleinabnehmer wird der Letztverbraucher zwar nicht substanzgleich, aber mengenidentisch mit dem Strom versorgt, den er von dem stromproduzierenden EVU gekauft hat.[724] Bei der Netzzugangsalternative bestehen demnach Rechtsbeziehungen so-

---

ten führt. Zweifel an der Vereinbarkeit der Bewilligungskonstruktion mit der Wahlentscheidung des Staates aus Art. 16 der Stromrichtlinie äußert Lukes, ET 1998, 26, S. 30.

720 Schneider, Liberalisierung der Stromwirtschaft durch regulative Marktorganisation, S. 131.

721 Salje, Der Durchleitungsvertrag, RdE 1998, S. 169.

722 Büdenbender, Rechtsfragen anläßlich der Durchleitung elektrischer Energie, in: Baur, Energiewirtschaft - Der neue energie- und kartellrechtliche Rahmen, 73, S. 80.

723 Die Konditionen des Vertrages zwischen dem Alleinabnehmer-EVU und dem in seinem Gebiet eingerichteten Kunden bestimmen sich dabei grundsätzlich nach den Versorgungsbedingungen, zu denen das Alleinabnehmer-EVU seine Abnehmer versorgt. Auch der Abschluß eines Sonderabnehmervertrages ist nicht ausgeschlossen, vgl. Lukes, Liberalisierung des Strommarkts - Realität oder Utopie?, Beilage 12 zu BB 1998, 1, S. 10. Der Vertrag zwischen Alleinabnehmer-EVU und Letztverbraucher verpflichtet das Alleinabnehmer-EVU zur Stromlieferung an den Letztverbraucher und den Letztverbraucher seinerseits zur Bezahlung der gelieferten Elektrizität gemäß den vereinbarten Vertragsbedingungen. Umgekehrt muß das Alleinabnehmer-EVU dem Letztverbraucher für den Strom, den es vom Produzenten geliefert bekommt, und den der Letztverbraucher unmittelbar mit diesem abrechnet, mindestens den Preis bezahlen, den der Letztverbraucher für seinen Strombezug an das Alleinabnehmer-EVU zu entrichten hat, also den Verkaufs- und nicht den Einkaufspreis, vgl. Büdenbender, Rechtsfragen anläßlich der Durchleitung elektrischer Energie, a.a.O., 73, S. 109. Diese Vergütung ist zu mindern um den nach § 6 Abs. 1 S. 1 EnWG zu berechnenden Tarif für die Nutzung des Versorgungsnetzes, also um den Betrag, der durch einen Drittlieferanten bei einer durch ihn an den Kunden vorgenommenen Belieferung an den Netzeigentümer zu zahlen wäre. Rechtstechnisch handelt es sich um einen spezialgesetzlichen Fall einer verbindlich vorgegebenen Aufrechnung der Durchleitungsvergütung gegen den Zahlungsanspruch des Lieferanten aus der Energielieferung, vgl. Büdenbender, Rechtsfragen anläßlich der Durchleitung elektrischer Energie, a.a.O., 73, S. 110.

724 Vgl. dazu Lukes, Liberalisierung des Strommarkts - Realität oder Utopie?, Beilage 12 zu BB 1998, 1, S. 10.

wohl zwischen dem Letztverbraucher und dem stromerzeugenden EVU als auch zwischen dem Letztverbraucher und dem EVU mit Alleinabnehmerstatus.[725]

Der Alleinabnehmer ist verpflichtet, Elektrizität in dem vom Letztverbraucher benötigten Umfang von dessen Vertragspartner zuzukaufen und den Letztverbraucher nur mit einem Strompreis zu belasten, der dem zwischen diesem und dem Stromproduzenten ausgehandelten Entgelt entspricht.[726] Die Netznutzungstarife des Alleinabnehmers sind von der zuständigen Energieaufsichtsbehörde zu genehmigen und anschließend zu veröffentlichen. Ein Eingreifen der kartellrechtlichen Preismißbrauchsaufsicht scheidet insoweit aus.[727]

b) Der Netzbenutzungstarif für Netznutzungsalternative

§ 7 Abs. 3 S. 2 EnWG verweist für die Berechnung des Netzbenutzungstarifs auf § 6 Abs. 1 S. 1 EnWG. Netzbetreiber und Drittlieferant sollen danach so gestellt werden, wie sie bei der Durchleitung elektrischer Energie nach § 6 Abs. 1 EnWG stünden. Allerdings bemißt sich das Entgelt für eine solche fiktive Durchleitung nicht nach den privatautonomen Kriterien des § 6 EnWG, sondern nach einem Durchleitungstarif, den der Netzbetreiber aufzustellen hat und den die Preisbehörde zum Schutz des Drittlieferanten[728] gemäß § 7 Abs. 3 S. 3 EnWG genehmigen muß. Im Ergebnis sind die Durchleitungstarife daher nicht - wie im Rahmen einer Durchleitung - verhandelbar.[729]

---

[725] Letztverbraucher und Produzent schließen einen Stromkauf- und Liefervertrag, der die Besonderheit aufweist, daß die Lieferung nicht an den Letztverbraucher als Vertragspartner, sondern in das Netz des Alleinabnehmer-EVU erfolgen soll. Der Stromliefervertrag bildet in diesem Sinne die Geschäftsgrundlage für die Ankaufverpflichtung des Netzbetreibers, vgl. Büdenbender, Rechtsfragen anläßlich der Durchleitung elektrischer Energie, in: Baur, Energiewirtschaft - Der neue energie- und kartellrechtliche Rahmen, 73, S. 111.

[726] Salje, Der Durchleitungsvertrag, RdE 1998, S. 169. Dadurch wird gewährleistet, daß das Alleinabnehmer-EVU zwar die tariflich festgelegte Vergütung für die Nutzung seines Netzes erhält, aber keine zusätzliche Marge verlangen kann, die den Strom verteuert, den der Letztverbraucher mit dem Produzenten kontrahiert hat, vgl. Lukes, Liberalisierung des Strommarkts - Realität oder Utopie?, Beilage 12 zu BB 1998, 1, S. 9 f. Zugleich erfährt das Alleinabnehmer-EVU nicht, welches Preisniveau zwischen dem Drittlieferanten und dem Letztverbraucher vereinbart wurde, so daß es insoweit an Markttransparenz mangelt, vgl. Büdenbender, Rechtsfragen anläßlich der Durchleitung elektrischer Energie, in: Baur, Energiewirtschaft - Der neue energie- und kartellrechtliche Rahmen, 73, S. 118.

[727] Markert, Zwangsdurchleitung mittels Kartellrecht, ET 1998, 252, S. 253.

[728] Büdenbender, Rechtsfragen anläßlich der Durchleitung elektrischer Energie, in: Baur, Energiewirtschaft - Der neue energie- und kartellrechtliche Rahmen, 73, S. 112.

[729] Meyer-Renschhausen/Sieling, Liberalisierung des Strommarktes, ZögU 1999, 115, S. 124.

Im übrigen ist die Genehmigung höherer Durchleitungsentgelte als in § 6 Abs. 1 S. 1 EnWG ausgeschlossen, da die Netzzugangsalternative nach § 7 Abs. 1 S. 2 EnWG zu vergleichbaren wirtschaftlichen Ergebnissen führen muß. Da es wegen der Fortsetzung der Versorgerstellung des Alleinabnehmers bei der Netzzugangsalternative zu einer Durchleitung im eigentlichen Sinne nicht kommt, hat das bei dem Alleinabnehmer verbleibende Entgelt die Funktion, eine Vergütung für alle die Leistungen zu gewähren, die dieser zwischen dem Ankauf der Energie vom Drittlieferanten und der Versorgung des bei ihm verbliebenen Kunden erbringt.[730]

Nach § 5 EnWG erfolgt der Zugang zum Elektrizitätsversorgungsnetz ausschließlich nach dem System des verhandelten Netzzugangs aus § 6 EnWG, sofern dem EVU für die Versorgung von Letztverbrauchern keine Bewilligung i.S.v. § 7 Abs. 1 S. 1 EnWG erteilt worden ist. § 7 EnWG gilt im übrigen ausschließlich für die Elektrizitätsversorgung von Letztverbrauchern, findet also keine Anwendung, sobald Durchleitungen das Ziel verfolgen, weiterverteilende EVU zu erreichen.

Im TKG findet sich eine vergleichbare Regelung nicht. Dies hat insoweit zur Folge, daß den zum Zeitpunkt der Liberalisierung bestehenden Vertragsverhältnissen zwischen der DTAG und ihren Kunden - anders als in der Elektrizitätswirtschaft - kein erweiterter Bestandsschutz zukommt.

3. *Netzzusammenschaltung in der Elektrizitätswirtschaft*

Eine gesonderte Regelung zur Netzzusammenschaltung im Sinne einer physischen und logischen Verbindung der Netzinfrastruktureinrichtungen verschiedener Anbieter findet sich im EnWG nicht. Voraussetzung für einen realisierbaren Durchleitungsvorgang ist jedoch, daß innerhalb des Netzsystems eine ununterbrochene Netzverbindung zwischen dem Einspeise- und Entnahmepunkt der Elektrizität besteht. Ist die Netzzusammenschaltung in der Telekommunikation erforderlich, um den Kunden eine netzübergreifende Kommunikation zu ermöglichen, so schafft sie in einer wettbewerblich organisierten Elektrizitätswirtschaft die Voraussetzungen für die Abwicklung von Stromlieferverträgen.

Da zum Zeitpunkt der Marktöffnung in der Elektrizitätswirtschaft marktstrukturbedingt bereits eine Vielzahl von regionalen Netzen unterschiedlicher Netzbetreiber existierte, zugleich aber kein einzelnes Unternehmen über eine flächendeckende Infrastruktur verfügte, bestand bereits vor der Liberalisierung ein Interesse der einzelnen Netzbetreiber an einer Verbindung der eigenen Netzinfrastruktureinrichtungen mit den Netzinfrastruktureinrichtungen anderer Unternehmen zur Ausnutzung der netztypischen Verbundvorteile. Im Unterschied zur Telekommunikation, wo

---

730 Büdenbender, Rechtsfragen anläßlich der Durchleitung elektrischer Energie, in: Baur, Energiewirtschaft - Der neue energie- und kartellrechtliche Rahmen, 73, S. 114.

das Ziel des Gesetzgebers in der Etablierung eines Wettbewerbs auf der Netz- und Diensteebene besteht, beschränkt sich der Wettbewerb in der Elektrizitätswirtschaft nach den Vorstellungen des Gesetzgebers auf die Erzeuger- und Verteilerebene. Eine gesonderte Regelung zur Zusammenschaltung der Netzinfrastruktureinrichtungen verschiedener Unternehmen erschien dem Gesetzgeber insoweit entbehrlich.

Vom Durchleitungsanspruch aus § 6 Abs. 1 S. 1 EnWG mit umfaßt sein muß allerdings das Recht, zum Zwecke der Durchleitung die Infrastruktureinrichtungen des Einspeisenden mit den Infrastruktureinrichtungen des Netzbetreibers an einem zu vereinbarenden Punkt physisch und logisch zu verbinden. Soweit die Verbindung mit einem Übertragungsnetz erfolgt, ist dessen Betreiber gemäß § 4 Abs. 2 S. 1 und Abs. 3 EnWG verpflichtet, technische Mindestanforderungen für den Anschluß an dieses Netz festzulegen und zu veröffentlichen, objektive Kriterien für die Einspeisung aus Erzeugungsanlagen und Verbindungsleitungen festzulegen und diskriminierungsfrei anzuwenden sowie auch diese Kriterien zu veröffentlichen.[731]

III. § 6 Abs. 1 S. 1 EnWG im Regelungssystem des TKG – eine erste Bewertung

Trotz eines vergleichbaren Regelungsziels unterscheiden sich damit die Netzzugangsregelungen in TKG und EnWG nicht unerheblich voneinander. Welchen Verpflichtungen ein Netzbetreiber in der Telekommunikation unterliegt, bestimmt sich im wesentlichen danach, ob dieser als vertikal integriertes Unternehmen zugleich Telekommunikationsdienstleistungen für die Öffentlichkeit anbietet und auf einem solchen Markt über eine marktbeherrschende Stellung i.S.v. § 19 GWB verfügt. Die §§ 33 ff. TKG stellen insoweit ein marktmachtabhängiges – abgestuftes - Regelungssystem bereit, das von einer bloßen Verhandlungspflicht der Beteiligten bis hin zu einer staatlichen Regulierung der Netznutzungsbedingungen durch die RegTP reicht.

Diesem marktmachtabhängigen Regelungssystem in der Telekommunikation steht der Durchleitungsanspruch aus § 6 Abs. 1 S. 1 EnWG gegenüber, der weder eine marktbeherrschende Stellung des Netzbetreibers noch einen Mißbrauch voraussetzt. Unerheblich ist für einen Durchleitungsanspruch in der Elektrizitätswirtschaft außerdem, ob der Netzbetreiber als vertikal integriertes Unternehmen neben der Netzbetreiberfunktion auch andere Funktionen im Elektrizitätssektor - etwa im Bereich der Erzeugung oder des Vertriebs – wahrnimmt oder es sich um eine reine Netzbetreibergesellschaft handelt. Allerdings enthält § 6 Abs. 1 S. 4 EnWG einen Verweis auf die §§ 19 Abs. 4, 20 Abs. 1 und 2 GWB, welche nur auf marktbeherr-

---

[731] Diese besonderen Verpflichtungen treffen aus § 4 Abs. 2 und 3 EnWG treffen allein die Übertragungsnetzbetreiber, nicht jedoch die Verteilungsnetzbetreiber.

schende Unternehmen und ihnen gleichgestellte Unternehmen Anwendung finden. Über diesen Verweis enthält somit auch das EnWG mittelbar eine Differenzierung hinsichtlich der Marktmacht von Unternehmen, dies allerdings nur im Rahmen der ex-post Aufsicht durch die Kartellbehörden. Es soll daher in einem ersten Schritt versucht werden, § 6 Abs. 1 S. 1 EnWG in das Regelungssystem des TKG einzuordnen. Darauf aufbauend soll in einem zweiten Schritt eine erste Bewertung dieser Regelungen auf der Grundlage einer ökonomischen Analyse des Rechts erfolgen.

1. § 6 Abs. 1 S. 1 EnWG im Regelungssystem des TKG

In der Telekommunikation lassen sich - in Abhängigkeit von der Marktmacht und der Nachfragerichtung der Beteiligten - insgesamt drei Stufen unterscheiden, die eine unterschiedliche Intensität staatlicher Regulierungsbefugnisse vorsehen. Obwohl es eine vergleichbare ex-ante Regulierung in der Elektrizitätswirtschaft nicht gibt, soll versucht werden, den Durchleitungsanspruch aus § 6 Abs. 1 S. 1 EnWG – losgelöst von der unterschiedlichen Eingriffsintensität einer ex-ante bzw. ex-post Aufsicht - in das Regelungssystem des TKG einzuordnen.

a) Erste Stufe: Freie Verhandlungspflicht mit Anordnungsbefugnis der RegTP

Auf der untersten Stufe des marktmachtabhängigen Regelungssystems in den §§ 33 ff. TKG stehen sich zwei Betreiber eines öffentlichen Telekommunikationsnetzes gegenüber. Netzbetreiber A begehrt eine Zusammenschaltung seiner Netzinfrastruktureinrichtungen mit den Netzinfrastruktureinrichtungen von Netzbetreiber B. Ist B ein nicht marktbeherrschendes Unternehmen, was in der Telekommunikation im Regelfall nicht dem Verhältnis zwischen etablierten Unternehmen und Wettbewerber entspricht, so bestimmt sich der Umfang seiner Pflichten allein nach den §§ 36 und 37 TKG. B ist danach verpflichtet, A auf Nachfrage ein Angebot auf Zusammenschaltung der Netze abzugeben. Eine ex-ante Regulierung der Zusammenschaltungsbedingungen durch die RegTP findet nicht statt. Da weder A noch B als vertikal integrierte Unternehmen über eine marktbeherrschende Stellung auf dem nachgelagerten Markt für Telekommunikationsdienstleistungen verfügen, ist die Gefahr eines Mißbrauchs durch eine Verweigerung des Netzzugangs bzw. eine Gewährung des Netzzugangs zu diskriminierenden Bedingungen gering. Für beide Unternehmen besteht insoweit ein Anreiz, sich mit der Gegenseite auf dem Verhandlungswege über eine Netzzusammenschaltung zu verständigen.

Erst dann, wenn sich A und B auf diesem Weg nicht über den Inhalt einer Zusammenschaltungsvereinbarung verständigen können, hat die RegTP das Recht, nach Anrufung durch einen der Verhandlungspartner und Anhörung der Parteien, die Zusammenschaltung anzuordnen. Die subsidiäre Anordnungsbefugnis der RegTP bildet dabei für A bereits im Rahmen der Vertragsverhandlungen mit B ein Druckmittel, um B zu einer Einigung über die Zusammenschaltungsbedingungen zu veranlassen. Andererseits wird für A der Anreiz genommen, auf dem Verhandlungswege zu einer Einigung mit B zu gelangen, wenn A sich über eine entsprechende Anordnung der RegTP eine vorteilhaftere Regelung erhoffen kann. Anhaltspunkte dafür, ob dies der Fall ist, ergeben sich für A aus den bis zum Zeitpunkt der Verhandlungen zwischen A und B von der RegTP veröffentlichten Zusammenschaltungsanordnungen. Da die RegTP nach allgemeinen verwaltungsrechtlichen Grundsätzen – es erfolgt regelmäßig eine Selbstbindung der Verwaltung[732] - nicht befugt ist, in gleichgelagerten Fällen von ihrer bisherigen Regulierungspraxis abzuweichen, kann A unter diesen Voraussetzungen ebenfalls mit einer entsprechenden Anordnung durch die RegTP rechnen.

Hierin liegt ein grundsätzliches Defizit einer staatlichen Regulierung von Netznutzungsbedingungen, die für die beteiligten Unternehmen zwar einerseits die Planungssicherheit erhöht, andererseits jedoch die Herausbildung von Marktpreisen und sonstigen am Markt durchsetzbaren Marktbedingungen auf dem Verhandlungswege verhindert. Nachteilig ist dies insbesondere im Hinblick darauf, den diskriminierenden Charakter von Netznutzungsbedingungen durch die Anwendung des Vergleichsmarktverfahrens zu bestimmen.

Erfüllt A nicht die an einen Netzbetreiber zu stellenden Mindestvoraussetzungen, so bestimmen sich seine Ansprüche nach § 35 Abs. 1 S. 1 TKG. Einen besonderen Zugang zu den Netzinfrastruktureinrichtungen von B kann A in diesem Fall nur dann verlangen, wenn B auf dem nachgelagerten Markt für Telekommunikationsdienstleistungen für die Öffentlichkeit über eine marktbeherrschende Stellung verfügt. Netzzugangsansprüche zu den Netzinfrastruktureinrichtungen eines nicht marktbeherrschenden Unternehmens sieht das TKG für A nicht vor. Hier ging der Gesetzgeber aufgrund des beiderseitigen Interesses an einer Gewährung des besonderen Netzzugangs offensichtlich von einem fehlenden Regelungsbedürfnis aus. Netzzugangsbegehren von oder gegenüber solchen Unternehmen, die nicht von dem persönlichen Anwendungsbereich dieser Regelungen erfaßt werden, sind im Wege von Vertragsverhandlungen im Einzelfall zu führen. Sie unterliegen grundsätzlich keiner Regulierung durch die RegTP.

Der in § 6 Abs. 1 S. 1 EnWG normierte Anspruch auf Netzzugang geht inhaltlich über die Verhandlungspflicht aus § 36 TKG hinaus. Dies gilt auch dann, wenn man – entgegen der herrschenden Auffassung[733] – davon ausgeht, daß § 6 Abs. 1 S. 1 EnWG lediglich einen Anspruch auf Abschluß eines Netznutzungsvertrages be-

---

[732] Maurer, Allgemeines Verwaltungsrecht, § 24 Rn. 21, S. 598; Faber, Verwaltungsrecht, § 21 I, S. 206. Die Verwaltung darf danach gleichgelagerte Fälle nicht ohne sachlichen Grund unterschiedlich behandeln.

[733] Vgl. hierzu 2. Teil B.II.1.b)aa).

gründet und insoweit für den Netzbetreiber einen Kontrahierungszwang ausspricht. Die §§ 36, 37 TKG führen über die subsidiäre Anordnungsbefugnis der RegTP allenfalls mittelbar zu einer Verpflichtung des Netzbetreibers, seine Netzinfrastruktureinrichtungen dem zugangsbegehrenden Unternehmen zu den von der RegTP festgelegten Bedingungen zur Verfügung zu stellen. Die Zusammenschaltungsanordnung der RegTP hat insoweit privatrechtsgestaltende Wirkung.[734]

b) Zweite Stufe: Gebundene Verhandlungspflicht mit Anordnungsbefugnis der RegTP

Verfügt B als Netzbetreiber über eine marktbeherrschende Stellung auf einem Markt für Telekommunikationsdienstleistungen, so muß der Inhalt seines Angebotes an A den Grundsätzen aus § 35 Abs. 2 TKG entsprechen, also auf objektiven Maßstäben beruhen, nachvollziehbar sein und einen gleichwertigen Zugang zu dem Telekommunikationsnetz von B gewährleisten. Nur die in diesem Sinne marktbeherrschenden Netzbetreiber müssen in der Telekommunikation demzufolge anderen Unternehmen einen diskriminierungsfreien Zugang zu den eigenen Netzinfrastruktureinrichtungen, insbesondere eine Netzzusammenschaltung, ermöglichen. Als marktbeherrschender Netzbetreiber ist B bei den mit A zu führenden Verhandlungen demzufolge inhaltlich gebunden. Diese inhaltliche Bindung entspricht im Hinblick auf die Diskriminierungsfreiheit im wesentlichen § 6 Abs. 1 S. 1 EnWG, zumal auch dort die Netzbetreiber als Normadressaten regelmäßig über eine marktbeherrschende Stellung verfügen.

Anders als in der Telekommunikation werden die Verhandlungen zwischen dem Netzbetreiber und dem zugangsbegehrenden Unternehmen in der Elektrizitätswirtschaft allerdings nicht vor dem Hintergrund einer möglichen – subsidiären - Anordnung durch eine Regulierungsbehörde geführt. Dies führt - bei einer negativen Betrachtungsweise - dazu, daß dem zugangsbegehrenden Unternehmen in der Elektrizitätswirtschaft ein Druckmittel für einen erfolgreichen Abschluß der Vertragsverhandlungen mit dem Netzbetreiber fehlt. Hierdurch können zeitliche Verzögerungen bei der Gewährung des Netzzugangs und der Etablierung des Wettbewerbs in der Elektrizitätswirtschaft insgesamt entstehen. Dies gilt jedoch nur dann, wenn die existierenden Möglichkeiten einer verfahrensrechtlichen Durchsetzung des Netzzugangs in der Elektrizitätswirtschaft nicht konsequent genutzt und die geplanten Gesetzesänderungen im GWB nicht umgesetzt werden.[735] Andererseits steigt bereits jetzt – bei einer positiven Betrachtungsweise – der Verhandlungsdruck zwischen den Beteiligten in der Elektrizitätswirtschaft dadurch, daß für beide Seiten ungewiß ist, welche Anforderungen im Einzelfall an einen diskriminierungs-

734 Vgl. hierzu 2. Teil B.I.3.b)bb).

735 Vgl. hierzu 2. Teil D.II.2.

freien Netzzugang zu stellen sind. Beide Seiten müssen insoweit damit rechnen, daß der Inhalt ihrer Vereinbarung zu einem späteren Zeitpunkt von den Kartellbehörden beanstandet wird. Die Verweigerung des Netzzugangs bzw. die Gewährung des Netzzugangs zu diskriminierenden Bedingungen kann sich für den Netzbetreiber somit als Etappensieg – mit den daraus folgenden Sekundäransprüchen des zugangsbegehrenden Unternehmens - herausstellen.

Auch wenn sich der verhandelte Netzzugang gemäß § 6 Abs. 1 S. 1 EnWG somit noch am ehesten der zweiten Stufe des Regelungssystems im TKG zuordnen läßt, unterscheidet sich der verhandelte Netzzugang in der Elektrizitätswirtschaft doch wesentlich durch die fehlende Möglichkeit einer staatlichen ex-ante Regulierung. Die Befugnisse der Kartellbehörden über die §§ 19, 20 GWB reichen insoweit nicht ansatzweise an die positiv gestaltenden Anordnungsbefugnisse der RegTP heran. Dies zeigt sich bereits daran, daß die RegTP befugt ist, rechtsgestaltende Anordnungen zu treffen, die dem zugangsbegehrenden Unternehmen eine Netznutzung zu den von der RegTP vorgegebenen Bedingungen ermöglicht. Demgegenüber sind die Kartellbehörden im Rahmen ihrer ex-post Aufsicht darauf beschränkt, mißbräuchliche Verhaltensweisen zu untersagen, wenn die von den Beteiligten geführten Verhandlungen über die Gewährung des Netzzugangs nicht oder nicht zu einem diskriminierungsfreien Zugang geführt haben. Seit den Änderungen im Rahmen der 6. GWB-Novelle fehlt den Kartellbehörden darüber hinaus die Möglichkeit, Verträge für unwirksam zu erklären. Der staatlichen Regulierung der Netzzugangsregelungen in der Telekommunikation steht insoweit das privatautonome Verhandlungsmodell in der Elektrizitätswirtschaft gegenüber.

c) Dritte Stufe: Anordnung durch die RegTP

Die Unterschiede zwischen den Netzzugangsregelungen in der Telekommunikation und Elektrizitätswirtschaft verstärken sich weiter, wenn das Zugangsbegehren nicht auf eine Netzzusammenschaltung i.S.d. §§ 36, 37 TKG, sondern allgemein auf einen besonderen Netzzugang i.S.v. § 35 TKG gerichtet ist. In diesem Fall sieht das TKG keine vorgeschaltete Verhandlungspflicht zwischen dem Netzbetreiber und dem zugangsbegehrendem Unternehmen vor. Dieser ist mit den Mitteln des § 33 TKG durchsetzbar. Der besondere Netzzugang wird danach im Grundsatz durch eine entsprechende Anordnung der RegTP gewährt, ohne daß dem Verhandlungen zwischen den Beteiligten vorausgegangen sein müssen.

2. Erste Bewertung der Netzzugangsregelungen aus Sicht der ökonomische Analyse des Rechts

Über eine ökonomische Analyse des Rechts kann u.a. geklärt werden, in welchem Regelungssystem die Kosten der Austauschvorgänge minimiert und die entstehenden Kosten den Verursachern, also den an den Verhandlungen beteiligten Unternehmen, am vorteilhaftesten zugeordnet werden.[736] Die Transaktionskosten stellen dabei aus Sicht der ökonomischen Analyse des Rechts das zentrale Bewertungskriterium dar. Transaktionskosten sind die Kosten der Betreibung eines Wirtschaftssystems, mithin sämtliche Kosten des Güteraustausches auf Märkten.[737]

Insgesamt steigen die Möglichkeiten staatlicher Einflußnahme in der Telekommunikation durch die RegTP in Abhängigkeit von der Marktmacht des Anspruchsgegners und der Nachfragerichtung bzw. Marktpositionierung des Anspruchstellers.[738] Dieses abgestufte System hat zur Folge, daß es einer Vielzahl von Feststellungen durch die RegTP bedarf, bevor geklärt ist, welchen Verpflichtungen das betroffene Unternehmen im Einzelfall unterliegt. Dies betrifft zum einen die Feststellung der Marktbeherrschung eines Unternehmens i.S.v. § 19 GWB, aber auch die Entscheidung über die Netzbetreibereigenschaft des zugangsbegehrenden Unternehmens. Dem steht mit § 6 Abs. 1 S. 1 EnWG eine weitgehend eindeutige und hinsichtlich der Marktmacht des Netzbetreibers und der Nachfragerichtung des Anspruchstellers undifferenzierte Netzzugangsregelung gegenüber, die die Privatautonomie der Beteiligten in den Vordergrund stellt. Auch der Kreis der Normbegünstigten ist in § 6 Abs. 1 S. 1 EnWG denkbar weit gefaßt, so daß in der Elektrizitätswirtschaft der Ermittlungsaufwand der Beteiligten insgesamt geringer ausfällt als in der Telekommunikation.

Vergleicht man daher das marktmachtabhängige Regelungssystem in der Telekommunikation mit dem System des verhandelten Netzzugangs in der Elektrizitätswirtschaft, so fällt auf, daß eine Entscheidung darüber, ob die anspruchsbegründenden Voraussetzungen im Einzelfall vorliegen, in der Elektrizitätswirtschaft vergleichweise einfach zu treffen ist. Anspruchsgegner eines Durchleitungsbegehrens kann unabhängig von der Marktmacht jeder Betreiber eines Elektrizitätsversorgungsnetzes sein. Der Strom muß in Folge der Liberalisierung wie eine Ware auf dem Netz gehandelt werden können. Insgesamt entsteht damit bei einem Netzzugangsbegehren in der Elektrizitätswirtschaft ein geringerer Ermittlungsaufwand. Insoweit stellt sich § 6 Abs. 1 S. 1 EnWG als die gegenüber den Netzzugangsregelungen aus dem TKG vorteilhaftere Regelung dar.

---

736 Zur ökonomischen Analyse des Rechts vgl. die Ausführungen in der Einleitung B.

737 Salje, Ökonomische Analyse des Rechts aus deutscher Sicht, Rechtstheorie 1984 (15. Band), 277, S. 281.

738 Auswirkungen hat dies auch für den Fall, daß der marktbeherrschende Anbieter Zugang zu den Netzinfrastruktureinrichtungen des Wettbewerbers verlangt. Während die Wettbewerber ihre Netzinfrastruktureinrichtungen ungehindert mit denen des gesetzlich hierzu verpflichteten marktbeherrschenden Anbieters zusammenschließen können, und darüber Zugang zu dessen Netz erhalten, kann das marktbeherrschende Unternehmen umgekehrt nicht automatisch Zugang zu den Netzinfrastruktureinrichtungen des Wettbewerbers verlangen, vgl. Märkl, Netzzusammenschaltung in der Telekommunikation, S. 53.

Hinzu kommt, daß der entstehende Ermittlungsaufwand im Rahmen der Vertragsverhandlungen im wesentlichen bei dem Netzbetreiber und dem zugangsbegehrenden Unternehmen, und somit bei den eigentlichen Verursachern der Kosten entsteht. Demgegenüber fällt bei den Netzzugangsregelungen in der Telekommunikation ein wesentlicher Ermittlungsaufwand bei der RegTP an. Dies stellt aus Sicht der ökonomischen Analyse des Rechts keine verursachergerechte Kostenzuordnung dar. Dieser Vorteil gilt zumindest dann, wenn dem Abschluß des Netznutzungsvertrages kein Mißbrauchsverfahren vor den Kartellbehörden folgt. In diesem Fall erfolgt auch in der Elektrizitätswirtschaft keine verursachergerechte Kostenzuordnung. Die Gefahr der Einleitung eines späteren Mißbrauchsverfahrens nimmt jedoch ab, wenn sich bei den beteiligten Unternehmen die Akzeptanz der von den betroffenen Verbänden ausgehandelten Verbändevereinbarungen erhöht. Dies setzt voraus, daß die Verbändevereinbarung innerhalb der betroffenen Kreise von einem möglichst breiten Konsens getragen wird.[739]

Da derzeit nicht abzusehen ist, welche Unternehmensstrukturen sich zukünftig in der Elektrizitätswirtschaft herausbilden werden, ist es insgesamt positiv zu beurteilen, daß der Gesetzgeber den Kreis der Anspruchsberechtigten und Anspruchsverpflichteten in der Elektrizitätswirtschaft zukunftsoffen und unabhängig von der Nachfragerichtung des zugangsbegehrenden Unternehmens ausgestaltet hat. Andererseits findet in der Elektrizitätswirtschaft eine Verlagerung legislatorischer Regelungsaufgaben auf die Judikative dadurch statt, daß der Gesetzgeber den betroffenen Unternehmen keine konkreten Vorgaben zu den Methoden zur Berechnung der Netznutzungsentgelte gemacht hat und die Gerichte im Einzelfall darüber entscheiden müssen, ob der Netzbetreiber die Durchleitung mißbräuchlich verweigert.[740] Der deutsche Gesetzgeber hat sich dieser Regelungsaufgabe – etwa durch den Erlaß einer Netznutzungsverordnung – bislang allerdings bewußt entzogen, da er davon ausging, daß sich die Methoden zur Berechnung der Netznutzungsentgelte sachgerecht nur von den Beteiligten selbst ermitteln ließen.

Mit den genannten Einschränkungen erweist sich § 6 Abs. 1 S. 1 EnWG im Rahmen einer ökonomischen Analyse des Rechts dennoch als die gegenüber den Netzzugangsregelungen aus dem TKG vorteilhafte Netzzugangsregelung.

IV. Die Regulierungsansätze in TKG und EnWG – Marktmacht als geeigneter Regulierungsansatz?

Wie sich gezeigt hat, liegen den Netzzugangsregelungen im TKG und EnWG unterschiedliche Regulierungsansätze zugrunde. Das Regulierungskonzept des TKG

---

739 Vgl. hierzu 2. Teil C.III.2.

740 Vgl. Theobald/Zenke, Grundlagen der Strom- und Gasdurchleitung, S. 31.

knüpft an den Begriff der Marktbeherrschung an. Ist mit fortschreitender Liberalisierung der Telekommunikationsmärkte eine marktbeherrschende Stellung nicht mehr feststellbar, so entfällt nach der Konzeption des Gesetzes ohne weitere hoheitliche Tätigkeit eine Regulierung durch die RegTP. Der Marktbeherrschungsbegriff ist daher zentral für die gegenwärtige Marktordnung in der Telekommunikation. Der Begriff der Marktbeherrschung ist allerdings nicht geeignet, den sektorspezifischen Regulierungsbedarf in der Telekommunikation maßgeschneidert zu lokalisieren.

1. Vergleich der Regulierungsansätze in TKG und EnWG

Während ein Netzbetreiber in der Telekommunikation, der als vertikal integriertes Unternehmen auf einem Markt für Telekommunikationsdienstleistungen über eine marktbeherrschende Stellung verfügt, besonderen Pflichten unterliegt, ist für die Anwendung der Netzzugangsregelungen in der Elektrizitätswirtschaft sowohl die vertikale Integration als auch die marktbeherrschende Stellung des Netzbetreibers auf einem vor- oder nachgelagerten Markt unerheblich. Konsequent wäre es insoweit gewesen, eine Netzzugangsverpflichtung auch in der Elektrizitätswirtschaft nur für solche Unternehmen vorzusehen, die auf einem nachgelagerten Markt, etwa dem Stromliefermarkt, über eine marktbeherrschende Stellung verfügen. Dies entspräche nicht nur dem Regelungssystem des TKG, sondern auch § 19 Abs. 4 Nr. 4 GWB. Dem asymmetrischen Regulierungsansatz in der Telekommunikation steht somit ein in diesem Sinne symmetrischer – von der Marktmacht unabhängiger - Regulierungsansatz in der Elektrizitätswirtschaft gegenüber.

Dieser Unterschied relativiert sich allerdings durch die marktstrukturbedingten Besonderheiten in beiden Sektoren.[741] Während in der Telekommunikation davon ausgegangen wird, daß eine Vielzahl von Unternehmen auf verschiedenen Marktstufen miteinander im Wettbewerb konkurrieren, und sowohl ein Netz- als auch ein Dienstewettbewerb stattfinden wird, beschränkt sich die Wettbewerbserwartung in der Elektrizitätswirtschaft vorwiegend auf den Bereich der Stromerzeugung und den im Wege der Durchleitung erreichbaren Liefermarkt, wenn auch ein Netzwettbewerb nach den gesetzlichen Regelungen grundsätzlich möglich ist. Im übrigen wäre die marktbeherrschende Stellung auf einem vor- oder nachgelagerten Markt in der Elektrizitätswirtschaft ohnehin kein taugliches Kriterium, um den Kreis der zur Gewährung des Netzzugangs verpflichteten Unternehmen sachlich sinnvoll zu begrenzen. Die Marktbeherrschung wird bei den betreffenden Unternehmen insoweit regelmäßig vorhanden sein. Da es in der Elektrizitätswirtschaft an einer mit der Telekommunikation vergleichbaren Wettbewerbsdynamik fehlt, wird sich hieran auch zukünftig – aller Voraussicht nach – nur wenig ändern.

---

741 Vgl. hierzu 1. Teil B.II.2.

2. Marktmacht als geeigneter Regulierungsansatz?

Auch in der Telekommunikation ist indes der Begriff der Marktbeherrschung nicht geeignet, den sektorspezifischen Regulierungsbedarf maßgeschneidert zu lokalisieren. Insbesondere haben die mit der Auslegung des Marktbeherrschungsbegriffs verbundenen Schwierigkeiten in der Vergangenheit dazu geführt, daß die von der gesetzlichen Konzeption vorgestellte automatische Entlassung aus der Regulierung in der Praxis nicht angemessen verwirklicht wurde.[742] Da sich die Anwendung einer sektorspezifischen ex-ante Regulierung aus ordnungspolitischer Sicht als massiver Eingriff in den Marktprozeß darstellt und aus diesem Grund einer besonderen Rechtfertigung bedarf, müssen sich regulatorische Eingriffe auf monopolistische Engpaßbereiche beschränken,[743] bei denen vom Vorliegen von einer netzspezifischen Marktmacht auszugehen ist.[744] In diesen Bereichen bleibt die Disziplinierung der Marktmacht auch nach einer umfassenden Marktöffnung eine wichtige Aufgabe der Ordnungspolitik.[745]

Die Lokalisierung und Regulierung monopolistischer Engpaßbereiche ist nicht über die Anwendung des Begriffs der Marktbeherrschung aus dem GWB möglich. Während der Begriff der Marktbeherrschung auf einzelne Kriterien, wie Marktanteile oder Marktzutrittsschranken, abstellt bzw. überprüft, ob Unternehmen über einen nicht hinreichend kontrollierten Verhandlungsspielraum verfügen, sind die Bedingungen für einen monopolistischen Engpaßbereich in Netzen erfüllt, wenn eine Einrichtung unabdingbar ist, um Kunden zu erreichen und die Einrichtung nicht mit angemessenen Mitteln dupliziert werden kann, um den aktiven Anbieter zu disziplinieren.[746] Monopolistische Engpaßsituationen sind danach vom Marktbeherrschungsbegriff des GWB erfaßt, da kein Wettbewerb auf dem Markt für Vorleistungen besteht. Der Marktbeherrschungsbegriff des GWB geht jedoch deutlich darüber hinaus und vermag damit die Marktmacht in netzspezifischer Form nicht angemessen zu erfassen. Nur durch eine gezielte Regulierung der monopo-

---

742 Immenga/Kirchner/Knieps/Kruse, Telekommunikation im Wettbewerb – Eine ordnungspolitische Konzeption nach erfolgreicher Marktöffnung, S. 27.

743 Knieps, Deregulierung und die Dynamik des Wettbewerbs in der Telekommunikation, in: Oberender, Die Dynamik der Telekommunikationsmärkte als Herausforderung an die Wettbewerbspolitik, 9, S. 13.

744 Vgl. hierzu 1. Teil C.II.2.

745 Immenga/Kirchner/Knieps/Kruse, Telekommunikation im Wettbewerb – Eine ordnungspolitische Konzeption nach erfolgreicher Marktöffnung, S. 23.

746 Immenga/Kirchner/Knieps/Kruse, Telekommunikation im Wettbewerb – Eine ordnungspolitische Konzeption nach erfolgreicher Marktöffnung, S. 23 und S. 28.

listischen Engpaßbereiche ist es demgegenüber möglich, die Rückführungspotentiale sektorspezifischer Regulierung zu erkennen und institutionell umzusetzen.[747]

Derzeit besteht damit in der Telekommunikation die Gefahr einer Überregulierung, d.h. einer Regulierung von Teilbereichen, in denen sich bereits ein funktionsfähiger Wettbewerb etablieren konnte. Regulierungseingriffe in diesen Bereichen sind ordnungspolitisch nicht zu rechtfertigen.

C. Ermittlung der Netznutzungsbedingungen

Entscheidend für die Entstehung von Wettbewerb in der Telekommunikation und Elektrizitätswirtschaft sind die Bedingungen, zu denen der Netzbetreiber dem zugangsbegehrenden Unternehmen die Netznutzung ermöglichen muß. Nicht das „Ob", sondern das „Wie" von Netzzugangsansprüchen steht daher heute regelmäßig im Mittelpunkt der Auseinandersetzungen zwischen den beteiligten Unternehmen.[748]

Das zentrale Problem bildet dabei in beiden Sektoren die sachgerechte Ermittlung angemessener Netznutzungsentgelte, deren Höhe einerseits nicht die Entstehung von Wettbewerb behindern, andererseits für die Unternehmen aber auch nicht den Anreiz zu Investitionen in eigene Netzinfrastruktureinrichtungen nehmen darf. Netzzugangsregelungen verpflichten den Netzbetreiber, fremde Wettbewerbshandlungen zu eigenen Lasten zu fördern. Zusätzliche Einschränkungen, insbesondere eine Bereitstellung des Netzes zu unangemessenen Preisen und Bedingungen im Sinne einer privatrechtlichen Subventionierung der Wettbewerber, braucht der Netzbetreiber nicht zu erdulden.[749] Da die Profitabilität eines Unternehmens wesentlich durch die Kosten der Netznutzung als Vorleistung für die eigenen Leistungen des Unternehmens bestimmt wird, entscheidet die Höhe der Netznutzungsentgelte darüber, ob Wettbewerber in Konkurrenz zu dem etablierten Unternehmen treten.[750] Aus Sicht des zugangsbegehrenden Unternehmens ist dafür

---

[747] Immenga/Kirchner/Knieps/Kruse, Telekommunikation im Wettbewerb – Eine ordnungspolitische Konzeption nach erfolgreicher Marktöffnung, S. 49.

[748] Büdenbender, Die Kontrolle von Durchleitungsentgelten in der leitungsgebundenen Energiewirtschaft, ZIP 2001, 2225, S. 2225 f.

[749] Büdenbender, Die Kontrolle von Durchleitungsentgelten in der leitungsgebundenen Energiewirtschaft, ZIP 2001, 2225, S. 2226.

[750] Neumann, Marktzutrittsschranken und Markteintrittsstrategien im deutschen Telekommunikationsmarkt, in: Oberender, Die Dynamik der Telekommunikationsmärkte als Herausforderung an die Wettbewerbspolitik, 73, S. 85; für die Energiewirtschaft vgl. Büdenbender, Die Kontrolle von Durchleitungsentgelten in der leitungsgebundenen Energiewirtschaft, ZIP 2001, 2225, S. 2226

Sorge zu tragen, daß die Preise und Bedingungen für den Zugang zu fremden Leistungsnetzen nicht prohibitiv sind.[751]

Grundlage für die Ermittlung der Netznutzungsentgelte müssen die Kosten für die tatsächliche Leistungserbringung sein, wobei durch geeignete Regelungen sicherzustellen ist, daß Kosten aus anderen Abteilungen des Netzbetreibers, die nicht in einem unmittelbaren Zusammenhang mit der Gewährung des Netzzugangs stehen, bei der Bemessung der Netznutzungsentgelte keine Berücksichtigung finden. Ihre Berücksichtigung kann wegen der dann eintretenden (Quer-)Subventionierung des Netzbetreibers zu erheblichen Wettbewerbsverfälschungen führen.[752] Voraussetzung dafür ist eine höchstmögliche Transparenz der Kostenzuordnung zu den einzelnen Markt- bzw. Wertschöpfungsstufen.[753] Die ordnungspolitisch adäquate Gestaltung eines Sektors mit mehreren Wertschöpfungsstufen setzt insoweit eine vertikal desintegrierte bzw. strukturell separierte institutionelle Struktur voraus.[754] Dies kann durch eine vertikale Desintegration bzw. strukturelle Separierung der Netz- und Diensteebene in der Telekommunikation bzw. der Netz- und Erzeugungs- bzw. Verteilungsebene in der Elektrizitätswirtschaft erreicht werden. Unterschiede bei einer organisatorischen Desintegration ergeben sich hinsichtlich der Entflechtungstiefe. Sehr weitgehend ist eine organisatorische Desintegration mit gesellschaftsrechtlichen Implikationen mittels Bildung eigenständiger Rechtssubjekte. Als abgeschwächte Variante kommt die verwaltungstechnische Variante eines organisatorischen Unbundlings in Form getrennter Abteilungen in Betracht. Die schwächste Form organisatorischer Desintegration ist eine buchhalterische Entflechtung im Wege separierter Kontenführung.[755]

Die Vorteilhaftigkeit einer Regelung zeigt sich auch hier im Rahmen einer ökonomischen Analyse des Rechts darin, daß sie die von den Unternehmen bei der Ermittlung der Netznutzungsbedingungen aufzuwendenden Transaktionskosten mi-

---

751 Büdenbender, Die Kontrolle von Durchleitungsentgelten in der leitungsgebundenen Energiewirtschaft, ZIP 2001, 2225, S. 2226.

752 Tüngler, Der Netzzugang in der Elektrizitätswirtschaft auf der Grundlage des Energiewirtschaftsgesetzes (EnWG), S. 92.

753 Theobald/Theobald, Grundzüge des Energiewirtschaftsrechts, S. 68.

754 Dreyer, Netzunabhängige Anbieter von Telekommunikations-Dienstleistungen - ein wichtiger Faktor in der Wettbewerbslandschaft, in: Oberender, Die Dynamik der Telekommunikationsmärkte als Herausforderung an die Wettbewerbspolitik, 89, S. 94.

755 Theobald/Theobald, Grundzüge des Energiewirtschaftsrechts, S. 69. Vgl. auch Kruse, Asymmetrische Regulierung durch vertikale Integration, in: Oberender, Die Dynamik der Telekommunikationsmärkte als Herausforderung an die Wettbewerbspolitik, 107, S. 112, der davon ausgeht, daß sich durch einen reinen Verhaltensansatz (diskriminierungsfreier Zugang durch Parameter-Regulierung) im Regelfall weniger gute Ergebnisse erzielen lassen als durch einen Strukturansatz (vertikale Separierung).

nimiert. So ist ein freier Netzzugang in größerem Umfang nur denkbar, wenn für die Nachfrageseite eine hohe Transparenz insbesondere hinsichtlich der Kosten einer Netznutzung besteht.[756] Dem Modell der staatlichen Regulierung der Netznutzungsbedingungen in der Telekommunikation mit einer ex-ante Regulierung durch die RegTP steht auch dabei das privatautonome Verhandlungsmodell aus der Elektrizitätswirtschaft gegenüber, das durch den Abschluß von Verbändevereinbarungen gekennzeichnet ist, die eine Berechnung der Netznutzungsentgelte im Einzelfall für die Marktteilnehmer vereinfachen sollen.

I. Telekommunikation

Der Erfolg der Marktöffnung in der Telekommunikation hängt maßgeblich von der Preisgestaltung ab, die die Wettbewerber auf den Vorproduktemärkten für die Netzzusammenschaltung und den besonderen Netzzugang antreffen.[757] Hohe Zusammenschaltungsentgelte bedingen tendenziell höhere Endkundenpreise, da sie dem neuen Wettbewerber weniger Preisflexibilität belassen.[758]

Grundsätzlich wird der Netzbetreiber in der Telekommunikation dem Zugang zu seinen Netzinfrastruktureinrichtungen und einer Netzzusammenschaltung freiwillig nur dann zustimmen, wenn die Einnahmen durch die Netznutzungsentgelte das entgangene Gesprächsvolumen überkompensieren. Unter diesen Voraussetzungen ist eine Netznutzung für das zugangsbegehrende Unternehmen allerdings wirtschaftlich uninteressant, da ihm die Möglichkeit genommen wird, seine Telekommunikationsdienstleistungen zu konkurrenzfähigen Preisen anzubieten. Damit steigt für das Unternehmen der Anreiz, in eigene Netzinfrastruktureinrichtungen zu investieren.[759] Aus zeitlichen und finanziellen Gründen ist die flächendeckende Errichtung eigener – paralleler - Netzinfrastruktureinrichtungen allerdings keine tragfähige Lösung, um den Telekommunikationssektor im gewünschten Umfang für den Wettbewerb zu öffnen.[760]

1. Strukturelle Separierung und getrennte Buchführung

Vorgaben zu einer strukturellen vertikalen Separierung und einer getrennten Rechnungsführung finden sich in § 14 TKG. Gemäß § 14 Abs. 1 TKG müssen Unter-

---

756 Hensing/Pfaffenberger/Ströbele, Energiewirtschaft - Einführung in Theorie und Politik, Kap. 10.3.3., S. 125.

757 v. Jacobs, Die Entgeltregulierung des nationalen Festsprachtelefondienstes auf europäischen Telekommunikationsmärkten, S. 20.

758 Märkl, Netzzusammenschaltung in der Telekommunikation, S. 54.

759 Vgl. Bock/Völcker, Regulatorische Rahmenbedingungen für die Zusammenschaltung von TK-Netzen, CR 1998, 473, S. 474, die eine regulatorische Intervention für erforderlich halten.

760 Vgl. hierzu 1. Teil A.II.5.

nehmen, die auf anderen Märkten als der Telekommunikation über eine marktbeherrschende Stellung i.S.v. § 19 GWB verfügen, Telekommunikationsdienstleistungen in einem oder mehreren rechtlich selbständigen Unternehmen führen, um die Transparenz finanzieller Beziehungen zu gewährleisten. Die Regelung erfaßt solche Unternehmen, die nicht ausschließlich auf den Märkten der Telekommunikation tätig sind. Die mit der vertikalen Integration eines Telekommunikationsunternehmens verbundenen Probleme werden darüber nicht gelöst. Insbesondere hat der Gesetzgeber auf eine konsequente strukturelle Separierung der DTAG im Sinne einer vollständigen institutionellen Trennung ohne jegliche Kapitalverflechtung in die technisch und wirtschaftlich voneinander abgrenzbaren Unternehmensbereiche Netz und Dienste verzichtet,[761] um der DTAG mögliche Verbundvorteile zu erhalten.[762]

§ 14 Abs. 2 TKG ordnet lediglich die Nachvollziehbarkeit der finanziellen Beziehungen zwischen Telekommunikationsdienstleistungen im lizenzpflichtigen Bereich zueinander und dieser zu Telekommunikationsdienstleistungen im nicht lizenzpflichtigen Bereich durch Schaffung eines eigenen Rechnungslegungskreises an. Über § 14 Abs. 2 S. 2 TKG kann die RegTP den Unternehmen konkretere Vorgaben für die Gestaltung der internen Rechnungslegung machen.[763] Die Gefahr einer intransparenten und pauschalisierenden Rechnungslegung bleibt damit bestehen.[764] Dies erschwert eine Überprüfung, ob dem zugangsbegehrenden Unternehmen die nachgefragten Leistungen des marktbeherrschenden Unternehmens tatsächlich – wie vom TKG gefordert - diskriminierungsfrei zur Verfügung gestellt werden. Es besteht so nach wie vor die Gefahr, daß für die Gewährung des Netzzugangs vom marktbeherrschenden Unternehmen Kosten in Rechnung gestellt werden, die eigentlich in einem anderen Tätigkeitsbereich des Unternehmens anfallen,

---

761 Kruse, Asymmetrische Regulierung durch vertikale Integration, in: Oberender, Die Dynamik der Telekommunikationsmärkte als Herausforderung an die Wettbewerbspolitik, 107, S. 118. Kruse weist darauf hin, daß sich die Transaktionsbedingungen während der Start- und der Reifephase eines Marktes nicht unerheblich voneinander unterscheiden, so daß die Vorteile aus der vertikalen Integration eines Unternehmens zunehmend geringer werden (S. 113 ff.).

762 Hefekäuser, Die Deutsche Telekom - ein reguliertes Unternehmen im Wettbewerb, in: Oberender, Die Dynamik der Telekommunikationsmärkte als Herausforderung an die Wettbewerbspolitik, 47, S. 49.

763 Solange die RegTP hiervon keinen Gebrauch macht, kann das marktbeherrschende Unternehmen diese Intransparenz für die Geltendmachung überhöhter Zugangsentgelte nutzen. Dies geht insbesondere zu Lasten von Unternehmen, die über keine eigenen Netzinfrastruktureinrichtungen verfügen, vgl. hierzu Dreyer, Netzunabhängige Anbieter von Telekommunikations-Dienstleistungen - ein wichtiger Faktor in der Wettbewerbslandschaft, in: Oberender, Die Dynamik der Telekommunikationsmärkte als Herausforderung an die Wettbewerbspolitik, 89, S. 100.

764 BeckTKG-Komm/Geppert, § 14 Rn. 15.

die Kosten also in unzulässiger Weise hochgesetzt werden, um hierüber die Höhe der geforderten Netznutzungsentgelte zu begründen.[765]

2. Ermittlung der Netznutzungsentgelte

Die Entgelte für die Gewährung des besonderen Netzzugangs nach § 35 TKG und die Durchführung einer angeordneten Zusammenschaltung nach §§ 36, 37 TKG unterliegen gemäß § 39 TKG im Einzelfall[766] der Regulierung durch die RegTP. § 39 TKG verweist hierfür auf die §§ 24, 25 Abs. 1 und 3, die §§ 27, 28, 29, 30 Abs. 1 und 3 bis 6 TKG und § 31 TKG. Da § 25 Abs. 2 TKG, der seinerseits auf das Verfahren der nachträglichen Regulierung von Entgelten in § 30 TKG verweist, von dem Verweis in § 39 TKG ausgenommen ist, sind die von § 39 TKG erfaßten Netznutzungsentgelte ausnahmslos genehmigungspflichtig im Wege einer ex-ante-Preisregulierung.[767]

Einer der wichtigsten Unterschiede zwischen der telekommunikationsrechtlichen und der kartellrechtlichen Preiskontrolle besteht damit bereits im Anknüpfungszeitpunkt. Während das GWB die Preisbildung grundsätzlich zunächst den Unternehmen überläßt und gegebenenfalls nachträglich eingreift, wirkt das im TKG vorgesehene Genehmigungsverfahren vorgreifend.[768]

---

[765] Ob der deutsche Gesetzgeber mit § 14 Abs. 2 TKG die europäischen Vorgaben aus Art. 8 der ONP-Zusammenschaltungsrichtlinie ordnungsgemäß umgesetzt hat, ist zweifelhaft. In Art. 8 Abs. 2 dieser Richtlinie wurde Unternehmen, die nach Meldung der nationalen Regulierungsbehörde eine beträchtliche Marktmacht besitzen und öffentliche Telekommunikationsnetze und/oder -dienste für Benutzer bereitstellen und anderen Organisationen Zusammenschaltungsdienstleistungen anbieten, aufgegeben, eine getrennte Buchführung über ihre Tätigkeiten im Rahmen der Zusammenschaltung einerseits und über ihre übrigen Tätigkeiten andererseits einzurichten. Wie sich den Erwägungsgründen zu der Richtlinie entnehmen läßt, bestand das Ziel darin, Organisationen mit beträchtlicher Marktmacht in die Lage zu versetzen, nachzuweisen, daß ihre Zusammenschaltungsentgelte auf der Grundlage objektiver Kriterien festgesetzt sind, den Grundsätzen der Transparenz und Kostenorientierung folgen und hinsichtlich der Netz- und Dienstleistungselemente hinreichend aufgegliedert sind. Demgegenüber hat der deutsche Gesetzgeber auf die ausdrückliche Anordnung einer getrennten Buchführung über die Tätigkeiten im Rahmen der Zusammenschaltung verzichtet.

[766] Dafür spricht der Wortlaut von § 39 TKG („Gewährung *eines* Netzzugangs") sowie § 6 Abs. 5 NZV, der überflüssig wäre, wenn eine vom Einzelfall losgelöste Entgeltgenehmigung erfolgen würde, vgl. dazu auch die Entscheidung der 4. Beschlußkammer der Regulierungsbehörde vom 30.11.1998, MMR 1999, 183, S. 184 - Zugang zur Teilnehmeranschlußleitung.

[767] Schütz/Müller, Entgeltregulierung in der Telekommunikation, MMR 1999, 128, S. 129; Hefekäuser, Vom Monopol zum Wettbewerb, EW 1997, 873, S. 876.

[768] Becker, Entgeltregulierung im TKG unter besonderer Berücksichtigung kartellrechtlicher Preiskontrollinstrumentarien, K&R 1999, 112, S. 113.

a) Regulierung der Netznutzungsentgelte für nicht marktbeherrschende Unternehmen?

Umstritten ist, ob es sich bei § 39 TKG um eine Rechtsgrund- oder eine Rechtsfolgenverweisung handelt. Bei einer Rechtsgrundverweisung wäre die Entgeltregulierung durch die RegTP von vornherein auf die von marktbeherrschenden Unternehmen geforderten Netznutzungsentgelte beschränkt. Hinsichtlich der Entgelte für die Gewährung eines Netzzugangs nach § 35 TKG wirkt sich dies nicht aus, da Normadressaten ohnehin nur die Netzbetreiber sind, die Telekommunikationsdienstleistungen für die Öffentlichkeit anbieten und auf einem solchen Markt über eine marktbeherrschende Stellung nach § 19 GWB verfügen.[769] Demgegenüber können an einer angeordneten Netzzusammenschaltung nach § 37 TKG auch nicht marktbeherrschende Unternehmen beteiligt sein.[770]

Der Wortlaut von § 39 TKG ist während des Gesetzgebungsverfahrens mehrfach verändert worden. Ursprünglich sollte der Verweis auf die Entgeltregulierungsmaßstäbe des Dritten Teils ausdrücklich nur für solche Unternehmen gelten, „die über eine marktbeherrschende Stellung nach § 22 GWB verfügen".[771] Aus dem jetzigen Wortlaut von § 39 TKG ergibt sich eine solche Beschränkung demgegenüber nicht mehr ausdrücklich.

aa) Rechtsgrundverweisung

Nach einer Auffassung[772] handelt es sich bei § 39 TKG um eine Rechtsgrundverweisung. § 39 TKG erfasse zwar zunächst sämtliche Fälle der Netzzugangsgewährung und der angeordneten Netzzusammenschaltung, ohne zwischen marktbeherrschenden und nicht marktbeherrschenden Unternehmen zu differenzieren. Allerdings sei nur eine „entsprechende Geltung" der genannten Vorschriften angeordnet. Die Entgeltregulierungsmaßstäbe der §§ 24 ff. TKG sollen danach auch beim Netzzugang und der angeordneten Netzzusammenschaltung nur in dem Umfang zur Anwendung gelangen, wie dies in den unmittelbaren Anwendungsfällen der §§ 24 ff. TKG der Fall wäre.

Dem stehe auch nicht der Verzicht auf eine ausdrückliche Beschränkung des Anwendungsbereichs von § 39 TKG auf marktbeherrschende Unternehmen im Laufe des Gesetzgebungsverfahrens entgegen. Zu der endgültigen Fassung von § 39 TKG

[769] Fuhr/Kerkhoff, Entgelte für die Gewährung von Netzzugang gemäß § 39 TKG, NJW 1997, 3209, S. 3210.

[770] Vgl. hierzu 2. Teil B.I.3.a).

[771] Vgl. Begr. zu § 39 TKG, BT-Drs. 13/3609, S. 29.

[772] Fuhr/Kerkhoff, Entgelte für die Gewährung von Netzzugang gemäß § 39 TKG, NJW 1997, 3209, S. 3210 f.

sei es erst nach der Beschlußempfehlung und dem Bericht des Ausschusses für Post und Telekommunikation gekommen, in denen die Einigung des EG-Ministerrats vom 21.03.1996 zur Zusammenschaltungsrichtlinie berücksichtigt werden sollte. Es könne aber nicht davon ausgegangen werden, daß durch diese Änderung eine Umsetzung der relevanten EG-Richtlinien zum offenen Netzzugang unter Durchbrechung des asymmetrischen Regulierungsansatzes im TKG erfolgen sollte. Systematisch bestätige § 39 TKG nur die Vergütungspflicht für Zusammenschaltungsleistungen, ohne diese inhaltlich auszugestalten, so daß sich das „Wie" der Entgeltregulierung im Sinne einer Rechtsgrundverweisung ausschließlich nach den §§ 24 ff. TKG bestimme.

Einer Entgeltregulierung unterliegen danach ausschließlich die marktbeherrschenden Unternehmen in der Telekommunikation.

bb) Rechtsfolgenverweisung

Nach anderer Auffassung[773] handelt es sich bei § 39 TKG um eine Rechtsfolgenverweisung. Begründet wird diese Auffassung mit dem Wortlaut von § 39 TKG, wonach für die Regulierung der Entgelte für die Gewährung eines Netzzugangs nach § 35 TKG und für die Durchführung einer angeordneten Netzzusammenschaltung nach § 37 TKG die entsprechende Geltung der genannten Vorschriften angeordnet werde. Da es bei der angeordneten Zusammenschaltung nach § 37 TKG auf die Marktbeherrschung gerade nicht ankommt, wäre der Verweis überflüssig, wenn nicht die Entgelte für die Durchführung einer angeordneten Zusammenschaltung generell und unabhängig von der Marktbeherrschung einer Regulierung durch die RegTP unterliegen.

cc) Stellungnahme

Der letztgenannten Auffassung ist zuzustimmen. Sie entspricht dem ausdrücklichen Willen des Gesetzgebers, wonach eine Kontrolle über die Entgelte für eine Zusammenschaltung unabhängig von der Marktbeherrschung möglich sein soll.[774] Aus diesem Grund wurde im Laufe des Gesetzgebungsverfahrens vom Gesetzgeber auf eine entsprechende Beschränkung verzichtet. Dies kann nur dahingehend verstanden werden, daß sich die Entgeltregulierung - abweichend von den ursprünglichen Planungen - auch auf die von nicht marktbeherrschenden Unternehmen geforderten Zusammenschaltungsentgelte erstrecken soll. Die Anordnung einer „entsprechenden Geltung" der genannten Vorschriften in § 39 TKG meint daher, daß

---

773 Entscheidung der Beschlußkammer 4 der RegTP vom 31.07.1998 - Entgelte für Zusammenschaltungsanschlüsse, MMR 1998, 681, S. 682; BeckTKG-Komm/Piepenbrock, § 39 Rn. 8.

774 Beschlußempfehlung und Bericht des Ausschusses für Post und Telekommunikation vom 12.06.1996, BT-Drs. 13/4864, S. 114.

die in den §§ 24 ff. TKG genannten Grundsätze für die Entgeltregulierung für das Angebot von Übertragungswegen und Sprachtelefondienst, soweit dies möglich ist, auf die Berechnung der Netznutzungsentgelte übertragen werden sollen. Dies ist von der Marktbeherrschung des Unternehmens unabhängig. Bei § 39 TKG handelt es sich somit um eine Rechtsfolgenverweisung.

Die Entgeltregulierung erfolgt damit unabhängig von der Marktmacht der betroffenen Unternehmen.

b) Regulierung der Entgelte im Rahmen von § 33 TKG

Noch nicht abschließend geklärt ist, ob die RegTP auch in den von § 33 TKG erfaßten Fällen eine Kompetenz zur Entgeltregulierung hat. Hierzu wird die Auffassung vertreten, daß § 33 TKG selbst regele, zu welchen Preisen und Konditionen der Netzzugang zu erfolgen hat.[775] Dem Anspruchsteller sei der Zugang diskriminierungsfrei, d.h. zu den wirklichen Produktionskosten des vertikal integrierten Unternehmens, zu gewähren. § 39 TKG unterwerfe insoweit nur die Entgelte für den besonderen Netzzugang nach § 35 TKG und die Durchführung einer angeordneten Zusammenschaltung nach § 37 TKG der Entgeltregulierung nach §§ 24 ff. TKG, so daß die darin enthaltenen Kriterien für die Ermittlung von Entgelten bei der Entgeltermittlung für die Bereitstellung von Leistungen nach § 33 TKG keine Rolle spielen dürfen.

Zu untersuchen ist, ob diese Auffassung auch unter Berücksichtigung des systematischen Verhältnisses zwischen § 33 und § 35 TKG zutreffend ist. Versteht man mit der herrschenden Auffassung in Rechtsprechung und Literatur[776] § 35 TKG als eine Konkretisierung von § 33 Abs. 1 TKG, so kann über den Verweis in § 39 TKG bereits aus systematischen Gründen nicht das gesamte Anwendungsspektrum von § 33 TKG erfaßt werden. Hätte der Gesetzgeber dies gewollt, so wäre die allgemeinere Vorschrift des § 33 TKG in § 39 TKG ausdrücklich aufgeführt worden. Eine Entgeltregulierung gemäß §§ 24 ff. TKG findet damit nur für die Gewährung eines Netzzugangs nach § 35 TKG und für die Durchführung einer angeordneten Zusammenschaltung nach § 37 TKG statt.

Im übrigen bestimmt sich die Entgeltregulierung unmittelbar nach § 33 TKG. Zu berücksichtigen ist dabei, daß das Eingriffskriterium der besonderen Mißbrauchsaufsicht aus § 33 TKG schwächer als das der allgemeinen Entgeltregulierung ist, da es sich nicht an den Kosten der effizienten Leistungsbereitstellung als Vergleichsmaßstab für die Preise orientiert, sondern an den Bedingungen, die sich das Unter-

---

775 Engel, Der Weg der deutschen Telekommunikation in den Wettbewerb, MMR-Beilage 3/1999, 7, S. 13.

776 Vgl. hierzu 2. Teil B.I.2.c).

nehmen selbst einräumt.[777] Diese Konsequenz ist jedoch aus systematischen Gründen hinzunehmen.

c) Maßstäbe der Entgeltregulierung

Gemäß § 39 TKG i.V.m. § 27 Abs. 1 TKG genehmigt die RegTP die Entgelte für die Gewährung eines Netzzugangs nach § 35 TKG und für die Durchführung einer angeordneten Zusammenschaltung nach § 37 TKG auf der Grundlage der auf die einzelne Dienstleistung entfallenden Kosten der effizienten Leistungsbereitstellung (§ 27 Abs. 1 Nr. 1 TKG)[778] oder auf der Grundlage der von ihr vorgegebenen Maßgrößen für die durchschnittlichen Änderungsraten der Entgelte für einen Korb zusammengefaßter Dienstleistungen (§ 27 Abs. 1 Nr. 2 TKG). Nach § 39 TKG i.V.m. § 24 Abs. 1 TKG haben sich die Entgelte an den Kosten der effizienten Leistungsbereitstellung zu orientieren und den Anforderungen aus § 24 Abs. 2 TKG zu entsprechen. Da sich die Entgelte an den Kosten der effizienten Leistungsbereitstellung lediglich *orientieren* müssen, indiziert dies einen Spielraum, innerhalb dessen dem regulierten Unternehmen eine marktwirtschaftliche Gestaltungsfreiheit verbleibt.[779]

Entgelte dürfen danach insbesondere keine Aufschläge enthalten, die nur aufgrund der marktbeherrschenden Stellung nach § 19 GWB eines Anbieters auf dem jeweiligen Markt der Telekommunikation durchsetzbar sind, es sei denn, daß hierfür ein sachlich gerechtfertigter Grund nachgewiesen wird (§ 24 Abs. 2 Nr. 1 TKG). Grundlage für die Preisbildung sind danach die in einem engen Zusammenhang mit der Leistungsbereitstellung stehenden Kosten.[780] Umstritten ist, in welchem Umfang die Kosten des ehemaligen Monopolisten dieser Leistungsbereitstellung zugeordnet werden können.[781] Um Quersubventionierungen, bei denen die Kosten der regulierten Leistung anderen Leistungen zugeordnet werden, zu vermeiden, sollen bei der Kostenberechnung sowohl die Fix- als auch die Grenzkosten in Ansatz zu

---

777 Klodt/Laaser/Lorz/Maurer, Wettbewerb und Regulierung in der Telekommunikation (Kieler Studien, 272), S. 112.

778 Für Zusammenschaltungsentgelte sah dies Art. 7 Abs. 2 S. 1 der seinerzeit geltenden ONP-Zusammenschaltungsrichtlinie vor.

779 Hefekäuser, Die Deutsche Telekom - ein reguliertes Unternehmen im Wettbewerb, in: Oberender, Die Dynamik der Telekommunikationsmärkte als Herausforderung an die Wettbewerbspolitik, 47, S. 53, wonach ausweislich des Gesetzeswortlauts die Entgelte den Kosten der effizienten Leistungsbereitstellung nicht *entsprechen* müssen..

780 Schroeder, Telekommunikationsgesetz und GWB, WuW 1999, 14, S. 17.

781 Zum Streitstand vgl. Gerpott, Wettbewerbsstrategien im Telekommunikationsmarkt, S. 80 ff. Teilweise wird vertreten, daß die Verpflichtung der DTAG zur Finanzierung der Beamtenpensionen entsprechende Aufschläge rechtfertigen soll, vgl. Schroeder, Telekommunikationsgesetz und GWB, WuW 1999, 14, S. 19.

bringen sein.[782] Kosten und Entgelte sollen damit wettbewerblichen Bedingungen entsprechen.[783] Durch eine Preisregulierung der marktbeherrschenden Unternehmen sollen insbesondere monopolistisch überhöhte Preise und eine preisliche Behinderung der Wettbewerber verhindert werden.[784]

Sofern die RegTP die Entgelte gemäß § 27 Abs. 1 Nr. 1 TKG auf der Grundlage der auf die einzelne Dienstleistung entfallenden Kosten der effizienten Leistungsbereitstellung genehmigt, prüft die RegTP gemäß § 27 Abs. 2 S. 1 TKG für jedes einzelne Entgelt die Einhaltung des Maßstabs nach § 24 Abs. 2 Nr. 1 TKG. Genehmigt die RegTP die Entgelte gemäß § 27 Abs. 1 Nr. 2 TKG auf der Grundlage der von ihr vorgegebenen Maßgrößen für die durchschnittlichen Änderungsraten der Entgelte für einen Korb zusammengefaßter Dienstleistungen, so gilt bei Einhaltung der vorgegebenen Maßgrößen der Maßstab des § 24 Abs. 2 Nr. 1 TKG als erfüllt.

Einzelheiten zu den Arten und Verfahren der Entgeltgenehmigung, dem Umfang der Kostennachweise, der Bildung von Maßgrößen und den weiteren Genehmigungsvoraussetzungen ergeben sich aus der auf der Grundlage von § 27 Abs. 4 TKG erlassenen Telekommunikations-Entgeltregulierungsverordnung (TEntgV) vom 01.10.1996.[785] Gemäß § 3 Abs. 2 TEntgV ergeben sich die Kosten der effizienten Leistungsbereitstellung aus den langfristigen zusätzlichen Kosten der Leistungsbereitstellung und einem angemessenen Zuschlag für leistungsmengenneutrale Gemeinkosten, einschließlich einer angemessenen Verzinsung des eingesetzten Kapitals, soweit diese Kosten jeweils für die Leistungsbereitstellung notwendig sind. Gemäß § 3 Abs. 3 TEntgV soll die RegTP zusätzlich insbesondere Preise und Kosten solcher Unternehmen als Vergleich heranziehen, die entsprechende Leistungen auf vergleichbaren Märkten im Wettbewerb anbieten (Benchmarking).[786] In der Anfangsphase des Wettbewerbs sollen die langfristigen Kosten der effizienten Leistungsbereitstellung außerdem über analytische Kostenmodelle ermittelt werden.[787]

---

782 Schroeder, Telekommunikationsgesetz und GWB, WuW 1999, 14, S. 17.

783 Schütz/Müller, Entgeltregulierung in der Telekommunikation, MMR 1999, 128, S. 131.

784 Klodt/Laaser/Lorz/Maurer, Wettbewerb und Regulierung in der Telekommunikation, S. 91 und S. 111 ff.

785 BGBl. I S. 1492. Die TEntgV ist vollständig erst am 01.01.1998 in Kraft getreten.

786 Die ersten Entscheidungen über Zusammenschaltungsentgelte hat das BMPT im Herbst 1997 auf Antrag der Mannesmann Arcor GmbH und der o.tel.o communications GmbH & Co. ausschließlich auf der Grundlage des Vergleichsmarktverfahrens bestimmt, vgl. ABl. BMPT 1997, S. 1721 f.; vergleichbare Entscheidungen ergingen gegenüber Viag Interkom und COLT TELECOM, vgl. Mitteilungen BMPT Nr. 193 und 194, ABl. BMPT 1997, S. 1754.

787 Schütz/Müller, Entgeltregulierung in der Telekommunikation, MMR 1999, 128, S. 132. Teilweise wird angenommen, daß mittel- und langfristig die Bedeutung von sog. Bottom-up-Kostenmo-

Das Verfahren der Entgeltgenehmigung endet gemäß § 39 TKG i.V.m. §§ 27 Abs. 3, 28 Abs. 3 und 4 TKG mit der Versagung oder einer Genehmigung der beantragten Entgelte. Genehmigte Entgelte werden gemäß § 39 TKG i.V.m. § 28 Abs. 4 TKG im Amtsblatt der RegTP veröffentlicht. Die Genehmigung ist nach § 28 Abs. 3 TKG mit einer Befristung nach § 36 Abs. 2 Nr. 1 VwVfG zu versehen. Bereits genehmigte Entgelte unterliegen der nachträglichen Regulierung nach § 39 TKG i.V.m. § 30 Abs. 1 und 3 bis 6 TKG.

3. Unwirksamkeit wettbewerbsbeschränkender Vereinbarungen

Vereinbarungen über die Gewährung von Netzzugängen nach § 35 TKG sind gemäß § 38 Abs. 1 TKG unwirksam, soweit sie geeignet sind, die Wettbewerbsmöglichkeiten anderer Unternehmen auf einem Markt der Telekommunikation ohne sachlich gerechtfertigten Grund zu beeinträchtigen. Nach der Gesetzesbegründung zu § 38 TKG – damals noch § 37 TKGE[788] - sollte die Regelung allein die gesetzliche Unwirksamkeit von Zusammenschaltungsvereinbarungen statuieren, die ohne sachlich gerechtfertigten Grund eine Wettbewerbsbeschränkung bewirken. Der Wortlaut von § 38 Abs. 1 TKG ist indes weiter und erfaßt auch Vereinbarungen über die Gewährung von allgemeinen und besonderen Netzzugängen. Die Vorschrift dient dem Schutz dritter Unternehmen, die durch die getroffene Vereinbarungen beeinträchtigt werden.[789] Hintergrund für diese Regelung war die Befürchtung des Gesetzgebers, daß ein Vertrag, zu dessen Abschluß der Betreiber eines Telekommunikationsnetzes nach § 35 TKG veranlaßt wird, von den Vertragsparteien dazu mißbraucht werden könnte, Vereinbarungen zu treffen, die den Wettbewerb zu Lasten Dritter einschränken.[790]

Liegen die Tatbestandsvoraussetzungen des § 38 Abs. 1 TKG vor, so tritt kraft Gesetzes die Rechtsfolge der Unwirksamkeit der Netzzugangsvereinbarung ein, die nach allgemeinen zivilrechtlichen Grundsätzen gemäß § 139 BGB grundsätzlich die gesamte Vereinbarung erfaßt. Über § 38 Abs. 2 TKG wird der RegTP die Möglichkeit eingeräumt, die Beteiligten aufzufordern, die jeweilige wettbewerbsbeschränkende Vereinbarung nicht durchzuführen. Die Zuwiderhandlung ist nach § 96 Abs. 1 S. 1 Nr. 7 TKG mit einer Geldbuße bedroht.

---

dellen steigen werde, vgl. Mellewigt/Theissen, Bottom-up-Kostenmodelle als Kerninstrument für zukünftige Entgeltregulierungsentscheidungen, MMR 1998, S. 589 ff. Die Bottom-up-Kostenmodelle versuchen, die Netzwerkelemente zu identifizieren, die erforderlich sind, um eine bestimmte Nachfrage effizient zu befriedigen. Die Kosten werden danach von der Nachfragerseite kommend berechnet. Zu den in Großbritannien verwendeten Bottom-up- und Top-down-Modellen vgl. Schütz/Müller, Entgeltregulierung in der Telekommunikation, MMR 1999, 128, S. 132.

[788] Begründung zum Entwurf eines Telekommunikationsgesetzes, BT-Drs. 13/3609, S. 47.

[789] Begründung zum Entwurf eines Telekommunikationsgesetzes, BT-Drs. 13/3609, S. 47.

[790] BeckTKG-Komm/Salger, § 38 Rn. 2.

II. Elektrizitätswirtschaft

Wie auch in der Telekommunikation, besteht eine Schwierigkeit bei der Ermittlung angemessener Preise und Bedingungen für den Netzzugang in der Elektrizitätswirtschaft darin, daß keine etablierten Marktdaten für Netznutzungsentgelte existieren.[791] Erschwerend wirkt sich dabei aus, daß im Rahmen einer Durchleitung so viele Durchleitungsverträge zu schließen sind, wie Übertragungs-, Verteilungs- und Verbindungsnetze berührt werden.[792] Mit jedem dieser Netzbetreiber sind damit im Grundsatz die Netznutzungsbedingungen individuell auszuhandeln.

Dennoch hat sich der Gesetzgeber hinsichtlich der Netznutzungsbedingungen in der Elektrizitätswirtschaft auf ein Minimum an Regeln beschränkt.[793] Das „Wie" der Durchleitung wird in der Elektrizitätswirtschaft zunächst durch das Diskriminierungsverbot des § 6 Abs. 1 S. 1 EnWG bestimmt. Der Netzbetreiber hat danach sein Netz zu Bedingungen zur Verfügung zu stellen, die nicht ungünstiger sind als sie von ihm in vergleichbaren Fällen für Leistungen innerhalb des Unternehmens oder gegenüber verbundenen oder assoziierten Unternehmen tatsächlich oder kalkulatorisch in Rechnung gestellt werden.[794] Mit der Einbeziehung des Verhaltens des Netzbetreibers gegenüber verbundenen oder assoziierten Unternehmen hat der Gesetzgeber Rechtsbegriffe des HGB in das EnWG übernommen.[795] Regelungstechnisch variiert § 6 Abs. 1 S. 1 EnWG damit die besondere Mißbrauchsaufsicht in der Telekommunikation in § 33 Abs. 1 TKG, indem die Zugangsbedingungen im wesentlichen einem Gleichbehandlungsgebot unterworfen

---

[791] Büdenbender, Die Kontrolle von Durchleitungsentgelten in der leitungsgebundenen Energiewirtschaft, ZIP 2001, 2225, S. 2226.

[792] Salje, Der Durchleitungsvertrag, RdE 1998, 169, S. 177, der statt dessen eine „zentrale Vermarktung von freien Netzkapazitäten" in der Art eines „rechnerischen Re-Bundling" für wünschenswert erachtet, um die Anzahl der individuell auszuhandelnden Durchleitungsverträge zu reduzieren, soweit eine wettbewerbskonforme Organisation möglich ist, S. 174 f.

[793] Börner, Erste Überlegungen zu den privaten Normierungen der Stromdurchleitung: Stringenz und Kartellrecht (Teil 1), RdE 2000, S. 55.

[794] Die Stromrichtlinie enthält keine Kriterien und Methoden zur Berechnung der Netznutzungsentgelte, vgl. Hermann, Binnenmarkt-Richtlinien für Strom und Gas - Gestaltungsspielräume und Tendenzen bei einer Umsetzung in den EU-Mitgliedstaaten, in: Kühne/Straßburg/Hermann/Rupp, Wettbewerb - Bestandsschutz – Umweltschutz, 25, S. 38.

[795] Den Begriff des verbundenen Unternehmens definiert das Gesetz in § 271 Abs. 2 HGB, den Begriff des assoziierten Unternehmens in § 311 Abs. 1 S. 1 HGB.

werden.[796] Es gilt insoweit der Grundsatz der - vertikal ausgerichteten[797] - Gleichbehandlung von unternehmensinternen und -externen Sachverhalten.[798]

Der Begriff der Bedingungen in § 6 Abs. 1 S. 1 EnWG geht über die bloße Preisbemessung hinaus und erfaßt auch die Vereinbarungen über Zahlungstermine, Laufzeiten, Haftungsfragen sowie Vereinbarungen über weitere Systemleistungen des Netzbetreibers.[799] Andererseits deutet der Wortlaut „in Rechnung gestellt" ausschließlich auf eine zahlenmäßige Darstellung der Geschäftsvorfälle hin, die nur das Durchleitungsentgelt darstellen könnte.[800] § 6 Abs. 1 S. 1 EnWG soll darüber hinaus ein Bekenntnis zu einer sachgerechten Kostenzuordnung mit der Folge einer Berücksichtigung der speziellen Auswirkungen jeder beantragten Durchleitung zu entnehmen sein.[801]

Daneben finden die kartellrechtlichen Bewertungsmaßstäbe Anwendung. Gemäß § 6 Abs. 1 S. 4 EnWG bleiben § 19 Abs. 4 GWB und § 20 Abs. 1 und 2 GWB unberührt. Die Regelung verweist damit auf die Mißbrauchsaufsicht der Kartellbehörden gegenüber marktbeherrschenden Unternehmen sowie auf das Diskriminierungsverbot.[802] Die §§ 19 und 20 Abs. 1 GWB enthalten eine Verhaltenskontrolle in Bezug auf marktbeherrschende bzw. – unter den Voraussetzungen des § 20 Abs. 2 GWB – marktstarke Unternehmen. Da es in der Elektrizitätswirtschaft aus den genannten Gründen nicht in nennenswertem Umfang zur Errichtung paralleler Netzinfrastruktureinrichtungen kommen wird, und damit die Verfügungsgewalt über Stromnetze regelmäßig zu einer marktbeherrschenden Stellung des jeweiligen Netzbetreibers führt, finden die §§ 19, 20 GWB im Regelfall neben § 6 EnWG

---

796 Schneider, Liberalisierung der Stromwirtschaft durch regulative Marktorganisation, S. 511.

797 Scholz/Röhling, Der verhandelte Netzzugang gemäß § 6 EnWG, in: Bartsch/Röhling/Salje/Scholz, Stromwirtschaft, Kap. 53 Rn. 22, S. 456.

798 Wiedemann-Zinow, Handbuch des Kartellrechts, § 34 Rn. 161 f.

799 Büdenbender, Rechtsfragen anläßlich der Durchleitung elektrischer Energie, in: Baur, Energiewirtschaft - Der neue energie- und kartellrechtliche Rahmen, 73, S. 98; Tüngler, Der Netzzugang in der Elektrizitätswirtschaft auf der Grundlage des Energiewirtschaftsgesetzes (EnWG), S. 89.

800 Tüngler, Der Netzzugang in der Elektrizitätswirtschaft auf der Grundlage des Energiewirtschaftsgesetzes (EnWG), S. 90.

801 Tüngler, Der Netzzugang in der Elektrizitätswirtschaft auf der Grundlage des Energiewirtschaftsgesetzes (EnWG), S. 90. Dies berücksichtigt Ziffer 1.8. der Verbändevereinbarung II: „Im Interesse niedriger Netznutzungsentgelte für alle Netznutzer sollen für Einspeisung und Entnahme das vorhandene Netz genutzt und der Bau von zusätzlichen Leitungen möglichst vermieden werden. Zu diesem Zweck kann der Netzbetreiber von der pauschalierten Berechnung des Netznutzungsentgelts abweichen."

802 Dies folgt im übrigen aus § 130 Abs. 3 GWB, wonach die Vorschriften des EnWG einer Anwendung der §§ 19 und 20 GWB nicht entgegenstehen.

Anwendung.[803] Dies führt in der Elektrizitätswirtschaft zu einer Doppelkontrolle der Netznutzungsbedingungen, die sowohl dem in § 6 Abs. 1 EnWG manifestierten Maßstab als auch dem Regime des kartellrechtlichen Preis- und Konditionenmißbrauchsverbots entsprechen müssen.[804] Beide Maßstäbe kommen gleichrangig nebeneinander zur Anwendung.[805] Dies hat Folgen für die staatliche Aufsicht, da es damit auch zu einem Nebeneinander der für die Energieaufsicht und die Kartellaufsicht zuständigen Behörden kommt.[806] Darüber hinaus ist der Inhalt der Netznutzungsvereinbarung mit den in § 1 EnWG formulierten Gemeinwohlzielen abzustimmen.[807]

Anders als in der Telekommunikation ist in der Elektrizitätswirtschaft keine Pflicht zur Veröffentlichung von Tarifen oder Musterbedingungen hinsichtlich der von einem Netzbetreiber abgeschlossenen Netznutzungsverträge vorgesehen. Wie sich § 6 Abs. 4 EnWG entnehmen läßt, müssen die Betreiber von Elektrizitätsversorgungsnetzen keine einheitlich geltenden Transporttarife erstellen, sondern lediglich Richtwerte für eine Preisspanne aufgrund vormals ausgehandelter Entgelte veröffentlichen. Eine Veröffentlichung der Zugangstarife, die den Durchleitungsbegehrenden einen transaktionskostengünstigen Tarifvergleich ermöglichen und den Kartellbehörden die Aufdeckung von Machtmißbrauch erleichtern würde, ist im System des verhandelten Netzzugangs demnach nicht vorgesehen. Das Gleichbehandlungsgebot aus § 6 Abs. 1 S. 1 EnWG verharrt damit insgesamt in den einzelfallbezogenen und lediglich reaktiven Strukturen der klassischen kartellrechtlichen Mißbrauchskontrolle.[808]

---

803 Danner-Danner, Energiewirtschaftsrecht, EnWG § 6 Rn 28; Scholz/Röhling, Der verhandelte Netzzugang gemäß § 6 EnWG, in: Bartsch/Röhling/Salje/Scholz, Stromwirtschaft, Kap. 53 Rn. 22, S. 457.

804 Scholz/Röhling, Der verhandelte Netzzugang gemäß § 6 EnWG, in: Bartsch/Röhling/Salje/Scholz, Stromwirtschaft, Kap. 53 Rn. 23, S. 457. Die dem zugangsbegehrenden Unternehmen in Rechnung gestellten Netznutzungsentgelte können danach, selbst wenn sie den unternehmens- bzw. konzernintern berechneten Netznutzungsentgelten entsprechen, mißbräuchlich erhöht und damit kartellrechtswidrig sein, weil sie ohne sachlichen Grund von den Preisen abweichen, die der Netzbetreiber von vergleichbaren Abnehmern fordert.

805 Scholz/Röhling, Der verhandelte Netzzugang gemäß § 6 EnWG, in: Bartsch/Röhling/Salje/Scholz, Stromwirtschaft, Kap. 53 Rn. 24, S. 457.

806 Danner-Danner, Energiewirtschaftsrecht, EnWG § 6 Rn. 29 ff., wonach sich diese für die Praxis wenig zweckmäßige Rahmenbedingung nicht im Wege einer zielorientierten Auslegung vermeiden läßt. Die Regeln über den verhandelten Netzzugang lassen sich danach nicht als Kartellrecht mit der Folge qualifizieren, daß für die Energieaufsicht kein Betätigungsfeld bleibt, sondern im Konfliktsfall allein die Kartellbehörde zu entscheiden hat. Vgl. hierzu aber 1. Teil E.II.

807 Kühne, Der Netzzugang und seine Verweigerung im Spannungsfeld zwischen Zivilrecht, Energierecht und Kartellrecht, RdE 2000, 1, S. 2.

808 Schneider, Liberalisierung der Stromwirtschaft durch regulative Marktorganisation, S. 512. Ziffer 1.8 der Verbändevereinbarung II Plus sieht vor, daß der Netzbetreiber von der pauschalierten

Grundsätzlich wird auch der Netzbetreiber in der Elektrizitätswirtschaft dem Zugang zu seinen Netzinfrastruktureinrichtungen freiwillig nur dann zustimmen, wenn die Netznutzungsentgelte den entgangenen Lieferumfang überkompensieren. Außerdem hat der Netzbetreiber nur dann einen Anreiz zum weiteren Netzausbau, wenn er durch die Gestattung der Netznutzung ein entsprechend hohes Durchleitungsentgelt erzielen kann.[809] Andererseits wird der Wettbewerb in der Elektrizitätswirtschaft beeinträchtigt, wenn die Durchleitungsentgelte derart hoch bemessen werden, daß der vom Kunden für die Elektrizitätslieferung insgesamt zu zahlende Preis das Angebot des etablierten Unternehmens übersteigt, auch wenn die Auswahl des Stromproduzenten nicht ausschließlich über den Preis bestimmt wird.[810]

1. Strukturelle Separierung und getrennte Buchführung – Berücksichtigungsfähigkeit von „stranded costs"

Voraussetzung für eine Berechnung angemessener Netznutzungsentgelte ist auch in der Elektrizitätswirtschaft, daß innerhalb des Unternehmens die Leistungen der verschiedenen Unternehmenseinheiten kostentransparent erfaßt werden.

a) Strukturelle Separierung in der Elektrizitätswirtschaft

Der Gesetzgeber hat auch in der Elektrizitätswirtschaft auf eine gesellschaftsrechtliche und funktionelle Entflechtung der Erzeugungs- bzw. Verteilungsebene von der Netzebene verzichtet. Dadurch ist die überragende Marktstellung der Verbundunternehmen im Ergebnis erhalten geblieben.[811] Der Gesetzgeber hat sich zunächst für eine verwaltungstechnische Variante des organisatorischen Unbundling entschieden.[812] Gemäß § 4 Abs. 4 EnWG ist das Übertragungsnetz als eigene Betriebsabteilung zu führen, getrennt von Erzeugung und Verteilung sowie von den übrigen Tätigkeiten des EVU, die nicht mit dem Netzbereich zusammenhängen. Damit ist der deutsche Gesetzgeber den Vorgaben aus Art. 7 Abs. 6 der Stromrichtlinie gefolgt, wonach der Netzbetreiber zumindest auf der Verwaltungsebene

---

Berechnung des Netznutzungsentgelts nach den Grundsätzen der Verbändevereinbarung abweichen darf.

809 Eine Ausnahme besteht dann, wenn der Netzbetreiber organisatorisch unabhängig vom Stromerzeuger ist und ausschließlich Leistungen für Dritte erbringt, vgl. Hagenmeyer, Stromerzeugung und Netzausbau im Wettbewerb, EW 1997, 878, S. 879.

810 Ein weiteres Auswahlkriterium ist etwa die Umweltverträglichkeit der Energieerzeugung. Untersuchungen haben jedoch ergeben, daß der Preis das maßgebliche Auswahlkriterium darstellt und eine umweltverträglichere Energieerzeugung zu allenfalls geringfügigen Aufschlägen führen darf.

811 Meyer-Renschhausen/Sieling, Liberalisierung des Strommarktes, Zeitschrift für öffentliche und gemeinwirtschaftliche Unternehmen 1999, 115, S. 123.

812 Theobald/Theobald, Grundzüge des Energiewirtschaftsrechts, S. 70.

unabhängig von den übrigen Tätigkeiten sein muß, die nicht mit dem Übertragungssystem zusammenhängen.[813] Die damit verbundene Offenlegung der für den Übertragungsnetzbereich relevanten Kosten soll die Ermittlung angemessener und nicht diskriminierender Durchleitungsentgelte erleichtern.

EVU der allgemeinen Versorgung müssen darüber hinaus gemäß § 9 Abs. 1 EnWG unabhängig von ihrer Rechtsform einen Jahresabschluß nach den für Kapitalgesellschaften geltenden Vorschriften der §§ 264 bis 289 HGB aufstellen und diesen nach den §§ 316 bis 324 HGB prüfen lassen. Der Jahresabschluß ist zu veröffentlichen bzw. zur Einsicht bereitzuhalten. Gemäß § 9 Abs. 2 S. 1 EnWG haben EVU der allgemeinen Versorgung außerdem in ihrer Buchführung getrennte Konten im Sinne einer buchhalterischen Entflechtung für die Bereiche Erzeugung, Übertragung und Verteilung sowie für Aktivitäten außerhalb des Elektrizitätsbereichs zu führen.[814] Damit ist der deutsche Gesetzgeber den Vorgaben aus Art. 14 Abs. 3 der Stromrichtlinie nachgekommen, die der Vermeidung von Diskriminierungen, Quersubventionen und Wettbewerbsverzerrungen dienen sollen. Die Rechnungslegung aller integrierten EVU soll dabei ein Höchstmaß an Transparenz aufweisen.[815]

Ob bereits diese Regelungen ausreichen, um einer Wettbewerbsbehinderung durch überhöhte Netznutzungsentgelte wirksam entgegenzutreten, ist zweifelhaft. Dagegen spricht, daß es aus der Sicht des Gesamtunternehmens unwesentlich ist, in welcher Abteilung die Gewinne anfallen. Hohe Netznutzungsentgelte unter Beibehaltung des errechneten Gesamtpreises verschieben diesen Gewinn nur von der Vertriebs- in die Netzabteilung des EVU.[816] Nach einem Beschluß der EU-Regierungen vom 25.11.2002 sollen von 2007 an auch die Betreiber von Übertragungsnetzen rechtlich so entflechtet werden („legal unbundling"), daß sie nicht länger aus anderen Geschäftsfeldern der EVU quersubventioniert werden können. Die Bundesregierung plant, dies durch einen freiwilligen „Verhaltenskodex" der deutschen EVU zu verhindern.[817]

---

813 Aus den Erwägungsgründen zu der Stromrichtlinie ergibt sich, daß zur Gewährleistung von Transparenz und Nichtdiskriminierung die Übertragungsfunktion von vertikal integrierten Unternehmen unabhängig von anderen Aktivitäten betrieben werden muß, vgl. Erwägungsgrund Nr. 30 der Stromrichtlinie.

814 Vgl. hierzu Theobald/Theobald, Grundzüge des Energiewirtschaftsrechts, S. 71.

815 Erwägungsgrund Nr. 32 der Stromrichtlinie.

816 Hoeffler, Regulatorische Rahmenbedingungen für den deutschen Strommarkt, ET 2001, 240, S. 241.

817 Den Verteilnetzbetreibern soll die Möglichkeit eingeräumt werden, zu beweisen, daß mit einer Branchenvereinbarung der gleiche Zweck erreicht werden kann wie mit einer gesetzlichen Regelung. In einem Bericht, den die Kommission bis Ende 2005 vorlegen muß, soll dann geprüft werden, ob die Verbändevereinbarung ausreicht, um auch ausländische Konkurrenten einen ungehinderten

b) Berücksichtigung von „stranded costs“

Für die Netzbetreiber in der Elektrizitätswirtschaft stellt sich zunächst die Frage, inwieweit sog. „stranded costs“, d.h. Kosten für Anlagen oder vertragliche Verpflichtungen, die in der Vergangenheit an die Kunden nicht oder nicht vollständig weitergegeben werden konnten, und die auch in Zukunft unter Wettbewerbsbedingungen weder von selbst – gegebenenfalls unter Einsatz von Rationalisierungsmaßnahmen und Vertragsanpassungen – abgebaut noch überwälzt werden können,[818] Berücksichtigung finden dürfen. „Stranded costs“ zeichnen sich dadurch aus, daß sie durch kostenwirksame Entscheidungen entstehen, die als unter den damals gültigen Rahmenbedingungen und unter Zugrundelegung realistischer Erwartungen betriebswirtschaftlich rational angesehen werden konnten.[819] Sie beruhen in der Elektrizitätswirtschaft vorwiegend auf Überkapazitäten im Erzeugungsbereich und nur selten auf Überkapazitäten im Netzbereich. Abzugrenzen sind diese Kosten von unternehmerischen Fehlinvestitionen. Damit sind solche Investitionen gemeint, denen schon nach altem Recht wegen des Bekenntnisses zu rationeller Betriebsführung die Anerkennung versagt bleiben mußte bzw. Investitionen, deren Fehlcharakter sich erst nachträglich aufgrund des Risikos verschlechterter Investitionsauslastung herausgestellt hat.[820]

Die Pflicht zur buchhalterischen Entbündelung zeigt, daß nur die Kosten des Netzbetriebs zur Ermittlung des Netznutzungsentgelts herangezogen werden dürfen. Soweit „stranded costs“ also außerhalb des Netzbereichs – etwa durch Überkapazitäten auf der Erzeugungsebene – entstehen, können diese keine Berücksichtigung finden.[821] Im übrigen bestimmt sich ihre Berücksichtigungsfähigkeit nach dem Inhalt der Verbändevereinbarung zur Ermittlung der Netznutzungsentgelte.

2. *Ermittlung der Netznutzungsentgelte*

Mit der vom Gesetzgeber in der Elektrizitätswirtschaft präferierten Lösung des verhandelten Netzzugangs ist zugleich die Entscheidung darüber verbunden, wer die Höhe des Netznutzungsentgeltes und die sonstigen Netznutzungsbedingungen

---

Zugang auf den deutschen Energiemarkt zu gewährleisten. Vgl. FAZ vom 26.11.2002, „Der Strommarkt wird 2007 geöffnet“, S. 11.

818 Tüngler, Der Netzzugang in der Elektrizitätswirtschaft auf der Grundlage des Energiewirtschaftsgesetzes (EnWG), S. 96.

819 Schmitt, „Stranded costs“ und Liberalisierung, ET 1998, 143, S. 144. Umgekehrt können die Unternehmen Vorteile auch aus bereits abgeschriebenen, aber weiter nutzbaren Anlagegütern ziehen.

820 Tüngler, Der Netzzugang in der Elektrizitätswirtschaft auf der Grundlage des Energiewirtschaftsgesetzes (EnWG), S. 96 f.

821 Tüngler, Der Netzzugang in der Elektrizitätswirtschaft auf der Grundlage des Energiewirtschaftsgesetzes (EnWG), S. 97.

bestimmt. Nach dem Sinn und Zweck von Art. 17 Abs. 1 der Stromrichtlinie sind dies die zugelassenen EVU und die zugelassenen Kunden, die sich innerhalb und außerhalb des Netzgebietes befinden.[822] Damit ist zunächst vorgegeben, daß nicht das jeweilige EVU einseitig das Netznutzungsentgelt festsetzt, sondern dieses zwischen den Parteien des Netznutzungsvertrages auszuhandeln ist. Allerdings ist es zunächst die Aufgabe des Netzbetreibers, ein angemessenes Entgelt für die Durchleitung vorzuschlagen, da das die Durchleitung begehrende Unternehmen regelmäßig keinen Einblick in die Kostenstruktur des Netzbetreibers hat.[823] Da bundesweit eine Vielzahl von Netzbetreibern verpflichtet ist, ihr Netz für Durchleitungsvorgänge zur Verfügung zu stellen, ist darüber die Ermittlung eines Marktpreises möglich, ohne allerdings im Einzelfall tatsächlich auf das Angebot eines anderen Netzbetreibers zurückgreifen zu können. Soweit parallele Netzinfrastruktureinrichtungen fehlen, was in der Elektrizitätswirtschaft dem Regelfall entspricht, ist das Netznutzungsentgelt weiterhin ein (regionaler) Monopolpreis, den der Netzbetreiber in der Situation einer unmittelbaren Konkurrenz nicht erzielen könnte.

Anders als in der Telekommunikation findet eine präventive Kontrolle der Netznutzungsentgelte in der Elektrizitätswirtschaft nicht statt. Eine Überprüfung der Netznutzungsentgelte durch die Kartellbehörden kommt nur ex-post im Zuge eines Mißbrauchsverfahrens in Betracht. Das Gesetz geht in § 6 Abs. 1 S. 1 EnWG insoweit von der Vorstellung aus, daß die Netznutzungsentgelte im Verhandlungswege zwischen gleichberechtigten Vertragspartnern und ohne Diktat des Netzbetreibers zustande kommen und der unternehmensintern bestehende Druck der das Netz nutzenden Vertriebseinheiten des Unternehmens gegenüber den unternehmensinternen Netzbetreibern auf eine sachgerechte Entgeltbemessung groß genug ist, um auch auf die Netzöffnung gegenüber Dritten abzustrahlen.[824]

Der verhandelte Netzzugang stellt eine privatwirtschaftliche Lösung der Netznutzungsbedingungen dar. Das Gesetz steckt für die Netzzugangsbedingungen nur einen Rahmen ab, der durch privatautonome Vereinbarungen der Beteiligten ausgefüllt werden muß.[825] *Verhandelt* im Sinne von § 6 EnWG bedeutet dabei jedoch keine Gleichsetzung mit einer „Individualabrede" in dem Sinne, daß dadurch eine Standardisierung von Netznutzungsbedingungen in der Elektrizitätswirtschaft ausgeschlossen wäre.[826] Wie sich aus § 6 Abs. 4 EnWG ergibt, müssen die Netzbetreiber allerdings keine einheitlich geltenden Durchleitungstarife erstellen, sondern

822 Piltz, Netznutzungsentgelte für Stromlieferungen in der Kritik, WuW 2001, 552, S. 554.

823 LG Potsdam, Urteil vom 02.02.2000, RdE 2000, 203, S. 204.

824 Büdenbender, Rechtsfragen anläßlich der Durchleitung elektrischer Energie, a.a.O., 73, S. 100.

825 Seeger, Die Durchleitung elektrischer Energie nach neuem Recht, S. 321.

826 Büdenbender, Rechtsfragen anläßlich der Durchleitung elektrischer Energie, in: Baur (Hrsg.), Energiewirtschaft - Der neue energie- und kartellrechtliche Rahmen, 73, S. 79.

lediglich Richtwerte für eine Preisspanne aufgrund vormals ausgehandelter Entgelte veröffentlichen.

a) Erlaß einer Netzzugangsverordnung

§ 6 Abs. 2 EnWG eröffnet dem Bundesminister für Wirtschaft die Möglichkeit, die Gestaltung der Durchleitungsverträge und Kriterien zur Bestimmung von Durchleitungsentgelten im Sinne einer normativ-administrativen Lösung durch Rechtsverordnung mit Zustimmung des Bundesrates festzulegen, soweit dies zur Erreichung der Gesetzesziele aus § 1 EnWG oder zur Gewährleistung wirksamen Wettbewerbs erforderlich ist. In einer solchen Netzzugangsverordnung können wichtige Strukturelemente der Entgelte einheitlich, verbindlich und transparent festgelegt und dadurch den Wettbewerbern klare Rahmenbedingungen bei der Nutzung einer monopolisierten Basisinfrastruktur gegeben werden.[827] Denkbar wäre es auch, diese normativ-administrative Lösung mit der Ermittlung der Entgelte nach § 6 Abs. 1 EnWG zu kombinieren, die insoweit immer subsidiäre Geltung beanspruchen kann. Der Verzicht auf den Erlaß einer Netzzugangsverordnung entsprach jedoch von Anfang an dem erklärten politischen Willen der Bundesregierung.[828] Begründet wurde dies insbesondere damit, daß die Frage des geregelten und diskriminierungsfreien Netzzugangs für eine politische Regelung zu kompliziert sei.[829]

Statt dessen wurde bereits während des Gesetzgebungsverfahrens die Erwartung ausgesprochen, daß der Abschluß einer „Verbändevereinbarung über Kriterien zur Bestimmung von Durchleitungsentgelten" zwischen den drei Wirtschaftsverbänden BDI[830], VDEW[831] und VIK[832] aufgrund der damit verbundenen Erleichterung der Durchsetzung des Durchleitungsanspruchs für die Durchleitungsbegehrenden rasch erfolgen wird. Der Gesetzgeber hat somit eine einvernehmliche privatwirtschaftliche Lösung für vorzugswürdig erachtet.[833] Solange durch eine Verbände-

---

827 Schneider, Liberalisierung der Stromwirtschaft durch regulative Marktorganisation, S. 518.

828 Vgl. die Gegenäußerung der Bundesregierung, BT-Drs. 13/7274, S. 36. Zwar haben die Länder Berlin, Brandenburg, Bremen, Hessen, Saarland und Schleswig-Holstein einen umstrittenen „Entwurf einer Verordnung über den Netzzugang und die Trennung von Erzeugung, Übertragung, Verteilung und Lieferung in der Elektrizitätswirtschaft" vorgelegt, jedoch basiert dieser Entwurf auf dem vom Gesetzgeber nicht gewählten Modell des *geregelten* Netzzugangs (Art. 17 Abs. 4 der Stromrichtlinie), vgl. § 1 NetzVO-E.

829 Vgl. Scheer, Netzzugangsregelung unverzichtbar, ZNER 1999, S. 1.

830 Als allgemeine Interessenvertretung der industriellen Unternehmen.

831 Als Interessenvereinigung der deutschen Elektrizitätswerke, die auch die Netzbetreiber sind.

832 Als Interessenvertretung sowohl der stromerzeugenden als auch der verbrauchenden Industrieunternehmen.

833 Kühne/Scholtka, Das neue Energiewirtschaftsrecht, NJW 1998, 1902, S. 1906.

vereinbarung die Effizienz des Wettbewerbsinstruments Durchleitung zu angemessenen Preisen gewährleistet wird und die Verbändevereinbarung allgemein Anwendung findet, soll keine Netzzugangsverordnung erlassen werden.[834] Bislang wurde von der Möglichkeit zum Erlaß einer Netzzugangsverordnung daher kein Gebrauch gemacht.[835]

b) Die Verbändevereinbarungen zur Ermittlung eines angemessenen Netznutzungsentgelts

Der deutsche Gesetzgeber hat sich auf europäischer Ebene intensiv und erfolgreich um die Offenhaltung der „selbstregulativ-marktwirtschaftlichen Alternative" des verhandelten Netzzugangs bemüht,[836] und sich - anders als die anderen europäischen Staaten - gegen eine Übernahme des geregelten Netzzugangs aus Art. 17 Abs. 4 der Stromrichtlinie in das EnWG entschieden. Auch im Rahmen des verhandelten Netzzugangs überläßt der Gesetzgeber in § 6 Abs. 1 S. 1 EnWG die Ausgestaltung der Netznutzungsbedingungen allerdings nicht vollständig dem freien Spiel der Kräfte. Es handelt sich vielmehr um eine „gesteuerte Selbstregulierung"[837], bei der der Gesetzgeber gehalten ist, die Initiative Privater möglichst zu fördern und diesen Spielräume zur eigenverantwortlichen Gestaltung ihrer Angelegenheiten zu belassen.[838]

Durch die Möglichkeit zum Erlaß einer Netzzugangsverordnung hat die Bundesregierung wiederholt Druck auf die beteiligten Interessenverbände ausgeübt, Regeln zu einer Standardisierung des Durchleitungsgeschäfts im Sinne einer gesellschaftlichen Selbstregulierung zu erarbeiten. Dies hat u.a. zum Abschluß von Verbändevereinbarungen über Kriterien zur Bestimmung von Netznutzungsentgelten geführt.[839] Die Verbändevereinbarungen beschränken sich auf die Vorgabe der

---

[834] Vgl. den Bericht des Abgeordenten Uldall über die Beratungen des Wirtschaftsausschusses, BT-Drs. 13/9211, 22, S. 24 f.

[835] Zu einem möglichen Verfahren der Netznutzungsentgeltermittlung vgl. Piltz, Netznutzungsentgelte für Stromlieferungen in der Kritik, WuW 2001, 552, S. 558 f.

[836] Seeger, Die Durchleitung elektrischer Energie nach neuem Recht, S. 322.

[837] Schmidt-Preuß, in: Festschrift für Lieberknecht, S. 550.

[838] Seeger, Die Durchleitung elektrischer Energie nach neuem Recht, S. 322.

[839] Die Verbändevereinbarung II über Kriterien zur Bestimmung von Durchleitungsentgelten vom 13.12.1999 war zunächst bis zum 31.12.2001 befristet und wurde durch die Verbändevereinbarung II Plus über Kriterien zur Bestimmung von Netznutzungsentgelten für elektrische Energie und über Prinzipien der Netznutzung vom 13.12.2001 im Lichte der zwischenzeitlich gewonnenen Erfahrungen an die Marktentwicklung angepaßt und konkretisiert. Diese überarbeitete Verbändevereinbarung ist abgedruckt in: Danner, Energiewirtschaftsrecht, EnWG C 30 ff. Daneben sind insbesondere der Grid Code der Verbundwirtschaft sowie der Distribution und Metering Code der VDEW zu nennen.

Ermittlungsgrößen für die Netznutzungsentgelte, ohne ihre Höhe abschließend vorzugeben.

aa) Abschluß der Verbändevereinbarungen I, II und II Plus

Die bis zum 30.09.1999 befristete Verbändevereinbarung I vom 22.05.1998[840] war kurz nach dem Inkrafttreten des EnWG als Grundlage für Vereinbarungen zwischen EVU und Kunden zum Netzzugang und den entsprechenden Netznutzungsentgelten die entscheidende Voraussetzung für einen sich rasch öffnenden Markt.[841] An ihrem Abschluß waren der Verband der Elektrizitätswirtschaft (VDEW), der Bundesverband der deutschen Industrie (BDI) sowie der Verband der Industriellen Energie- und Kraftwirtschaft (VIK) beteiligt.[842] Das Bundeskartellamt hatte der Verbändevereinbarung I trotz gewisser Bedenken zugestimmt,[843] die Kommission hatte keine Bedenken geäußert. Das Ziel der Verbändevereinbarung I war die Gewährleistung eines transparenten Rahmens für den reibungslosen Abschluß von Durchleitungsverträgen.[844] Um die Handhabung zu erleichtern, wurden darin die Netznutzungsentgelte stark pauschaliert. Hierfür wurden Einheitspreise („Briefmarken“) je Netzebene gebildet. Maßstab und Berechnungsgröße war das Netz, an das der Kunde angeschlossen war.[845] Es wurde verabredet, die Erfahrungen des ersten Jahres dann in eine neue Verhandlungsrunde einzubringen. Obwohl die vereinbarten Regeln bereits nach kurzer Zeit zu einem starken Wettbewerbsdruck und Preisverfall führten, zeigte sich, daß die notwendigen Abläufe insbesondere bei den kleinen und mittleren Kunden noch zu kompliziert waren.[846]

---

840 Verbändevereinbarung I über Kriterien zur Bestimmung von Durchleitungsentgelten vom 22.05.1998, abgedruckt in: RdE 1998, XXI.

841 Meier, Netznutzung im liberalisierten Markt, in: Bartsch/Röhling/Salje/Scholz, Stromwirtschaft, Kap. 46 Rn. 6, S. 363.

842 Kritisiert wurde, daß die Interessen kleinerer Abnehmer nur unzureichend berücksichtigt wurden, vgl. dazu die Kritik des Öko-Instituts im Bericht der FAZ vom 11.03.1999, „Die Aufbruchstimmung auf dem Markt für Ökostrom wird durch komplizierte Durchleitungsregeln getrübt“, S. 20.

843 Der Wortlaut des am 28.05.1998 an die VDEW gerichteten Schreibens ist in den VKU-Nachrichten, Ausgabe 585, Juli 1998, abgedruckt. Maßgebend dafür war, daß die Verbändevereinbarung die Förderung des Wettbewerbs zum Ziel hatte und als Empfehlung an die Mitgliedsunternehmen die Netzbetreiber nicht im Sinne von Mindestpreisen band.

844 Scholz/Röhling, Der verhandelte Netzzugang gemäß § 6 EnWG, in: Bartsch/Röhling/Salje/Scholz, Stromwirtschaft, Kap. 53 Rn. 46, S. 467.

845 Meier, Netznutzung im liberalisierten Markt, in: Bartsch/Röhling/Salje/Scholz, Stromwirtschaft, Kap. 46 Rn. 11, S. 364.

846 Meier, Netznutzung im liberalisierten Markt, in: Bartsch/Röhling/Salje/Scholz, Stromwirtschaft, Kap. 46 Rn. 7, S. 363.

Im Frühjahr 1999 verständigten sich BDI, VIK, VDEW, die Arbeitsgemeinschaft regionaler Energie-Versorgungsunternehmen (ARE), der Verband kommunaler Unternehmen (VKU) sowie die Vereinigung der Deutschen Verbundgesellschaft (DVG) darauf, die bis dahin gewonnenen Erfahrungen gemeinsam zu analysieren und neue Regeln zu vereinbaren, um die erkannten Nachteile der Verbändevereinbarung I zu beseitigen und den Zugang zu den Märkten weiter zu erleichtern. Die Verbändevereinbarung I vom 22.05.1998 wurde durch die Verbändevereinbarung II vom 13.12.1999 abgelöst, die bis zum 31.12.2001 befristet war. Die Verbändevereinbarung II sah im Interesse der Markttransparenz eine Zentrierung auf bestimmte Handelspunkte vor, teilte das Marktgebiet zur Ermittlung des Transportentgelts im Übertragungsnetz in zwei Handelszonen auf und beruhte insgesamt auf erheblichen Pauschalierungen.[847] Die Preisstellung für die Netznutzung wurde dafür vom physikalischen Vorgang „Transport von elektrischer Energie" vollständig entkoppelt. Jeder an das Netz angeschlossene Kunde mußte eine als „Briefmarke" bezeichnete Gebühr bezahlen, die ihm die Netznutzung bis zu jedem Kraftwerk im Verbundnetz eröffnete.[848] Gleichzeitig verpflichteten sich die Netzbetreiber, ihre Netznutzungsentgelte spätestens sechs Monate nach Inkrafttreten der Verbändevereinbarung II zu veröffentlichen, um dadurch einen bundesweiten Quervergleich zu ermöglichen und ein höheres Maß an Transparenz zu erreichen. Dies ist überwiegend geschehen.[849]

Am 13.12.2001 verständigten sich BDI, VIK, VDEW, ARE, VKU und der Verband der Netzbetreiber (VDN, beim VDEW) in der Verbändevereinbarung II Plus über Kriterien zur Bestimmung von Netznutzungsentgelten für elektrische Energie und über Prinzipien der Netznutzung, die am 01.01.2002 in Kraft trat und zunächst bis zum 31.12.2003 gilt.[850] Die Verbände haben sich darauf verständigt, im Zuge einer kontinuierlichen Weiterentwicklung des verhandelten Netzzugangs eine Praxisgruppe einzurichten, in der die Fragen der Umsetzung und Detaillierung der Vereinbarung thematisiert sowie einvernehmlich für notwendig erachtete Anpassungen auch während der Laufzeit der Vereinbarung vorbereitet bzw. verhandelt werden sollen. Die Praxisgruppe soll u.a. Muster- bzw. Rahmenverträge für die Bereiche Netznutzung und Netzanschluß ausarbeiten.

---

847 Börner, Erste Überlegungen zu den privaten Normierungen der Stromdurchleitung: Stringenz und Kartellrecht (Teil 1), RdE 2000, 55, S. 58.

848 Vgl. hierzu ausführlich Meier, Netznutzung im liberalisierten Markt, in: Bartsch/Röhling/Salje/Scholz, Stromwirtschaft, Kap. 46 Rn. 19 ff., S. 366 ff.

849 So Piltz, Netznutzungsentgelte für Stromlieferungen in der Kritik, WuW 2001, 552, S. 555.

850 Verbändevereinbarung II Plus vom 13.12.2001, abgedruckt in: Danner, Energiewirtschaftsrecht, EnWG C 30 ff.

Gemäß Ziffer 1.1 der Verbändevereinbarung II Plus sollen die Netzbetreiber innerhalb von zwei Wochen nach Eingang einer Netznutzungsanfrage entsprechende Vertragsangebote unterbreiten, sofern die für ein Angebot erforderlichen Unterlagen der Anfrage vollständig beigefügt sind. Die Netznutzer werden weiterhin pauschal über ein jährliches Netznutzungsentgelt an den Netzkosten beteiligt, über das sie Zugang zum gesamten Netz erhalten. Für die Abwicklung von Stromlieferungen an bestimmte Gruppen von Kleinkunden werden außerdem vereinfachte Methoden (Lastprofile) vorgesehen, die einen aufwendigen Austausch und Umbau der Meßeinrichtungen beim Netznutzer entbehrlich machen sollen. Bezüglich der Netznutzung werden mit dem jeweiligen Netzbetreiber vertragliche Beziehungen am Einspeise- und Entnahmepunkt eingegangen. Im Fall von Meinungsverschiedenheiten über die Angemessenheit einzelner Bestimmungen können diese unter den Vorbehalt einer Nachprüfung im Rahmen eines Schlichtungsverfahrens, einer behördlichen oder gerichtlichen Überprüfung gestellt werden, ohne daß dies zu einer Verweigerung der Netznutzung oder Entgeltzahlungen auf Basis der Verbändevereinbarung führen darf. Zur einvernehmlichen Beilegung von Meinungsverschiedenheiten, die die Auslegung der Verbändevereinbarung betreffen, richten die am Abschluß der Verbändevereinbarung II Plus beteiligten Verbände bei Bedarf im Einzelfall eine Clearingstelle ein. Zur Schlichtung sonstiger Meinungsverschiedenheiten, etwa über die Angemessenheit von Netznutzungsentgelten, sollen sich die Beteiligten jeweils auf eine von den Verbänden unabhängige Schiedsstelle einigen. Die Inanspruchnahme des Rechtsweges oder die Einleitung anderer Schritte bleiben dadurch allerdings unberührt.

bb) Bedeutung von Verbändevereinbarungen

Verbändevereinbarungen beinhalten pragmatische Vorgehensweisen zur Vermeidung von normativ-administrativ nur schwer zu leistenden Detailregelungen der Durchleitungsfragen.[851] Sie können als Bemühen der Marktteilnehmer zu einer Konkretisierung der gesetzlichen Vorgaben verstanden werden,[852] indem sie Kriterien enthalten, die eine Berechnung im Einzelfall für die Marktteilnehmer vereinfachen sollen.

Den auf der Grundlage der Verbändevereinbarung errechneten Netznutzungsentgelten soll im Einzelfall der Charakter eines verhandelten Netznutzungsentgelts im Sinne der Stromrichtlinie zukommen.[853] Eine unmittelbare Wirkung entfalten sie

---

851 Büdenbender, Die Kontrolle von Durchleitungsentgelten in der leitungsgebundenen Energiewirtschaft, ZIP 2001, 2225, S. 2227.

852 Danner-Bruhn, Energiewirtschaftsrecht, Band I, EnWG Anhang C 29, S. 4.

853 Piltz, Netznutzungsentgelte für Stromlieferungen in der Kritik, WuW 2001, 552, S. 554.

nicht.[854] Sie schaffen auf privatrechtlicher – für alle Beteiligten unverbindlicher – Ebene ein Preisbildungsmodell im Sinne von im Kompromißwege vorab definierten Handelsbräuchen, Usancen und Gepflogenheiten.[855] Sie binden die beteiligten Verbände, nicht aber die Verbandsmitglieder.[856] Die am Abschluß der Verbändevereinbarungen nicht unmittelbar beteiligten Verbandsmitglieder werden somit nicht verpflichtet, die darin enthaltenen Zugangsmodalitäten und Berechnungsregelungen einzuhalten. Die Vereinbarungen besitzen für die Verbandsmitglieder insoweit lediglich Empfehlungscharakter und wirken damit als Leitbild einer privatwirtschaftlichen Verständigung in einer komplexen Regelungsmaterie.[857] Eine Verbändevereinbarung stellt somit nicht sicher, daß jedes einen Netzzugang begehrende Unternehmen in der Praxis auch tatsächlich wie in der Verbändevereinbarung vorgesehen behandelt wird.[858]

Die Verbändevereinbarungen haben nach geltendem Recht auch keine Bedeutung als unmittelbar heranzuziehende Rechtsgrundlage.[859] Da die gesetzlichen Regelungen Vorrang vor der Verbändevereinbarung haben, bilden § 6 EnWG und die §§ 19, 20 GWB auch weiterhin den maßgeblichen rechtlichen Rahmen für die Ausgestaltung des Netzzugangs.[860] Ein mißbräuchlich überhöhtes Netznutzungsentgelt kann somit auch dann kartellrechtlich untersagt werden, wenn seine Berechnung den Kriterien der Verbändevereinbarung entspricht. Die Verbändevereinbarung vermag weder ein im kartellrechtlichen Sinne mißbräuchlich überhöhtes Netznutzungsentgelt zu rechtfertigen noch eine energieaufsichtsrechtliche Prüfung unter Kosten- und Vergleichsgesichtspunkten zu präjudizieren. Die auf der Grundlage

---

[854] Lukes, Liberalisierung des Strommarkts - Realität oder Utopie?, Beilage 12 BB 1998, 1, S. 11.

[855] Danner-Bruhn, Energiewirtschaftsrecht, EnWG C 29, S. 4; Büdenbender, Die Kontrolle von Durchleitungsentgelten in der leitungsgebundenen Energiewirtschaft, ZIP 2001, 2225, S. 2227.

[856] Danner-Danner, Energiewirtschaftsrecht, EnWG § 6 Rn. 21.

[857] Schneider, Liberalisierung der Stromwirtschaft durch regulative Marktorganisation, S. 519; Kühne/Scholtka, Das neue Energiewirtschaftsrecht, NJW 1998, 1902, S. 1906; einschränkend insoweit Lukes, Liberalisierung des Strommarkts - Realität oder Utopie?, Beilage 12 BB 1998, 1, S. 11, der darauf hinweist, daß die Mitgliedsunternehmen zwar selber keine Parteien der Verbändevereinbarung sind, andererseits der Wortlaut der Verbändevereinbarung aber einen Anweisungscharakter offenbare. Ob sich eine Verpflichtung zur Anwendung der Verbändevereinbarung aus den jeweiligen Verbandssatzungen ergibt, sei im Einzelfall zu klären, im Hinblick auf § 1 GWB und Art. 81 EG aber als bedenklich anzusehen. Im Ergebnis qualifiziert damit auch Lukes die Verbändevereinbarung als rechtlich unverbindliche Musterregelung; Büdenbender bezeichnet die Verbändevereinbarung als einen Orientierungsrahmen, vgl. Büdenbender, Durchleitung elektrischer Energie nach der Energierechtsreform, RdE 1999, 1, S. 8; ders., Rechtsfragen anläßlich der Durchleitung elektrischer Energie, a.a.O., 73, S. 106.

[858] Scheer, Netzzugangsregelung unverzichtbar, ZNER 1999, S. 1.

[859] LG Leipzig, Urteil vom 08.06.2001, RdE 2002, 24, S. 26.

[860] Büdenbender, Die Kontrolle von Durchleitungsentgelten in der leitungsgebundenen Energiewirtschaft, ZIP 2001, 2225, S. 2227.

von Verbändevereinbarungen berechneten Entgelte sind insoweit nicht a priori als mißbrauchsfrei zu qualifizieren, auch wenn das Bundeskartellamt die Verbändevereinbarung in der Vergangenheit toleriert hat.[861]

Das Erste Gesetz zur Änderung des Gesetzes zur Neuregelung des Energiewirtschaftsrechts[862] sieht vor, daß Durchleitungsbedingungen nach § 6 Abs. 1 EnWG „guter fachlicher Praxis" entsprechen müssen. Die Erfüllung der Bedingungen guter fachlicher Praxis soll bei Einhaltung der Kriterien der Verbändevereinbarung II Plus vermutet werden, wenn die Anwendung der Verbändevereinbarung auch wirksamen Wettbewerb gewährleistet. Der Verbändevereinbarung ist damit eine beschränkte rechtliche Bindungswirkung verliehen worden. Den Kartellbehörden steht es allerdings – anders als noch im Gesetzesentwurf vorgesehen - frei, Verstöße gegen § 19 Abs. 4 und § 20 Abs. 1 und Abs. 2 GWB unbeschränkt geltend zu machen. Die Vermutungswirkung ist damit nicht unerheblich eingeschränkt. Schließlich endet die Vermutungswirkung mit Ablauf des Jahres 2003.

Zukünftig soll den nach den Vorgaben der Verbändevereinbarung ermittelten Netznutzungsbedingungen somit eine größere Bedeutung als bisher zukommen, da sie die Vermutung ihrer Rechtmäßigkeit in sich tragen. Zugleich zeigt diese Regelung das Bemühen, an den Verbändevereinbarungen festzuhalten und der zunehmenden Kritik Rechnung zu tragen, die sich verstärkt in rechtsförmlichen Verfahren niederschlägt. Im Ergebnis wird für die Mitgliedsunternehmen damit stärker als bisher ein Anreiz begründet, die Vorgaben der Verbändevereinbarung zu beachten.

cc) Voraussetzungen einer „gesteuerten Selbstregulierung"

Einer gesellschaftlichen Selbstregulierung sind nach allgemeinen Grundsätzen allerdings Schranken gesetzt. Solche Schranken folgen zunächst aus der grundrechtlichen Schutzpflicht des Staates, wonach der Staat verpflichtet ist, eine Schädigung Privater durch Private[863] zu verhindern. Der Staat muß sich daher eine Zugriffsoption[864] offenhalten, die es ihm ermöglicht, den betreffenden Bereich gegebenenfalls selbst zu ordnen.[865] Diese Zugriffsoption ist in der Elektrizitätswirtschaft durch die Möglichkeit zum Erlaß einer Netzzugangsverordnung nach § 6 Abs. 2

---

861 Piltz, Netznutzungsentgelte für Stromlieferungen in der Kritik, WuW 2001, 552, S. 555.

862 Vgl. hierzu 1. Teil D.II.

863 Schmidt-Preuß, Verwaltung und Verwaltungsrecht zwischen gesellschaftlicher Selbstregulierung und staatlicher Steuerung, VVDStRL 56 (1997), 160, S. 172.

864 Schmidt-Preuß, Verwaltung und Verwaltungsrecht zwischen gesellschaftlicher Selbstregulierung und staatlicher Steuerung, VVDStRL 56 (1997), 160, S. 174; Schmidt-Preuß, in: Festschrift für Lieberknecht, S. 553.

865 Seeger, Die Durchleitung elektrischer Energie nach neuem Recht, S. 322.

EnWG gegeben.[866] Darüber hinaus trifft den Staat eine Beobachtungspflicht[867], nach der fortlaufend zu prüfen ist, ob die Selbstregulierung den Anforderungen des betreffenden Regelungskomplexes gerecht wird.

Aus der – wenn auch nur mittelbaren – demokratischen Legitimation der Verwaltung folgt außerdem, daß der Staat sich nicht seines Letztentscheidungsmandats[868] begeben darf, dessen Ausübung aufgrund des Rechtsstaatsprinzips in transparenter, objektiver und neutraler Weise zu erfolgen hat.[869] Da in der Elektrizitätswirtschaft im Streitfall Behörden und Gerichte über die Angemessenheit der Netznutzungsbedingungen zu entscheiden haben, besteht die für die gesteuerte Selbstregulierung konstitutive Letztentscheidungskompetenz des Staates fort.[870] Darüber hinaus sind die Grundrechte der beteiligten Unternehmen in ihrer Funktion als Abwehrrechte gegen den Staat zu beachten.[871]

Da die Verbändevereinbarungen für die Mitgliedsunternehmen rechtlich unverbindlich sind kann die privatwirtschaftliche Ausgestaltung der Netznutzungsbedingungen als klassischer und den Anforderungen des Grundgesetzes entsprechender Fall gesteuerter Selbstregulierung verstanden werden.[872]

III. Vergleich der Regelungen zur strukturellen Separierung und Entgeltbestimmung

Während die gesetzlichen Vorgaben zu einer strukturellen Separierung in der Telekommunikation und Elektrizitätswirtschaft – in Abhängigkeit von den Vorgaben der RegTP zur Gestaltung der internen Rechnungslegung - zu vergleichbaren Ergebnissen führen können, unterscheiden sich die jeweiligen Verfahren zur Bestimmung der Netznutzungsentgelte nicht unerheblich voneinander. Dies ist insbesondere auf die sehr weitgehenden Befugnisse der RegTP zurückzuführen.

---

866 Seeger, Die Durchleitung elektrischer Energie nach neuem Recht, S. 323.

867 Schmidt-Preuß, Verwaltung und Verwaltungsrecht zwischen gesellschaftlicher Selbstregulierung und staatlicher Steuerung, VVDStRL 56 (1997), 160, S. 173.

868 Das Demokratieprinzip fordert die Verfahrensherrschaft und das Letztentscheidungsmandat der Behörden, da alle Staatsgewalt letztlich auf das Volk zurückführbar sein muß.

869 Schmidt-Preuß, Verwaltung und Verwaltungsrecht zwischen gesellschaftlicher Selbstregulierung und staatlicher Steuerung, VVDStRL 56 (1997), 160, S. 175 f.

870 Seeger, Die Durchleitung elektrischer Energie nach neuem Recht, S. 323.

871 Seeger, Die Durchleitung elektrischer Energie nach neuem Recht, S. 323.

872 Seeger, Die Durchleitung elektrischer Energie nach neuem Recht, S. 323.

1. *Die Regelungen zur strukturellen Separierung*

Der Gesetzgeber hat in beiden Sektoren auf eine vollständige institutionelle Trennung der einzelnen Unternehmensbereiche ohne jegliche Kapitalverflechtung verzichtet, obwohl in beiden Sektoren mehrere Wertschöpfungsstufen vorhanden sind, deren adäquate Gestaltung eine vertikal desintegrierte bzw. strukturell separierte institutionelle Struktur vorausgesetzt hätte. Anders als in der Telekommunikation wäre eine solche vertikale Separierung in der Elektrizitätswirtschaft in Deutschland rechtlich nur schwer durchsetzbar gewesen, da das Netz nicht einem einzigen Staatsunternehmen gehörte, sondern vielen verschiedenen Privatunternehmen (bzw. Unternehmen überwiegend in privater Hand), die sich auf den grundgesetzlichen Schutz des Eigentums berufen hätten.[873]

Die vom Gesetzgeber in der Telekommunikation getroffenen Regelungen einer strukturellen Separierung bleiben zunächst hinter den entsprechenden Vorgaben des Gesetzgebers in der Elektrizitätswirtschaft zurück. Anders als in der Telekommunikation hat sich der Gesetzgeber in der Elektrizitätswirtschaft für eine verwaltungstechnische Variante des organisatorischen Unbundling entschieden, wonach das Übertragungsnetz als eigene Betriebsabteilung zu führen ist. Dadurch ist in der Elektrizitätswirtschaft die Trennung der Unternehmensbereiche Stromerzeugung und Übertragungsnetzbetrieb in einem vertikal integrierten Unternehmen stärker vollzogen als in der Telekommunikation die Trennung zwischen der Netz- und Diensteebene. Dies kann bei einem vertikal integrierten Unternehmen in der Telekommunikation dazu führen, daß es als marktbeherrschender Netzbetreiber solche Kosten als Betriebskosten für das Netz zugrundelegt, die eigentlich in dem Dienstebereich des Unternehmens anfallen, der Netzbetrieb also letztlich zur Finanzierung der Dienste im Sinne einer Quersubventionierung genutzt wird.

Eine Angleichung erfolgt erst dann, wenn die RegTP von ihren Befugnissen aus § 14 Abs. 2 S. 2 TKG Gebrauch macht und dem Netzbetreiber konkretere Vorgaben für die Gestaltung der internen Rechnungslegung macht. Bis dahin bleibt in der Telekommunikation die Gefahr einer intransparenten Rechnungslegung bestehen, was dazu führt, daß eine Überprüfung, ob dem zugangsbegehrenden Unternehmen die nachgefragten Leistungen des marktbeherrschenden Unternehmens tatsächlich diskriminierungsfrei zur Verfügung gestellt werden, erschwert wird. Andererseits hat die RegTP die Möglichkeit, den betreffenden Unternehmen entsprechende Vorgaben zur Gestaltung der internen Rechnungslegung zu machen, so daß die Regelungen zu einer strukturellen Separierung in der Telekommunikation im Einzelfall zu einer höheren Transparenz bei der Ermittlung der Höhe der Netznutzungsentgelte führen können. Dies ist dann allerdings nicht auf eine entsprechende Anord-

---

[873] Hauptgutachten der Monopolkommission XIII (1998/1999), Wettbewerbspolitik in Netzstrukturen, S. 68.

nung des Gesetzgebers, sondern auf eine konsequente Anwendung der zur Verfügung stehenden Regulierungsinstrumente durch die RegTP zurückzuführen.

2. Die Regelungen zur Bestimmung der Netznutzungsentgelte

Maßstab der telekommunikationsrechtlichen Preisaufsicht sind grundsätzlich die Kosten einer effizienten Leistungsbereitstellung. Demgegenüber werden die Netzbetreiber in der Elektrizitätswirtschaft zu einer Gleichbehandlung unternehmensinterner und -externer Stromtransporte hinsichtlich der in Rechnung gestellten Entgelte verpflichtet. Bereits insoweit unterscheiden sich die Maßstäbe in der Telekommunikation und Elektrizitätswirtschaft nicht unerheblich voneinander. Dem Verfahren zur Bestimmung der Netznutzungsentgelte in der Elektrizitätswirtschaft läßt sich darüber hinaus insgesamt ein klares Bekenntnis für eine ökonomische Preisbildung und eine Absage an politische Durchleitungspreise entnehmen.[874] Während in der Elektrizitätswirtschaft eine Netznutzung zu Bedingungen erfolgt, die im Grundsatz von jedem EVU selbst errechnet und festgelegt werden, erfolgt in der Telekommunikation durch die Anordnungsbefugnisse der RegTP und die vom Gesetz angeordnete Veröffentlichungspflicht eine weitergehende Standardisierung.

Grundsätzlich führt eine Standardisierung der Netznutzungsbedingungen zu einer Absenkung der anfallenden bzw. von den Beteiligten aufzuwendenden Transaktionskosten. Eine Standardisierung der Netznutzungsbedingungen ist im Rahmen einer ökonomischen Analyse der Netznutzungsregelungen daher wünschenswert. Je stärker demgegenüber die Vorgänge individualisiert sind, desto höher sind die von den Marktteilnehmern aufzuwendenden Transaktionskosten, da zunächst jeder Vertrag einzeln ausgehandelt und im Streitfall gegebenenfalls in allen seinen Bestandteilen geprüft werden muß. Dadurch können im Extremfall prohibitive Transaktionskosten entstehen, die zu einem Zusammenbruch des gesamten Marktgeschehens führen.[875] Dieses Problem verschärft sich in der Elektrizitätswirtschaft dadurch, daß die Beteiligten angesichts der großen Zahl von Netzbetreibern eine Vielzahl von Verhandlungen führen müssen, um ihre Kunden beliefern zu können, wodurch unter Umständen erhebliche Transaktionskosten entstehen. Transaktionskostenerhöhend wirken dabei neben der Inanspruchnahme technischen und rechtlichen Sachverstandes auch die Risikovorkehrungen für den Fall, daß die Netznutzung nicht rechtzeitig bis zu dem vereinbarten Lieferbeginn geklärt ist.[876] Allerdings entstehen diese Transaktionskosten bei den unmittelbar am Abschluß des Netznutzungsvertrages beteiligten Unternehmen. Im übrigen lebt jeder Markt von

[874] So auch Büdenbender, Rechtsfragen anläßlich der Durchleitung elektrischer Energie, in: Baur, Energiewirtschaft - Der neue energie- und kartellrechtliche Rahmen, 73, S. 102.

[875] Vgl. Börner, Erste Überlegungen zu den privaten Normierungen der Stromdurchleitung: Stringenz und Kartellrecht (Teil 1), RdE 2000, S. 55.

[876] Theobald, Wettbewerb mit Strom und Gas, FAZ vom 10.03.2001, S. 15.

der Anzahl der Transaktionen, die mit einer Standardisierung von Abschluß und Abwicklung der jeweiligen Netznutzungsverträge steigt.[877]

Dies könnte insgesamt zu der Annahme führen, daß die Vorteile einer mit der Regulierung verbundenen Standardisierung der Netzzugangsregelungen in der Telekommunikation im Rahmen einer ökonomischen Analyse überwiegen. Dagegen spricht, daß eine Standardisierung regelmäßig nur unter Inkaufnahme individueller Ungerechtigkeiten möglich ist. Aus diesem Grund besteht aus Sicht der ökonomischen Analyse des Rechts ein Bedürfnis für einen Ausgleich zwischen beiden Positionen im Sinne einer weitgehenden Standardisierung von Abschluß und Abwicklung von Transaktionen in der Telekommunikation und der Elektrizitätswirtschaft, mit der Möglichkeit, hiervon in eng umgrenzten Ausnahmefällen abzuweichen. Eine Individualisierung von Netznutzungsbedingungen ermöglicht demzufolge eine höhere Einzelfallgerechtigkeit.[878]

Dabei ist zu berücksichtigen, daß die Verbändevereinbarung inzwischen von einem breiten Konsens getragen wird. Während am Abschluß der Verbändevereinbarung I lediglich BDI, VIK und VDEW beteiligt waren, wurde die Verbändevereinbarung II Plus bereits zwischen BDI, VIK, VDEW, VDN, ARE und VKU geschlossen. Die zunehmende Anzahl der beteiligten Verbände zeigt, daß das gemeinsame Ziel der Vermeidung einer staatlichen Regulierung schwerer wiegt als die Verfolgung der jeweils individuellen Verbandsinteressen. Je größer die Anzahl der am Abschluß der Verbändevereinbarung beteiligten Verbände ist, desto geringer ist die Wahrscheinlichkeit, daß es bereits im Vorfeld der Netznutzung oder nach Abschluß eines Netznutzungsvertrages zu rechtlichen Auseinandersetzungen zwischen dem Netzbetreiber und dem zugangsbegehrenden Unternehmen kommt. In diesem Zusammenhang sind die Änderungen des Gesetzgebers zu begrüßen, wonach zukünftig die Durchleitungsbedingungen nach § 6 Abs. 1 EnWG „guter fachlicher Praxis" entsprechen müssen und dies bei Einhaltung der Kriterien der Verbändevereinbarung II Plus vermutet werden soll. Ein Netzbetreiber, der ohne sachlichen Grund zu Ungunsten des zugangsbegehrenden Unternehmens von den Kriterien der Verbändevereinbarung abweicht, muß dann davon ausgehen, in einem späteren Rechtsstreit zu unterliegen. Dies schafft für den Netzbetreiber einen zusätzlichen Anreiz, seine Netznutzungsentgelte unter strenger Beachtung der Kriterien der Verbändevereinbarung auf der Grundlage seiner individuellen Kosten zu berechnen.

---

877 Börner, Erste Überlegungen zu den privaten Normierungen der Stromdurchleitung: Stringenz und Kartellrecht (Teil 1), RdE 2000, S. 55.

878 Börner, Erste Überlegungen zu den privaten Normierungen der Stromdurchleitung: Stringenz und Kartellrecht (Teil 1), RdE 2000, 55, S. 57.

Auch wenn eine rechtliche Verbindlichkeit für den jeweiligen Netzbetreiber als Verbandsmitglied nicht besteht, so ist doch die faktische Wirkung der Verbändevereinbarung durch die Bedeutung der am Abschluß beteiligten Verbände stark genug, um die darin enthaltenen Bedingungen als verkehrsüblich zu etablieren.[879] Über das Modell des verhandelten Netzzugangs in der Elektrizitätswirtschaft entstehen so Regeln für die Nutzung der Netze, die sich die betroffene Wirtschaft selbst aufgestellt hat und in einem größtmöglichen Umfang die individuellen Interessen des jeweiligen Netzbetreibers berücksichtigen.

Obwohl sich bei einer ökonomischen Analyse des Rechts somit die Regelungen zur Bestimmung der Netznutzungsentgelte in der Telekommunikation wegen ihrer weitergehenden Standardisierung und der damit verbundenen Absenkung der Transaktionskosten im Rahmen der Vertragsverhandlungen als vorteilhaft erweisen, verspricht das privatautonome Verhandlungsmodell insgesamt eine größere Einzelfallgerechtigkeit und Akzeptanz bei den beteiligten Unternehmen. Dabei ist zu berücksichtigen, daß die aufzuwendenden Transaktionskosten im Rahmen der Vertragsverhandlungen in der Elektrizitätswirtschaft – anders als bei dem Modell der staatlichen Regulierung in der Telekommunikation – unmittelbar bei den am Vertragsabschluß beteiligten Unternehmen entstehen. Sofern es gelingt, die Akzeptanz der Verbändevereinbarung bei den am Abschluß des Netznutzungsvertrages beteiligten Unternehmen weiter zu erhöhen, lassen sich zudem spätere kostenverursachende Auseinandersetzungen über die Angemessenheit der Netznutzungsbedingungen – etwa im Rahmen eines Mißbrauchsverfahrens vor den Kartellbehörden – vermeiden. Die Gefahr späterer Auseinandersetzungen über die Angemessenheit von Netznutzungsbedingungen ist insoweit bei einer staatlichen Vorgabe der Netznutzungsbedingungen größer als bei Netznutzungsbedingungen, die – wie in der Elektrizitätswirtschaft durch Abschluß von Verbändevereinbarungen - bereits im Vorfeld von einem breiten Konsens getragen werden.

D. Verweigerung und verfahrensrechtliche Durchsetzung des Netzzugangs

Sowohl in der Telekommunikation als auch in der Elektrizitätswirtschaft hat der Gesetzgeber Gründe vorgesehen, bei deren Vorliegen dem in Anspruch genommenen Netzbetreiber eine Beschränkung bzw. Verweigerung des Netzzugangs möglich ist. Im allgemeinen sichert die Möglichkeit zur Verweigerung des Netzzugangs dem Netzbetreiber den ökonomischen Wert seines Netzes.[880] Weigert sich der

[879] Vgl. Meier, Netznutzung im liberalisierten Markt, in: Bartsch/Röhling/Salje/Scholz, Stromwirtschaft, Kap. 46 Rn. 8, S. 363.

[880] Klodt/Laaser/Lorz/Maurer, Wettbewerb und Regulierung in der Telekommunikation (Kieler Studien, 272), Tübingen 1995, S. 119.

Netzbetreiber, dem zugangsbegehrenden Unternehmen sein Netz – überhaupt oder zu angemessenen Bedingungen - zur Verfügung zu stellen, so sind aus Sicht des zugangsbegehrenden Unternehmens die Möglichkeiten zur verfahrensrechtlichen Durchsetzung des Netzzugangs von entscheidender Bedeutung. Hier unterscheiden sich beide Sektoren aufgrund ihrer grundlegend verschiedenen Regelungsansätze – staatliche Regulierung des Netzzugangs in der Telekommunikation auf der einen und privatautonome Ausgestaltung des Netzzugangs in der Elektrizitätswirtschaft auf der anderen Seite - nicht unerheblich voneinander.

I. Telekommunikation

Den Möglichkeiten zur Beschränkung und verfahrensrechtlichen Durchsetzung des Netzzugangs kommt in der Telekommunikation sowohl für den Netzbetreiber als auch für das zugangsbegehrende Unternehmen eine entscheidende Bedeutung zu. Geprägt wird das Verfahren zur Durchsetzung des Netzzugangs in der Telekommunikation von den umfassenden Anordnungsbefugnissen der RegTP.

1. Beschränkung des Netzzugangs

Eine Beschränkung des Netzzugangs ist in der Telekommunikation nur in engen Grenzen möglich.[881] Die Voraussetzungen hierfür ergeben sich aus § 35 Abs. 2 S. 2 TKG bzw. § 33 TKG sowie Art. 3 Abs. 2 der ONP-Richtlinie.[882]

a) Netzzugangsbeschränkungen nach § 35 Abs. 2 S. 2 TKG

Gemäß § 35 Abs. 2 S. 2 TKG darf ein Netzbetreiber i.S.v. § 35 Abs. 1 S. 1 TKG den Netzzugang nur aus Gründen beschränken, die auf den grundlegenden Anforderungen im Sinne von Art. 3 Abs. 2 der Richtlinie 90/387/EWG - also der ONP-Richtlinie - beruhen und mit sonstigem Recht der Europäischen Gemeinschaft übereinstimmen.[883] Die Aufzählung der Gründe in Art. 3 Abs. 2 der ONP-Richtlinie ist enumerativ.[884] Die *grundlegenden Anforderungen* im Sinne von Art. 3 Abs.

---

[881] BeckTKG-Komm/Piepenbrock, § 35 Rn. 36.

[882] Zukünftig sind insoweit die Regelungen in dem EU-Richtlinienpaket (Fn. 311) maßgeblich, die inhaltlich aber im wesentlichen die inzwischen außer Kraft getretenen ONP-Richtlinien übernommen haben.

[883] Der Hinweis auf das sonstige Recht der Europäischen Gemeinschaft ist überflüssig, da EG-rechtliche Harmonisierungsvorschriften im Regelfall ohnehin einer Umsetzung durch den deutschen Gesetzgeber bedürfen und die Art. 81 und 82 EG auch ohne eine solche Verweisung unmittelbar geltendes Recht darstellen, vgl. dazu Schroeder, Telekommunikationsgesetz und GWB, WuW 1999, 14, S. 23.

[884] Nolte, Das Recht auf Netzzugang nach dem Telekommunikationsgesetz, BB 1996, 2629, S. 2630. Die ONP-Richtlinien sind inzwischen außer Kraft getreten und wurden durch das EU-Richtlinienpaket (vgl. Fn. 311) ersetzt.

2 S. 2 der ONP-Richtlinie sind die Sicherheit des Netzbetriebs, die Aufrechterhaltung der Netzintegrität, die Interoperabilität der Dienste, wo dies begründet ist, sowie der Datenschutz, wo dies angebracht ist. Der Datenschutz kann gemäß Art. 2 Nr. 6 der ONP-Richtlinie den Schutz personenbezogener Daten, die Vertraulichkeit übermittelter und gespeicherter Informationen sowie den Schutz der Privatsphäre umfassen. Konkretisiert werden diese grundlegenden Anforderungen durch die Richtlinie 98/10/EG[885], der die Richtlinie 95/62/EWG abgelöst hat.

Durch die Anlegung objektiver Maßstäbe soll die willkürliche Ungleichbehandlung von vergleichbaren Tatbeständen erschwert werden. Die Nachvollziehbarkeit der Vereinbarungen dient insoweit der Überprüfbarkeit ihrer Einhaltung. Die Gewährung gleichwertigen Zugangs zu den Netzen entspricht im übrigen der Verpflichtung zur Gewährleistung eines diskriminierungsfreien Netzzugangs aus § 33 Abs. 1 TKG, so daß insgesamt eine unbillige Behinderung und eine unterschiedliche Behandlung der zugangsbegehrenden Unternehmen unzulässig sind.[886]

b) Beschränkung des Netzzugangs gemäß § 33 TKG

Von der in § 33 Abs. 1 S. 1 TKG vorgesehenen Verpflichtung des marktbeherrschenden Anbieters von Telekommunikationsdienstleistungen, seinen Wettbewerbern einen diskriminierungsfreien Zugang zu den wesentlichen intern genutzten und am Markt angebotenen Leistungen zu solchen Bedingungen zu ermöglichen, die er sich selbst bei der Nutzung dieser Leistungen einräumt, darf zu Ungunsten des zugangsbegehrenden Unternehmens nur dann abgewichen werden, wenn dies sachlich gerechtfertigt ist. Eine Beschränkung des Netzzugangs ist also nur dann zulässig, wenn es hierfür einen sachlichen Grund gibt. Dabei sind die Interessen der Beteiligten unter Beachtung der auf die Förderung eines funktionsfähigen Wettbewerbs und eines diskriminierungsfreien, offenen Netzzugangs gerichteten Zielsetzungen gegeneinander abzuwägen.

Ein sachlicher Grund für eine Ungleichbehandlung, der zu einer Verweigerung des Netzzugangs berechtigt, kann sich u.a. aus fehlenden Netzkapazitäten ergeben. Eine Pflicht des Netzbetreibers zur Schaffung neuer Kapazitäten besteht nicht.[887] Nur ausnahmsweise soll ein Anspruch des zugangsbegehrenden Unternehmens auf Kapazitätserweiterung durch den Netzbetreiber bestehen, wenn für den Netzbetreiber eine Kapazitätserhöhung zu deutlich günstigeren Preisen als eine Neuerrichtung der betreffenden Netzinfrastruktureinrichtungen durch das zugangsbegehrende Unternehmen möglich ist und das zugangsbegehrende Unternehmen die Kosten für

---

885 ABl. EG Nr. L 202 vom 01.04.1998, S. 24.

886 BeckTKG-Komm/Piepenbrock, § 33 Rn. 24.

887 OVG Münster, NVwZ 2000, S. 697 ff.; Scheurle/Mayen-Mayen, TKG, § 33 Rn. 59.

diesen Ausbau übernimmt.[888] Eine derart weitgehende Verpflichtung des Netzbetreibers läßt sich dem Gesetzeswortlaut allerdings nicht entnehmen.

Da der Netzbetreiber verpflichtet ist, alle Netzzugangsbegehren gleich zu behandeln, sind bei einem Kapazitätsengpaß die von verschiedenen Unternehmen geltend gemachten Netzzugangsansprüche anteilig zu erfüllen.[889] Ob das marktbeherrschende Unternehmen berechtigt ist, in diesem Fall zunächst seinen eigenen Bedarf zu decken, ist streitig. Zum Teil wird dies abgelehnt, da die interne Behandlung der externen Behandlung entsprechen muß.[890] Auch hier lassen sich weitergehende Erkenntnisse aus der Elektrizitätswirtschaft gewinnen.[891] Da das Recht des Eigentümers, sein Eigentum vorrangig für eigene Bedürfnisse zu nutzen, durch Art. 14 GG verfassungsrechtlich geschützt ist, genießen die Eigeninteressen des Netzbetreibers Vorrang vor den Interessen des zugangsbegehrenden Unternehmens, sofern diese sachlich begründet sind, auf nachvollziehbaren Kriterien beruhen, keine diskriminierende Wirkung haben und mit der Zielsetzung des TKG vereinbar sind.

Der Netzbetreiber kann demgegenüber nicht geltend machen, daß durch die Netznutzung ein von ihm bisher selbst versorgter Kunde erreicht werden soll, mithin für ihn ein Verlust von Marktanteilen zu befürchten ist, da damit gerade den Zielen des TKG widersprochen würde, den Wettbewerb zu fördern und einen funktionsfähigen Wettbewerb im Telekommunikationssektor sicherzustellen. Gemäß § 33 Abs. 1 S. 2 TKG darf der Netzzugang im übrigen auch im Rahmen von § 33 Abs. 1 TKG nur insoweit beschränkt werden, als dies den grundlegenden Anforderungen im Sinne des Art. 3 Abs. 2 der ONP-Richtlinie entspricht. Es gelten insoweit die Ausführungen zu § 35 Abs. 2 S. 2 TKG.

2. *Verfahrensrechtliche Durchsetzung des Netzzugangs*

Die Durchsetzung des Netzzugangs erfolgt in der Telekommunikation grundsätzlich durch eine entsprechende Anordnung der RegTP. Unter bestimmten Voraussetzungen ist auch die Durchführung eines Schlichtungsverfahrens möglich. Die RegTP ist befugt, parallel zu dem Hauptsacheverfahren einstweilige Anordnungen zu erlassen. Sofern die RegTP nicht bereits von Amts wegen tätig wird, haben die Beteiligten die Möglichkeit, vor dem zuständigen Verwaltungsgericht gegen die Untätigkeit der RegTP vorzugehen. Daneben bestehen Zuständigkeiten des Bundeskartellamtes und der Zivilgerichte.

---

[888] BeckTKG-Komm/Piepenbrock, § 33 Rn. 57.

[889] Scheurle/Mayen-Mayen, TKG, § 33 Rn. 59a.

[890] BeckTKG-Komm/Piepenbrock, § 33 Rn. 56.

[891] Vgl. hierzu 2. Teil D.II.1.a)bb).

a) Anordnungsbefugnis der RegTP

§ 33 Abs. 2 S. 1 TKG räumt der RegTP die Befugnis ein, einem Anbieter, der sich mißbräuchlich i.S.v. § 33 Abs. 1 TKG verhält, ein Verhalten positiv aufzuerlegen oder zu untersagen. Dies können konkrete Bedingungen sein, zu denen der Normadressat seinem Wettbewerber den Zugang zu den in § 33 Abs. 1 TKG aufgeführten Leistungen zu gewähren hat.[892] Hierdurch unterscheiden sich die Befugnisse der RegTP von denen der Kartellbehörden nicht unerheblich.[893] § 32 GWB begründet insoweit lediglich eine Untersagungsbefugnis der Kartellbehörden bei Verstößen gegen die Verbote des GWB, zu denen u.a. das Mißbrauchsverbot aus § 19 GWB und das Diskriminierungsverbot aus § 20 GWB zählen.[894] Darüber hinaus hat die RegTP die Möglichkeit, Verträge ganz oder teilweise für unwirksam zu erklären. Da im Rahmen der 6. GWB-Novelle die noch in § 22 Abs. 5 GWB a.F. enthaltene Möglichkeit für die Kartellbehörden, Verträge für unwirksam zu erklären, ersatzlos gestrichen wurde, gehen auch insoweit die Befugnisse der RegTP weit über die Möglichkeiten der Kartellbehörden hinaus.

Die Einleitung eines Mißbrauchsverfahrens steht im Ermessen der RegTP. Dies gilt sowohl für die Entscheidung über das „Ob“ als auch für die Entscheidung über das „Wie“ ihres Einschreitens.[895] Das von einem Mißbrauch betroffene Unternehmen kann unter Umständen jedoch im Wege einer Ermessensreduzierung auf Null einen Anspruch gegen die Behörde auf ein Einschreiten gegen den Netzbetreiber geltend machen.[896] Im Rahmen des vor der RegTP durchzuführenden Verfahrens ist der Netzbetreiber nach § 33 Abs. 2 S. 2 TKG zunächst aufzufordern, den beanstandeten Mißbrauch abzustellen. Dies ist eine Ausprägung des Grundsatzes der Verhältnismäßigkeit.[897] Dem Netzbetreiber soll damit die Möglichkeit eingeräumt werden, auch ohne förmliche Mißbrauchsverfügung sein Verhalten anzupassen.

Die Beweislast für die mißbräuchliche Ausnutzung der marktbeherrschenden Stellung liegt zunächst bei der RegTP, wobei als Beweiserleichterung die Vermutungsregel in § 33 Abs. 2 S. 3 TKG eingreift. Die Vorschrift verzichtet damit auf den

---

[892] BeckTKG-Komm/Piepenbrock, § 33 Rn. 96. Dies können u.a. Bedingungen zur Sicherstellung wirksamen Wettbewerbs, technische Bedingungen, Tarife, Liefer- und Nutzungsbedingungen, Bedingungen hinsichtlich der Einhaltung relevanter Normen und grundlegender Anforderungen, Bedingungen hinsichtlich des Umweltschutzes, Bedingungen zur Aufrechterhaltung einer durchgehenden Diensqualität und/oder eine Fristvorgabe sein.

[893] Scheurle/Mayen-Glahs, TKG, § 33 Rn. 67.

[894] Immenga/Mestmäcker-Emmerich, GWB, § 32 Rn. 4.

[895] Scheurle/Mayen-Glahs, TKG, § 33 Rn. 68.

[896] BeckTKG-Komm/Piepenbrock, § 33 Rn. 88. Zur Ermessenreduzierung auf Null vgl. Kopp/Schenke, § 114 Rn. 6.

[897] Scheurle/Mayen-Glahs, TKG, § 33 Rn. 73.

ausdrücklichen Nachweis eines Mißbrauchs im Einzelfall.[898] Die Darlegungs- und Beweislast für die Rechtfertigung einer Zugangsbeschränkung liegt dadurch im Ergebnis bei dem marktbeherrschenden Betreiber, der objektiv nachvollziehbare Gründe darlegen muß, warum er zu einer Verweigerung des Netzzugangs berechtigt ist.[899]

Da die Entscheidungen der RegTP gemäß § 73 Abs. 1 S. 2 TKG durch Verwaltungsakt ergehen, ist gegen die Entscheidungen der RegTP der Rechtsweg zu den Verwaltungsgerichten eröffnet. Gemäß § 68 Abs. 1 S. 2 VwGO i. V. m. § 80 Abs. 1 TKG kann dabei die Aufhebung eines Verwaltungsaktes sowie der Erlaß eines abgelehnten oder unterlassenen Verwaltungsaktes der RegTP ohne Vorverfahren unmittelbar durch die Erhebung von Anfechtungs- bzw. Verpflichtungsklage vor dem zuständigen Verwaltungsgericht geltend gemacht werden. Da Klagen gegen die Entscheidungen der RegTP im Regelfall keine aufschiebende Wirkung haben (§ 80 Abs. 2 TKG), sind die Entscheidungen der RegTP von dem betroffenen Unternehmen inhaltlich zunächst in vollem Umfang umzusetzen. Daß § 80 Abs. 2 TKG den Suspensiveffekt der (Anfechtungs-)Klage beseitigt, erscheint insoweit folgerichtig, als im Beschlußkammerverfahren der RegTP eine breit angelegte Anhörung eine umfassende Berücksichtigung der berührten Interessen ermöglicht und damit eine andere Situation als die für die Regel des § 80 Abs. 1 VwGO maßgebliche Situation gegeben sein dürfte. Allerdings beziehen sich § 80 Abs. 1 und Abs. 2 TKG nicht nur auf die Beschlußkammerentscheidungen, sondern auf alle Entscheidungen der RegTP, so daß im Hinblick auf die Arbeitsbelastung der Verwaltungsgerichte und der damit verbundenen Gewährleistung effektiven Rechtsschutzes verfassungsrechtliche Bedenken bestehen.[900]

Mit dem „Review 1999 - Entwicklung neuer Rahmenbedingungen für elektronische Kommunikationsinfrastrukturen und zugehörige Dienste“[901] hat die Kommission die Überprüfung der Regulierung der Telekommunikationsmärkte auf Gemeinschaftsebene und deren Anpassung an die bisherige und zukünftige technologische und wettbewerbsrechtliche Entwicklung eingeleitet.[902] Die Kommission

---

898 BeckTKG-Komm/Piepenbrock, § 33 Rn. 9.

899 Vgl. den Wortlaut von § 33 Abs. 2 S. 3 TKG („es sei denn, ...“).

900 Gramlich, Entwicklungen der staatlichen Wirtschaftsaufsicht – Das Telekommunikationsrecht als Modell?, VerwArch 88 (1997), 598, S. 640.

901 KOM 1999, 539 vom 10.11.1999. Abrufbar im Internet unter www.europa.eu.int/ISPO/infosoc/telecompolicy/review99/review99de.pdf

902 Vgl. hierzu Koenig/Kühling, Reformansätze des deutschen Telekommunikationsrechts in rechtsvergleichender Perspektive, MMR 2001, S. 80; Kirchner, Europäische Regulierung der Telekommunikationsmärkte – Gemeinschaftliche Regulierung von elektronischen Kommunikationsnetzen und –diensten, in: Immenga/Kirchner/Knieps/Kruse, Telekommunikation im Wettbewerb, S. 137 ff. Am 12.07.2000 hat die Kommission darüber hinaus zusammen mit dem Vorschlag für eine

beabsichtigt, die Regulierung der Telekommunikation künftig verstärkt konsultativ, transparent und partizipatorisch zu gestalten. Die am Markt tätigen Unternehmen, andere Regulierungsbehörden sowie die Kommission sollen durch Konsultationsverfahren in die Regulierungsprozesse einbezogen werden.

Gegenwärtig wird die Verfahrensbeteiligung im TKG von einem Bild des rechtlichen Gehörs geprägt.[903] In den entscheidenden Bereichen der Entgeltregulierung und des Netzzugangs fehlt es jedoch an einer Verpflichtung der RegTP zu einer frühzeitigen Beteiligung der Betroffenen im Sinne einer transparenten und partizipatorischen Regulierungspolitik. Durch die frühzeitige Einbindung der von einer Entscheidung der Regulierungsbehörde betroffenen Unternehmen könnte insbesondere die Anzahl der verwaltungsgerichtlichen Verfahren gegen Entscheidungen der RegTP verringert werden.[904] Transparente Entscheidungsverfahren können zudem der Gefahr einer divergierenden Spruchpraxis der verschiedenen Beschlußkammern der RegTP entgegenwirken.[905]

b) Schlichtungsverfahren vor der RegTP

In den Fällen, in denen sich ein marktbeherrschender Betreiber und ein Nutzer über die Bereitstellung eines besonderen Netzzugangs im Sinne des § 35 Abs. 1 S. 2 TKG streiten, können beide Beteiligte gemeinsam gemäß § 8 NZV die RegTP zur Schlichtung anrufen und eine Entscheidung der Behörde über das Schlichtungsverfahren herbeiführen. Erforderlich ist dafür ein Antrag beider Verhandlungsparteien. Eine Zwangsschlichtung auf Antrag einer Partei oder von Amts wegen für den Fall des besonderen Netzzugangs, der nicht Netzzusammenschaltung ist, ist demgegenüber nicht vorgesehen.[906]

§ 8 S. 2 NZV enthält keine Aussage darüber, mit welcher rechtlichen Bindungswirkung die Entscheidung der RegTP ergeht. Die Verordnung verwendet den Begriff der „Schlichtung“, über die die RegTP gemäß § 8 S. 2 NZV unter Berücksichtigung der beiderseitigen Interessen „entscheidet“. Hieraus wird gefolgert, daß

Richtlinie über einen gemeinsamen Rechtsrahmen für elektronische Kommunikationsnetze und –dienste (Rahmenrichtlinie) vier weitere Richtlinienvorschläge, nämlich eine Genehmigungsrichtlinie, eine Zugangsrichtlinie, eine Universaldienstrichtlinie und eine Datenschutzrichtlinie sowie einen Vorschlag für eine Verordnung vorgelegt, vgl. hierzu Kirchner, a.a.O., S. 138 ff.

903 Koenig/Kühling, Reformansätze des deutschen Telekommunikationsrechts in rechtsvergleichender Perspektive, MMR 2001, 80, S. 82.

904 Vgl. Koenig/Kühling, Reformansätze des deutschen Telekommunikationsrechts in rechtsvergleichender Perspektive, MMR 2001, 80, S. 82.

905 Koenig/Kühling, Reformansätze des deutschen Telekommunikationsrechts in rechtsvergleichender Perspektive, MMR 2001, 80, S. 82.

906 BeckTKG-Komm/Piepenbrock, § 8 NZV Rn. 1.

Verfahren und Ergebnis in diesem Punkt einem Schiedsverfahren nach den §§ 1034, 1039 ZPO ähneln, wobei die RegTP die Funktion eines außervertraglichen Schiedsgerichts i.S.v. § 1048 ZPO wahrnehmen soll.[907] Die Schlichtung ist allerdings weder Voraussetzung für eine Anrufung der RegTP durch einen der Beteiligten noch schließt sie diese – auch zu einem späteren Zeitpunkt - aus.[908] Widerspricht eine Partei der Einleitung eines Schlichtungsverfahrens, kann die andere Seite administrative Anordnungen der RegTP erwirken.

c) Einstweilige Anordnungen durch die RegTP

Nach § 78 TKG kann die RegTP bis zur endgültigen Entscheidung einstweilige Anordnungen treffen. Das TKG enthält allerdings keine Bestimmungen darüber, wann, unter welchen Voraussetzungen und mit welchem Inhalt solche einstweiligen Anordnungen erlassen werden können. Die vergleichbare Regelung in § 60 GWB formuliert zwar ebenfalls nicht die Voraussetzungen für den Erlaß einstweiliger Anordnungen, enthält aber einen Katalog derjenigen Fälle, in denen einstweilige Anordnungen in Betracht kommen. Vor diesem Hintergrund muß in der Telekommunikation auf die allgemeinen Regeln und Rechtsgrundsätze, die sich aus §§ 935 ff. ZPO, § 32 BVerfGG, §§ 80 Abs. 2 Nr. 4, Abs. 3, 123 VwGO ergeben, zurückgegriffen werden.[909]

Der Erlaß einer einstweiligen Anordnung gemäß § 78 TKG setzt voraus, daß vor der Beschlußkammer der RegTP ein Verwaltungsverfahren in der Hauptsache anhängig und noch nicht endgültig entschieden ist. Eingeleitet wird das Verfahren der einstweiligen Anordnung von Amts wegen. Sofern ein Verfahrensbeteiligter oder Dritter einen entsprechenden „Antrag" stellt, handelt es sich um eine rechtlich unverbindliche Anregung für die Beschlußkammer der RegTP.[910] Ein Anspruch auf Erlaß einer einstweiligen Anordnung besteht insoweit nicht.[911] Gerechtfertigt werden kann der Erlaß einer einstweiligen Anordnung durch ein besonderes öffentliches Interesse oder ein überwiegendes privates Interesse eines Beteiligten.[912] Es muß sich dabei um Interessen handeln, die eine alsbaldige Entscheidung noch vor Abschluß des Verwaltungsverfahrens in der Hauptsache rechtfertigen. Der Anordnungsgrund besteht im Verfahren nach § 78 TKG in der objektiv begründeten Be-

---

907 Gramlich, Rechtsfragen bei Zusammenschaltungsvereinbarungen, CR 1997, 65, S. 70; BeckTKG-Komm/Piepenbrock, § 8 NZV Rn. 4.

908 Hefekäuser/Dreier, Der gesetzliche Rahmen für Netzzugang und Netzzusammenschaltungen, CR 1997, 110, S. 113.

909 BeckTKG-Komm/Kerkhoff, § 78 Rn. 1.

910 Scheurle/Mayen-Mayen, TKG, § 78 Rn. 85.

911 BeckTKG-Komm/Kerkhoff, § 78 Rn. 3.

912 Scheurle/Mayen-Mayen, TKG, § 78 Rn. 35.

sorgnis, daß durch die Verzögerung einer Entscheidung in der Hauptsache durch die RegTP irreversible oder nur schwer behebbare Nachteile auf dem Telekommunikationsmarkt entstehen. Dem Betroffenen oder der Allgemeinheit darf insoweit nicht zugemutet werden können, die Entscheidung in der Hauptsache abzuwarten.[913] Im Rahmen dieser Interessenabwägung ist auch der voraussichtliche Ausgang des Hauptsacheverfahrens vor der RegTP zu berücksichtigen.[914] Da das TKG die Entscheidungen der Beschlußkammern der RegTP in § 80 Abs. 2 regelmäßig für sofort vollziehbar erklärt und damit das ansonsten für die Anordnung des Sofortvollzuges erforderliche überwiegende Interesse bereits unterstellt, kommt eine einstweilige Anordnung daneben allerdings nur in Einzelfällen in Betracht.[915]

aa) „Vorläufige" Entgeltgenehmigung durch die RegTP

Grundsätzlich darf die einstweilige Anordnung nicht zu einer Vorwegnahme der Hauptsache führen.[916] Umstritten ist, ob vor diesem Hintergrund eine vorläufige Entgeltgenehmigung durch die RegTP zulässig ist, die unter dem Vorbehalt des Widerrufs für den Fall einer abweichenden endgültigen Genehmigung, verbunden mit der Pflicht zur Rückzahlung der dem Netzbetreiber nach der endgültigen Genehmigung nicht zustehenden Beträge, steht. Dagegen spricht, daß ein Entgeltregulierungsverfahren grundsätzlich nur durch Genehmigung der beantragten Entgelte oder deren Versagung abgeschlossen werden kann. Die RegTP unterliegt insoweit einem Entscheidungszwang, der unterlaufen wird, wenn an sich nicht genehmigungsfähige Entgelte vorläufig, also unter dem Vorbehalt einer späteren abweichenden - rückwirkenden - endgültigen Entscheidung, genehmigt werden, um dem antragstellenden Unternehmen Gelegenheit zu geben, gegebenenfalls einen neuen genehmigungsfähigen Antrag einzureichen bzw. die erforderlichen Antragsunterlagen zu vervollständigen, obwohl in dem entscheidungserheblichen Zeitpunkt eigentlich die Versagung der Genehmigung geboten wäre.[917]

Dennoch entspricht die vorläufige Entgeltgenehmigung der gegenwärtigen Praxis der RegTP. Die RegTP beruft sich dabei auf das Interesse der Unternehmen an einer Durchführung der jeweiligen Verträge sowie das öffentliche Interesse an der

---

913 Obwohl die einstweilige Anordnung die Hauptsache nicht vorwegnehmen darf, enthält jede einstweilige Anordnung eine teilweise Vorwegnahme des Verfahrensergebnisses.

914 Scheurle/Mayen-Mayen, TKG, § 78 Rn. 46.

915 BeckTKG-Komm/Kerkhoff, § 78 Rn. 8.

916 KG WuW/E OLG 850, S. 851 – Dia-Filme; KG WuW/E OLG 877, S. 881 f. – Zigaretten-Einzelhandel; KG WuW/E OLG 2419, S. 2421 – synthetischer Kautschuk II; OLG Celle WuW/E OLG 2475, S. 2476 – Stadtwerke Braunlage ; Scheurle/Mayen-Mayen, TKG, § 78 Rn. 49 ; BeckTKG-Komm/Kerkhoff, § 78 Rn. 13.

917 Schütz/Müller, Entgeltregulierung in der Telekommunikation, MMR 1999, 128, S. 136.

Herstellung und Aufrechterhaltung eines funktionsfähigen Wettbewerbs.[918] Für die Auffassung der RegTP spricht, daß die vorläufige Entgeltgenehmigung nicht zu einer endgültigen, sondern lediglich zu einer vorläufigen Vorwegnahme der Hauptsache führt.[919] Zu kritisieren ist dennoch die mit der vorläufigen Entscheidung verbundene Planungsunsicherheit, zumal zwischen der vorläufigen und der endgültigen Entscheidung der RegTP unter Umständen ein längerer Zeitraum liegen kann, so daß bei dem betroffenen Unternehmen unter Umständen nicht unerhebliche Rückstellungen gebildet werden müssen.

bb) Vorläufige Zusammenschaltungsanordnung durch die RegTP

Nur ausnahmsweise zulässig ist eine vorläufige Zusammenschaltungsanordnung durch die RegTP, da sie im Ergebnis zu einer endgültigen Vorwegnahme der Hauptsache führt. Die in der Zwischenzeit für den Antragsteller erwachsenden Vorteile – die Abwicklung von Dienstleistungen über die zusammengeschalteten Netzinfrastruktureinrichtungen – können auch im Falle einer für den Antragsteller ungünstigen Hauptsacheentscheidung nicht mehr rückgängig gemacht werden.[920] Da eine Hauptsacheentscheidung gemäß § 37 Abs. 1 S. 1 und 2 TKG spätestens nach 10 Wochen ergehen muß, wird der Erlaß einer vorläufigen Zusammenschaltungsanordnung regelmäßig nicht möglich sein.

cc) Rechtsfolgen einstweiliger Anordnungen

Einstweilige Anordnungen nach § 78 TKG ergehen – wie die übrigen Entscheidungen der Beschlußkammern der RegTP auch – als Verwaltungsakt. Sie sind damit gemäß § 80 Abs. 2 TKG ebenfalls kraft Gesetzes sofort vollziehbar. Der Adressat einer einstweiligen Anordnung kann hiergegen Anfechtungsklage beim zuständigen Verwaltungsgericht erheben, wobei die sofortige Vollziehbarkeit nur durch einen parallel zu stellenden Antrag auf Anordnung der aufschiebenden Wirkung gemäß § 80 Abs. 5 S. 1 VwGO beseitigt werden kann. Bis dahin bleibt die Entscheidung sofort vollziehbar und kann als solche mit den Mitteln des Verwaltungszwangs vollstreckt werden.[921] Der Adressat einer einstweiligen Anordnung ist somit im Regelfall verpflichtet, der Anordnung bis zu einer späteren – unter Umständen davon abweichenden - Hauptsacheentscheidung Folge zu leisten.

Die einstweiligen Anordnungen erwachsen als vorläufige Verwaltungsakte zwar zu formeller Bestandskraft, wenn gegen sie nicht rechtzeitig die verwaltungsrechtlich

---

918 Entscheidung der 4. Beschlußkammer der Regulierungsbehörde vom 30.11.1998, MMR 1999, S. 183 - Zugang zur Teilnehmeranschlußleitung.

919 Scheurle/Mayen-Mayen, TKG, § 78 Rn. 56.

920 Scheurle/Mayen-Mayen, TKG, § 78 Rn. 57.

921 Scheurle/Mayen-Mayen, TKG, § 78 Rn. 81.

vorgesehenen Rechtsmittel eingelegt werden. Da sie nicht in materieller Bestandskraft erwachsen, unterliegt die RegTP bei einer späteren Entscheidung in der Hauptsache allerdings keinen Einschränkungen.[922]

d) Untätigkeit der RegTP

Bleibt die RegTP auf den Antrag eines Beteiligten hin untätig, so kann das betroffene Unternehmen hiergegen im Wege einer Verpflichtungsklage vor dem zuständigen Verwaltungsgericht vorgehen. Die Verpflichtungsklage ist gemäß § 42 Abs. 1 VwGO auf den Erlaß eines Verwaltungsakts gerichtet. Als Unterfälle der Verpflichtungsklage sind die Versagungsgegenklage und die Untätigkeitsklage zu unterscheiden. Während die Versagungsgegenklage auf die Vornahme eines beantragten, aber abgelehnten Verwaltungsakts gerichtet ist, ist die Untätigkeitsklage bei der Vornahme eines schlicht unterlassenen – nicht abgelehnten – Verwaltungsakts zu erheben.

Bleibt die RegTP nach Anrufung einer Partei auch nach der in § 37 TKG bestimmten Frist untätig, so hat der Wettbewerber die Möglichkeit zur Erhebung einer Verpflichtungsklage in Gestalt der Untätigkeitsklage vor dem zuständigen Verwaltungsgericht. Eine zivilrechtliche Verpflichtung des Netzbetreibers zur Abgabe eines Zusammenschaltungangebots besteht wegen § 37 TKG nicht.[923] Fehlt es an der Spruchreife, ist das Verwaltungsgericht also nicht zu einer abschließenden Entscheidung über den Erlaß des Verwaltungsakts in der Lage,[924] und ist das Verwaltungsgericht auch nicht verpflichtet, die Entscheidung über den Erlaß des Verwaltungsakts spruchreif zu machen, kann die RegTP nicht zum Erlaß einer Zusammenschaltungsanordnung verurteilt werden. Das Gericht erläßt dann ein Bescheidungsurteil gemäß § 113 Abs. 5 S. 2 VwGO. Das gleiche gilt für den Fall der Anordnung eines besonderen Netzzugangs, die die RegTP über § 33 Abs. 2 TKG anordnet.[925]

Im Regelfall wird der Wettbewerber aufgrund der Dringlichkeit seines Zusammenschaltungsbegehrens versuchen, eine einstweilige Regelungsanordnung gemäß §

---

922 Scheurle/Mayen-Mayen, TKG, § 78 Rn. 80.

923 Eine sachliche Zuständigkeit der Zivilgerichte ist nicht gegeben, da dem Zusammenschaltungsbegehren kein zivilrechtlicher, sondern ein öffentlich-rechtlicher Sachverhalt zugrunde liegt. Soweit eine gesetzliche Ermächtigung im TKG zu einer Zusammenschaltungsanordnung besteht, ist es allein die Aufgabe der RegTP, über Fragen der Zusammenschaltung als Verwaltungsbehörde zu entscheiden, zumal sie eine umfassende Übersicht über die bestehende Gesamtmarktsituation hat, vgl. Märkl, Netzzusammenschaltung in der Telekommunikation, S. 279.

924 Schenke, Verwaltungsprozeßrecht, S. 230 Rn. 838.

925 Märkl, Netzzusammenschaltung in der Telekommunikation, S. 281.

123 Abs. 1 S. 2 VwGO zu erlangen, bei der allerdings die Hauptsacheentscheidung grundsätzlich nicht vorweggenommen werden darf.

e) Einschreiten des Bundeskartellamtes

Aufgrund der parallelen Zuständigkeiten von RegTP und Bundeskartellamt in der Telekommunikation, die im Hinblick auf die fehlende Bindungswirkung und die unterschiedliche Rechtswegzuständigkeit eine Vielzahl von Problemen aufwirft, kann das Bundeskartellamt nach pflichtgemäßem Ermessen entscheiden, ob es in einem Fall vermuteten oder tatsächlich wettbewerbswidrigen Verhaltens tätig werden will. Dieses Entschließungsermessen gibt dem Bundeskartellamt die Möglichkeit, seine Zuständigkeiten unter Berücksichtigung der Kompetenzen der RegTP effizient einzusetzen.[926] Das Bundeskartellamt kann somit von einem Tätigwerden nach dem GWB Abstand nehmen, um unnötige Parallelverfahren zu vermeiden. Bereits die Möglichkeit eines Tätigwerdens des Bundeskartellamtes kann jedoch einen kontrollierenden Einfluß auf die Praxis der RegTP haben.[927]

f) Zuständigkeit der Zivilgerichte

Zivilrechtliche Streitigkeiten können sich in der Telekommunikation etwa aufgrund von Schadenersatz- bzw. Unterlassungsansprüchen von Nutzern im Rahmen von § 40 TKG ergeben.[928] Die Zivilgerichte sind aber auch dann zuständig, wenn es im Rahmen einer bereits bestehenden Zusammenschaltungsvereinbarung zwischen zwei Netzbetreibern zu Störungen kommt. Neben der Leistungsklage in einem Hauptsacheverfahren ist aufgrund der regelmäßig vorliegenden Dringlichkeit einer Durchsetzung von Ansprüchen aus dem Netznutzungsvertrag im Rahmen des Betriebs von zusammengeschalteten Netzen auch der Antrag auf Erlaß einer einstweiligen Verfügung möglich.

Demgegenüber ist eine Anrufung der RegTP bei einer nicht ordnungsgemäßen Vertragsdurchführung grundsätzlich ausgeschlossen. Eine Ausnahme soll jedoch dann gelten, wenn die technische Zusammenschaltung selbst erst gar nicht zustande kommt oder ein Netzbetreiber mißbräuchlich im Sinne von § 33 Abs. 1 TKG handelt.[929] In diesem Fall muß die RegTP die Möglichkeit haben, von ihren Kompetenzen gemäß § 37 Abs. 1 TKG bzw. § 33 Abs. 2 TKG Gebrauch zu machen.

---

926 Martenczuk, Regulierungsbehörde contra Bundeskartellamt? – Das Verhältnis der Kompetenzen auf dem Gebiet der Telekommunikation, CR 1999, 363, S. 367.

927 Martenczzuk, Regulierungsbehörde contra Bundeskartellamt? – Das Verhältnis der Kompetenzen auf dem Gebiet der Telekommunikation, CR 1999, 363, S. 367.

928 Märkl, Netzzusammenschaltung in der Telekommunikation, S. 278.

929 Märkl, Netzzusammenschaltung in der Telekommunikation, S. 278.

II. Elektrizitätswirtschaft

Von großer Bedeutung für die Entstehung des Wettbewerbs sind auch in der Elektrizitätswirtschaft die Möglichkeiten zur Verweigerung und verfahrensrechtlichen Durchsetzung des Netzzugangs. Die Verpflichtung des Netzbetreibers, fremderzeugte Energie durch das Elektrizitätsversorgungsnetz durchzuleiten, ist vom Gesetzgeber in § 6 EnWG als Regelfall ausgestaltet worden. Nur im Ausnahmefall ist der Netzbetreiber berechtigt, den ihm gegenüber geltend gemachten Netzzugangsanspruch abzulehnen.[930]

1. Verweigerung des Netzzugangs

Ein Anspruch auf Mitbenutzung der fremden Netzinfrastruktureinrichtungen nach § 6 Abs. 1 S. 1 EnWG besteht nicht, wenn die tatbestandlichen Voraussetzungen nicht vorliegen oder zugunsten des Netzbetreibers ein besonderer Ablehnungsgrund eingreift. Kennzeichen der Netzzugangsregelungen im EnWG ist, daß der Betreiber eines Elektrizitätsversorgungsnetzes ein Netzzugangsbegehren nur unter engen Voraussetzungen zurückweisen darf. Die Verpflichtung zur Öffnung des Elektrizitätsversorgungsnetzes für Durchleitungen soll - so das Ziel des Gesetzgebers - der Regelfall, die Befugnis zur Verweigerung die Ausnahme sein.[931]

a) Spezielle Ausnahmetatbestände

Die in Betracht kommenden Verweigerungsgründe ergeben sich im wesentlichen unmittelbar aus dem EnWG. Teilweise sind sie in Sondertatbeständen festgeschrieben, zum Teil sind sie erst nach einer umfassenden Interessenabwägung im Einzelfall auf der Grundlage der allgemeinen Ausnahmebestimmung des § 6 Abs. 1 S. 2 EnWG feststellbar.[932] Zu den speziellen Ausnahmetatbeständen gehören das Alleinabnehmersystem nach § 7 EnWG sowie die Reziprozitätsklausel in Art. 4 § 2 des Gesetzes zur Neuregelung des Energiewirtschaftsrechts. Gemäß Art. 4 § 2 des Gesetzes zur Neuregelung des Energiewirtschaftsrechts ist der Netzbetreiber berechtigt, den Netzzugang für Elektrizität, die aus dem Ausland[933] geliefert werden

---

930 Scholz/Röhling, Durchleitungsverweigerung, in: Bartsch/Röhling/Salje/Scholz, Stromwirtschaft, Kap. 54 Rn. 1, S. 472.

931 Büdenbender, Durchleitung elektrischer Energie nach der Energierechtsreform, RdE 1999, 1, S. 2; Schneider, Liberalisierung der Stromwirtschaft durch regulative Marktorganisation, S. 514.

932 Scholz/Röhling, Durchleitungsverweigerung, in: Bartsch/Röhling/Salje/Scholz, Stromwirtschaft, Kap. 54 Rn. 1, S. 472; Tüngler, Der Netzzugang in der Elektrizitätswirtschaft auf der Grundlage des Energiewirtschaftsgesetzes (EnWG), S. 101.

933 Dem Wortlaut nach gilt dies nicht nur für die EU-Mitgliedstaaten, sondern für das gesamte Ausland.

soll, abzulehnen, soweit der zu beliefernde Abnehmer dort nicht ebenfalls mittels Durchleitung beliefert werden könnte.[934]

b) Unmöglichkeit der Durchleitung

Nach § 6 Abs. 1 S. 2 EnWG gilt die Pflicht, anderen Unternehmen das eigene Versorgungsnetz für Durchleitungen zur Verfügung zu stellen, darüber hinaus nicht, soweit der Netzbetreiber nachweist, daß ihm die Durchleitung aus betriebsbedingten oder sonstigen Gründen unter Berücksichtigung der Ziele des § 1 EnWG (Preisgünstigkeit, Versorgungssicherheit und Umweltverträglichkeit) nicht möglich oder nicht zumutbar ist. Zu unterscheiden sind danach die Fälle der Unmöglichkeit und der Unzumutbarkeit der Durchleitung. Ein absoluter Verweigerungsgrund ist gegeben, wenn die Durchleitung für den Netzbetreiber aus betriebsbedingten oder sonstigen Gründen unmöglich ist.[935] Da eine Verpflichtung des Netzbetreibers zur Erbringung einer – tatsächlich oder rechtlich – unmöglichen Leistung nicht besteht, ist für eine Interessenabwägung, bei der auch die in § 1 EnWG manifestierten Ziele der Gewährleistung einer sicheren, preisgünstigen und umweltverträglichen Energieversorgung berücksichtigt werden könnten, kein Raum.[936] Betriebsbedingt sind insbesondere diejenigen Gründe, die die Netzkapazität sowie die technischen Voraussetzungen betreffen, die für einen störungsfreien Betrieb des Netzes erforderlich sind.[937]

aa) Kapazitätsengpässe

Betriebsbedingte Gründe liegen insbesondere dann vor, wenn das Elektrizitätsversorgungsnetz über keine ausreichende Kapazität zur Befriedigung des Durchleitungswunsches verfügt, weil die gesamte freie Netzkapazität bereits zur Ermöglichung der Versorgungsaktivitäten des Netzbetreibers selbst oder zur Erfüllung von Durchleitungsvereinbarungen, die der Netzbetreiber mit einem anderen Durchlei-

---

[934] Die Norm beinhaltet insoweit eine befristet bis zum 31.12.2006 gültige Reziprozitätsklausel, die der Herstellung von Chancengleichheit zwischen deutschen und ausländischen EVU dient. Inhaltlich werden damit vom Gesetzgeber gemeinwohlorientierte energiepolitische Ziele verfolgt, die über die Rechtssphäre des jeweiligen Netzbetreibers hinausweisen, vgl. Kühne, Der Netzzugang und seine Verweigerung im Spannungsfeld zwischen Zivilrecht, Energierecht und Kartellrecht, RdE 2000, 1, S. 4.

[935] Kühne, Der Netzzugang und seine Verweigerung im Spannungsfeld zwischen Zivilrecht, Energierecht und Kartellrecht, RdE 2000, 1, S. 3, unterscheidet zwischen den betreibersphären- und den gemeinwohlbezogenen Verweigerungsgründen.

[936] Büdenbender, Durchleitung elektrischer Energie nach der Energierechtsreform, RdE 1999, 1, S. 2; Scholz/Röhling, Durchleitungsverweigerung, in: Bartsch/Röhling/Salje/Scholz, Stromwirtschaft, Kap. 54 Rn. 15, S. 476.

[937] Bericht des Ausschusses für Wirtschaft, BT-Drs. 13/9211, S. 24 ff.

tungsinteressenten getroffen hat, benötigt wird.[938] § 6 EnWG verpflichtet den Netzbetreiber auch bei längerfristigen Kapazitätsengpässen nicht zu einer Kapazitätserweiterung durch eigene Investitionen.[939] Sowohl § 19 Abs. 4 Nr. 4 GWB als auch § 6 Abs. 1 S. 1 EnWG tragen der Erkenntnis Rechnung, daß eine ökonomisch sinnvolle Erschließung von Märkten mit Netzstrukturen für Wettbewerber des Netzbetreibers nicht über eine kostspielige, aus wirtschaftlichen und tatsächlichen Gründen vielfach nicht durchführbare Errichtung paralleler Leitungsnetze, sondern nur über die Mitbenutzung vorhandener Netzinfrastruktureinrichtungen möglich ist. Bestehende Netzinfrastruktureinrichtungen sollen konkurrierenden Anbietern im Interesse der Liberalisierung des Elektrizitätsmarktes daher – soweit möglich - zur Verfügung gestellt werden.[940]

Eine Verpflichtung des Netzbetreibers zu einer Kapazitätserweiterung ergibt sich auch nicht aus § 4 Abs. 1 EnWG. Nach § 4 Abs. 1 EnWG sind die EVU zu einem Betrieb ihres Versorgungsnetzes verpflichtet, der eine Versorgung entsprechend den Zielen des § 1 EnWG sicherstellt. Eine Investitionsverpflichtung zur Förderung des Absatzes dritter Unternehmen kann daraus jedoch nicht hergeleitet werden, da die Übernahme der wirtschaftlichen Risiken aus Investitionen im Netz für Durchleitungswünsche von dem Netzbetreiber redlicherweise nicht erwartet werden kann.[941] Der Netzbetreiber ist also grundsätzlich nur zur Bereitstellung der vorhandenen Netzinfrastruktureinrichtungen verpflichtet, nicht aber dazu, die Durchleitung durch eigene, zusätzliche Investitionen erst zu ermöglichen. In Analogie zu der Telekommunikation könnte allenfalls überlegt werden, eine Verpflichtung zum Netzausbau dann anzunehmen, wenn der Wettbewerber hierfür die Kosten übernimmt.

bb) Aufteilung vorhandener Netzkapazitäten

Auch in der Elektrizitätswirtschaft sind die vorhandenen Netzkapazitäten grundsätzlich anteilsmäßig aufzuteilen. Das Bundeskartellamt vertritt in diesem Zusam-

---

938 Scholz/Röhling, Durchleitungsverweigerung, in: Bartsch/Röhling/Salje/Scholz, Stromwirtschaft, Kap. 54 Rn. 18, S. 477; Büdenbender, Durchleitung elektrischer Energie nach der Energierechtsreform, RdE 1999, 1, S. 2 f.

939 Börner, Erste Überlegungen zu den privaten Normierungen der Stromdurchleitung (Teil 1), RdE 2000, 55, S. 56; Scholz/Röhling, Durchleitungsverweigerung, in: Bartsch/Röhling/Salje/Scholz, Stromwirtschaft, Kap. 54 Rn. 23, S. 478; Tüngler, Der Netzzugang in der Elektrizitätswirtschaft auf der Grundlage des Energiewirtschaftsgesetzes (EnWG), S. 127 ff.; BKartA, WuW/E DE-V 253,
S. 258 – Puttgarden.

940 Scholz/Röhling, Durchleitungsverweigerung, in: Bartsch/Röhling/Salje/Scholz, Stromwirtschaft, Kap. 54 Rn. 23, S. 479.

941 Büdenbender, Rechtsfragen anläßlich der Durchleitung elektrischer Energie, in: Baur, Energiewirtschaft - Der neue energie- und kartellrechtliche Rahmen, 73, S. 90.

menhang die Auffassung, daß im Falle einer das Netzkapazitätsangebot übersteigenden Nachfrage eine anteilige Befriedigung aller Durchleitungsinteressenten zu erfolgen hat.[942] Allerdings genießen bestehende – wirksame und auch tatsächlich praktizierte - Vertragsverhältnisse Vorrang vor den noch im Verhandlungsstadium befindlichen oder erst künftig gestellten Netznutzungsansprüchen.[943]

Umstritten ist, ob der Netzbetreiber berechtigt ist, sein eigenes Nutzungsinteresse gegenüber den Nutzungsinteressen Dritter bevorzugt zu behandeln. Das Bundeskartellamt[944] verneint dies, da die Verweigerung des Netzzugangs in diesem Fall eine Diskriminierung des zugangsbegehrenden Unternehmens im Sinne von § 6 Abs. 1 S. 1 EnWG darstelle. Das Bundeskartellamt schlägt für diesen Fall das Verfahren der Repartierung vor, bei dem alle Interessenten – einschließlich des Netzbetreibers - ihren Bedarf anmelden und alle Nachfragen anteilig gekürzt werden, wenn die Gesamtnachfrage die Kapazität übersteigt. Dem steht jedoch unter systematischen Gründen entgegen, daß das Diskriminierungsverbot des § 6 Abs. 1 S. 1 EnWG nur das „Wie“ der begehrten Durchleitung betrifft. Im übrigen ist das Recht des Eigentümers, sein Eigentum vorrangig für eigene Bedürfnisse zu nutzen, durch Art. 14 GG[945] verfassungsrechtlich geschützt.[946] Allerdings muß sich das vom Netzbetreiber verfolgte Eigeninteresse auch daran messen lassen, ob es der Gewährleistung eines wirksamen Wettbewerbs entgegensteht, da andernfalls über die Entscheidung des marktbeherrschenden EVU die vom Gesetzgeber mit der grundsätzlichen Durchleitungsverpflichtung verfolgten Wettbewerbsziele unterlaufen werden könnten. Sofern die Eigeninteressen sachlich begründet sind, auf nachvollziehbaren Kriterien beruhen, keine diskriminierende Wirkung haben und mit der Zielsetzung des EnWG vereinbar sind, stehen ihrer Berücksichtigung bei der Aus-

---

942 BKartA, Abmahnschreiben vom 22.12.1998, Az.: B8-40100-T-248/98.

943 Scholz/Röhling, Durchleitungsverweigerung, in: Bartsch/Röhling/Salje/Scholz, Stromwirtschaft, Kap. 54 Rn. 28, S. 480.

944 BKartA, WuW/E DE-V, S. 149 ff. – Berliner Gasdurchleitung.

945 Für einen Vorrang von eigenen Durchleitungswünschen des Netzbetreibers spricht die verfassungsrechtliche Eigentumsgarantie aus Art. 14 GG in der Interpretation durch die Rechtsprechung des Bundesverfassungsgerichts, vgl. BVerfGE 31, 229, S. 240; BVerfGE 52, 1, S. 31; BVerfGE 68, 361, S. 367; BVerfGE 79, 292, S. 303; vgl. hierzu auch Büdenbender, Die Kartellaufsicht über die Energiewirtschaft, S. 328 ff. Zur Grundrechtsberechtigung der EVU nach europäischem und nationalem Recht vgl. Bergmann, Ein Netzzugang Dritter in der Elektrizität und Grundrechte der Versorgungsunternehmen, S. 61 ff.

946 Büdenbender, Durchleitungen in der Elektrizitätswirtschaft und Eigentumsschutz, WuW 2000, S. 119 – 135; Scholz/Röhling, Durchleitungsverweigerung, in: Bartsch/Röhling/Salje/Scholz, Stromwirtschaft, Kap. 54 Rn. 32, S. 481.

wahl der Durchleitungsinteressenten daher keine gravierenden Bedenken entgegen.[947]

Hat der Netzbetreiber noch keine entsprechenden Netznutzungsverträge abgeschlossen, sind jedoch mehrere Durchleitungswünsche anderer Unternehmen vorhanden, die in ihrer Gesamtheit die Kapazität des Versorgungsnetzes übersteigen, so ist der Netzbetreiber zu einer diskriminierungsfreien Verteilung der zur Verfügung stehenden Netzkapazitäten und damit zur teilweisen Befriedigung sämtlicher Durchleitungswünsche verpflichtet.[948] Dies ergibt sich auch aus dem kartellrechtlichen Diskriminierungsverbot in § 20 Abs. 1 GWB, wonach dem Netzbetreiber allerdings ein Handlungsspielraum verbleibt, so daß eine Abweichung vom Grundsatz der Gleichbehandlung aus sachlichen Erwägungen, die ihrerseits diskriminierungsfrei auf alle Durchleitungsinteressenten Anwendung finden, gerechtfertigt sein kann.[949]

c) Unzumutbarkeit der Durchleitung

Der Netzbetreiber in der Elektrizitätswirtschaft ist zu einer Verweigerung des Netzzugangs auch dann berechtigt, wenn er nachweist, daß ihm die Durchleitung aus betriebsbedingten oder sonstigen Gründen unter Berücksichtigung der Ziele des § 1 EnWG nicht zumutbar ist. Allgemein umschreibt der Zumutbarkeitsbegriff unter Betonung personaler Aspekte den Grundsatz der Verhältnismäßigkeit.[950] Das Merkmal der mangelnden Zumutbarkeit stellt insoweit einen relativen Verweigerungsgrund dar. Ob die Voraussetzungen eines relativen Verweigerungsgrundes vorliegen, kann nur im Rahmen einer umfassenden Interessenabwägung im Einzelfall und unter Berücksichtigung aller Gesichtspunkte für und gegen eine Durchleitung festgestellt werden. Bei der Beurteilung der Unzumutbarkeit sind Teilaspekte des Allgemeininteresses sowie Interessen einzelner Beteiligter (insbesondere die Interessen des Netzbetreibers, des Durchleitungsinteressenten und des Durchlei-

---

947 Büdenbender, Rechtsfragen anläßlich der Durchleitung elektrischer Energie, in: Baur, Energiewirtschaft - Der neue energie- und kartellrechtliche Rahmen, 73, S. 89.

948 Kühne, Der Netzzugang und seine Verweigerung im Spannungsfeld zwischen Zivilrecht, Energierecht und Kartellrecht, RdE 2000, 1, S. 6 ff.; Scholz/Röhling, Durchleitungsverweigerung, in: Bartsch/Röhling/Salje/Scholz, Stromwirtschaft, Kap. 54 Rn. 35, S. 482; vgl. auch Theobald/Theobald, Grundzüge des Energiewirtschaftsrechts, S. 201.

949 Anwendbar sind die zu dem kartellrechtlichen Behinderungs- und Diskriminierungsverbot des § 20 Abs. 1 GWB entwickelten Kriterien für die Behandlung knappheitsbedingter Liefersperren. Vgl. hierzu Scholz/Röhling, Durchleitungsverweigerung, in: Bartsch/Röhling/Salje/Scholz, Stromwirtschaft, Kap. 54 Rn. 36 ff., S. 482 f. Sachliche Gründe sind etwa die Vermeidung von Versorgungszusammenbrüchen, der Vorrang erneuerbarer Energien sowie Gründe in der Person des Durchleitungsinteressenten.

950 Schneider, Liberalisierung der Stromwirtschaft durch regulative Marktorganisation, S. 513.

tungsempfängers)[951] zu berücksichtigen, wobei für die Gewichtung der Interessen vom Gesetz kein eindeutiger Maßstab vorgegeben wird.[952]

Nicht zumutbar ist dem Netzbetreiber die Durchleitung gemäß § 6 Abs. 3 EnWG, wenn dadurch der Einsatz von Elektrizität aus Kraft-Wärme-Kopplungsanlagen oder aus regenerativen Energien verdrängt würde.[953] Gleiches gilt nach Art. 4 § 3 des Gesetzes zur Neuregelung des Energiewirtschaftsrechts zum Schutze der Braunkohleförderung in den neuen Bundesländern.[954] Darüber hinaus soll eine Berufung auf die Unzumutbarkeit der Durchleitung nur in Fällen einer *evidenten Beeinträchtigung* von Zielen des § 1 EnWG in Betracht kommen.[955] Im Ergebnis muß eine Durchleitungsverweigerung danach den Ausnahmefall bilden.

Umstritten ist, ob eine Durchleitung auch dann unzumutbar ist, wenn sie zu einem Unterlaufen einer Strombezugsverpflichtung führt, die der im Wege der Durchleitung zu beliefernde Abnehmer gegenüber dem Netzbetreiber, einem mit dem Netzbetreiber konzernmäßig verbundenen Unternehmen oder gegenüber einem Dritten eingegangen ist. Teilweise wird dies verneint.[956] Diese Auffassung übersieht, daß § 6 Abs. 1 S. 1 EnWG nicht zu Eingriffen in bestehende Vertragsverhältnisse berechtigt, sondern den Netzbetreiber lediglich dazu verpflichtet, Eingriffe in sein Netzeigentum zu dulden. Beschränkungen des Netzbetreibers bei Abschluß und Durchführung von Energieversorgungsverträgen ergeben sich aus § 6 Abs. 1 S. 1 EnWG nicht.[957] Demgegenüber ist eine Verweigerung des Netzzugangs unter Berufung auf ein zwischen dem im Wege der Durchleitung zu beliefernden Ab-

---

951 Büdenbender, Durchleitung elektrischer Energie nach der Energierechtsreform, RdE 1999, 1, S. 6.

952 Lukes, Liberalisierung des Strommarkts - Realität oder Utopie?, Beilage 12 zu BB 1998, 1, S. 13.

953 Die Norm hat das Ziel der Umwelt- und Ressourcenschonung in § 1 EnWG. Zu den einzelnen Voraussetzungen von § 6 Abs. 3 EnWG vgl. Büdenbender, Rechtsfragen anläßlich der Durchleitung elektrischer Energie, in: Baur, Energiewirtschaft - Der neue energie- und kartellrechtliche Rahmen, 73, S. 93 ff.

954 Art. 4 § 3 des Neuordnungsgesetzes gestattet dem Netzeigentümer, diesen Aspekt in die Interessenabwägung mit einzubringen, obwohl der Gesichtspunkt zugunsten der betroffenen Region und nicht des Netzeigentümers selbst streitet, so daß ausnahmsweise öffentliche Belange in den sonst individualrechtlichen Abwägungsvorgang einzubeziehen sind.

955 Schneider, Liberalisierung der Stromwirtschaft durch regulative Marktorganisation, S. 513.

956 LG Hamburg, Urteil vom 03.02.2000, RdE 2000, S. 231 ff.; Theobald/Theobald, Grundzüge des Energiewirtschaftsrechts, S. 200.

957 Scholz/Röhling, Durchleitungsverweigerung, in: Bartsch/Röhling/Salje/Scholz, Stromwirtschaft, Kap. 54 Rn. 43, S. 485.

nehmer und einem dritten Lieferanten bestehendes Lieferverhältnis ausgeschlossen.[958]

d) Verweigerungsgründe als Einwendungen oder Einreden?

Durchleitungsverweigerungen sind gemäß § 6 Abs. 1 S. 3 EnWG schriftlich zu begründen, womit das EnWG über die parallelen kartellrechtlichen Vorgaben in den §§ 19 Abs. 1 bis 4, 20 Abs. 1 GWB hinausgeht. Teilweise wird vertreten, daß ein Verstoß gegen die Pflichten des Netzbetreibers bereits dann vorliegt, wenn dieser nicht in angemessener Zeit auf das Netznutzungsbegehren antwortet oder die Ablehnung nicht oder nicht in einer für einen objektiven Dritten nachvollziehbaren Weise begründet, da die schriftliche Begründungspflicht in § 6 Abs. 1 S. 3 EnWG gerade dem Schutz des Durchleitungsinteressenten gegen willkürliche Ablehnungen durch den Netzbetreiber diene.[959]

Umstritten ist, ob die Verweigerungsgründe Einwendungen oder Einreden darstellen.[960] Bereits der Wortlaut („dies gilt nicht") deutet auf eine Einwendung hin. Im übrigen entstammen Einreden regelmäßig der Schuldnersphäre, was bei den Verweigerungsgründen in der Elektrizitätswirtschaft, die regelmäßig einen Gemeinwohlbezug aufweisen, nicht der Fall ist.[961] Die Verweigerungsgründe in § 6 Abs. 1 S. 2 EnWG sind daher rechtlich als Einwendungen zu qualifizieren.

2. *Verfahrensrechtliche Durchsetzung des Netzzugangs*

Ansprüche auf Zugang zu den Netzinfrastruktureinrichtungen anderer Unternehmen können in der Elektrizitätswirtschaft unabhängig davon, ob sie auf die energiewirtschaftsrechtliche Netzzugangsregelung in § 6 Abs. 1 S. 1 EnWG oder auf die kartellrechtlichen Vorschriften der §§ 19 Abs. 4 Nr. 4, 20 Abs. 1 GWB gestützt werden, unmittelbar vor den Zivilgerichten durchgesetzt werden.[962] Daneben kommt die Einleitung eines kartellbehördlichen Verfahrens nach § 54 GWB in Betracht. Beiden Verfahren ist gemeinsam, daß in ihnen lediglich über den zugrunde liegenden Einzelfall entschieden wird.

---

958 Scholz/Röhling, Durchleitungsverweigerung, in: Bartsch/Röhling/Salje/Scholz, Stromwirtschaft, Kap. 54 Rn. 45, S. 486.

959 Lukes, Liberalisierung des Strommarkts - Realität oder Utopie?, Beilage 12 zu BB 1998, 1, S. 12.

960 Zum Streitstand vgl. die Ausführungen bei Tüngler, Der Netzzugang in der Elektrizitätswirtschaft auf der Grundlage des Energiewirtschaftsgesetzes (EnWG), S. 101 ff.

961 Kühne, Der Netzzugang und seine Verweigerung im Spannungsfeld zwischen Zivilrecht, Energierecht und Kartellrecht, RdE 2000, 1, S. 3.

962 Scholz/Röhling, Durchsetzung des Netzzugangs, in: Bartsch/Röhling/Salje/Scholz, Stromwirtschaft, Kap. 56 Rn. 1, S. 510.

a) Klage vor den Zivilgerichten

Zunächst besteht für den Durchleitungsinteressenten die Möglichkeit, gegen die Verweigerung des Netzzugangs vor den Zivilgerichten vorzugehen. Neben der Durchsetzung im Hauptsacheverfahren kommt dabei eine Durchsetzung von Netzzugangsansprüchen auch im Wege eines einstweiligen Verfügungsverfahrens in Betracht.[963] Unbeschadet kartellbehördlicher Maßnahmen kann der Durchleitungsinteressent nach § 33 GWB außerdem – bei Vorliegen der entsprechenden Voraussetzungen - Schadenersatz verlangen. Für Schadenersatzansprüche nach § 33 GWB sind - unter Beachtung der §§ 87 ff. und 91 ff. GWB – ebenfalls die Zivilgerichte zuständig.[964]

aa) Durchsetzung im Hauptsacheverfahren

§ 6 Abs. 1 S. 1 EnWG verpflichtet den Netzbetreiber zur Gewährung eines diskriminierungsfreien Netzzugangs, gewährt also einen unmittelbaren und zivilgerichtlich durchsetzbaren Rechtsanspruch gegen den Netzbetreiber auf Zugang zu dessen Stromnetzen,[965] der als zivilrechtlicher Anspruch einzuordnen und mangels anderweitiger Rechtswegzuweisung vor den Zivilgerichten einzuklagen ist.[966] Funktionell zuständig sind bei Streitigkeiten zwischen EVU im Regelfall die Kartellkammern,[967] an die – im Wege einer Leistungsklage - ein Antrag auf eine Zug-um-Zug-Verurteilung des Netzbetreibers auf Gewährung des Netzzugangs gegen Zahlung eines angemessenen Entgelts zu richten ist.[968] Nach anderer Auffassung[969] beschränkt sich ein gegebenenfalls stattgebendes Urteil auf die Verpflichtung zum Abschluß eines entsprechenden Netznutzungsvertrages.[970] Das zugangsbegehrende

---

963 Vgl. hierzu Ungemach/Weber, Verfahrensfragen des Netzzugangs bei Elektrizität und Gas, RdE 1999, 11, S. 12.

964 Lukes, Liberalisierung des Strommarkts - Realität oder Utopie?, Beilage 12 zu BB 1998, 1, S. 16.

965 LG Potsdam, RdE 2000, S. 203; LG Hamburg, RdE 2000, S. 231 ff.; vgl. hierzu 2. Teil B.II.1.b)aa).

966 Cronenberg, Das neue Energiewirtschaftsrecht, RdE 1998, 85, S. 86; BT-Wirtschaftsausschuß, BT-Drs. 13/9211, S. 24 hinsichtlich der entsprechenden Vorgaben in der Elektrizitätsbinnenmarktrichtlinie.

967 Regelmäßig geht es neben § 6 Abs. 1 EnWG in einem Verfahren um die Netznutzung um die Klärung der Reichweite der §§ 19 Abs. 1 und Abs. 4 Nr. 4 GWB, so daß gemäß der §§ 87, 89 Abs. 1 GWB die Kartellkammern zuständig sind.

968 Theobald/Zenke, Grundlagen der Strom- und Gasdurchleitung, S. 137.

969 Vgl. hierzu 2. Teil B.II.1.b)aa)(2).

970 Daneben kommt eine Klage auf Feststellung der Durchleitungsverpflichtung, Unterlassung des Berufens auf bestimmte Verweigerungsgründe und Unterlassung des Verweigern von Verhandlungen über die Bereitstellung des Versorgungsnetzes in Betracht, vgl. Theobald/Zenke, Grundlagen der Strom- und Gasdurchleitung, S. 140 f.

Unternehmen kann danach den Netzbetreiber auf Zustimmung zu einem konkreten Durchleitungsangebot verklagen, mit der Folge, daß die Annahmeerklärung des Netzbetreibers gemäß § 894 ZPO durch ein rechtskräftiges Urteil ersetzt wird.[971]

Wird der Netzzugangsanspruch auf die kartellrechtlichen Bestimmungen des § 19 Abs. 4 Nr. 4 GWB oder § 20 Abs. 1 GWB gestützt, so ergibt sich im Ergebnis nichts anderes. Die §§ 19, 20 GWB sind Verbotstatbestände und damit relevant im Sinne von § 134 BGB.[972] Eine Nichtigkeit tritt ein, sofern diese mit dem Normzweck der §§ 19, 20 GWB im Einklang steht, Beeinträchtigungen der Betätigungsmöglichkeiten anderer Unternehmen im Wettbewerb entgegenzuwirken.[973] Darüber hinaus sind die §§ 19, 20 GWB Schutzgesetze im Sinne von § 33 GWB.[974] Danach stehen dem zugangsbegehrenden Unternehmen bei schuldhaften Verstößen Schadenersatzansprüche sowie - unabhängig vom Verschulden - Unterlassungs- und Beseitigungsansprüche zu.[975] Dabei kann das betroffene Unternehmen aus § 33 GWB i.V.m. §§ 19 Abs. 4, 20 Abs. 1 GWB auch einen Anspruch auf Abschluß eines Netznutzungsvertrages mit einem bestimmten Inhalt haben.

Gegen die erstinstanzliche Entscheidung des Landgerichts kann mit der Berufung beim OLG und der Revision bzw. Nichtzulassungsbeschwerde beim BGH vorgegangen werden, so daß bis zu einer rechtskräftigen Entscheidung unter Umständen mehrere Jahre vergehen können.[976] Die lange Verfahrensdauer kann sich insbesondere im Bereich des Stromhandels in erheblichem Umfang geschäftsschädigend bzw. geschäftsvernichtend auswirken. Dies ist im Hinblick auf das Ziel der Etablierung eines funktionsfähigen Wettbewerbs bedenklich. Entscheidend ist daher, daß

---

971 Scholz/Röhling, Durchsetzung des Netzzugangs, in: Bartsch/Röhling/Salje/Scholz, Stromwirtschaft, Kap. 56 Rn. 2, S. 510; Theobald/Zenke, Grundlagen der Strom- und Gasdurchleitung, S. 139. Legt der in der ersten Instanz unterliegende Netzbetreiber Rechtsmittel gegen die Entscheidung ein und lehnt er auch die vorläufige Umsetzung des begehrten Netznutzungsvertrages ab, so besteht das Problem mangelnder vorläufiger Vollstreckung. Erst nach Eintritt der formellen Rechtskraft der Entscheidung tritt die Fiktionswirkung des § 894 ZPO ein. Nur im Ausnahmefall können Verurteilungen zur Abgabe einer Willenserklärung auch im Wege der einstweiligen Verfügung erreicht werden, vgl. OLG Köln, NJW-RR 1997, 59, S. 60.

972 Salje, Preismißbrauch durch Elektrizitätsversorgungsunternehmen, in: Bartsch/Röhling/Salje/Scholz, Stromwirtschaft, Kap. 72 Rn. 15, S. 705; Immenga/Mestmäcker-Möschel, GWB, § 19 Rn. 248.

973 Immenga/Mestmäcker-Möschel, GWB, § 19 Rn. 248; Immenga/Mestmäcker-Markert, GWB, § 20 Rn. 226.

974 Scholz/Röhling, Durchsetzung des Netzzugangs, in: Bartsch/Röhling/Salje/Scholz, Stromwirtschaft, Kap. 56 Rn. 3, S. 510; Langen/Bunte-Schultz, Kommentar zum deutschen und europäischen Kartellrecht, § 19 Rn. 181.

975 Immenga/Mestmäcker-Markert, GWB, § 20 Rn. 227.

976 Theobald/Zenke, Grundlagen der Strom- und Gasdurchleitung, S. 134 gehen von einem Zeitraum zwischen drei und fünf Jahren bis zum Vorliegen einer rechtskräftigen Entscheidung aus.

bis zu einer rechtskräftigen Entscheidung im Hauptsacheverfahren die Möglichkeit besteht, eine einstweilige Regelung über die Gewährung des Netzzugangs herbeizuführen.

bb) Durchsetzung im Wege des einstweiligen Verfügungsverfahrens

Das Interesse des Durchleitungsinteressenten ist regelmäßig auf eine möglichst schnellen Zugang zu den Netzinfrastruktureinrichtungen des Netzbetreibers gerichtet. Zivilgerichtlich besteht dafür die Möglichkeit, Netzzugangsansprüche, die auf der Grundlage von § 6 Abs. 1 S. 1 EnWG oder den §§ 19, 20 GWB erhoben werden, im Wege des einstweiligen Verfügungsverfahrens gemäß §§ 935 ff. ZPO i.V.m. §§ 916 ff. ZPO durchzusetzen. Da sich die von dem Durchleitungsinteressenten begehrte Gestattung des Netzzugangs als eine Leistung des Netzbetreibers (als Verfügungsbeklagten) darstellt,[977] ist dieser Antrag auf den Erlaß einer Leistungsverfügung gemäß § 940 ZPO als Unterfall der Regelungsverfügung gerichtet.[978]

Da die Leistungsverfügung zu einer teilweisen Befriedigung des Anspruchs führt, ohne allerdings das Hauptsacheverfahren zu ersetzen,[979] ist eine Leistungsverfügung nur dann zulässig, wenn dies zur Abwendung wesentlicher Nachteile oder aus anderen Gründen unumgänglich ist.[980] Der Durchleitungsinteressent muß auf die sofortige Erfüllung so dringend angewiesen sein, daß er ein ordentliches Verfahren nicht abwarten kann, ohne unverhältnismäßig großen Schaden zu erleiden.[981] Hierfür muß der Durchleitungsinteressent glaubhaft machen, daß ihm ohne einen sofortigen Netzzugang erhebliche Wettbewerbsnachteile drohen und er daher dringend auf die Gewährung des Netzzugangs angewiesen ist.[982] Anhaltspunkte dafür sollen bestehen, wenn dem Durchleitungsinteressenten infolge der Verweigerung des Netzzugangs der endgültige Verlust bereits akquirierter Kunden droht oder potentielle Neukunden dauerhaft von einem Wechsel abgeschreckt werden.[983] Dies wird

---

977 LG Potsdam, Urteil vom 02.02.2000, RdE 2000, 203, S. 204.

978 Scholz/Röhling, Durchsetzung des Netzzugangs, in: Bartsch/Röhling/Salje/Scholz, Stromwirtschaft, Kap. 56 Rn. 5, S. 511; Zöller-Vollkommer, ZPO, § 940 Rn. 1.

979 Zöller-Vollkommer, ZPO, § 940 Rn. 6; Thomas/Putzo-Reichold, § 940 Rn. 6.

980 Zöller-Vollkommer, ZPO, § 940 Rn. 6.

981 Thomas/Putzo-Reichold, ZPO, § 940 Rn. 6.

982 OLG Stuttgart, NJW-RR 1990, S. 940; OLG Frankfurt/Main, NJW-RR 1991, S. 166 f. Überwiegende Interessen des zugangsbegehrenden Unternehmens haben angenommen: LG Hamburg, Urteil vom 03.02.2000, RdE 2000, S. 231 f.; LG Chemnitz, Urteil vom 24.07.2000, Az.: 4HK O 3126/00.

983 Entscheidend soll dabei sein, daß die Möglichkeit einer späteren Geltendmachung von Schadenersatzansprüchen keinen hinreichenden Ausgleich schafft, vgl. LG Potsdam, Urteil vom 02.02.2000, RdE 2000, 223, S. 224; LG Hamburg, Urteil vom 03.02.2000, RdE 2000, S. 231 ff.

nur bei einer „Totalverweigerung“ des Netzbetreibers angenommen.[984] Eine Vermutung für die Eilbedürftigkeit von Netznutzungsansprüchen besteht im übrigen nicht.[985]

cc) Beweislastverteilung

Nach altem Recht oblag es dem Durchleitungsinteressenten, das Vorliegen der Voraussetzungen eines Durchleitungsanspruchs aus § 103 Abs. 5 S. 2 GWB a.F. darzulegen und zu beweisen. Dies hatte sich als Hemmnis für die Durchsetzung von Durchleitungsbegehren herausgestellt.[986] Die nunmehr in § 6 Abs. 1 S. 2 EnWG bzw. § 19 Abs. 4 Nr. 4 GWB vorgesehene Nachweispflicht des Netzbetreibers enthält demgegenüber eine Umkehr der Beweislast.[987] Dem Netzbetreiber obliegt es, daß Vorliegen der jeweiligen Voraussetzungen, die eine Verweigerung der Durchleitung rechtfertigen, darzulegen und zu beweisen. Diese Nachweispflicht erstreckt sich auch auf die offenen Voraussetzungen der als Sonderfall der Unzumutbarkeit ausgestalteten Abwägungsklausel in § 6 Abs. 3 EnWG.[988] Gelingt dieser Nachweis nicht, so geht das non liquet zu seinen Lasten.[989] Dies bedeutet allerdings nicht, daß der Durchleitungsinteressent von jeglichen prozessualen Mitwirkungspflichten entlastet ist. Das zugangsbegehrende Unternehmen trifft insbesondere eine allgemeine Auskunftspflicht nach § 242 BGB.[990]

Die Beweislastregelung bezieht sich allein auf die Rechtfertigung des Netzbetreibers bei einer Verweigerung des Netzzugangs wegen Unmöglichkeit oder Unzumutbarkeit, erfaßt jedoch nicht die Frage der Angemessenheit der Netznutzungsentgelte.[991] Einer eventuellen Beweisnot des Durchleitungsinteressenten kann in

---

984 Scholz/Röhling, Durchsetzung des Netzzugangs, in: Bartsch/Röhling/Salje/Scholz, Stromwirtschaft, Kap. 56 Rn. 7, S. 512. Eine Totalverweigerung liegt danach nicht vor, wenn der Netzbetreiber die Belieferung mit elektrischer Energie zur Versorgung der akquirierten Kunden anbietet oder sich zu einem Netzzugang bereiterklärt, sofern der jeweils benötigte Strom von einem anderen Lieferanten bezogen wird.

985 Scholz/Röhling, Durchsetzung des Netzzugangs, in: Bartsch/Röhling/Salje/Scholz, Stromwirtschaft, Kap. 56 Rn. 6, S. 511.

986 Grawe/Zinow, Durchleitungen nach heutigem und künftigem Recht, EW 1997, 93, S. 94.

987 Im Hinblick auf Art. 12 und 14 GG äußern Grawe/Zinow, Durchleitungen nach heutigem und künftigem Recht, EW 1997, 93, S. 98, verfassungsrechtliche Bedenken an einer Beweislastumkehr, die eine Durchleitung zum Regelfall werden läßt.

988 Schneider, Liberalisierung der Stromwirtschaft durch regulative Marktorganisation, S. 515.

989 Lukes, Liberalisierung des Strommarkts - Realität oder Utopie?, Beilage 12 zu BB 1998, 1, S. 14.

990 Vgl. hierzu Scholz/Röhling, Durchsetzung des Netzzugangs, in: Bartsch/Röhling/Salje/Scholz, Stromwirtschaft, Kap. 56 Rn. 9, S. 512 f.

991 Immenga/Mestmäcker-Möschel, GWB, § 19 Rn. 215; Scholz/Röhling, Durchsetzung des Netzzugangs, in: Bartsch/Röhling/Salje/Scholz, Stromwirtschaft, Kap. 56 Rn. 9, S. 513.

diesem Fall aber ebenfalls über die allgemeine Auskunftspflicht nach § 242 BGB abgeholfen werden, da er - als außerhalb des Geschehensablaufs stehend - regelmäßig keine Angaben zu Einzelheiten aus dem Unternehmensbereich des Netzbetreibers machen kann, die dem Netzbetreiber ohne weiteres möglich sind.[992]

Im übrigen gilt auch in einem Rechtsstreit über die Gewährung des Netzzugangs der allgemeine prozessuale Grundsatz, daß jede Partei die Darlegungs- und Beweislast für die Voraussetzungen der ihr günstigen Rechtsnormen trägt. Der Durchleitungsinteressent hat danach die rechtsbegründenden Tatbestandsmerkmale, der Netzbetreiber die rechtshindernden, rechtsvernichtenden oder rechtshemmenden Merkmale dazulegen und zu beweisen.[993]

b) Kartellbehördliche Verfahren

Neben der Möglichkeit des Durchleitungsinteressenten, Klage vor dem Zivilgericht zu erheben, kommt die Einleitung eines kartellbehördlichen Verfahrens in Betracht, sofern die Verweigerung eines konkreten Netzzugangsbegehrens als Mißbrauch im Sinne von § 19 Abs. 4 Nr. 4 GWB oder als unbillige Behinderung bzw. sachlich nicht gerechtfertigte Diskriminierung im Sinne von § 20 Abs. 1 GWB zu beurteilen ist. Vor einer endgültigen Entscheidung über eine Verfügung gemäß § 32 GWB kann die Kartellbehörde einstweilige Anordnungen zum Zwecke der Regelung eines einstweiligen Zustandes treffen, die allerdings nur unter engen Voraussetzungen möglich sind.

aa) Untersagungsverfahren gemäß § 32 GWB

Gemäß § 32 GWB kann die Kartellbehörde dem Netzbetreiber ein mißbräuchliches bzw. unbillig behinderndes Verhalten untersagen. Die Kartellbehörde hat danach grundsätzlich nur die Befugnis, dem Adressaten ein bestimmtes Verhalten zu verbieten, jedoch keine Befugnis, ihm ein bestimmtes Verhalten zu gebieten[994] oder sonst über das Verbot des konkret begangenen oder bevorstehenden Verhaltens hinaus künftigen Mißbrauch zu verhindern.[995] Die Kartellbehörde muß dafür das

---

[992] Scholz/Röhling, Durchsetzung des Netzzugangs, in: Bartsch/Röhling/Salje/Scholz, Stromwirtschaft, Kap. 56 Rn. 9, S. 513.

[993] Vgl. Scholz/Röhling, Durchsetzung des Netzzugangs, in: Bartsch/Röhling/Salje/Scholz, Stromwirtschaft, Kap. 56 Rn. 8, S. 512.

[994] BGH WuW/E BGH, S. 1345 – Polyester-Kunststoffe; BGH WuW/E BGH, 2406, S. 2407 – Inter Mailand; Bechtold, Kartellgesetz, § 32 Rn. 3. Eine Gebotsverfügung ist nur ausnahmsweise dann zulässig, wenn die gebotene Handlung die einzige tatsächliche und rechtliche Möglichkeit ist, um den Gesetzesverstoß zu beseitigen.

[995] Bechtold, Kartellgesetz, § 19 Rn. 92.

beanstandete Verhalten möglichst genau umschreiben.[996] Zulässig soll dabei auch die Festlegung einer Mißbrauchsgrenze durch die Kartellbehörden sein.[997] Im übrigen entspricht im Rahmen einer auf § 19 Abs. 4 Nr. 4 GWB gestützten Mißbrauchsverfügung das Verbot der Verweigerung dem Gebot der Mitbenutzung, die dann auch in den Tenor der Verfügung aufgenommen werden darf.[998]

Ist Gegenstand eines Streits über die Zulässigkeit der Verweigerung des Netzzugangs ausschließlich die Frage nach der Angemessenheit der Netznutzungsentgelte, so haben die Kartellbehörden verfahrenstechnisch die Möglichkeit, die eigentliche „Mitbenutzungsverfügung" von der Entgeltbestimmung abzukoppeln.[999] Das zugangsbegehrende Unternehmen muß dann bis zu einer endgültigen Klärung der Entgelthöhe in einem gesonderten Verfahren das höchste gerade noch angemessene Entgelt zahlen.[1000] Die Abkopplung der Netzzugangs- von der Netznutzungsentgeltfrage erhöht zugleich die Chancen, hinsichtlich der „Mitbenutzungsverfügung" eine sofortige Vollziehbarkeit anordnen zu können.[1001]

Das kartellbehördliche Verfahren wird von der zuständigen Kartellbehörde gemäß § 54 Abs. 1 GWB von Amts wegen oder auf Antrag eingeleitet. Eine Verpflichtung zur Verfahrenseinleitung besteht lediglich im Falle einer Ermessensreduzierung.[1002] Die ordnungsgemäße Ermessensausübung durch die Kartellbehörde ist dabei im Rahmen von § 71 Abs. 5 GWB durch die Gerichte auf Beschwerde gegen eine Untersagungsverfügung hin nachprüfbar.[1003] Verzichtet die Kartellbehörde im Rahmen ihres (Aufgreif-)Ermessens auf ein Einschreiten, so hat ein Betroffener im

---

996 Bechtold, Kartellgesetz, § 32 Rn. 3.

997 BGH WuW/E BGH, 2967, S. 2976 – Strompreis; BGH WuW/E BGH, 3140, S. 3145 – Gaspreis.

998 BKartA WuW/E DE-R, 253, S. 264.

999 Immenga/Mestmäcker-Möschel, GWB, § 19 Rn. 214.

1000 BKartA vom 29.06.1992, abgedruckt in RdE 1992, 197, S. 203 – VNG/WIEH.

1001 Immenga/Mestmäcker-Möschel, GWB, § 19 Rn. 214. Danach ist die bestandskräftige „Mitbenutzungsverfügung" mit ihrer in die Zukunft wirkenden, gestaltenden Funktion ein dauerhaft vollziehbarer Verwaltungsakt.

1002 Vgl. Ungemach/Weber, Verfahrensfragen des Netzzugangs bei Elektrizität und Gas, RdE 1999, 11, S. 13 f., die allerdings im Rahmen einer richtlinienkonformen Auslegung der Vorgaben aus Art. 20 Abs. 3 der Stromrichtlinie - Verpflichtung der Mitgliedstaaten zur Benennung einer unabhängigen Stelle zur Streitbeilegung - zu dem Ergebnis gelangen, daß mangels ausdrücklicher Umsetzung die zuständige Kartellbehörde bei Durchleitungsstreitigkeiten als nationale Streitbeilegungsstelle zum Tätigwerden verpflichtet ist.

1003 BGH vom 11.03.1997, WuW/E BGH 3113, S. 3114 - Nichtzulassungsbeschwerde; KG vom 26.11.1997, WuW/E OLG 124, S. 129 f. – Flugpreis Berlin-Frankfurt; Immenga/Mestmäcker-Emmerich, GWB, § 32 Rn. 8; Bechtold, GWB, § 32 Rn. 5.

Regelfall keinen Anspruch auf ein Einschreiten der Kartellbehörden.[1004] Die Kartellbehörde gibt den Beteiligten im Rahmen des Verfahrens, das vom Amtsermittlungsgrundsatz geprägt ist, Gelegenheit zur Stellungnahme. Verweigert der Netzbetreiber eine Durchleitung unter Hinweis darauf, daß seine Netzkapazität nicht ausreicht, so ist er gegenüber der Kartellbehörde umfassend zur Auskunft verpflichtet.[1005] Die Beweislast für das Vorliegen der Untersagungsvoraussetzungen trägt dabei grundsätzlich die Kartellbehörde.[1006] Es gelten insoweit jedoch die besonderen Beweislastregelungen aus § 19 Abs. 4 Nr. 4 GWB.

Das Verfahren endet gemäß § 61 Abs. 1 GWB mit einer von der Kartellbehörde zu begründenden Verfügung, sofern es nicht zuvor eingestellt wird. Da die Verfügung den Betroffenen nicht auf einen bestimmten Weg zur Beseitigung des mißbräuchlichen Verhaltens bzw. der unbilligen Behinderung festlegen soll, ist dem Netzbetreiber die Freiheit der Wahl der Mittel des kartellrechtskonformen Verhaltens zu überlassen.[1007] Inhaltliche Vorgaben durch die Kartellbehörden – etwa die Festlegung eines Maßstabs für die Höhe der Netznutzungsentgelte - sind grundsätzlich unzulässig.[1008]

Verfügungen nach § 32 GWB sind mit der Beschwerde nach § 63 GWB und der Rechtsbeschwerde nach § 74 GWB anfechtbar. Das GWB sieht hierfür ein besonderes gerichtliches Verfahren vor, das dem Klageverfahren nach der VwGO entspricht.[1009] Für Kartellverwaltungsrechtsstreitigkeiten sind allerdings die im GWB vorgesehenen Kartellverwaltungsgerichte abschließend zuständig.[1010] Gemäß § 63 Abs. 4 i.V.m. § 91 GWB ist für die Beschwerde der Kartellsenat bei dem für den Sitz der Kartellbehörde zuständigen Oberlandesgericht ausschließlich zuständig. Die Beschwerde hat gemäß § 64 Abs. 1 GWB aufschiebende Wirkung,[1011] sofern

---

1004 BGH ZIP 2001, S. 807 – Festlegung von Pflegesätzen; BGHZ 51, 61, S. 67 f. – Taxiflug.

1005 Ungemach/Weber, Verfahrensfragen des Netzzugangs bei Elektrizität und Gas, RdE 1999, 11, S. 13; Markert, Zwangsdurchleitung mittels Kartellrecht, ET 1998, 252, S. 253.

1006 Immenga/Mestmäcker-Markert, GWB, § 20 Rn. 224.

1007 Die Rechtsprechung trägt dem durch eine flexible Handhabung von in das Gewand eines Verbotes gekleideten Gebotsverfügungen Rechnung, vgl. Ungemach/Weber, Verfahrensfragen des Netzzugangs bei Elektrizität und Gas, RdE 1999, 11, S. 14.

1008 BGH RdE 1995, 123, S. 125 - Gasdurchleitung.

1009 Bechtold, Kartellgesetz, § 63 Rn. 1.

1010 Bechtold, Kartellgesetz, § 63 Rn. 1.

1011 In seiner Stellungnahme zur 6. GWB-Novelle hatte der Bundesrat gefordert, die aufschiebende Wirkung von Beschwerden bei § 19 Abs. 4 Nr. 4 GWB grundsätzlich auszuschließen, da diese als Hindernis für die Aufnahme von Wettbewerb gesehen wurde, vgl. BR-Drs. 852/97 (Beschluß), S. 14. Die Bundesregierung hielt schließlich an der aufschiebenden Wirkung unter Hinweis darauf fest, daß der Tatbestand mit ihrem Verbotscharakter und der Beweislastumkehr ohnehin bereits streng ausgestaltet sei. Darüber hinaus wurden die Tatbestandsmerkmale als auslegungs- und ausnicht die Kartellbehörde ausdrücklich nach § 65 Abs. 1 GWB die sofortige Vollziehung anordnet, die im öffentlichen Interesse oder im überwiegenden Interesse eines Beteiligten geboten sein muß.[1012] Dabei ist zu berücksichtigen, daß § 65 Abs. 1 GWB mit der Anordnung der sofortigen Vollziehung einer Verfügung einen Sonderfall regelt, bei dem einer Beschwerde nach dem gesetzlich vorgesehenen Regelfall eine aufschiebende Wirkung zukommt. An die Voraussetzungen der Anordnung ist daher ein strenger Maßstab zu stellen.[1013]

Der Netzbetreiber kann somit nach der gegenwärtigen Rechtslage im Regelfall eine Untersagungsverfügung der Kartellbehörde mit einer Beschwerde außer Vollzug setzen. Durch die aufschiebende Wirkung werden die Netzbetreiber in die Lage versetzt, den gesamtwirtschaftlich erwünschten Wettbewerb in der Elektrizitätswirtschaft über Jahre zu verzögern.[1014] Das Erste Gesetz zur Änderung des Gesetzes zur Neuregelung des Energiewirtschaftsrechts[1015] sieht daher eine Ergänzung von § 64 Abs. 1 Nr. 2 GWB vor, wonach die Beschwerde bei Mißbrauchsverfügungen auf der Grundlage von § 19 Abs. 4 GWB in Bezug auf Elektrizitäts- oder Gasversorgungsnetze keine aufschiebende Wirkung mehr haben soll.[1016] Die Entscheidungen der Kartellbehörden werden damit zukünftig sofort vollziehbar sein.

bb) Einstweilige Anordnung gemäß § 60 GWB

Gemäß § 60 Nr. 3 GWB haben die Kartellbehörden die Möglichkeit, bis zur endgültigen Entscheidung über eine Verfügung nach § 32 GWB Anordnungen zur Regelung eines einstweiligen Zustandes treffen. Die einstweilige Anordnung ist eine – wenn auch nur zur vorläufigen Regelung bestimmte – Entscheidung der Kartellbehörde, für die die allgemeinen Vorschriften gelten. Aus dem Ausnahmecharakter der Vorschrift ergibt sich die Notwendigkeit einer restriktiven Handhabung.[1017]

---

füllungsbedürftig angesehen, so daß erst die Praxis der Kartellbehörden und Gerichte zu einer Konkretisierung führen könne, die die Rechtssicherheit bei der Anwendung erhöht, vgl. BT-Drs. 13/9720, S. 83.

1012 Der Netzbetreiber hat dann die Möglichkeit, gegen eine solche Anordnung separat zu klagen , vgl. Hoeffler, Regulatorische Rahmenbedingungen für den deutschen Strommarkt, ET 2001, 240, S. 243 Fn. 4.

1013 Bechtold, Kartellgesetz, § 64 Rn. 2; Langen/Bunte-Kollmorgen, Kommentar zum deutschen und europäischen Kartellrecht, § 65 Rn. 5.

1014 Eickhof/Kreikenbaum, Die Liberalisierung der Märkte für leitungsgebundene Energien, WuW 1998, 666, S. 676.

1015 Vgl. hierzu 1. Teil D.II.

1016 Vgl. hierzu Bechtold, GWB, § 19 Rn. 91.

1017 KG, Urteil vom 26.01.1977, WuW/E 1767, S. 1774 – Kombinationstarif; v. Gamm, Kartellrecht, § 56 Rn. 4.

Insgesamt sind an den Erlaß einer einstweiligen Anordnung – wie auch im allgemeinen Verfahren vor den Zivilgerichten - strenge Anforderungen zu stellen.[1018]

§ 64 Abs. 2 GWB regelt für den Fall der einstweiligen Anordnung die Möglichkeit, daß das Beschwerdegericht anordnet, daß die angefochtene Verfügung ganz oder teilweise erst nach Abschluß des Beschwerdeverfahrens oder nach Leistung einer Sicherheit in Kraft tritt. Ein besonderer Antrag ist hierfür nicht erforderlich.[1019]

III. Vergleich der gesetzlichen Regelungen

Während sich die Möglichkeiten zu einer Verweigerung des Netzzugangs in der Telekommunikation nur unwesentlich von denen in der Elektrizitätswirtschaft abweichen, unterscheiden sich beide Sektoren maßgeblich in den Möglichkeiten zu einer verfahrensrechtlichen Durchsetzung des Netzzugangs. Diese sind geprägt von den weitreichenden Möglichkeiten der RegTP zu einer Anordnung der Netznutzungsbedingungen und Durchsetzung des Netzzugangs.

1. Verweigerung des Netzzugangs

In beiden Sektoren stellt der Netzzugang den Regelfall, eine Verweigerung des Netzzugangs die im Einzelfall zu begründende Ausnahme dar. Dieser Anspruch steht allerdings in beiden Sektoren unter dem Vorbehalt verfügbarer Kapazitäten. Zu einer Beseitigung von Kapazitätsengpässen auf eigene Kosten ist der Netzbetreiber weder in der Telekommunikation noch in der Elektrizitätswirtschaft verpflichtet. Übersteigen die Durchleitungsbegehren bzw. Netznutzungswünsche die vorhandenen Kapazitäten, so sind die geltend gemachten Ansprüche in beiden Sektoren anteilsmäßig zu befriedigen. Vor dem Hintergrund des durch Art. 14 GG verfassungsrechtlich geschützten Eigentums an den Netzinfrastruktureinrichtungen sind die Netzbetreiber darüber hinaus in beiden Sektoren berechtigt, die Eigeninteressen an der Netznutzung vorrangig zu berücksichtigen. Wesentliche Unterschiede zwischen beiden Sektoren bestehen insoweit nicht.

2. Verfahrensrechtliche Durchsetzung des Netzzugangs

Die Möglichkeiten zur verfahrensrechtlichen Durchsetzung unterscheiden sich im wesentlichen durch die unterschiedliche Ausgestaltung der sofortigen Vollziehbarkeit von Anordnungen bzw. Verfügungen und die unterschiedliche Rechtswegzuständigkeit.

[1018] KG, Urteil vom 03.12.1974, WRP 1975, 236, S. 238 – SABA.

[1019] Bechtold, Kartellgesetz, § 64 Rn. 4.

a) Sofortige Vollziehbarkeit

Während der Gesetzgeber im EnWG und GWB bislang auf eine gesetzliche Anordnung der sofortigen Vollziehbarkeit der kartellbehördlichen Verfügungen verzichtet hat, wird diese für Entscheidungen der RegTP von § 80 Abs. 2 TKG als gesetzlicher Regelfall ausdrücklich angeordnet. Dadurch wird gewährleistet, daß die Maßnahmen der RegTP im Regelfall durchgesetzt werden können, ohne zunächst – unter Umständen über mehrere Instanzen - eine rechtskräftige Entscheidung herbeiführen zu müssen. Demgegenüber müssen in der Elektrizitätswirtschaft die Interessen des zugangsbegehrenden Unternehmens an einer kurzfristigen Nutzung der Netzinfrastruktureinrichtungen gesondert durchgesetzt werden.

Die vom Gesetzgeber beabsichtigte Ergänzung von § 64 Abs. 1 Nr. 2 GWB ist daher dringend geboten. Die derzeitige Regelung paßt insoweit nicht zu dem grundsätzlichen Anspruch auf Netzzugang, der sich aus § 6 Abs. 1 S. 1 EnWG ergibt. Der Gesetzgeber hat dem Anspruch auf Netzzugang insoweit keine schlagkräftige Regelung zu einer verfahrensrechtlichen Durchsetzung dieses Anspruchs zur Seite gestellt. Das Regel–Ausnahme-Verhältnis zwischen Netznutzung und Verweigerung des Netzzugangs wird dadurch in der Elektrizitätswirtschaft in sein Gegenteil verkehrt.

Ein hinreichender Ausgleich dafür wird in der Elektrizitätswirtschaft auch nicht durch die Möglichkeit zur Anordnung der sofortigen Vollziehung einer Verfügung durch die Kartellbehörden geschaffen. Unabhängig davon, daß die Anordnung der sofortigen Vollziehung gemäß § 65 Abs. 1 GWB nur in eng umgrenzten Ausnahmefällen in Betracht kommt und – im Unterschied zur Telekommunikation - nicht dem gesetzlich vorgesehenen Regelfall entspricht, bedarf sie einer besonderen Begründung durch die Kartellbehörde.

Damit ergeben sich Unterschiede zwischen beiden Sektoren hinsichtlich der Umsetzungsdauer einer Entscheidung der RegTP in der Telekommunikation und einer Anordnung der Kartellbehörde in der Elektrizitätswirtschaft. Während in der Telekommunikation die Möglichkeit zu einer sofortigen Umsetzung des Netzzugangs dem Regelfall entspricht, gegen das sich der Netzbetreiber im nachhinein mit den dafür vorgesehenen Rechtsmitteln zur Wehr setzen kann, muß das betroffene Unternehmen in der Elektrizitätswirtschaft – im Regelfall also das zugangsbegehrende Unternehmen – erst die sofortige Umsetzung des Netzzugangs herbeiführen. Dadurch ist es dem Netzbetreiber in der Elektrizitätswirtschaft weitaus besser möglich, ein Netznutzungsbegehren über Jahre zu verzögern. Wie die vom Gesetzgeber beabsichtigten Änderungen in § 64 Abs. 1 Nr. 2 GWB zeigen, bedarf es für eine effektive verfahrensrechtliche Durchsetzung des Netzzugangs allerdings keiner staatlichen Regulierung.

b) Unterschiedliche Rechtswegzuständigkeit

Die gegenwärtige Unterscheidung der Zuständigkeiten von RegTP und Kartellbehörde setzt sich auf dem Rechtsweg fort. Gegenüber Entscheidungen der RegTP ist – unabhängig von dem Inhalt der Entscheidung – das Verwaltungsgericht, gegenüber Beschlüssen der Kartellbehörde das Zivilgericht zuständig. Gegen die Entscheidungen der RegTP ist also vor den mit Wettbewerbsfragen weitgehend unvertrauten Verwaltungsgerichten zu klagen, während die Kartellsenate der Oberlandesgerichte weiter für Entscheidungen des Bundeskartellamtes zuständig sind.[1020]

Die Zuständigkeit der Verwaltungsgerichte in der Telekommunikation für die Entscheidung auch von solchen rechtlichen Fragestellungen, die in ihrem Kerngehalt dem Kartellrecht zuzuordnen sind, führt im übrigen dazu, daß bei den Verwaltungsgerichten zusätzliche Kompetenzen aufgebaut werden müssen, die bei den Kartellsenaten bereits vorhanden sind. Dies ist unter ökonomischen Gesichtspunkten nicht effektiv und sachgerecht. Berücksichtigt man weiter, daß die sektorspezifische Regulierung im TKG nach dem erklärten Ziel des Gesetzgebers in eine allgemeine Wettbewerbsaufsicht durch das Bundeskartellamt zurückgeführt werden soll, werden diese Ressourcen letzlich überflüssig aufgewendet. Dies sollte bei den anstehenden Reformen des TKG berücksichtigt werden. Der Gesetzgeber hat bislang lediglich versucht, die Probleme unterschiedlicher Rechtsauffassungen im Bereich der Marktaufsicht zwischen GWB und TKG durch ein Zusammenwirken zwischen den zuständigen Behörden beider Bereiche – insbesondere die Einvernehmensregelung aus § 82 TKG - zu lösen.[1021] Die Praxis hat jedoch gezeigt, daß gleichwohl Abstimmungsprobleme zwischen beiden Behörden bestehen.[1022] Die mit den unterschiedlichen Rechtswegzuständigkeiten verbundenen Probleme werden dadurch nicht gelöst.

c) Kontrolle durch die Gerichte

Soweit gegenüber den Entscheidungen der RegTP der Verwaltungsrechtsweg und gegenüber den Beschlüssen der Kartellbehörden der Zivilrechtsweg eröffnet ist, ergeben sich daraus Unterschiede in der Kontrolle durch die Gerichte. Die Verwaltungsgerichte sind insoweit nach den im allgemeinen Verwaltungsrecht geltenden Grenzen darauf beschränkt, die Entscheidungen der RegTP auf Ermessensfehler zu überprüfen. § 114 S. 1 VwGO knüpft dabei an die herkömmliche zweiglie-

---

[1020] Märkl, Netzzusammenschaltung in der Telekommunikation, S. 277.

[1021] Vgl. hierzu 1. Teil E.I.2.

[1022] Immenga/Kirchner/Knieps/Kruse, Telekommunikation im Wettbewerb, S. 53. Beispielsweise hat sich das Bundeskartellamt öffentlich wegen der zu hohen Preise im Ortsnetz und bei den Teilnehmeranschlußleitungen beschwert. In einem anderen Fall hat die RegTP dem Bundeskartellamt die erforderliche Gelegenheit zur Stellungnahme erst am Tag der Entscheidung gegeben.

drige Ermessensfehlerlehre an, die zwischen Ermessensüberschreitung und Ermessensfehlgebrauch unterscheidet. Hinzu tritt als drittes die Ermessensunterschreitung, worunter die echte Ermessensunterschreitung und der Ermessensnichtgebrauch zusammengefaßt werden.[1023] Die Gerichte sind danach insgesamt auf eine reine Rechtmäßigkeitskontrolle der Entscheidungen der RegTP beschränkt.

Einer umfassenderen Kontrolle unterliegen demgegenüber die kartellbehördlichen Ermessensentscheidungen, deren Umfang sich nach § 71 Abs. 5 S. 1 GWB bestimmt. Während Einigkeit besteht, daß die gerichtliche Überprüfung einer kartellbehördlichen Ermessensentscheidung sich auf ihre Rechtmäßigkeit erstreckt und hierbei das Verwaltungsermessen in seinem ganzen Umfang auf etwaige Fehlerhaftigkeit untersucht wird, nimmt die h.M.[1024] darüber hinaus an, daß die gerichtliche Nachprüfung auch die Zweckmäßigkeit der Ermessensentscheidung erfaßt. Dies führt dazu, daß die Gerichte über die Zweckmäßigkeit einer rechtmäßigen Entscheidung selbst entscheiden. Gerichtlich nicht oder nur beschränkt überprüfbare Ermessens- und Beurteilungsspielräume gibt es grundsätzlich nicht.[1025] Der Gesetzgeber wollte insoweit eine volle gerichtliche Nachprüfung der Anwendung und Auslegung der zahlreichen, zum Teil neuartigen unbestimmten Rechtsbegriffe des GWB sicherstellen und verhindern, daß die beschwerdegerichtliche Kontrolle vor (angeblichen) Beurteilungs- und Behördenermessensspielräumen Halt macht.[1026] Das Gericht darf insoweit berücksichtigen, welche von verschiedenen rechtmäßigen Möglichkeiten der Ermessensausübung dem Sinn und Zweck des Gesetzes, also der auf die Freiheit des Wettbewerbs gerichteten Zielsetzung des GWB, am ehesten entspricht.[1027] Als Ausnahme sieht § 71 Abs. 5 S. 2 GWB lediglich vor, daß eine Würdigung der gesamtwirtschaftlichen Lage und Entwicklung der Nachprüfung durch die Gerichte entzogen ist.

Die Entscheidungen der RegTP in der Telekommunikation unterliegen damit im Unterschied zu den Beschlüssen der Kartellbehörden in der Elektrizitätswirtschaft keiner Zweckmäßigkeitskontrolle durch die Gerichte. Ein sachlicher Grund für eine unterschiedliche Kontrolle der Entscheidungen der zuständigen Aufsichtsbehörden in der Telekommunikation und Elektrizitätswirtschaft durch die Gerichte ist nicht ersichtlich. Erschwerend wirkt sich dabei aus, daß aufgrund der fehlenden Unab-

---

[1023] Eyermann/Fröhler-Rennert, VwGO, § 114 Rn. 10 ff.

[1024] Langen/Bunte-Kollmorgen, Kommentar zum deutschen und europäischen Kartellrecht, § 71 Rn. 45 ff.; Wiedemann-Werner, Handbuch des Kartellrechts, § 54 Rn. 96; wohl auch Bechtold, Kartellgesetz, § 71 Rn. 13 unter Verweis auf KG WuW/E OLG 2021, S. 2022.

[1025] Bechtold, Kartellgesetz, § 71 Rn. 13.

[1026] Vgl. hierzu Wiedemann-Werner, Handbuch des Kartellrechts, § 54 Rn. 96; Immenga/Mestmäcker-Schmidt, § 71 Rn. 35 ff.

[1027] Langen/Bunte-Kollmorgen, Kommentar zum deutschen und europäischen Kartellrecht, § 71 Rn. 46.

hängigkeit der RegTP die Gefahr einer politischen Einflußnahme auf die Entscheidungspraxis der RegTP besteht. Politisch motivierte Entscheidungen der RegTP entziehen sich insoweit einer späteren Rechtmäßigkeitskontrolle durch die Gerichte. Vor diesem Hintergrund wäre es sachlich geboten, in der Telekommunikation und Elektrizitätswirtschaft zukünftig eine einheitliche Rechtswegzuständigkeit zu den Zivilgerichten vorzusehen.

3. Teil: Ausblick und Perspektiven

Der Vergleich der Netzzugangsregelungen in der Telekommunikation und Elektrizitätswirtschaft zeigt, daß der Gesetzgeber trotz einer in beiden Sektoren vergleichbaren Ausgangssituation sektorspezifische Regulierungsordnungen mit verfahrenstechnisch eigenständigen Lösungen geschaffen hat, um die Märkte für den Wettbewerb zu öffnen. Während das TKG für das marktbeherrschende Unternehmen ein strenges Regulierungsmodell mit einer ex-ante Regulierung durch die RegTP vorsieht, findet sich für den Netzzugang in der Elektrizitätswirtschaft bislang ein Verhandlungsmodell, das zwar gegenüber den allgemeinen Regelungen des GWB konkretere Vorgaben enthält, jedoch nicht die Intensität einer ex-ante Regulierung erreicht. Auf Eingriffe in die Industriestruktur wurde in der Elektrizitätswirtschaft ebenso verzichtet wie auf einschneidende regulatorische Maßnahmen oder die Errichtung eines sektorspezifischen Regulierers. Statt dessen vertraute der deutsche Gesetzgeber dort auf die Selbstregulierungskräfte der Marktteilnehmer und das allgemeine Wettbewerbsrecht.

In beiden Sektoren konnten die Kunden seit der Liberalisierung von zum Teil erheblichen Preissenkungen profitieren. So sind etwa die Endkundenpreise im Fern- und Auslandsverkehr in der Telekommunikation seit Beginn der Liberalisierung um bis zu 90% gesunken. Demgegenüber sind die Endkundenpreise im Ortsnetz, wo die Marktöffnung bislang nicht gelungen ist,[1028] um 7,3% gestiegen.[1029] In der Elektrizitätswirtschaft ist der Strompreis für Industriekunden zunächst um 40% gesunken und liegt auch nach den Preiserhöhungen im Jahr 2002 noch immer um 30% niedriger als vor der Liberalisierung. Für Privatkunden hat die Liberalisierung in der Elektrizitätswirtschaft demgegenüber die geringsten Wirkungen gezeigt. Etwaige Preisnachlässe der Versorgungsunternehmen wurden durch Steuererhöhungen und Bemühungen der Bundesregierung um die Förderung regenerativer Energien überkompensiert. Für das Jahr 2003 wird davon ausgegangen, daß die Preise für Industriestrom stabil bleiben und jene für Haushaltsstrom sogar leicht zulegen werden.[1030]

1028 Allerdings können die Kunden seit Ende April 2003 ihren Telefonanbieter auch im Ortsnetz durch die Eingabe einer Netzbetreibervorwahl (Call-by-Call) wählen und sich seit dem 09.07.2003 auch für die sog. Preselection im Ortsnetz anmelden, wie dies für Ferngespräche schon lange möglich war.

1029 VATM, Weißbuch zur Wettbewerbssituation im deutschen Telekommunikationsmarkt, S. 3 (abrufbar unter www.vatm.de/content/info/aktuelles/weißbuch.pdf). Danach blockieren die hohen Mietpreise für die Teilnehmeranschlußleitung sowie Verzögerungen und Behinderungen bei der Umschaltung von Leitungen und bei der Bereitstellung von notwendigen Räumlichkeiten für die Zusammenschaltung nachwievor die Entstehung von Wettbewerb im Ortsnetz.

1030 FAZ vom 08.04.2003, „Stromwirtschaft wehrt sich gegen neue Mammutbehörde", S. 22.

Fünf Jahre nach der formalen Liberalisierung beider Sektoren zeigt sich somit, daß ein Wettbewerb in der Telekommunikation gemessen an der Anzahl der neu in den Markt eingetretenen Wettbewerber und den damit einhergehenden Preissenkungen in weitaus größerem Maße etabliert werden konnte als in der Elektrizitätswirtschaft. Faktisch habe sich dort – so die Kritiker der Reformen in der Elektrizitätswirtschaft – ein Duopol von Eon und RWE etabliert. Ein Grund hierfür liegt in der unterschiedlichen Wettbewerbsdynamik beider Sektoren. Als Defizit wurden in der Vergangenheit jedoch insbesondere die in der Elektrizitätswirtschaft fehlenden Steuerungs- und Eingriffsmöglichkeiten einer sektorspezifischen Regulierungsbehörde angeführt. Im Mittelpunkt der Kritik stand dabei, daß die am Abschluß der Verbändevereinbarungen beteiligten Industrieverbände in der Elektrizitätswirtschaft die Regeln des Netzzugangs selbst bestimmen konnten, was den Netzbetreibern ermöglicht habe, von den zugangsbegehrenden Unternehmen überhöhte Netznutzungsentgelte zu verlangen.[1031]

In der Telekommunikation gibt es auf europäischer und nationaler Ebene die Tendenz zu einer Perpetuierung der sektorspezifischen Regulierung. Hierzu hat das zuständige Bundesministerium für Wirtschaft und Arbeit am 30.04.2003 einen Referentenentwurf für die Neufassung des TKG vorgelegt. Dem folgt die Entwicklung auf europäischer und nationaler Ebene in der Elektrizitätswirtschaft, wo nach Vorstellung der Bundesregierung bis spätestens Mitte des Jahres 2004 ebenfalls eine Regulierungsstelle zu einer Belebung des Wettbewerbs führen soll. Diese Entwicklungen beruhen auf den Vorgaben des europäischen Gesetzgebers (A.). Ein Vergleich der derzeit bestehenden Netzzugangsregelungen ergibt jedoch, daß das Modell staatlicher Regulierung aus der Telekommunikation nicht uneingeschränkt in die Elektrizitätswirtschaft übernommen werden sollte. Dabei ist insbesondere zu berücksichtigen, daß rechtliche Auseinandersetzungen zwischen dem Netzbetreiber und dem zugangsbegehrenden Unternehmen im Falle einer staatlichen Regulierung des Netzzugangs regelmäßig nicht verhindert, sondern lediglich auf einen späteren Zeitpunkt verlagert werden, solange die Entscheidungen der Regulierungsstelle nicht von einem breiten Konsens der Beteiligten getragen werden (B.).[1032] Umgekehrt verbieten die Marktstrukturen in der Telekommunikation derzeit noch eine

---

[1031] Vgl. zu dieser Kritik FAZ vom 04.04.2003, „Der Januskopf der Regulierung", S. 13.

[1032] So aber die Forderung von Hellwig auf der Jahrestagung 2002 des Vereins für Socialpolitik, vgl. FAZ vom 23.09.2002, „Liberalisierung nur mit Regulierung", S. 19. Das Thema der Jahrestagung des Vereins für Socialpolitik war „Privatisierung, Deregulierung und Marktverfassung". Nach Auffassung des Vorsitzenden des Vereins für Socialpolitik und Präsidenten der Monopolkommission Hellwig gelte es, über eine geeignete Kombination von Liberalisierung und Regulierung nachzudenken, vgl. FAZ vom 23.09.2002, „Liberalisierung nur mit Regulierung", S. 19. Littlechild vertrat die Auffassung, daß es insoweit nicht um die Abwägung zwischen Staat oder Wettbewerb, sondern um die Abwägung zwischen staatlicher Regulierung von Zugangsbedingungen und monopolistischer Ausbeutung gehe, vgl. FAZ, a.a.O.

Übernahme des Verhandlungsmodells aus der Elektrizitätswirtschaft in die Telekommunikation (C.).

A. Reformen in der Telekommunikation und Elektrizitätswirtschaft

Die Umsetzung der Richtlinien[1033] in nationales Recht wird den bestehenden Ordnungsrahmen in der Telekommunikation und Elektrizitätswirtschaft – wenn auch in unterschiedlichem Ausmaß – nachhaltig verändern. Der staatliche Einfluß auf die Netznutzungsbedingungen bleibt dabei erhalten bzw. wird tendenziell verstärkt. Im Vorfeld der Umsetzung des europäischen Rechtsrahmens für elektronische Kommunikation in nationales Recht wurde einerseits ein Abbau der Regulierung marktbeherrschender Unternehmen gefordert[1034], während andererseits von einer „Re-Monopolisierung" gewarnt wurde, die nur durch eine deutliche Verschärfung der Regulierung verhindert werden könne[1035]. Bei einer ordnungsgemäßen Umsetzung der Vorgaben des europäischen Gesetzgebers wird die Regulierung in der Telekommunikation weiterhin Bestand haben. In der Elektrizitätswirtschaft wird demgegenüber die Umsetzung der Richtlinie 2003/54/EG (im folgenden „neue" Stromrichtlinie) das bislang praktizierte Verfahren zur Ermittlung der Netznutzungsbedingungen entscheidend verändern. So müssen die Mitgliedstaaten künftig sicherstellen, daß die Netznutzungsentgelte oder die Methoden zu ihrer Berechnung vor ihrem Inkrafttreten genehmigt und veröffentlicht werden. Dies bedeutet, daß nach den Vorgaben des europäischen Gesetzgebers die Netznutzungsentgelte in der Elektrizitätswirtschaft zukünftig europaweit einer ex-ante Regulierung unterliegen müssen. Dem deutschen Gesetzgeber bleiben bei der Umsetzung der Vorgaben des europäischen Gesetzgebers in der Telekommunikation und Elektrizitätswirtschaft

---

1033 Richtlinie 2002/21/EG des Europäischen Parlaments und des Rates vom 07.03.2002 über einen gemeinsamen Rechtsrahmen für elektronische Kommunikationsnetze und –dienste (Rahmenrichtlinie), ABl. EG Nr. L 108 vom 24.04.2002, S. 33 ff.; Richtlinie 2002/19/EG des Europäischen Parlaments und des Rates vom 07.03.2002 über den Zugang zu elektronischen Kommunikationsnetzen und zugehörigen Einrichtungen sowie deren Zusammenschaltung (Zugangsrichtlinie), ABl. EG Nr. L 108 vom 24.04.2002, S. 7 ff.; Richtlinie 2003/54/EG des Europäischen Parlaments und des Rates vom 26.06.2003 über gemeinsame Vorschriften für den Elektrizitätsbinnenmarkt und zur Aufhebung der Richtlinie 96/92/EG, ABl. EG Nr. L 176, S. 37 ff.

1034 Immenga/Kirchner/Knieps/Kruse, Telekommunikation im Wettbewerb, S. 51 ff. Danach sollen die bestehenden Netzzugangsregelungen in der Telekommunikation durch eine gezielte Bottleneckregulierung zu ersetzen.

1035 VATM, Weißbuch zur Wettbewerbssituation im deutschen Telekommunikationsmarkt, S. 2 (abrufbar unter www.vatm.de/content/info/aktuelles/weißbuch.pdf). Danach hat sich die Kosten- und Wettbewerbssituation sowohl im Ortsnetz- als auch im Fernnetzbereich deutlich verschlechtert. Die Konsolidierung des Marktes und die zu erwartenden Übernahmen und Geschäftsaufgaben stellen danach eine „Besorgnis erregende Marktentwicklung" dar.

jedoch Handlungsspielräume, bei denen er die Erfahren aus dem jeweils anderen Sektor berücksichtigen sollte.

I. Europäische Vorgaben und Handlungsspielräume des nationalen Gesetzgebers in der Telekommunikation

Anfang des Jahres 2002 ist in der Telekommunikation der neue Rechtsrahmen für elektronische Kommunikation in Kraft getreten, der eine Vereinfachung und Harmonisierung des europäischen Rechts sowie eine Flexibilisierung der sektorspezifischen Regulierung im Bereich der elektronischen Kommunikation herbeiführen soll. Das Paket umfaßt insgesamt fünf Richtlinien[1036] und eine Entscheidung[1037], die bis zum 24.07.2003 bzw. 31.10.2003 in nationales Recht umzusetzen sind. Ergänzt werden diese Richtlinien durch die Richtlinie über den Wettbewerb auf den Märkten für elektronische Kommunikationsnetze und –dienste,[1038] die im Oktober 2002 in Kraft getreten ist. Der zukünftige Regulierungsrahmen für den Netzzugang und die Zusammenschaltung wird dabei maßgeblich von der Umsetzung der Rahmenrichtlinie und der Zugangsrichtlinie in nationales Recht bestimmt.

Insgesamt zeigen die Richtlinien, daß der europäische Gesetzgeber die Gefahr einer Überregulierung in der Telekommunikation erkannt hat. Die bereichsspezifischen Regeln sollen daher mit zunehmendem Wettbewerb schrittweise abgebaut werden.[1039] Die nationalen Regulierungsbehörden sollen dafür in die Lage versetzt werden, die Regulierungsauflagen dort zu lockern, wo der Wettbewerb bereits zu

---

[1036] Richtlinie 2002/21/EG des Europäischen Parlaments und des Rates vom 07.03.2002 über einen gemeinsamen Rechtsrahmen für elektronische Kommunikationsnetze und –dienste (Rahmenrichtlinie), ABl. EG Nr. L 108 vom 24.04.2002, S. 33 ff.; Richtlinie 2002/19/EG des Europäischen Parlaments und des Rates vom 07.03.2002 über den Zugang zu elektronischen Kommunikationsnetzen und zugehörigen Einrichtungen sowie deren Zusammenschaltung (Zugangsrichtlinie), ABl. EG Nr. L 108 vom 24.04.2002, S. 7 ff.; Richtlinie 2002/22/EG des Europäischen Parlaments und des Rates vom 07.03.2002 über den Universaldienst und Nutzerrechte bei elektronischen Kommunikationsnetzen und –diensten (Universaldienstrichtlinie), ABl. EG Nr. L 108 vom 24.04.2002, S. 51 ff.; Richtlinie 2002/20/EG des Europäischen Parlaments und des Rates vom 07.03.2002 über die Genehmigung elektronischer Kommunikationsnetze und –dienste (Genehmigungsrichtlinie), ABl. EG Nr. L 108 vom 24.04.2002, S. 21 ff.; Richtlinie 2002/58/EG des Europäischen Parlaments und des Rates vom 07.03.2002 über die Verarbeitung personenbezogener Daten und den Schutz der Privatsphäre in der elektronischen Kommunikation (Datenschutzrichtlinie), ABl. EG Nr. L 201 vom 31.07.2002, S. 27 ff.

[1037] Entscheidung Nr. 676/2002/EG des Europäischen Parlaments und des Rates vom 07.03.2002 über einen Rechtsrahmen für die Frequenzpolitik in der Europäischen Gemeinschaft (Frequenzentscheidung), ABl. EG Nr. L 108 vom 24.04.2002, S. 1 ff.

[1038] Richtlinie 2002/77/EG der Kommission vom 16.09.2002 über den Wettbewerb auf den Märkten für elektronische Kommunikationsnetze und –dienste, ABl. EG L 249 vom 17.09.2002, die die Richtlinie 90/388/EWG abgelöst hat.

[1039] Erwägungsgrund 13 der Zugangsrichtlinie.

den vom Gesetzgeber gewünschten Ergebnissen geführt hat. Die Regulierungsbehörde soll somit selbst über die Reichweite ihrer Kompetenzen entscheiden. Vorabverpflichtungen im Sinne einer ex-ante Regulierung sollen den Unternehmen nur dann auferlegt werden, wenn kein wirksamer Wettbewerb besteht, also auf Märkten, auf denen es ein oder mehrere Unternehmen mit beträchtlicher Marktmacht gibt, und die Instrumente des nationalen und gemeinschaftlichen Wettbewerbsrechts nicht ausreichen, um das Problem zu lösen.[1040] Ein genereller Verzicht auf eine ex-ante Regulierung gegenüber Betreibern mit beträchtlicher Marktmacht wird vom europäischen Gesetzgeber gegenwärtig nicht für sinnvoll erachtet.[1041] Der deutsche Gesetzgeber hat hierzu einen Referentenentwurf vorgelegt, der zur Zeit Gegenstand wissenschaftlicher Diskussionen ist.

1. Europäische Vorgaben zu den Reformen in der Telekommunikation

Nach Art. 3 Abs. 1 und 2 der Rahmenrichtlinie haben die Mitgliedstaaten dafür zu sorgen, daß alle den nationalen Regulierungsbehörden in den Richtlinien übertragenen Aufgaben von einer zuständigen Stelle wahrgenommen werden, die rechtlich und funktional von allen Unternehmen unabhängig ist. Den nationalen Regulierungsbehörden wird in der Telekommunikation daher auch zukünftig eine entscheidende – gestaltende - Rolle zukommen, wobei sich die Kommission zur Konsolidierung des Binnenmarktes nunmehr ausdrücklich Kontroll- und Harmonisierungsbefugnisse vorbehält. Nach Art. 7 Abs. 3 der Rahmenrichtlinie müssen Maßnahmen, die eine nationale Regulierungsbehörde im Bereich der Marktdefinition, des Marktanalyseverfahrens, der Auferlegung von Zugangsverpflichtungen oder der Überprüfung bestehender Verpflichtungen zu ergreifen beabsichtigt und die Auswirkungen auf den Handel zwischen den Mitgliedstaaten haben, der Kommission und den anderen nationalen Regulierungsbehörden mitgeteilt werden, die dazu in der Regel innerhalb eines Monats Stellung nehmen können. Die Kommission kann die nationale Regulierungsbehörde auffordern, den vorgelegten Entwurf zurückzuziehen. Im übrigen haben die nationalen Regulierungsbehörden den Stellungnahmen der anderen nationalen Regulierungsbehörden und der Kommission „weitestgehend" Rechnung zu tragen. Insgesamt führt dies zu einem deutlich höheren Einfluß der Kommission auf die Entscheidungen der nationalen Regulierungsbehörden als bisher.[1042]

Art. 8 der Rahmenrichtlinie enthält eine Aufzählung der politischen Ziele und regulatorischen Grundsätze, an denen sich sämtliche Maßnahmen der nationalen Re-

---

1040 Erwägungsgrund 27 der Rahmenrichtlinie.

1041 Erwägungsgrund 25 der Rahmenrichtlinie.

1042 Husch/Kemmler/Ohlenburg, Die Umsetzung des EU-Rechtsrahmens für elektronische Kommunikation, MMR 2003, 139, S. 141.

gulierungsbehörde messen lassen müssen. Ziele einer Regulierung durch die nationalen Regulierungsbehörden sind danach die Förderung des Wettbewerbs bei der Bereitstellung elektronischer Kommunikationsnetze und –dienste (Art. 8 Abs. 2 der Rahmenrichtlinie) sowie die Förderung der Interessen der Bürger der Europäischen Union (Art. 8 Abs. 4 der Rahmenrichtlinie). Darüber hinaus sollen die nationalen Regulierungsbehörden zur Entwicklung des Binnenmarktes beitragen (Art. 8 Abs. 3 der Rahmenrichtlinie).

Die Auferlegung besonderer Verpflichtungen für ein Unternehmen aus der Zugangsrichtlinie – insbesondere die Transparenzverpflichtung aus Art. 9, die Gleichbehandlungsverpflichtung aus Art. 10, die Verpflichtung zur getrennten Buchführung aus Art. 11, die Verpflichtung in Bezug auf den Zugang zu bestimmten Netzeinrichtungen und deren Nutzung aus Art. 12 sowie die Verpflichtung zur Preiskontrolle und Kostenrechnung aus Art. 13 der Zugangsrichtlinie – setzt gemäß Art. 8 Abs. 2 der Zugangsrichtlinie bei dem betreffenden Unternehmen das Vorliegen beträchtlicher Marktmacht voraus. Ein Unternehmen gilt gemäß Art. 14 Abs. 2 der Rahmenrichtlinie als ein Unternehmen mit beträchtlicher Marktmacht, wenn es entweder allein oder gemeinsam mit anderen eine der Beherrschung gleichkommende Stellung einnimmt, d.h. eine wirtschaftlich starke Stellung, die es ihm gestattet, sich in beträchtlichem Umfang unabhängig von Wettbewerbern, Kunden und Verbrauchern zu verhalten. Bei der Beurteilung dieser Frage sollen die nationalen Regulierungsbehörden insbesondere die von der Kommission veröffentlichten Leitlinien zur Marktanalyse und zur Bewertung beträchtlicher Marktmacht berücksichtigen. Die Auferlegung einer besonderen Verpflichtung für ein Unternehmen mit beträchtlicher Marktmacht soll keine zusätzliche Marktanalyse erfordern, sondern eine Begründung dafür, daß die betreffende Verpflichtung im Verhältnis zum festgestellten Problem sinnvoll und angemessen ist.[1043]

Verfügt ein Unternehmen danach über beträchtliche Marktmacht, so darf die nationale Regulierungsbehörde dem Betreiber gemäß Art. 12 Abs. 1 der Zugangsrichtlinie u.a. die Verpflichtung auferlegen, Dritten Zugang zu bestimmten Netzkomponenten und/oder Einrichtungen zu gewähren, mit Unternehmen, die einen Antrag auf Netzzugang stellen, nach Treu und Glauben zu verhandeln und den bereits gewährten Zugang zu Einrichtungen nicht nachträglich zu verweigern. Art. 12 Abs. 2 der Zugangsrichtlinie enthält eine Aufstellung von Faktoren, die die nationalen Regulierungsbehörden bei der Auferlegung von Verpflichtungen – insbesondere bei der Frage, ob diese Verpflichtungen in einem angemessenen Verhältnis zu den Zielen aus Art. 8 der Rahmenrichtlinie stehen – zu prüfen haben. Dies sind u.a. die technische und wirtschaftliche Tragfähigkeit der Nutzung oder Installation konkurrierender Einrichtungen, die Möglichkeit der Gewährung des vorgeschlagenen Zu-

1043 Erwägungsgrund 15 der Zugangsrichtlinie.

gangs angesichts der verfügbaren Kapazitäten sowie ihre Notwendigkeit zur langfristigen Sicherung des Wettbewerbs. Flankiert werden diese Regelungen durch die Gleichbehandlungsverpflichtung aus Art. 10 und die Verpflichtung zur getrennten Buchführung aus Art. 11 der Zugangsrichtlinie, mit denen eine Wettbewerbsverzerrung verhindert werden soll. Danach können die nationalen Regulierungsbehörden insbesondere von einem vertikal integrierten Unternehmen verlangen, seine Großkundenpreise und internen Kostentransfers transparent zu gestalten.

Insgesamt sollen die besonderen Verpflichtungen als Möglichkeiten für die nationalen Regulierungsbehörden beibehalten, gleichzeitig aber als Obergrenze der Auflagen für Unternehmen festgeschrieben werden.[1044]

2. *Handlungsspielräume des nationalen Gesetzgebers*

Der neue EU-Rechtsrahmen in der Telekommunikation zielt auf eine Mindestharmonisierung in den einzelnen Mitgliedstaaten, eröfffnet für den nationalen Gesetzgeber im übrigen aber Spielräume für die jeweils zweckmäßigsten Regelungen. So geben die Richtlinien zwar vor, welche besonderen Verpflichtungen die nationalen Regulierungsbehörden einem Unternehmen mit beträchtlicher Marktmacht auferlegen können, überlassen dem nationalen Gesetzgeber aber die Entscheidung über die Ausfüllung dieser Regelungen. Der europäische Gesetzgeber beschränkt sich insoweit auf eine nicht abschließende („insbesondere“) Aufzählung von einzelnen Maßnahmen, die die nationalen Regulierungsbehörden bei der Auferlegung der besonderen Verpflichtungen von den betreffenden Unternehmen verlangen können. Ein weiterer Handlungsspielraum ergibt sich für den nationalen Gesetzgeber aus den vom europäischen Gesetzgeber verwendeten unbestimmten Rechtsbegriffen. So sollen die nationalen Regulierungsbehörden von den betreffenden Unternehmen im Rahmen der Auferlegung einer Verpflichtung zur getrennten Buchführung verlangen können, die Großkundenpreise und internen Kostentransfers transparent zu gestalten. Welchen Anforderungen die Gestaltung aber genügen muß, um transparent im Sinne von Art. 11 Abs. 1 der Zugangsrichtlinie zu sein, ist eine Entscheidung des nationalen Gesetzgebers bzw. der nationalen Regulierungsbehörde.

Entsprechendes gilt für die Verpflichtungen in Bezug auf den Zugang zu bestimmten Netzeinrichtungen und deren Nutzung aus Art. 12 der Zugangsrichtlinie bereiten, die im einzelnen unbestimmt gefaßt ist. Unklar bleibt zunächst, welcher Personenkreis „berechtigte Anträge“ im Sinne von Art. 12 Abs. 1 der Zugangsrichtlinie stellen kann und unter welchen Voraussetzungen diese durch die RegTP abgelehnt werden dürfen. Die Liste möglicher Zugangs- und Zusammenschaltungspflichten ist im übrigen nicht abschließend, so daß hier ein Handlungsspielraum für den

---

1044 Erwägungsgrund 14 der Zugangsrichtlinie.

deutschen Gesetzgeber verbleibt. Gleiches gilt für Art. 12 Abs. 2 der Zugangsrichtlinie, in dem Faktoren aufgezählt werden, die bei der Entscheidung über Art und Ausmaß der vorgesehenen Regulierung berücksichtigt werden dürfen. Zur Schaffung von mehr Rechts- und Planungssicherheit für die beteiligten Unternehmen sollten diese Unbestimmtheiten in den Vorgaben des europäischen Gesetzgebers im TKG durch möglichst präzise Regelungen beseitigt werden.[1045]

Nicht ganz eindeutig ist, ob im Zusammenhang mit den besonderen Verpflichtungen aus Art. 9 bis 13 der Zugangsrichtlinie ein genereller Verzicht auf eine ex-ante Regulierung zulässig wäre. Art. 8 Abs. 2 der Zugangsrichtlinie trifft insoweit keine Unterscheidung zwischen ex-ante und ex-post Verpflichtungen. Es wird jedoch davon ausgegangen, daß der europäische Gesetzgeber der nationalen Regulierungsbehörde kein Entschließungsermessen, sondern lediglich ein Auswahlermessen hinsichtlich des im Einzelfall geeigneten und erforderlichen Mittels einräumen wollte.[1046] Ein Handlungsspielraum besteht für den deutschen Gesetzgeber insoweit nicht. Der Verzicht auf eine ex-ante Regulierung wäre nach den Vorgaben des europäischen Gesetzgebers daher unzulässig.

II. Europäische Vorgaben und Handlungsspielräume des nationalen Gesetzgebers in der Elektrizitätswirtschaft

Nach Auffassung des europäischen Gesetzgebers bestehen nachwievor schwerwiegende Mängel und weitreichende Möglichkeiten zur Verbesserung der Funktionsweise der Märkte in der Elektrizitätswirtschaft, insbesondere durch eine Sicherstellung gleicher Ausgangsbedingungen bei der Elektrizitätserzeugung und die Verringerung der Gefahr von Verdrängungspraktiken sowie die Sicherstellung nichtdiskriminierender Übertragungs- und Verteilungstarife durch einen Netzzugang auf der Grundlage von Tarifen, die vor ihrem Inkrafttreten veröffentlicht werden.[1047]

Die neue Stromrichtlinie sieht hierfür – anders als bisher - eine Verpflichtung des nationalen Gesetzgebers zur Errichtung einer oder mehrerer Regulierungsstellen vor, denen nach Auffassung des Rates der Europäischen Union eine Schlüsselrolle bei der Gewährleistung eines nichtdiskriminierenden Netzzugangs zukommt. Auch

---

[1045] So auch der Wissenschaftliche Arbeitskreis für Regulierungsfragen bei der Regulierungsbehörde für Telekommunikation und Post, TKG-Novellierung im Spannungsfeld zwischen Rechtssicherheit und Flexibilität, S. 5 f. (abrufbar unter www.regtp.de).

[1046] Wissenschaftlicher Arbeitskreis für Regulierungsfragen bei der Regulierungsbehörde für Telekommunikation und Post, TKG-Novellierung im Spannungsfeld zwischen Rechtssicherheit und Flexibilität, S. 5, abrufbar unter www.regtp.de.

[1047] Erwägungsgrund 2 der Richtlinie 2003/54/EG des Europäischen Parlaments und des Rates vom 26.06.2003 über gemeinsame Vorschriften für den Elektrizitätsbinnenmarkt und zur Aufhebung der Richtlinie 96/92/EG, ABl. EG Nr. L 176, S. 37 ff.

in der Elektrizitätswirtschaft wird es in Deutschland somit nach den Vorgaben des europäischen Gesetzgebers zukünftig eine Regulierungsstelle geben. Ein Handlungsspielraum bleibt dem deutschen Gesetzgeber insoweit lediglich bei der Ausgestaltung der Aufgaben und Befugnisse dieser Regulierungsstelle. Darüber hinaus ist es aus Sicht des europäischen Gesetzgebers zur Gewährleistung eines effizienten und nichtdiskriminierenden Netzzugangs in der Elektrizitätswirtschaft angezeigt, daß die Übertragungs- und Verteilernetze durch unterschiedliche Rechtspersonen betrieben werden, wenn vertikal integrierte Unternehmen bestehen[1048].

1. Europäische Vorgaben zu den Reformen in der Elektrizitätswirtschaft

Gemäß Art. 23 Abs. 1 der neuen Stromrichtlinie müssen die Mitgliedstaaten in der Elektrizitätswirtschaft zukünftig eine oder mehrere zuständige Stellen, die vollkommen unabhängig von den Interessen der Elektrizitätswirtschaft sind, mit der Aufgabe als Regulierungsbehörde betrauen. Zuständigkeiten soll diese Regulierungsstelle u.a. bei der Veröffentlichung angemessener Informationen über Verbindungsleitungen, Netznutzung und Kapazitätszuweisung durch die Übertragungs- und Verteilungsnetzbetreiber sowie bei den Bedingungen und Tarifen für den Anschluß neuer Elektrizitätserzeuger haben

Die Aufgabe der Regulierungsstelle besteht nach der neuen Stromrichtlinie u.a. darin, zumindest die Methoden zur Berechnung oder Festlegung der Bedingungen für den Anschluß an und den Zugang zu den nationalen Netzen, einschließlich der Tarife für die Übertragung und Verteilung sowie die Bedingungen für die Erbringung von Ausgleichsleistungen vor ihrem Inkrafttreten festzulegen bzw. zu genehmigen.

Um Unsicherheiten und kosten- und zeitaufwändige Streitigkeiten zu vermeiden, sollen diese Tarife veröffentlicht werden, bevor sie Gültigkeit erlangen. Art. 20 der neuen Stromrichtlinie sieht dementsprechend vor, daß die Mitgliedstaaten einen Netzzugang Dritter auf der Grundlage veröffentlichter Tarife gewährleisten müssen und die Mitgliedstaaten sicherstellen, daß die Netznutzungsentgelte oder die Methoden zu ihrer Berechnung vor ihrem Inkrafttreten genehmigt und die Tarife und Methoden vor ihrem Inkrafttreten veröffentlicht werden. Die Regulierungsbehörden sollen gemäß Art. 20 Abs. 4 der neuen Stromrichtlinie weiter befugt sein, falls erforderlich von den Betreibern der Übertragungs- und Verteilernetze zu verlangen, die Bedingungen, Tarife, Regeln, Mechanismen und Methoden zu ändern, um sicherzustellen, daß diese angemessen sind und nichtdiskriminierend angewendet werden. Im einzelnen sollen die Mitgliedstaaten die Aufgaben, Zuständigkeiten und administrativen Befugnisse der Regulierungsstelle festlegen, wobei es aus

[1048] Erwägungsgrund 8 der neuen Stromrichtlinie.

Sicht des europäischen Gesetzgebers erforderlich ist, daß die Regulierungsbehörden in allen Mitgliedstaaten über die gleichen Mindestzuständigkeiten verfügen.

Bei Beschwerden Betroffener soll die Regulierungsstelle als zuständige Stelle zur Streitbeilegung nach Möglichkeit innerhalb von zwei Monaten nach Eingang der Beschwerde eine Entscheidung treffen. Die Entscheidung der Regulierungsstelle soll verbindlich sein, bis sie gegebenenfalls aufgrund eines Rechtsbehelfs aufgehoben wird. Beschwerden Dritter gegen die Entscheidung der Regulierungsstelle sollen grundsätzlich keine aufschiebende Wirkung haben.

Um einen effizienten und nichtdiskriminierenden Netzzugang zu gewährleisten, ist es nach der neuen Stromrichtlinie angezeigt, daß die Übertragungs- und Verteilernetze durch unterschiedliche Rechtspersonen betrieben werden, wenn vertikal integrierte Unternehmen bestehen. Dabei soll zwischen einer solchen rechtlichen Trennung, die keine Änderung der Eigentumsverhältnisse bedingt, und der Entflechtung hinsichtlich der Eigentumsverhältnisse unterschieden werden. Die neue Stromrichtlinie begründet insoweit keine Verpflichtung, eine Trennung in Bezug auf das Eigentum des vertikal integrierten Unternehmens an Vermögenswerten des Übertragungs- und Verteilernetzes vorzunehmen. Jedoch soll ein nicht diskriminierender Entscheidungsprozeß durch organisatorische Maßnahmen zur Unabhängigkeit des zuständigen Entscheidungsträgers sichergestellt werden.

Im Hinblick auf die Entflechtung der EVU sieht Art. 10 Abs. 1 der neuen Stromrichtlinie vor, daß der vertikal integrierte Übertragungsnetzbetreiber zumindest hinsichtlich seiner Rechtsform, Organisation und Entscheidungsgewalt unabhängig von den übrigen Tätigkeitsbereichen sein muß, die nicht mit der Übertragung zusammenhängen. Eine entsprechende Regelung sieht Art. 15 Abs. 1 der neuen Stromrichtlinie für die Entflechtung von Verteilernetzbetreibern vor.

2. Handlungsspielräume des deutschen Gesetzgebers

Ob die Elektrizitätswirtschaft zukünftig nach dem Vorbild der RegTP vollständig einer ex-ante Regulierung unterliegen wird und welchen Stellenwert dabei die bereits abgeschlossenen Verbändevereinbarungen haben werden, ist derzeit noch unklar. Im Hinblick auf das Verfahren zur Ermittlung der Netznutzungsentgelte hat der europäische Gesetzgeber dem deutschen Gesetzgeber einen dreifachen Handlungsspielraum eingeräumt.

a) Regulierung der Netznutzungsentgelte oder der Methoden ihrer Berechnung

Einer unmittelbaren Regulierung der Netznutzungsentgelte steht es danach gleich, wenn zumindest die Methoden zu ihrer Berechnung einer Regulierung unterliegen. Dies bedeutet, daß auch zukünftig nicht die Netznutzungsentgelte selbst – wie derzeit in der Telekommunikation – einer Regulierung unterliegen müssen. Den Vorgaben des europäischen Gesetzgebers genügt der deutsche Gesetzgeber bereits dann, wenn er lediglich die Methoden zur Ermittlung der Netznutzungsentgelte einer Regulierung durch eine – von den wirtschaftlichen Interessen der Elektrizitätswirtschaft vollkommen unabhängige - Regulierungsstelle unterstellt.

b) Festlegung oder Genehmigung durch die Regulierungsstelle

Entscheidet sich der deutsche Gesetzgeber dafür, lediglich die Methoden zur Berechnung der Netznutzungsentgelte einer Regulierung zu unterstellen, so müssen diese vor ihrem Inkrafttreten von der Regulierungsstelle festgelegt oder genehmigt werden. Der deutsche Gesetzgeber kann der Regulierungsstelle danach das Recht einräumen, die Methoden zur Ermittlung der Netznutzungsentgelte selbst festzulegen. Darüber hinaus kann der deutsche Gesetzgeber die Beteiligten – insbesondere die Netzbetreiber – aber auch verpflichten, die von ihnen vorgesehenen bzw. vorverhandelten Methoden zur Berechnung der Netznutzungsentgelte der Regulierungsstelle vor ihrem Inkraftreten zur Genehmigung vorzulegen. Dies können etwa Verbändevereinbarungen sein, die Methoden zur Ermittlung der Netznutzungsentgelte enthalten.

c) Errichtung, Aufgaben und Anordnungsbefugnisse der Regulierungsstelle

Nach den Vorgaben des europäischen Gesetzgebers ist es nicht erforderlich, eine neu zu schaffende Behörde mit den Aufgaben der Regulierungsstelle zu betrauen, solange diese nur vollkommen unabhängig von den wirtschaftlichen Interessen der Elektrizitätswirtschaft ist. Der deutsche Gesetzgeber kann somit – in Anlehnung an die RegTP - eine eigenständige Regulierungsbehörde schaffen oder aber die Aufgaben der Regulierungsstelle bei dem Bundeskartellamt ansiedeln. Darüber hinaus liegt es am deutschen Gesetzgeber, die konkreten Aufgaben, Zuständigkeiten und administrativen Befugnisse der Regulierungsstelle festzulegen, wobei der Regulierungsstelle die Befugnis eingeräumt werden muß, die Netznutzungsentgelte bzw. die Methoden zu ihrer Berechnung zu ändern, um sicherstellen zu können, daß diese angemessen sind und nichtdiskriminierend angewendet werden.

B. Übernahme des Modells staatlicher Regulierung in die Elektrizitätswirtschaft?

Angesichts der für den deutschen Gesetzgeber bei der Umsetzung der neuen Stromrichtlinie bestehenden Handlungsspielräume muß der Ordnungsrahmen in der Elektrizitätswirtschaft auch zukünftig nicht uneingeschränkt dem derzeitigen Ordnungsrahmen in der Telekommunikation entsprechen. Hier sollte der deutsche Gesetzgeber die Erfahrungen aus der staatlichen Regulierung in der Telekommunikation nutzen und der Regulierungsstelle - über die vom europäischen Gesetzgeber in allen Mitgliedstaaten für erforderlich erachteten Mindestzuständigkeiten hinaus – nur solche Kompetenzen und Anordnungsbefugnisse einräumen, die sich bereits in der Telekommunikation bewährt haben. Gleichzeitig sollten die Vorteile des in der Elektrizitätswirtschaft praktizierten Verhandlungsmodells – soweit dies nach den Vorgaben des europäischen Gesetzgebers möglich ist – erhalten bleiben.

Gegen eine uneingeschränkte Übernahme des Modells staatlicher Regulierung aus der Telekommunikation in die Elektrizitätswirtschaft bestehen vielfältige ordnungspolitische Bedenken. Diese richten sich zum einen gegen die Errichtung einer sektorspezifischen Regulierungsbehörde. Sofern der europäische Gesetzgeber in der Elektrizitätswirtschaft nunmehr dennoch in allen Mitgliedstaaten die Errichtung einer nationalen sektorspezifischen Regulierungsstelle verlangt, sollte versucht werden, die Akzeptanz der Entscheidungen dieser Regulierungsstelle durch eine frühzeitige Einbeziehung der Marktbeteiligten in die Entscheidungsprozesse der Regulierungsstelle zu erhöhen. Andernfalls bietet eine staatliche Regulierung gegenüber dem in der Elektrizitätswirtschaft praktizierten Verhandlungsmodell keine entscheidenden Vorteile, da rechtliche Auseinandersetzungen zwischen dem Netzbetreiber und dem zugangsbegehrenden Unternehmen im Falle einer staatlichen Regulierung des Netzzugangs regelmäßig nicht verhindert, sondern lediglich auf einen späteren Zeitpunkt verlagert werden. Um die Akzeptanz der Entscheidungen der Regulierungsstelle bei den Beteiligten zu erhöhen, sollte in der Elektrizitätswirtschaft zukünftig ein dreistufiges Verfahren zur Ermittlung der Netznutzungsentgelte vorgesehen werden.

I. Sektorspezifische Regulierungsbehörden in der Kritik

Daß der deutsche Gesetzgeber in der Elektrizitätswirtschaft zunächst auf die Errichtung einer sektorspezifischen Regulierungsbehörde verzichtete, geschah in der Erwartung, dadurch marktnähere Lösungen erzielen und das Know-how der Marktteilnehmer optimal nutzen zu können. Bei Behörden besteht demgegenüber die Tendenz, zur eigenen Legitimation neue Aufgaben zu definieren, anstatt sich im Zuge der Marktöffnung selbst überflüssig zu machen. Dies gilt insbesondere dann, wenn die Regulierungsbehörde – wie im Referentenentwurf zum TKG vorgesehen - selbst darüber entscheiden kann, in welchen Bereichen die Regulierungsauflagen gelockert werden können. Daneben bestehen weitere grundsätzliche Bedenken gegen die Errichtung einer sektorspezifischen Regulierungsbehörde.

1. Informationsdefizite einer Regulierungsbehörde

Das grundsätzliche Problem bei der Einrichtung einer Regulierungsbehörde, die den regulierten Markt aktiv gestalten soll, besteht in möglichen Informationsdefiziten.[1049] Eine sachgerechte Entscheidung durch eine Regulierungsbehörde setzt voraus, daß sie einen hohen Informationsstand besitzt, der ihr eine hinreichende Kontrolle über die Berechtigung der zu genehmigenden Entgelte ermöglicht. Die mit der Regulierung verbundenen Informationsprobleme, die Regulierungskosten und die Begrenztheit der möglichen Regulierungsmethoden können nur unvollkommen zu den gewünschten Ergebnissen führen. Eine staatliche Regulierung von Entgelten steht zudem vor der Schwierigkeit, eine Formel für eine verursachungsgerechte Kostenzuordnung finden zu müssen.[1050] Sie ist insbesondere nicht geeignet, einen echten Wettbewerbsprozeß zu ersetzen.[1051]

Das Problem verschärft sich, wenn der Netzbetreiber als vertikal integriertes Unternehmen auch eigene Dienste anbietet. Sofern die Kapazität des Netzes begrenzt ist, muß der Netzbetreiber für den Zugang anderer Unternehmen unter Umständen eigene Dienste vom Netz nehmen. Wann dies der Fall sein kann, stellt für die Regulierungsbehörde ein Wissensproblem dar. Insoweit besteht eine Informationsasymmetrie zwischen dem regulierten Unternehmen und der Regulierungsbehörde.[1052] So wird der Netzbetreiber im allgemeinen besser beurteilen können als die Behörde, wann die Integrität seines Netzes oder die Interoperabilität der Dienste auf seinem Netz gefährdet sind. Das Unternehmen kann diesen Wissensvorteil damit zur Verweigerung des Netzzugangs nutzen, sofern nicht Anreize geschaffen werden, den Zugang freiwillig zu gewähren.

Bei einer Regulierung bestehen darüber hinaus besondere Probleme bei der Einschätzung der Kapitalkosten. Regulierungsbehörden werden eher zur Unterschätzung tendieren, um politisch erwünschte Niedrigpreise zu rechtfertigen. Die Unternehmen selbst haben demgegenüber bei der Privatisierung ein Interesse zur Überbewertung von Realaktiva, um möglichst hohe Abschreibungen bzw. darauf mitbasierende Genehmigungspreise durchzusetzen.[1053] Darüber hinaus fehlt es bei einer staatlichen Regulierung an Anreizen für Netzinnovationen, da in einem regulierten Markt der innovationsfördernde Suchprozeß des Wettbewerbs ausgeschaltet ist.[1054] Die staatliche Regulierung schafft einen künstlichen Wettbewerb innerhalb existie-

---

1049 Die theoretische Annahme vollkommener Information der Behörde bezeichnet Kirchner unter Hinweis auf den Ökonom Friedrich August von Hayek als einen Fall der „Anmaßung von Wissen“, vgl. FAZ vom 10.10.2002, „Liberalisierung nur mit Regulierung?“, S. 12.

1050 Börner, Der Netzzugang für Dritte als grundsätzliches rechtliches Problem - Ein Blick auf die USA, in: Schwarze, Der Netzzugang für Dritte im Wirtschaftsrecht, 137, S. 155 f.

1051 Hensing/Pfaffenberger/Ströbele, Energiewirtschaft - Einführung in Theorie und Politik, Kap. 10.3.1., S. 123 f.

1052 Klodt/Laaser/Lorz/Maurer, Wettbewerb und Regulierung in der Telekommunikation, S. 120.

1053 Welfens/Graack, Telekommunikationswirtschaft, S. 88.

1054 Vgl. Kirchner, FAZ vom 10.10.2002, „Liberalisierung nur mit Regulierung?“, S. 12.

render Netze und verhindert damit den Aufbau konkurrierender Netze, auf denen sich langfristig ein tragfähiger Wettbewerb entwickeln könnte.[1055] Dies gilt insbesondere für die Telekommunikation.

2. *Gewährleistung der Unabhängigkeit der Regulierungsbehörde*

Um Vertrauen bei potentiellen Wettbewerbern und Investoren zu schaffen, ist eine Regulierungsbehörde gehalten, im Rahmen der ihr gesetzlich zugewiesenen Aufgaben möglichst transparente, vorhersehbare und nachvollziehbare Regulierungsentscheidungen zu treffen.[1056] Dies setzt voraus, daß die Regulierungsbehörde ihre Entscheidungen aufgrund ökonomischer Notwendigkeiten und unabhängig von einer politischen Einflußnahme treffen kann. Unabhängigkeit bedeutet dabei auch, daß der Staat auf die strikte Trennung zwischen Eigentümerfunktion beim regulierten Unternehmen und Regulierungsfunktion im Hinblick auf den für den Wettbewerb zu öffnenden Sektor achtet. Es ist zu vermeiden, daß Interessenkonflikte zwischen diesen beiden Funktionen in der Weise durchschlagen, daß die Regulierungsbehörde zugunsten spezifischer Eigentümerinteressen etwa des Staates oder einer anderen Gruppe in Anspruch genommen wird. Die Regulierung kann insoweit ein Einfallstor für staatliche Interventionen darstellen. Das Trennungs- und Unabhängigkeitsgebot soll die Gefahr einer Einvernahme von Regulierungsbehörde und Regulierungspolitik durch mächtige staatliche oder private Akteure minimieren.[1057]

Durch die Einrichtung der RegTP als Bundesoberbehörde im Geschäftsbereich des Bundesministeriums für Wirtschaft und Arbeit und die damit verbundene Weisungsunterworfenheit, die sich auf allgemeine Weisungen, also aufsichtsrechtliche Maßnahmen für eine abstrakte Rechtsfrage für eine unbestimmte Vielzahl von Fällen,[1058] und auf die auf den konkreten Einzelfall bezogenen Einzelweisungen bezieht,[1059] besteht in der Telekommunikation die Gefahr politischer Einflußnahme auf die Entscheidungspraxis der RegTP. Dem Ministerium obliegt insoweit eine allgemeine Rechts- und - faktisch gesehen - (eingeschränkte) Fachaufsicht. Weitere Möglichkeiten zur Einflußnahme bestehen im Rahmen der Genehmigung der RegTP-Geschäftsordnung (§ 66 Abs. 2 S. 2 HS. 2 TKG) und bei der Bildung

---

[1055] Kirchner, FAZ vom 10.10.2002, „Liberalisierung nur mit Regulierung?“, S. 12.

[1056] Bender, Regulierungsbehörde quo vadis?, K&R 2001, 506, S. 507.

[1057] Vgl. hierzu die „Leitlinien für die Regulierungspolitik“ des Wissenschaftlichen Arbeitskreises für Regulierungsfragen bei der Regulierungsbehörde, Leitlinie Nr. 7, abrufbar unter www.regtp.de/behoerde/02308/01/index.html.

[1058] Eschweiler, Regulierungsbehörde zwischen Unabhängigkeit und Weisungsunterworfenheit, K&R 2001, 238, S. 239.

[1059] Vgl. Bender, Regulierungsbehörde quo vadis?, K&R 2001, 506, S. 508; Eschweiler, Regulierungsbehörde zwischen Unabhängigkeit und Weisungsunterworfenheit, K&R 2001, 238, S. 240 f.

der Beschlußkammern nach Bestimmung des Bundesministeriums für Wirtschaft und Arbeit (§ 73 Abs. 1 S. 3 TKG).[1060] Die Weisungsunterworfenheit der RegTP ist Ausfluß der Ressortgebundenheit nach Art. 65 GG.[1061] In der Telekommunikation hat das Bundesministerium bislang noch keinen Gebrauch von diesen Rechten gemacht.[1062] Die zukünftige Entwicklung bleibt allerdings abzuwarten.[1063] Zu berücksichtigen ist darüber hinaus, daß neben formellen „harten" Weisungen auch informelle „weiche" Handlungsweisen des Bundesministeriums treten können, die in ihrer Effektivität auf der gleichen Stufe stehen.[1064]

Verstärkt wird die Gefahr politischer Einflußnahme auf die Entscheidungspraxis der RegTP durch den Interessenkonflikt des Bundes an der Förderung des Wettbewerbs einerseits und der Wahrung der Aktionärsinteressen als Hauptaktionär der DTAG andererseits.[1065] Hier bleibt die Möglichkeit, das Trennungs- und Unabhängigkeitsgebot durch die „Verfassung" der RegTP zu gewährleisten, insbesondere also durch die Qualität der Personalpolitik bei der Besetzung der Führungs- und Fachpositionen in der RegTP sowie durch abschirmende Führung seitens des Bundesministeriums gegenüber politischem Druck von dritter Seite.[1066] Andernfalls wird die regulatorische Position der RegTP und das Vertrauen in ihre Entscheidungspraxis empfindlich geschwächt werden.

1060 Bender, Regulierungsbehörde quo vadis?, K&R 2001, 506, S. 508.

1061 Eschweiler, Regulierungsbehörde zwischen Unabhängigkeit und Weisungsunterworfenheit, K&R 2001, 238, S. 239.

1062 Von den ergangenen Weisungen sind lediglich diejenigen zur Zusagenpraxis im Fusionskontrollverfahren (BAnz. Nr. 66 vom 03.04.1976) und zur Behandlung von Auslandszusammenschlüssen (BAnz. Nr. 103 vom 07.06.1980) noch von Bedeutung. Vgl. hierzu Eschweiler, Die Regulierungsbehörde im Spannungsfeld zwischen Unabhängigkeit und Weisungsunterworfenheit, K&R 2001, 238, S. 240.

1063 So etwa Eschweiler, Die Regulierungsbehörde im Spannungsfeld zwischen Unabhängigkeit und Weisungsunterworfenheit, K&R 2001, 238, S. 241 f.

1064 Vgl. Bender, Regulierungsbehörde quo vadis?, K&R 2001, 506, S. 509. Bender nennt in diesem Zusammenhang etwa die „Hinweise" des Bundeswirtschaftsministers zugunsten der DTAG im Rahmen des Zugangs zur entbündelten Teilnehmeranschlußleitung, die dazu führten, daß die RegTP am 30.11.1998 zugunsten der DTAG einen wirtschaftlich günstigen Nettopreis für den Zugang zu Teilnehmeranschlußleitungen festsetzte (RegTP, Entscheidung vom 30.11.1998, MMR 1999, S. 183). Ein weiteres Beispiel bildet die Forderung des Finanzministeriums in einem Schreiben an das BMWi, die DTAG auf Teilmärkten zügig aus der Marktregulierung zu entlassen (Financial Times Deutschland Nr. 233 vom 30.11.2000, S. 13: „Finanzministerium verlangt weniger Regulierung für die Deutsche Telekom").

1065 Vgl. Bender, Regulierungsbehörde quo vadis?, K&R 2001, 506, S. 509.

1066 Vgl. hierzu die „Leitlinien für die Regulierungspolitik" des Wissenschaftlichen Arbeitskreises für Regulierungsfragen bei der Regulierungsbehörde, Leitlinie Nr. 7, abrufbar unter www.regtp.de/behoerde/02308/01/index.html.

Zwar unterliegt auch das Bundeskartellamt als Bundesoberbehörde dem Weisungsrecht des Bundesministeriums für Wirtschaft und Arbeit. Dennoch greift gegenüber dem Bundeskartellamt der Einwand fehlender Unabhängigkeit nicht durch. Zum einen ist das Bundeskartellamt sektorübergreifend tätig, so daß sich die Entscheidungspraxis in einem bestimmten Sektor stets an der Entscheidungspraxis in anderen Sektoren messen lassen muß. Die sektorübergreifende Tätigkeit des Bundeskartellamts stellt also ein Instrument der Selbstkontrolle dar, die bei einer sektorspezifischen Regulierungsbehörde fehlt. Darüber hinaus sind dem Bundeskartellamt - im Unterschied zur RegTP - keine aktiven regulatorischen Maßnahmen möglich, die unter Umständen einen erheblichen Eingriff in die unternehmerischen Entscheidungen ermöglichen.

Ausweislich der Pressemitteilung vom 25.03.2003 des Bundesumweltministeriums[1067] steht die Entscheidung über die zukünftige Errichtung einer Regulierungsstelle in der Elektrizitätswirtschaft in einem engen Zusammenhang mit der Reform des Erneuerbare-Energien-Gesetz (EEG). Schädlich für den Wettbewerb in der Elektrizitätswirtschaft wäre es insoweit, wenn die Regulierung dazu genutzt werden soll, politisch erwünschte Ergebnisse durch eine möglichst umfassende Kontrolle der wirtschaftlichen Akteure herzustellen. Damit ginge die Regulierung über ihren ökonomisch gerechtfertigten Kern hinaus, und wäre ordnungspolitisch nicht zu rechtfertigen. Dabei ist zu berücksichtigen, daß der Anreiz für eine poltische Einflußnahme in die Entscheidungspraxis einer Regulierungsbehörde in der Elektrizitätswirtschaft in einem weitaus größerem Umfang gegeben ist als in der Telekommunikation. Zweck des Energiewirtschaftsgesetzes ist gemäß § 1 EnWG eine möglichst sichere, preisgünstige und umweltverträgliche leitungsgebundene Versorgung mit Elektrizität (...) im Interesse der Allgemeinheit.[1068] Gerade im Bereich der Umweltverträglichkeit ist die Gefahr einer politischen Einflußnahme durch das Bundesumweltministerium – dies zeigt die Diskussion um die Tiefe der zukünftigen Regulierung – ohne weiteres gegeben.

3. *Keine verursachungsgerechte Kostenzuordnung*

Die Vielzahl der Netzbetreiber in der Elektrizitätswirtschaft könnte – trotz aller grundsätzlichen Bedenken an der Errichtung einer sektorspezifischen Regulierungsbehörde - für die Errichtung einer Regulierungsbehörde auch in der Elektrizitätswirtschaft sprechen. Die Errichtung einer Regulierungsbehörde verringert die Transaktionskosten bei dem Zugangsbegehrenden, überträgt sie zugleich aber auf die Solidargemeinschaft. Wird die Behörde personell und sachlich mit Steuergel-

---

1067 Die Pressemitteilung des Bundesumweltministerium vom 25.03.2003 „Trittin begrüßt politische Einigung für mehr Wettbewerb im Energiemarkt" ist unter www.bmu.de/fset1024.php abzurufen.

1068 Vgl. hierzu 1. Teil D.IV.2.

dern ausgestattet, so tragen im Ergebnis die Steuerzahler die Kosten der Marktnutzung für die Marktteilnehmer. Dadurch werden die Kosten nicht bei denen geltend gemacht, die den eigentlichen wirtschaftlichen Nutzen von der Tätigkeit einer Regulierungsbehörde haben. Dies ist unter ökonomischen Gesichtspunkten nicht sachgerecht.

4. *Gefahr einer Überregulierung*

Die Anwendung der Netzzugangsregelungen durch eine Regulierungsbehörde unterliegt zudem der Gefahr einer Überregulierung. Die RegTP hat in der Telekommunikation jeweils im Einzelfall die Marktbeherrschung des betroffenen Unternehmens festzustellen. Unschärfen bei der Marktabgrenzung durch die RegTP können zu einer Überregulierung des vermeintlich marktbeherrschenden Unternehmens führen und machen die Entscheidungen der RegTP - mit allen damit für das regulierte Unternehmen und die potentiellen Wettbewerber verbundenen Auswirkungen - angreifbar. Dies kann für die betroffenen Unternehmen im nachhinein zur Aufwendung erheblicher Transaktionskosten führen, die sich bei einer einvernehmlichen, d.h. nicht staatlich verordneten Lösung, vermeiden lassen. Die Regulierung ist daher zwingend auf die Bereiche zurückzuführen, in denen Unternehmen tatsächlich noch monopolistische Engpaßbereiche kontrollieren. Eine Regulierung die darüber hinausgeht, stellt nicht nur einen schweren Eingriff in die freiheitlich verfaßte Wirtschaftsordnung dar, sondern verhindert die Schaffung eines langfristig tragfähigen Wettbewerbs.

Problematisch erscheint das vom Gesetzgeber für eine Regulierung in der Telekommunikation gewählte Kriterium der marktbeherrschenden Stellung insoweit, als diese mit zunehmender Wettbewerbsintensität in dem Sektor in einer zunehmenden Anzahl von (Teil-)Bereichen entfallen kann. Das in diesem Teilbereich ehemals marktbeherrschende Unternehmen muß dann versuchen, über einen entsprechenden Feststellungsantrag für diesen Bereich eine Entlassung aus der Regulierung bei der RegTP zu erreichen, um sich wie die Wettbewerber auch im freien Wettbewerb bewegen zu können. Als problematisch erweist sich in diesem Zusammenhang der im TKG angelegte Automatismus, wonach bei einem Wegfall der Marktbeherrschung im wesentlichen keine Regulierung erfolgt. Bestehen Auslegungsprobleme bei der Bestimmung der Marktbeherrschung, so greift dieser Automatismus nicht.

Nur bei einer an den Marktrealitäten orientierten Bestimmung von Märkten und Marktmacht ist gewährleistet, daß Märkte nicht überreguliert werden.[1069] Dies

---

1069 Vgl. Hefekäuser, Marktabgrenzung und Marktbeherrschung - Aufgabe oder Pflichtübung?, MMR 2001, S. 489.

bereitet aufgrund der vertikalen Verbundeffekte nicht unerhebliche Probleme.[1070] Das TKG bietet bereits jetzt die Möglichkeit zu einer differenzierten Abgrenzung relevanter Märkte, es wird insoweit auch von einer „inbuilt flexibility“ gesprochen.[1071] Unklar ist allerdings, wie weit von der Regulierungsbehörde die Marktsegmentierung vorangetrieben werden soll.[1072] Die DTAG war in der Vergangenheit bemüht, mit großem Aufwand Nachweise für den Wegfall ihrer marktbeherrschenden Stellung auf einzelnen Märkten detailliert darzulegen.[1073] Parallel dazu wurden eigene Untersuchungen durch die RegTP entweder gar nicht oder nur mit erheblichen Verzögerungen durchgeführt.[1074]

Statische Regulierungsmodelle können darüber hinaus nicht hinreichend auf die sich ändernden tatsächlichen Gegebenheiten reagieren. Es besteht daher die Gefahr, daß die Märkte - jedenfalls in Teilbereichen - auch dann noch einer Regulierung unterliegen, wenn auf ihnen bereits ein wirksamer Wettbewerb besteht. Je statischer die Regulierung ausgelegt ist, desto mehr rechtfertigt sich die zukünftige Regulierung aus ihrer gegenwärtigen Existenz. Bei ihr verengt sich die Entscheidung auf eine solche zwischen einer dauerhaften Regulierung auf der einen Seite und einem privaten Monopol auf der anderen Seite, was zwangsläufig zu einer dauerhaften Verfestigung und Etablierung der Regulierung führt.

5. Planungsunsicherheiten für die beteiligten Unternehmen

Auch bei einer Entscheidung durch die Regulierungsbehörde ist eine Rechtssicherheit für die beteiligten Unternehmen durch die Möglichkeit zur Einlegung von Rechtsmitteln regelmäßig erst mehrere Jahre nach der Entscheidung gegeben, so daß die Regulierungsbehörde faktisch auf die Ausübung der Funktion einer verwaltungsgerichtlichen Vorinstanz reduziert wird.[1075] Damit werden bei ökonomischer Betrachtung überflüssige Ressourcen aufgewendet. Dies hat zudem unmittelbare Auswirkungen auf den Wettbewerb. Wettbewerber können zwar zunächst zu

---

1070 Koenig, Regulierung interdependenter Marktmacht - Skalpell oder bittere Pille?, MMR 2001, 1, S. 2.

1071 Koenig/Kühling, Reformansätze des deutschen Telekommunikationsrechts in rechtsvergleichender Perspektive, MMR 2001, 80, S. 85.

1072 Nach dem Entwurf der Rahmenrichtlinie soll die Abgrenzung der relevanten Märkte zukünftig gemäß Brüsseler Vorgaben vorgenommen werden. Art 14 des Entwurfs ermächtigt die Kommission, ein Marktanalyseverfahren durchzuführen. Die Richtlinienentwürfe sind im Internet abrufbar unter www.europa.eu.int/ISPO/infosoc/telecompolicy/review99/welcome.

1073 So etwa durch ausführliche Datenerhebungen, vgl. Hefekäuser, Marktabgrenzung und Marktbeherrschung - Aufgabe oder Pflichtübung?, MMR 2001, 489, S. 490.

1074 Hefekäuser, Marktabgrenzung und Marktbeherrschung - Aufgabe oder Pflichtübung?, MMR 2001, 489, S. 490.

1075 Bender, Regulierungsbehörde quo vadis?, K&R 2001, 506, S. 513.

den von der Regulierungsbehörde verfügten Konditionen geschäftliche Aktivitäten entfalten, müssen andererseits aber mit einer im nachhinein davon abweichenden Entscheidung des zuständigen Verwaltungsgerichts rechnen.

Umgekehrt müssen die Wettbewerber auch die für sie nachteiligen Entscheidungen der Regulierungsbehörde bis zu einer möglicherweise später davon abweichenden gerichtlichen Entscheidung gegen sich gelten lassen. Dies schafft bei den betroffenen Unternehmen eine nicht unerhebliche Planungsunsicherheit, da sie für den Fall einer späteren abändernden Entscheidung zusätzliche Rücklagen bilden müssen.[1076]

6. *Fehlende Selbstkontrolle einer sektorspezifischen Regulierungsbehörde*

Darüber hinaus besteht bei einer sektorspezifischen Regulierung die Gefahr einer „regulatory capture", also einer zu starken Identifikation des Regulierers mit der von ihm zu regulierenden Industrie und deren Interessen.[1077] Diese Gefahr ist beim Bundeskartellamt, das als Hüter des allgemeinen Wettbewerbsrechts für alle Industrien zuständig ist, geringer. Bei einer ausschließlichen Zuständigkeit des Bundeskartellamtes auch für die Anwendung des TKG-Wettbewerbsrechts müßten sich die Ergebnisse für diese Branche ständig an der Entscheidungspraxis des Bundeskartellamtes für andere Branchen messen lassen. Ein solcher Selbstkontrollmechanismus fehlt einer sektorspezifischen Regulierungsbehörde als Wettbewerbsbehörde. Darüber hinaus besteht die Gefahr, daß Erfahrungen des Bundeskartellamtes ungenutzt bleiben.

Dies hat zu einer grundlegenden Kritik an der Konstituierung einer sektorspezifischen Wettbewerbsaufsicht sowie ihre institutionelle Verfestigung durch die Ansiedlung einer speziellen Behörde geführt, die nach Auffassung der allgemeinen Kartellbehörden die Gefahr eines neuen wettbewerblichen Ausnahmebereichs in sich bergen und mit einer Verzögerung der wettbewerblichen Normalisierung der betroffenen Märkte einhergeht.[1078] Andererseits haben gerade die neu in den

---

1076 Beispielsweise hatte die zuständige Beschlußkammer der RegTP in der Entscheidung vom 09.03.1998 zunächst den Entgeltgenehmigungsantrag der DTAG für die Teilnehmeranschlußleitungen i.H.v. DM 28,80 netto abgelehnt und im Rahmen einer einstweiligen Anordnung auf zunächst DM 20,65 netto monatlich festgesezt. Diese Entscheidung wurde später auf DM 25,40 netto monatlich abgeändert. Die ursprünglichen wirtschaftlichen Planungen der Unternehmen wurden dadurch im nachhinein entwertet.

1077 Engel, Der Weg der deutschen Telekommunikation in den Wettbewerb, MMR-Beilage 3/1999, 7, S. 11. Hauptgutachten der Monopolkommission XIII (1998/1999), Wettbewerbspolitik in Netzstrukturen, S. 68.

1078 Vgl. Bundeskartellamt und Landeskartellbehörden zur Reform des deutschen Kartellrechts und zur Telekommunikation, Agenturmeldung vom 06.11.1995, zitiert nach: Monopolkommission, Die Telekommunikation im Wettbewerb, Sondergutachten 24, Tz. 27.

Markt eintretenden Unternehmen Interesse an einer starken, unabhängigen, ökonomisch orientierten und effektiven Regulierung mit schnellen und - zur Stärkung der Planungssicherheit - endgültigen Entscheidungen.[1079]

II. Zeitliche Verlagerung rechtlicher Auseinandersetzungen

Die RegTP hat in der Telekommunikation die Möglichkeit, einem Anbieter, der sich mißbräuchlich i.S.v. § 33 Abs. 1 TKG verhält, ein Verhalten positiv aufzuerlegen oder zu untersagen. Dies können konkrete Bedingungen sein, zu denen der Normadressat seinem Wettbewerber den Zugang zu den in § 33 Abs. 1 TKG aufgeführten Leistungen zu gewähren hat. Darüber hinaus hat die RegTP die Möglichkeit, Verträge ganz oder teilweise für unwirksam zu erklären. Die sofortige Vollziehbarkeit der Entscheidungen der RegTP entspricht dabei gemäß § 80 Abs. 2 TKG dem gesetzlichen Regelfall. Die Vollziehbarkeit kann nur auf Initiative des betroffenen Unternehmens nach § 80 Abs. 5 S. 1 VwGO durch das Verwaltungsgericht beseitigt werden, das die aufschiebende Wirkung ganz oder teilweise anordnen kann. Bis dahin bleibt die Entscheidung der RegTP vollziehbar. Die RegTP kann darüber hinaus bis zu einer endgültigen Entscheidung einstweilige Anordnungen treffen. Im Regelfall sind die Entscheidungen der RegTP von den betreffenden Unternehmen daher umgehend umzusetzen. Für den Netzzugang bedeutet dies, daß dem zugangsbegehrenden Unternehmen der Netzzugang zunächst auf der Grundlage der von der RegTP einseitig vorgegebenen Bedingungen zu gewähren ist. Der Abschluß von Netzzugangs- und Zusammenschaltungsvereinbarungen wird durch die Vorgaben einer Regulierungsbehörde also zunächst gefördert.

Sind der Netzbetreiber oder das zugangsbegehrende Unternehmen mit der Entscheidung der RegTP nicht einverstanden, so bleibt ihnen die Möglichkeit, den Rechtsweg zu den Verwaltungsgerichten zu beschreiten, die dann unter Umständen eine für sie günstigere Regelung treffen. Zur Zeit werden ca. 90% der Entscheidungen der RegTP vor den Verwaltungsgerichten angefochten.[1080] Dies belegt, daß regelmäßig jedenfalls einer der Beteiligten mit der von der RegTP im konkreten Fall getroffenen Entscheidung nicht einverstanden ist. Die durchschnittliche Dauer telekommunikationsrechtlicher Eilverfahren vor dem VG Köln beträgt zwei bis drei Monate, vor dem OVG Münster drei bis vier Monate.[1081] Bis zu einer rechtskräftigen Entscheidung der Gerichte im Hauptsacheverfahren, die regelmäßig erst nach mehreren Jahren ergehen wird, besteht für beide Parteien eine nicht unerhebliche Rechts- und Planungsunsicherheit. Die Vorteile des Regulierungsmodells

---

1079 Fiebig, Chancen, Risiken und Erfahrungen im liberalisierten Markt, ET 1998, 731, S. 732.

1080 Holznagel, Rechtsschutz und TK-Regulierung im Referentenentwurf zum TKG – Neue Ansätze für eine Verfahrensbeschleunigung, MMR 2003, S. 513.

1081 Holznagel, Rechtsschutz und TK-Regulierung im Referentenentwurf zum TKG – Neue Ansätze für eine Verfahrensbeschleunigung, MMR 2003, S. 513.

aus der Telekommunikation gegenüber dem Verhandlungsmodell aus der Elektrizitätswirtschaft bei der verfahrensrechtlichen Durchsetzung des Netzzugangs reduzieren sich somit darauf, daß bis zu einer Entscheidung der Gerichte regelmäßig der Netzzugang zu den von der RegTP vorgegebenen Bedingungen zu gewähren ist. Führt die rechtskräftige Entscheidung des Gerichts zu einer Abänderung der ursprünglichen Entscheidung der Regulierungsbehörde, so sind von dem betroffenen Unternehmen Nachzahlungen in Differenzhöhe zu leisten. Bis zu einer solchen Entscheidung sind dafür von den Unternehmen entsprechende Rücklagen zu bilden.

Besteht zwischen dem Netzbetreiber und dem zugangsbegehrenden Unternehmen somit keine Einigkeit über die Bedingungen zur Gewährung des Netzzugangs, so werden durch eine staatliche Regulierung des Netzzugangs mögliche Auseinandersetzungen hierüber zwischen den Unternehmen nur auf einen späteren Zeitpunkt verlagert. Dies ist jedenfalls dann der Fall, wenn die Entscheidungen der Regulierungsstelle nicht von einem breiten Konsens bei den betroffenen Unternehmen getragen werden. Die Unternehmen werden dann regelmäßig versuchen, ihre von der Entscheidung der Regulierungsstelle abweichenden tatsächlichen und rechtlichen Auffassungen vor den Gerichten durchzusetzen. Die kurzfristige Förderung des Wettbewerbs durch die Vorgabe klarer Rahmenbedingungen kann sich daher nur dann auch langfristig als die vorteilhafte Lösung erweisen, wenn diese Rahmenbestimmungen von der Regulierungsbehörde so gesetzt werden, daß sie den ansonsten zwischen den Parteien der Netzzugangsvereinbarung verhandelten Bedingungen sehr nahe kommen.

Demgegenüber finden die Auseinandersetzungen zwischen dem Netzbetreiber und dem zugangsbegehrenden Unternehmen über die Netznutzungsbedingungen bei dem Verhandlungsmodell in der Elektrizitätswirtschaft bereits zu einem früheren Zeitpunkt – vor Abschluß eines entsprechenden Netznutzungsvertrages - statt. Dies kann - wie sich in der Vergangenheit gezeigt hat - zu erheblichen Verzögerungen bei dem Abschluß von Netznutzungsverträgen und somit auch zu Verzögerungen bei der Schaffung von Wettbewerb führen. Sobald allerdings eine Einigung zwischen den Vertragsparteien vorliegt, erhöht diese wegen ihres vertragstypischen Konsenscharakters die Planungssicherheit für die beteiligten Unternehmen.

Um die Akzeptanz der Entscheidungen einer Regulierungsstelle zu erhöhen, ist es daher geboten, die von den Entscheidungen betroffenen Unternehmen möglichst frühzeitig in den Prozeß der Entscheidungsfindung einzubeziehen. Dies kann einerseits durch das von der RegTP praktizierte Anhörungsverfahren erfolgen. Ein entsprechendes Verfahren wäre in der Elektrizitätswirtschaft angesichts der großen Anzahl von Netzbetreibern allerdings nicht zweckmäßig. Um den eigenen Ermittlungsaufwand bei der Regulierungsstelle zu reduzieren, sollten die beteiligten Verbände daher auch weiterhin die nach ihrer übereinstimmenden Auffassung sachgerechten Methoden zur Berechnung der Netznutzungsentgelte durch den Abschluß von Verbändevereinbarungen aushandeln. Die Verbändevereinbarungen müssen dann auf eine dafür geeignete – und den Anforderungen des europäischen Gesetzgebers entsprechende – Weise in den Regulierungsprozeß einbezogen werden.

III. Konsequenzen für die Übernahme des Modells staatlicher Regulierung in die Elektrizitätswirtschaft

Nach den Vorgaben des europäischen Gesetzgebers in der Elektrizitätswirtschaft müssen die Netznutzungsentgelte oder die Methoden zu ihrer Berechnung zukünftig vor ihrem Inkrafttreten von einer nationalen Regulierungsstelle festgelegt oder genehmigt werden. Das Bundesministerium für Wirtschaft und Arbeit und das Bundesumweltministerium haben sich am 24.03.2003 bereits politisch auf die Errichtung einer solchen Regulierungsstelle verständigt. Über die Tiefe der zukünftigen Regulierung in der Elektrizitätswirtschaft konnte zwischen den Ministerien bislang allerdings noch keine Einigung erzielt werden. Während das Bundesumweltministerium als Regulierungsstelle eine eigenständige Behörde favorisiert, die den Beteiligten im einzelnen die Höhe der Netznutzungsentgelte vorschreibt, macht sich das Bundesministerium für Wirtschaft und Arbeit für eine „Regulierung von leichter Hand“ stark, bei der etwa das Bundeskartellamt die von den Marktteilnehmern getroffenen Vereinbarungen unbürokratisch prüft und überwacht. Ob die Elektrizitätswirtschaft damit zukünftig nach dem Vorbild der RegTP vollständig einer ex-ante Regulierung unterliegen wird, ist insoweit politisch noch nicht geklärt.

Der deutsche Gesetzgeber sollte bei dieser Entscheidung die Möglichkeit nutzen, die in der Telekommunikation mit einer staatlichen Regulierung gesammelten positiven Erfahrungen – insbesondere im Hinblick auf die verfahrensrechtlichen Vorteile bei der Umsetzung von Entscheidungen der RegTP[1082] – mit den aus ordnungspolitischer Sicht bestehenden Vorteilen des in der Elektrizitätswirtschaft praktizierten Verhandlungsmodells zu kombinieren. Den Anforderungen der neuen Stromrichtlinie genügt der deutsche Gesetzgeber bereits dann, wenn er lediglich die Methoden zur Berechnung der Netznutzungsentgelte einer staatlichen ex-ante Regulierung unterstellt. Dies stellt gegenüber einer staatlichen Regulierung der Netznutzungsentgelte den weniger intensiven Eingriff dar. Weiter kann der deutsche Gesetzgeber der Regulierungsstelle das Recht einräumen, die Methoden zur Ermittlung der Netznutzungsentgelte selbst festzulegen oder aber die Beteiligten – insbesondere die Netzbetreiber – verpflichten, die von ihnen ausgehandelten Methoden der Regulierungsstelle zur Genehmigung vorzulegen. Letzteres stellt gegenüber der Festlegung der Methoden zur Berechnung der Netznutzungsentgelte

---

1082 Vgl. hierzu 2. Teil D.I.2.a) bis c) und 2. Teil D.III.

den weniger intensiven Eingriff dar. Die Aufgaben der Regulierungsstelle sollten dabei von einer gesonderten Abteilung des Bundeskartellamtes wahrgenommen werden.

Für die Ermittlung der Netznutzungsentgelte sollte der deutsche Gesetzgeber in der Elektrizitätswirtschaft daher zukünftig ein insgesamt dreistufiges Verfahren vorsehen.

1. Erste Stufe: Abschluß von Verbändevereinbarungen

Auf der ersten Stufe sollte das in der Elektrizitätswirtschaft praktizierte Verfahren zur Ermittlung der Methoden zur Berechnung von Netznutzungsentgelten durch den Abschluß von Verbändevereinbarungen beibehalten werden. Dabei ist zu berücksichtigen, daß die in den Verbändevereinbarungen vorgesehenen Methoden zur Berechnung der Netznutzungsentgelte inzwischen – dies zeigt die zunehmende Anzahl der an ihrem Abschluß beteiligten Verbände - von einem breiten Konsens getragen werden.[1083] Je größer die Anzahl der am Abschluß der Verbändevereinbarung beteiligten Verbände und sonstigen Beteiligten ist, desto geringer ist die Wahrscheinlichkeit späterer rechtlicher Auseinandersetzungen über die Höhe der Netznutzungsentgelte, die von den Netzbetreibern auf der Grundlage dieser Verbändevereinbarung berechnet werden. Die Einbeziehung der beteiligten Verbände in die Ermittlung und Weiterentwicklung der Methoden zur Berechnung der Netznutzungsentgelte erhöht insoweit die Akzeptanz der späteren Entscheidungen der Regulierungsstelle.

Darüber hinaus lassen sich die Methoden zur Berechnung der Netznutzungsentgelte über den Abschluß von Verbändevereinbarungen sachgerecht und unter Minimierung des eigenen Ermittlungsaufwands für die Regulierungsstelle den jeweiligen Marktentwicklungen anpassen. Soweit nach Auffassung der Beteiligten eine Anpassung bzw. Abänderung der Methoden zur Ermittlung der Netznutzungsentgelte erforderlich ist, was sich durch die unmittelbar am Markt tätigen Unternehmen im Regelfall besser beurteilen läßt als durch eine Regulierungsstelle, können sie ihren ausgehandelten Veränderungsvorschlag der Regulierungsstelle zur Genehmigung vorlegen. Diese kann dann anhand der von den beteiligten Verbänden vorgetragenen Argumente überprüfen, ob die vorgeschlagenen Änderungen sachgerecht und zur Erreichung der vom Gesetzgeber mit dem EnWG verfolgten Ziele förderlich sind. Im Spannungsfeld zwischen staatlicher Regulierung und Privatautonomie sind

---

[1083] Auch der VDEW geht derzeit davon aus, daß die Verbändevereinbarungen als Wettbewerbsrahmen für den Strom- und Gasmarkt auch nach Einführung einer neuen staatlichen Regulierungsstelle in der Elektrizitätswirtschaft Bestand haben werden, sofern sich diese als ausreichend für mehr Wettbewerb in der Elektrizitätswirtschaft erweisen, vgl. FAZ vom 27.03.2003, „Strombranche will Selbstregulierung“, S. 15.

die zwischen den Beteiligten freiwillig vereinbarten Regelungen des Netzzugangs dem Wettbewerb in der Elektrizitätswirtschaft insoweit förderlicher als die einseitigen Vorgaben einer Regulierungsbehörde.

Das Gesetz sollte daher vorsehen, daß die in den Verbändevereinbarungen enthaltenen Regelungen von der Regulierungsstelle als Methoden zur Berechnung der Netznutzungsentgelte im Sinne des EnWG generell akzeptiert werden. Für den Fall, daß der Abschluß einer Verbändevereinbarung nicht zustande kommt, sollte das Gesetz der Regulierungsstelle das Recht einräumen, selbst die Methoden zur Berechnung der Netznutzungsentgelte festzulegen. Dieses Recht entspricht Art. 23 Abs. 2 der neuen Stromrichtlinie. Grundlage hierfür sollten die bisherigen Verbändevereinbarungen aus der Elektrizitätswirtschaft sein. Dieses – insoweit subsidiäre – Recht der Regulierungsstelle erhöht den Druck der Verbände zum Abschluß einer Verbändevereinbarung.

Demgegenüber sollte der deutsche Gesetzgeber der Regulierungsstelle nicht das – wenn auch nur subsidiäre - Recht einräumen, die Netznutzungsentgelte im Falle der fehlenden Einigung über den Inhalt einer Verbändevereinbarung unmittelbar zu regulieren. Sofern die Beteiligten aufgrund der sich herausbildenden Regulierungspraxis mit einer für sie günstigeren Entscheidung über die Höhe der Netznutzungsentgelte durch die Regulierungsstelle rechnen können als sich für sie über den Abschluß einer Verbändevereinbarung erzielen ließe, nimmt dies von vornherein den Druck zum Abschluß einer Verbändevereinbarung. Diese Gefahr besteht zwar auch dann, wenn der Regulierungsstelle lediglich das – subsidiäre – Recht zur Festlegung der Methoden zur Berechnung der Netznutzungsentgelte eingeräumt wird. Die endgültige Höhe der Netznutzungsentgelte wird in diesem Fall jedoch erst von dem jeweiligen Netzbetreiber auf der Grundlage der von der Regulierungsstelle genehmigten Methoden zur Berechnung der Netznutzungsentgelte ermittelt. Diese unterliegen dann ihrerseits einer Aufsicht durch die Regulierungsstelle. Die Höhe der Netznutzungsentgelte kann von den Beteiligten daher nicht unmittelbar einer etwaigen Regulierungspraxis entnommen werden.

Im übrigen setzt eine sachgerechte Entscheidung durch die Regulierungsstelle voraus, daß sie einen hohen Informationsstand besitzt, der ihr eine hinreichende Kontrolle über die Berechtigung der von ihr festzulegenden Netznutzungsentgelte ermöglicht, was bei einer Genehmigung der Methoden zur Ermittlung der Netznutzungsentgelte durch die Regulierungsstelle nicht in gleichem Umfang erforderlich ist. Die Regulierungsstelle müßte über den betreffenden Netzbetreiber also zunächst einen entsprechend hohen Informationsstand – insbesondere über dessen spezifische Kostenstrukturen - erreichen, damit sie auf dieser Grundlage eine sachgerechte Entscheidung über die Höhe der Netznutzungsentgelte treffen kann. Dies kann eine Regulierungsstelle von vornherein nur dann gewährleisten, wenn sie über eine entsprechend hohe personelle und finanzielle Ausstattung verfügt. Hierbei sind die Erfahrungen aus der Errichtung von Regulierungsbehörden in den anderen Mitgliedstaaten und aus anderen Sektoren zu berücksichtigen. So wurde in England in der Elektrizitätswirtschaft für lediglich 17 Netzbetreiber eine Regulierungsbehörde mit insgesamt 300 Mitarbeitern und einem Jahresbudget von € 16 Mio. aufgebaut. Bei über 900 zu regulierenden Netzbetreibern müßte die personelle und finanzielle Ausstattung der Regulierungsstelle in Deutschland noch entsprechend höher ausfallen. Die RegTP kann bei der Wahrnehmung ihrer Regulierungsaufgaben über einen Personalbestand von insgesamt 1.600 Mitarbeitern verfügen,[1084] wobei ein großer Teil der Mitarbeiter der RegTP aus dem ehemaligen Bundesministerium für Post und Telekommunikation übernommen wurde. Wird die Regulierungsbehörde personell und sachlich mit Steuergeldern ausgestattet, so tragen im Ergebnis die Steuerzahler die Kosten der Marktnutzung für die Marktteilnehmer. Dies widerspricht dem Ziel einer verursachungsgerechten Kostenzuordnung. Im Sinne einer schlanken Regulierung sollte daher versucht werden, den im Rahmen der Regulierungstätigkeit entstehenden Ermittlungsaufwand für die Regulierungsstelle auf ein Minimum zu beschränken.

Insgesamt ist jedoch davon auszugehen, daß die Beteiligten versuchen werden, über den Abschluß von Verbändevereinbarungen Einfluß auf die zukünftigen Methoden zur Berechnung der Netznutzungsentgelte zu nehmen, da ihnen andernfalls nur die Möglichkeit bleibt, die von der Regulierungsstelle einseitig vorgegebenen Methoden zur Berechnung der Netznutzungsentgelte zu akzeptieren und im nachhinein Auseinandersetzungen über die Berechtigung der Höhe der Netznutzungsentgelte zu führen.

2. Zweite Stufe: Genehmigung der Verbändevereinbarungen

Auf der zweiten Stufe müssen die in der Verbändevereinbarung ausgehandelten Methoden zur Berechnung der Netznutzungsentgelte der Regulierungsstelle zur Genehmigung vorgelegt werden. Diese prüft, ob die vorgelegten Methoden zur Berechnung der Netznutzungsentgelte für die Erreichung der Ziele des EnWG – insbesondere der Herstellung eines wirksamen Wettbewerbs - förderlich sind.

Da gegen die Errichtung einer sektorspezifischen Regulierungsbehörde grundlegende Bedenken bestehen,[1085] sollten die Regulierungsaufgaben in der Elektrizitätswirtschaft zusätzlich von einer gesonderten Abteilung des Bundeskartellamtes wahrgenommen werden. Dies verhindert eine zu starke Identifikation des Regulierers mit der von ihm zu regulierenden Industrie und deren Interessen und entspricht damit den Vorgaben des europäischen Gesetzgebers zur Errichtung eines

---

1084 Theobald/Zenke, Grundlagen der Strom- und Gasdurchleitung, S. 150 ff.

1085 Vgl. hierzu 3. Teil B.I.

von den wirtschaftlichen Interessen der Elektrizitätswirtschaft unabhängigen Regulierers. Gleichzeitig können die Erfahrungen des Bundeskartellamtes aus anderen (Netz-)Industrien für die Regulierung der Elektrizitätswirtschaft genutzt werden. Darüber hinaus besteht bei einer zusätzlichen Wahrnehmung der Regulierungsbefugnisse durch das Bundeskartellamt nicht die Gefahr, daß das Bundeskartellamt in seiner Funktion als Regulierungsstelle für die Elektrizitätswirtschaft versucht, die eigene Existenz durch die Schaffung zusätzlicher Regulierungsaufgaben zu rechtfertigen bzw. zu sichern und die Regulierungsaufgaben länger als ordnungspolitisch vertretbar fortzusetzen.

Sobald sich in der Elektrizitätswirtschaft ein wettbewerbsorientierter und dauerhaft funktionsfähiger Elektrizitätsmarkt etabliert hat und Regulierungseingriffe damit aus ordnungspolitischer Sicht zunehmend entbehrlich werden, ist es für das Bundeskartellamt ohne weiteres möglich, die ex-ante Regulierung schrittweise in eine ex-post Kontrolle im Rahmen der allgemeinen Wettbewerbsaufsicht zu überführen. Das von dem Bundeskartellamt als Regulierungsstelle erworbene Know-how in der Elektrizitätswirtschaft kann dann im Rahmen der allgemeinen Wettbewerbsaufsicht weiter genutzt werden.

Dennoch soll nach dem Willen der Bundesregierung die RegTP künftig auch in der Elektrizitätswirtschaft den Wettbewerb überwachen.[1086] Begründet wird dies im wesentlichen damit, daß die RegTP in der Telekommunikation bereits vergleichbare Aufgaben habe und deshalb über die notwendigen Fähigkeiten verfüge. Diese Begründung überrascht, da die wettbewerbsrechtliche Aufsicht über die Elektrizitätswirtschaft bisher den Kartellbehörden oblag. Darüber hinaus sind die Begleitumstände dieser Entscheidung bedenklich, da sie zeigen, daß die Entscheidung der Bundesregierung vorrangig politisch motiviert ist und nicht das Ergebnis einer ordnungspolitisch gebotenen Abwägung darstellt. Die Kartellbehörden galten der Bundesregierung – angesichts verschiedener Auseinandersetzungen zwischen der Bundesregierung und dem Bundeskartellamt in der jüngeren Vergangenheit - als zu unabhängig.[1087]

Für den Fall, daß die Regulierungsstelle die Verbändevereinbarung nicht insgesamt für genehmigungsfähig erachtet, sollte sie den am Abschluß der Verbändevereinbarung beteiligten Verbänden zunächst Gelegenheit zur Nachbesserung der betreffenden Regelungen geben. Zur Gewährleistung einer größtmöglichen Transparenz sollte die Regulierungsstelle den Verbänden dabei klare Vorgaben machen, welchen Anforderungen die beanstandeten Regelungen im einzelnen genügen müssen, damit sie von der Regulierungsstelle akzeptiert werden. Die Nachbesserungen

---

1086 FAZ vom 02.09.2003, „ Telekom-Regulierer erhält auch Aufsicht über Energiemarkt", S. 11.

1087 Mussler, „Der große Regulierer", FAZ vom 02.09.2003.

müßten von den Verbänden anschließend innerhalb eines von der Regulierungsstelle klar definierten Zeitrahmens abgeschlossen werden. Lediglich dann, wenn eine Nachbesserung an den Regelungen der Verbändevereinbarung nicht erfolgt oder auch die von den Verbänden oder sonstigen Beteiligten nachgebesserten Regelungen nicht den zuvor von der Regulierungsstelle klar definierten Anforderungen genügen, sollte das Gesetz für die Regulierungsstelle das Recht vorsehen, selbst die beanstandeten Regelungen zur Berechnung der Netznutzungsentgelte abzuändern, also die Methoden zur Berechnung der Netznutzungsentgelte festzulegen.

Die von der Regulierungsstelle genehmigten Methoden zur Berechnung der Netznutzungsentgelte müssen dann noch vor ihrem Inkrafttreten veröffentlicht werden.

3. Dritte Stufe: Aufsicht über die korrekte Anwendung

Auf der dritten Stufe sind von den Netzbetreibern auf der Grundlage der von der Regulierungsstelle genehmigten und veröffentlichten Methoden die Netznutzungsentgelte zu berechnen. Die Aufgabe der Regulierungsstelle besteht insoweit darin, die korrekte Anwendung der Methoden zur Berechnung der Netznutzungsentgelte durch die Netzbetreiber zu überwachen. Hier müssen die Aufgaben der Regulierungsstelle klar von denen des Bundeskartellamtes abgegrenzt werden, um von vornherein der Gefahr divergierender Entscheidungen durch unterschiedliche Behörden entgegenzutreten. Das Ziel muß insoweit sein, bereits im Vorfeld zu verhindern, daß unterschiedliche Behörden mit der Prüfung derselben tatsächlichen oder rechtlichen Frage befaßt werden. Auch insoweit wäre es vorteilhaft, wenn die Regulierungsaufgaben zusätzlich von einer gesonderten Abteilung des Bundeskartellamtes wahrgenommen werden, damit eventuelle Zuständigkeitskonflikte bereits intern gelöst werden können.

Für die Feststellung des Mißbrauchs einer marktbeherrschenden Stellung durch den Netzbetreiber im Rahmen der Aufsicht erweist sich insoweit die große Anzahl der Netzbetreiber in der Elektrizitätswirtschaft – insgesamt gibt es mehr als 900 zu regulierende Netzbetreiber - gegenüber der Telekommunikation als vorteilhaft. Dadurch können die geforderten Netznutzungsentgelte verschiedener Anbieter auf demselben und lediglich regional unterschiedlichen Markt für die Bereitstellung von Netzinfrastruktureinrichtungen für Durchleitungsvorgänge bundesweit miteinander verglichen werden. Unverhältnismäßig hohe Preise ziehen die Vermutung nach sich, daß der Netzbetreiber seine Marktmacht mißbräuchlich ausnutzt. Der Regulierungsstelle bzw. dem Bundeskartellamt ist somit in der Elektrizitätswirtschaft leichter als in der Telekommunikation eine Überprüfung möglich, ob auf der Grundlage der von der Regulierungsstelle genehmigten Methoden zur Berechnung der Netznutzungsentgelte von dem Netzbetreiber mißbräuchliche Netznutzungsentgelte verlangt werden. Für diesen Fall muß der deutsche Gesetzgeber der Regulierungsstelle das Recht einräumen, gegen den betreffenden Netzbetreiber einzuschreiten.

In der Telekommunikation setzt sich die Unterscheidung der Zuständigkeiten von RegTP und Bundeskartellamt derzeit noch auf dem Rechtsweg fort. Gegenüber Entscheidungen der RegTP ist das Verwaltungsgericht, gegenüber Beschlüssen der Kartellbehörden das Zivilgericht zuständig. Diese unterschiedliche Rechtswegzuständigkeit ist nicht sachgerecht und bei langfristiger Betrachtung eine unnötige Aufwendung von Ressourcen. Der deutsche Gesetzgeber sollte daher bei den anstehenden Reformen in der Elektrizitätswirtschaft vorsehen, daß gegenüber allen marktbezogenen Entscheidungen der Regulierungsstelle der Zivilrechtsweg eröffnet ist.

C. Rückführung staatlicher Regulierung in der Telekommunikation?

Im Vorfeld des EU-Richtlinienpakets hat in Deutschland eine intensive Diskussion über den künftigen Regulierungsrahmen in der Telekommunikation stattgefunden. Gegenstand dieser Diskussion waren insbesondere die Möglichkeiten einer Rückführung der staatlichen Regulierung. Aufbauend auf den Ergebnissen dieser Diskussion ergeben sich Ansatzpunkte für eine Reform des Regulierungsrahmens in der Telekommunikation im Zusammenhang mit der Umsetzung der Vorgaben des europäischen Gesetzgebers, die allerdings nur zum Teil in dem Referentenentwurf zur Neufassung des TKG Berücksichtigung gefunden haben.

I. Diskussion über den zukünftigen Regulierungsrahmen in der Telekommunikation

Im Rahmen der Diskussion über den zukünftigen Regulierungsrahmen in der Telekommunikation wurde von der einen Seite gefordert, die Regulierung gegenüber der DTAG bereits heute in solchen Bereichen zurückzunehmen, in denen Wettbewerb herrscht, und dort, wo sie weiterhin aufgrund von bottlenecks erforderlich ist, auf eine andere konzeptionelle Basis zu stellen.[1088] Dem wurde entgegengehalten, daß ein funktionsfähiger Wettbewerb in der Breite in der Telekommunikation noch nicht gewährleistet ist, und die Regulierungsbehörde daher auch weiterhin gefordert ist, mit den ihr zur Verfügung stehenden Regulierungsinstrumenten neuen Anbietern den Weg in den Markt zu bereiten.[1089]

1088 Immenga/Kirchner/Knieps/Kruse, Telekommunikation im Wettbewerb, S. 51 ff.

1089 Stellungnahme des Wissenschaftlichen Arbeitskreises für Regulierungsfragen bei der Regulierungsbehörde für Telekommunikation und Post (WAR), S. 4, abrufbar unter www.regtp.de/behoerde/02308/02/index.html.

1. *Rückführung der sektorspezifischen Regulierung*

Nach der erstgenannten Auffassung ist der Wettbewerb auf wesentlichen Telekommunikationsmärkten in Deutschland bereits als weitgehend selbsttragend anzusehen. Dennoch werde die Regulierung bei Beendigung marktbeherrschender Stellungen in der Praxis aufgrund von Auslegungsproblemen des Marktbeherrschungsbegriffs nicht – wie im TKG vorgesehen – automatisch ausgesetzt.[1090] Im übrigen komme es bei der Beurteilung von Marktmacht nicht allein auf die Marktanteile des betreffenden Unternehmens, sondern auf die Bestreitbarkeit der Märkte an, die durch die Höhe der Marktzutrittsschranken bestimmt wird. Wo bestreitbare Märkte vorliegen, da reiche ein potentieller Wettbewerb aus, um die disziplinierende Wirkung auf die Preispolitik des marktbeherrschenden Unternehmens sicherzustellen.[1091] Gegenüber dem statischen Kriterium des Marktanteils verdienen die Kriterien Marktzutrittsschranken und potentieller Wettbewerb daher den Vorzug.

Die Regulierung habe sich darüber hinaus auf den Zugang zu echten bottlenecks zu beschränken, also auf solche Leistungskomponenten, die die Wettbewerber für den Kundenzugang zwingend benötigen, deren Eigenerstellung ihnen jedoch nicht zuzumuten ist und für die es keine relevanten Alternativen gibt.[1092] Nur durch eine gezielte Bottleneck-Regulierung sei es möglich, die Rückführungspotentiale sektorspezifischer Regulierung rasch zu erkennen und institutionell umzusetzen.[1093] Beim heutigen Stand der Technik stelle sich die Frage nach dem Vorliegen eines monopolistischen bottlenecks lediglich noch im Bereich der kupferkabelgebundenen Übertragungseinrichtung. Im übrigen sei der Markt für Teilnehmeranschlußleitungen und für lokale Netzzusammenschaltung in regionale bzw. lokale Teilmärkte aufzulösen, da einige Ortsnetze bereits im Wettbewerb stünden und damit aus der Regulierung entlassen werden könnten.[1094]

2. *Stellungnahme des Wissenschaftlichen Arbeitskreises für Regulierungsfragen bei der RegTP*

Auch nach Auffassung des Wissenschaftlichen Arbeitskreises für Regulierungsfragen bei der RegTP kann die Beibehaltung einer sektorspezifischen Regulierung nur insoweit begründet werden, als in den entsprechenden Märkten noch kein funk-

---

1090 Immenga/Kirchner/Knieps/Kruse, Telekommunikation im Wettbewerb, S. 27.

1091 Immenga/Kirchner/Knieps/Kruse, Telekommunikation im Wettbewerb, S. 34.

1092 Immenga/Kirchner/Knieps/Kruse, Telekommunikation im Wettbewerb, S. 37 ff.

1093 Immenga/Kirchner/Knieps/Kruse, Telekommunikation im Wettbewerb, S. 49.

1094 Immenga/Kirchner/Knieps/Kruse, Telekommunikation im Wettbewerb, S. 45.

tionsfähiger und sich selbst tragender Wettbewerb besteht.[1095] Allerdings könne dabei angesichts der Realitäten des Telekommunikationsmarktes nicht auf den potentiellen, theoretisch möglichen Wettbewerb abgestellt werden, da das Modell des bestreitbaren Marktes streng formulierter Modellbedingungen gebunden sei,[1096] die vorliegend nicht gegeben seien. So sei etwa mit der Annahme der Bestreitbarkeit nicht die Beobachtung vereinbar, daß die DTAG höhere Preise als andere Wettbewerber verlange und dennoch nicht gesamten Markt verliere.

Im übrigen sei der Wettbewerb um Endkunden angesichts der dominanten Position der DTAG auf einer Vielzahl von Vorleistungsmärkten noch nicht zwangsläufig selbsttragend. Maßstab für die Notwendigkeit der Regulierung solle auch weiterhin die Marktbeherrschung des dominanten Anbieters auf den jeweils relevanten Märkten sein, deren Ursache oftmals der Bottleneck-Charakter von Teilmärkten, manchmal aber auch ein bestimmtes marktstrategisches Verhalten sei. Der Vorschlag, den Markt der Teilnehmeranschlußleitungen in lokale Teilmärkte aufzulösen und diejenigen Ortsnetze aus der Regulierung zu entlassen, in denen mindestens ein Wettbewerber existiert, werfe neben der offenen Frage einer schlüssigen Abgrenzung relevanter Teilmärkte Probleme im Zusammenhang mit der Verhinderung von Quersubventionierungen und der Gewährleistung von Universaldienstleistungen auf. Die DTAG müßte in diesem Fall für jeden beantragten Lokalmarkt eine gesonderte unternehmerische Einheit mit schlüssig separiertem Rechnungswesen ausgliedern, um nicht den Verdacht einer Quersubventionierung aufkommen zu lassen. Bei einer unterschiedlichen Behandlung von geographischen Teilmärkten würde zudem die Diskussion über eine unter sozial- und strukturpolitischen Gesichtspunkten hinnehmbare Preisdifferenzierung im Raum neu entfacht.

Vorrangig bleibe es, durch fortlaufende empirische Bestandsaufnahmen für die Transparenz der Marktentwicklung in der Telekommunikation zu sorgen. Dabei sei zu belegen, welche Marktpositionen der dominante Netzbetreiber und die neuen Wettbewerber aufweisen, welche Entwicklungsrichtung erkennbar ist und welche Belege die Annahme unterstützen, daß der bereits entstandene Wettbewerb auch dann bestehen bleibt, wenn die ex-ante Regulierung zurückgenommen wird.

3. Folgerungen für die Rückführung staatlicher Regulierung

Die vom Wissenschaftlichen Arbeitskreis für Regulierungsfragen vorgebrachten Argumente gegen eine Rückführung der Regulierung in der Telekommunikation zeigen, daß eine sektorspezifische Regulierungsbehörde tendenziell zu einem lang-

---

[1095] Stellungnahme des Wissenschaftlichen Arbeitskreises für Regulierungsfragen bei der Regulierungsbehörde für Telekommunikation und Post (WAR), S. 1, abrufbar unter www.regtp.de/behoerde/02308/02/index.html.

[1096] Vgl. hierzu 1. Teil C.II.2.

samen Abbau der ihr vom Gesetzgeber eingeräumten Regulierungsbefugnisse neigt und dabei auch die Gefahr einer möglichen Überregulierung von Teilmärkten in Kauf nimmt. Damit besteht die Gefahr, daß eine Regulierung nicht nur dort stattfindet, wo dies unter ordnungspolitischen Gesichtspunkten geboten ist. Dies spricht grundsätzlich gegen die Errichtung von sektorspezifischen Regulierungsbehörden und sollte bei den in der Elektrizitätswirtschaft anstehenden Entscheidungen berücksichtigt werden. In der Elektrizitätswirtschaft sollten daher die Regulierungsbefugnisse von einer zusätzlichen Abteilung des Bundeskartellamtes wahrgenommen werden.

Im übrigen sprechen die vorgebrachten Argumente nicht zwingend gegen eine Rückführung der staatlichen Regulierung in der Telekommunikation, zumal auch nach Auffassung des Wissenschaftlichen Arbeitskreises für Regulierungsfragen eine sektorspezifische Regulierung nur dort begründet werden kann, wo ein funktionsfähiger und sich selbst tragender Wettbewerb noch nicht besteht, so daß die permanente Überprüfung des bestehenden Regulierungsbedarfs auch insoweit ein berechtigtes Anliegen darstellt. Das Kernproblem bildet dabei die Feststellung, ob in der Telekommunikation – zumindest auf Teilmärkten – bereits ein funktionsfähiger und sich selbst tragender Wettbewerb besteht. Hier gehen die Auffassungen zwischen dem marktbeherrschenden Netzbetreiber und den Wettberwerbern naturgemäß auseinander.

Soweit der Wissenschaftliche Arbeitskreis für Regulierungsfragen für eine Rückführung der staatlichen Regulierung allerdings den Nachweis fordert, welche Entwicklungsrichtung erkennbar ist und welche Belege die Annahme stützen, daß der bereits entstandene Wettbewerb auch dann bestehen bleibt, wenn die ex-ante Regulierung zurückgenommen wird, geht dies zu weit. Unberücksichtigt bliebe dabei, daß im Zuge einer schrittweisen Rückführung der staatlichen ex-ante Regulierung durch die RegTP zunehmend die allgemeine Wettbewerbsaufsicht durch das Bundeskartellamt greift und das zuvor regulierte Unternehmen damit den für alle Unternehmen im Wettbewerb geltenden Regelungen unterliegt. Die Regelungen sollten daher von vornherein auf einen bestimmten Zeitraum befristet werden. Erst dann, wenn der positive Nachweis der Notwendigkeit einer weiteren Regulierung erbracht ist, sollte die Geltungsdauer der Regelungen verlängert werden.

II. Ansatzpunkte für eine Reform des Regulierungsrahmens in der Telekommunikation

Der Wissenschaftliche Arbeitskreis für Regulierungsfragen hat im November 2002 auf der Grundlage des EU-Richtlinienpakets Vorschläge für eine Novellierung des TKG gemacht. Soweit der europäische Gesetzgeber dem deutschen Gesetzgeber die Möglichkeit zu einem flexiblen Einsatz der Regulierungsinstrumente eröffnet, sollte dem nach Auffassung des Wissenschaftlichen Arbeitskreises durch die Festlegung fest definierter Entscheidungsspielräume Grenzen gesetzt werden. Eine möglichst klare Definition von operationalen Bedingungen und Prinzipien sichere danach das unabhängige, im Zweifel gerichtlich voll überprüfbare Handeln der RegTP. Demgegenüber sähe sich der Regulierer bei einem beliebig großen Handlungsspielraum übermäßigen Einflußversuchen von Partikularinteressen ausgesetzt, die abzuwehren nach Auffassung des Wissenschaftlichen Arbeitskreises für Regulierungsfragen eine kaum mehr zu bewältigende Herausforderung wäre.[1097]

Der RegTP sind daher im TKG klarere Vorgaben als bisher zu machen, unter welchen Voraussetzungen sie berechtigt ist, mit welchen Maßnahmen gegen ein marktbeherrschendes Unternehmen vorzugehen. Denkbar wäre es dabei auch, die Sachverhalte tatbestandsmäßig zu erfassen, an denen fünf Jahre nach der Marktöffnung tatsächlich noch ein Regulierungsbedarf festgestellt wird. Dies können etwa die Teilnehmeranschlußnetze und der Bereich der lokalen Zusammenschaltung sein.

Darüber hinaus sollte im TKG auch weiterhin das Marktbeherrschungskonzept zur Anwendung gelangen, da dieses das Zusammenspiel zwischen sektorspezifischer Regulierung und Anwendung des allgemeinen Wettbewerbs- und Kartellrechts, aber auch die schrittweise Substitution der sektorspezifischen Regulierung durch das allgemeine Wettbewerbs- und Kartellrecht erleichtert. Soweit der europäische Gesetzgeber demgegenüber in den Richtlinien den Begriff der beträchtlichen Marktmacht verwendet, bedarf es für deren Feststellung im Einzelfall der Ausfüllung mehrerer unbestimmter Rechtsbegriffe durch die nationale Regulierungsbehörde. Die Regulierungsbehörde kann diese Entscheidungsfreiheit nutzen, um zu bestimmen, wann ihre sektorspezifische ex-ante Regulierung noch greift und wann die allgemeine wettbewerbsrechtliche Mißbrauchsaufsicht durch das Bundeskartellamt zur Anwendung gelangt. Indem der nationalen Regulierungsbehörde die Kompetenz eingeräumt wird, selbst darüber zu entscheiden, ob es seine eigene Regulierungskompetenz für gegeben erachtet, schafft das Konzept des europäischen Gesetzgebers eine Art Kompetenz-Kompetenz für eine Einrichtung, die am Weiterbestehen ihrer Regulierungsbefugnis – dies zeigen die Äußerungen des Wissenschaftlichen Arbeitskreises für Regulierungsfragen bei der RegTP – nicht uninteressiert sein dürfte.[1098] Unter Beibehaltung des Ziels einer schrittweisen Rückführung der staatlichen Regulierung ist dies nicht hinnehmbar.

1097 Wissenschaftlicher Arbeitskreis für Regulierungsfragen bei der Regulierungsbehörde für Telekommunikation und Post, TKG-Novellierung im Spannungsfeld zwischen Rechtssicherheit und Flexibilität, S. 2, abrufbar unter www.regtp.de.

1098 Immenga/Kirchner/Knieps/Kruse, Telekommunikation im Wettbewerb, S. 36.

Im übrigen sollte auch in der Telekommunikation versucht werden, die Akzeptanz der Entscheidungen der RegTP dadurch zu erhöhen, daß die betreffenden Unternehmen frühzeitig in den Entscheidungsprozeß der RegTP einbezogen werden. Wo dies möglich ist, sollte sich eine Regulierung zukünftig darauf beschränken, die von den am Markt tätigen Unternehmen bzw. deren übergeordneten Verbänden ausgehandelten Methoden zur Berechnung der Netznutzungsentgelte - und nicht die Netznutzungsentgelte selbst - einer Regulierung zu unterwerfen. Dabei sind allerdings die besonderen Marktstrukturen in der Telekommunikation zu berücksichtigen, die den Abschluß von Verbändevereinbarungen nicht generell als praktikable Lösung erscheinen lassen.

Verfahrenstechnisch sollte überlegt werden, gegeüber allen marktbezogenen Entscheidungen der RegTP, den Zivilrechtsweg zu eröffnen.[1099] Im Zusammenhang mit der schrittweisen Überführung der staatlichen Regulierung in die allgemeine Wettbewerbsaufsicht durch das Bundeskartellamt, gegen dessen Entscheidungen der Zivilrechtsweg eröffnet ist, erscheint dies sachlich geboten, zumal bei den Verwaltungsgerichten erst zusätzliche Kompetenzen aufgebaut werden müssen, die bei den Kartellsenaten bereits vorhanden sind. Dies ist unter ökonomischen Gesichtspunkten nicht effektiv und sachgerecht, da Ressourcen letzlich überflüssig aufgewendet werden. Sofern die bisherigen Rechtswegzuständigkeiten beibehalten werden sollen, sollte zumindest der Instanzenweg verkürzt werden. Es reicht insoweit aus, nur noch eine Instanz beim vorläufigen Rechtsschutz und lediglich zwei statt drei im Hauptsacheverfahren vorzusehen. Wie bei den Kartellstreitigkeiten sollte die einem Bundesgericht unmittelbar nachgeordnete Instanz und nicht wie bisher die unterste Instanz angerufen werden. Gegen deren Entscheidung bliebe dann – im Interesse der Beschleunigung des Verfahrens – nur das Rechtsmittel der Revision.[1100]

III. Der Referentenentwurf zum TKG

Am 30.04.2003 hat das zuständige Bundesministerium für Wirtschaft und Arbeit einen Referentenentwurf zur Novellierung des TKG vorgelegt, der im Grundsatz eine Fortsetzung der sektorspezifischen Regulierung vorsieht. Ziel der Regulierung ist auch weiterhin u.a. die Sicherstellung eines chancengleichen und funktionsfähigen Wettbewerbs auf den Märkten der Telekommunikation. Der Begriff des *funktionsfähigen Wettbewerbs* wird nunmehr definiert in § 3 Nr. 9 des Referentenentwurfs als ein Wettbewerb, der bestimmte Funktionen – Marktmachtkontrolle, produktive und dynamische Effizienz – erfüllt und dabei so strukturell abgesichert ist,

---

1099 Immenga/Kirchner/Knieps/Kruse, Telekommunikation im Wettbewerb, S. 53.

1100 Vgl. hierzu Wissenschaftlicher Arbeitskreis für Regulierungsfragen bei der Regulierungsbehörde für Telekommunikation und Post, TKG-Novellierung im Spannungsfeld zwischen Rechtssicherheit und Flexibilität, S. 8, abrufbar unter www.regtp.de.

daß er auch nach Rückführung der wettbewerbsgestaltenden Regulierung fortbesteht. Unter welchen Voraussetzungen eine ausreichende strukturelle Absicherung des Wettbewerbs besteht und wer über das Vorliegen dieser Voraussetzungen entscheidet, regelt der Referentenentwurf nicht.

Herzstück des Referentenentwurfs ist der Zweite Teil zur Marktregulierung in den §§ 7 ff. Anders als nach den bisherigen Regelungen des TKG soll für die Anwendung des Regulierungsinstrumentariums zukünftig nicht mehr die bloße Feststellung einer marktbeherrschenden Stellung ausreichen. Einer Regulierung sollen die Märkte unterliegen, auf denen kein funktionsfähiger Wettbewerb besteht. Dies ist nicht unproblematisch, da der Begriff des funktionsfähigen Wettbewerbs - trotz seiner Defintion in § 3 Nr. 9 des Referentenentwurfs - nachwievor einen unbestimmten Rechtsbegriff darstellt.[1101] Hinzu kommt, daß der RegTP bei der Entscheidung darüber, ob auf dem betreffenden Markt ein funktionsfähiger Wettbewerb besteht, gemäß § 8 Abs. 2 S. 2 des Referentenentwurfs ein gesetzlicher Beurteilungsspielraum mit dem Ziel einer nur eingeschränkten gerichtlichen Überprüfbarkeit eingeräumt werden soll.[1102]

Im Rahmen eines gemäß § 9 des Referentenentwurfs durchzuführenden Marktanalyseverfahrens prüft die RegTP dann, ob auf dem betreffenden Markt ein wirksamer Wettbewerb besteht. Dies soll dann nicht der Fall sein, wenn ein oder mehrere Unternehmen auf diesem Markt über eine marktbeherrschende Stellung nach § 19 Abs. 2 oder 3 GWB verfügen. Dies stellt insoweit einen wesentlichen Fortschritt gegenüber dem bisherigen Regulierungsregime dar, als die Legitimation für die über die – ebenfalls an eine marktbeherrschende Stellung anknüpfende – Anwendung des allgemeinen Wettbewerbsrechts hinausgehenden Regulierungseingriffe von der RegTP zukünftig für jeden Markt gesondert geprüft werden muß.[1103]

Bei der Marktabgrenzung und Marktanalyse nach den §§ 8, 9 des Referentenentwurfs soll die RegTP gemäß § 119 des Referentenentwurfs im Einvernehmen mit dem Bundeskartellamt entscheiden. Dies entspricht im wesentlichen der bislang in

---

1101 Anders als der Begriff des wirksamen Wettbewerbs, auf dem das Regulierungskonzept der Richtlinien basiert (Art. 16 Abs. 2 und Erwägungsgrund 27 der Rahmenrichtlinie), ist der Begriff des funktionsfähigen Wettbewerbs in den EG-Richtlinien nicht erwähnt. Vgl. Klotz, Der Referentenentwurf zum TKG im Licht der europarechtlichen Vorgaben, MMR 2003, 495, S. 497 f. Allerdings dürfte es sich dabei um synonyme Übersetzungen der ursprünglich amerikanischen Bezeichnung „workable competition“ handeln, so daß sich inhaltliche Änderungen hieraus nicht ergeben.

1102 Doll/Rommel/Wehmeier, Der Referentenentwurf für ein neues TKG – Einstieg in den Ausstieg der Regulierung?, MMR 2003, 522, S. 523.

1103 Doll/Rommel/Wehmeier, Der Referentenentwurf für ein neues TKG – Einstieg in den Ausstieg der Regulierung?, MMR 2003, 522, S. 523.

§ 82 TKG vorgesehenen Einvernehmensregelung.[1104] Außerdem gibt die RegTP den interessierten Parteien gemäß § 10 Abs. 1 des Referentenentwurfs Gelegenheit, innerhalb einer angemessenen Frist zu dem Entwurf der Ergebnisse nach den §§ 8, 9 des Referentenentwurfs Stellung zu nehmen, offensichtlich mit dem zu begrüßenden Ziel, hierüber die Akzeptanz der auf dieser Grundlage getroffenen (späteren) Entscheidungen der RegTP zu erhöhen.

In den §§ 14 ff. des Referentenentwurfs sind Regelungen zur Netzzusammenschaltung und zum Netzzugang vorgesehen. Grundsätzlich besteht danach für alle Betreiber eines öffentlichen Telekommunikationsnetzes eine Verhandlungspflicht über die Zusammenschaltung (§ 14 des Referentenentwurfs). Den Kern der Zugangsregulierung bildet dann die abstrakte Zugangsverpflichtung in § 16 des Referentenentwurfs. Nicht nur Zugangs- und Zusammenschaltungsanordnungen gemäß § 21 des Referentenentwurfs sowie die Verpflichtung zur Abgabe eines Standardangebotes gemäß § 18 des Referentenentwurfs, sondern auch die ex-ante-Entgeltregulierung setzen insoweit eine abstrakte Zugangsverpflichtung nach § 16 des Referentenentwurfs voraus.

Gemäß § 16 Abs. 1 S. 1 des Referentenentwurfs kann die RegTP marktbeherrschende Betreiber öffentlicher Telekommunikationsnetze insbesondere dann verpflichten, anderen Unternehmen Zugang zu gewähren, wenn andernfalls die Entwicklung eines funktionsfähigen Wettbewerbs auf dem nachgelagerten Endnutzermarkt behindert würde. Unter anderem beim Zugang zu bestimmten Netzkomponenten und/oder –einrichtungen sowie bei der Zusammenschaltung von Telekommunikationsnetzen wird gemäß § 16 Abs. 2 des Referentenentwurfs vermutet, daß diese Voraussetzungen vorliegen, wodurch der RegTP die Anordnung gerichtsfester Zugangsverpflichtungen erleichert werden soll.[1105] § 16 Abs. 1 S. 2 des Referentenentwurfs sieht im übrigen einen Katalog von Kriterien vor, die die RegTP bei der Prüfung, ob eine Zugangsverpflichtung gerechtfertigt ist, zu beachten hat. Die Zugangsregulierung ist damit insgesamt als eine generalklauselartige Ermächtigung mit offenen Tatbestandsvoraussetzungen und Rechtsfolgen formuliert.[1106] Die Auferlegung einer Zugangsverpflichtung steht im Ermessen der RegTP, was eine beträchtliche Rechtsunsicherheit verursachen und so ein Investitionshindernis darstellen dürfte.[1107] Unklar ist im übrigen, ob und inwieweit die im

---

1104 Vgl. hierzu 1. Teil E.I.2.

1105 Schütz, Referentenentwurf zum TKG: Weniger Wettbewerb, mehr Bürokratie?, MMR 2003, 518, S. 519.

1106 Doll/Rommel/Wehmeier, Der Referentenentwurf für ein neues TKG – Einstieg in den Ausstieg der Regulierung?, MMR 2003, 522, S. 523.

1107 Möschel/Haug, Der Referentenentwurf zur Novellierung des TKG aus wettbewerbsrechtlicher Sicht, MMR 2003, 505, S. 506.

Rahmen der Entscheidung nach § 16 des Referentenentwurfs vorzunehmenden Gewichtungen uneingeschränkt einer Überprüfung durch die Gerichte unterliegen oder der RegTP auch diesbezüglich ein Beurteilungsspielraum mit der Folge einer nur eingeschränkten Überprüfbarkeit durch die Gerichte zukommt.[1108] Wird ein Beurteilungsspielraum der RegTP anerkannt, so begründet dies die Gefahr politischer Einflußnahme auf die Entscheidungen der RegTP. Die Neuregelung ermöglicht dann theoretisch eine willkürliche Entscheidungspraxis der RegTP, die sich zudem in einer Phase andauernder Rechtsunsicherheit erst einmal herausbilden müßte.[1109]

Die Eingriffsbefugnisse im Rahmen der Zugangsregulierung werden ergänzt durch die Regelungen zur besonderen Mißbrauchsaufsicht in den §§ 38, 39 des Referentenentwurfs, wonach ein marktbeherrschender Anbieter von Telekommunikationsdienstleistungen oder ein marktbeherrschender Betreiber eines öffentlichen Telekommunikationsnetzes seine marktbeherrschende Stellung nicht mißbräuchlich ausnutzen darf. Diese Regelungen werden zum Teil begrüßt.[1110] Kritisiert wird andererseits, daß für eine zusätzliche Billigkeitskontrolle durch die RegTP angesichts der bereits nach den §§ 16 ff. des Referentenentwurfs bestehenden umfassenden Zugangsregulierung kein Platz sei, da nach dem Grundsatz der Vollharmonisierung die Zugangsrichtlinie die zulässige Obergrenze der Vorleistungsregulierung bilde.[1111]

Einschneidende Veränderungen ergeben sich auch aus der Verkürzung des gerichtlichen Instanzenzuges nach § 132 Abs. 3 des Referentenentwurfs. Danach sind im Falle des gerichtlichen Rechtsschutzes gegen Entscheidungen der Beschlußkammern der RegTP die Berufung gegen Urteile und die Beschwerde gegen Beschlüsse in Verfahren des einstweiligen Rechtsschutzes ausgeschlossen. Im Hauptsacheverfahren entfällt damit eine Tatsacheninstanz. Der einstweilige Rechtsschutz beschränkt sich auf eine Entscheidung des Verwaltungsgerichts. Dies wird im Hinblick auf die Rechtsprechung des Bundesverfassungsgerichts[1112] zur Verkürzungsproblematik, wonach über Art. 19 Abs. 4 S. 1 GG, Art. 103 Abs. 1 GG zwar ein effektiver Rechtsschutz garantiert, aber kein Instanzenzug gewährleistet ist, als un-

---

1108 Thomaschki, Referentenentwurf zum TKG – Auswirkungen auf die Praxis der Marktregulierung, MMR 2003, 500, S. 502.

1109 Möschel/Haug, Der Referentenentwurf zur Novellierung des TKG aus wettbewerbsrechtlicher Sicht, MMR 2003, 505, S. 506.

1110 So etwa Möschel/Haug, Der Referentenentwurf zur Novellierung des TKG aus wettbewerbsrechtlicher Sicht, MMR 2003, 505, S. 507, wonach die Möglichkeiten für eine Regulierung sogar noch weitergehend sein sollten.

1111 Doll/Rommel/Wehmeier, Der Referentenentwurf für ein neues TKG – Einstieg in den Ausstieg der Regulierung?, MMR 2003, 522, S. 524.

1112 BVerfGE 4, 74, S. 94 f.; BVerfGE 58, 208, S. 231 f.; BVerfGE 96, 27, S. 39.

problematisch angesehen.[1113] Die im Vorfeld diskutierten Änderungen des Rechtsweges zugunsten der Kartellsenate wurden nicht übernommen, so daß nachwievor die Gefahr einer divergierenden Rechtsprechung zu wettbewerbsrechtlichen Fragestellungen besteht.[1114] Das Verhältnis zwischen TKG und GWB ist in § 2 Abs. 3 des Referentenentwurfs auch weiterhin nicht eindeutig geregelt.

Im Ergebnis sieht der Referentenentwurf damit eine höhere Flexibilität für die konkreten zukünftigen Regulierungsmaßnahmen vor und räumt der RegTP einen erweiterten Handlungsspielraum über die anzuwendenden Maßnahmen und die Schärfe des Regulierungsinstrumentariums ein.[1115] Die ganz zentrale Entscheidung über das „Ob" einer sektorspezifischen Regulierung in der Telekommunikation bleibt weitgehend der RegTP selbst überlassen, der damit das Recht eingeräumt wird, über ihren eigenen Bestand und den Umfang ihrer Aufsichts- und Eingriffsbefugnisse selbst zu entscheiden. Damit besteht in der Telekommunikation auch weiterhin die Gefahr einer Überregulierung.[1116]

1113 Holznagel, Rechtsschutz und TK-Regulierung im Referntenentwurf zum TKG – Neue Ansätze für eine Verfahrensbeschleunigung, MMR 2003, 513, S. 514.

1114 Möschel/Haug, Der Referentenentwurf zur Novellierung des TKG aus wettbewerbsrechtlicher Sicht, MMR 2003, 505, S. 508.

1115 Wagner, Das neue TKG – Einstieg in den Ausstieg der Regulierung?, MMR 2003, 493, S. 494.

1116 Vgl. hierzu 3. Teil B.I.4.

Literaturverzeichnis

Bartsch, Michael; Röhling, Andreas; Salje, Peter; Scholz, Ulrich (Hrsg.); Stromwirtschaft - Ein Praxishandbuch, 1. Auflage Köln 2002.

Baur, Jürgen F.; Wettbewerb in der Elektrizitätsversorgung und energiepolitische Ziele im Europarecht, RdE 1992, S. 165 ff.

Baur, Jürgen F.; Die Elektrizitätsbinnenmarktrichtlinie - Gestaltungsmöglichkeiten von Mitgliedstaaten, in Baur/Friauf, Energierechtsreform zwischen Europarecht und kommunaler Selbstverwaltung, Baden-Baden 1997.

Baur, Jürgen F.; Energiewirtschaft - Der neue energie- und kartellrechtliche Rahmen, Veröffentlichungen des Instituts für Energierecht an der Universität zu Köln Band 91, Baden-Baden 1999.

Baur, Jürgen F. (Hrsg.); Energiewirtschaft zwischen Wettbewerb und öffentlichen Aufgaben, Veröffentlichungen des Instituts für Energierecht an der Universität zu Köln Band 81, Baden-Baden 1997.

Baur, Jürgen F. (Hrsg.); Energiewirtschaft - Der neue energie- und kartellrechtliche Rahmen, Veröffentlichungen des Instituts für Energierecht an der Universität zu Köln Band 91, Baden-Baden 1999.

Baur, Jürgen F. (Hrsg.); Neue Strukturen der Energieversorgung, 1. Auflage Baden-Baden 1989.

Bechtold, Rainer; Kartellgesetz - Gesetz gegen Wettbewerbsbeschränkungen, 3. Auflage München 2002.

Bechtold, Rainer; Das neue Kartellgesetz, NJW 1998, S. 2769 - 2774.

Becker, Lutz; Entgeltregulierung im TKG unter besonderer Berücksichtigung kartellrechtlicher Preiskontrollinstrumentarien, K&R 1999, S. 112 – 123.

Beck`scher TKG-Kommentar; Herausgegeben von Wolfgang Büchner, Jörg Ehmer, Martin Geppert, Bärbel Kerkhoff, Hermann-Josef Piepenbrock, Raimund Schütz, Fabian Schuster, 2. Auflage München 2000.

Behrens, P.; Aspekte einer Ökonomischen Theorie des Rechts, Rechtstheorie 12 (1981), S. 472 ff.

Bender, Gunnar; Regulierungsbehörde quo vadis? - Bestandsaufnahme aktueller Vollzugsdefizite und Reformvorschläge, K&R 2001, S. 506 - 515.

Berger, Ernst Georg; Netzbetreiber und Zusammenschaltung im Telekommunikationsrecht - Zum Stand der Diskussion um die Netzbetreiber-Definition im TKG, CR 1999, S. 222 - 229.

Berger, Ernst Georg (Hrsg.); Wettbewerb und Infrastruktur in Post- und Telekommunikationsmärkten, Zeitschrift für öffentliche und gemeinwirtschaftliche Unternehmen (Beiheft 19), Baden-Baden 1996.

Bergmann, Bettina; Ein Netzzugang Dritter in der Elektrizität und Grundrechte der Versorgungsunternehmen, jur. Diss. Berlin 1995, Sinzheim 1995.

Bock, Matthias; Völcker, Sven; Regulatorische Rahmenbedingungen für die Zusammenschaltung von TK-Netzen, CR 1998, S. 473 - 483.

Börner, Achim-Rüdiger; Das Energiewirtschaftsgesetz - legislatorische Defizite oder sachgerechtes Gesetzesintrumentarium?, Veröffentlichungen des Instituts für Energierecht an der Universität zu Köln Band 55, Baden-Baden.
Börner, Achim-Rüdiger; Der Energiemarkt und die geschlossenen Versorgungsgebiete der Strom- und Gaswirtschaft im Übergang zum Wettbewerb, ZögU, Beiheft 20, Baden-Baden 1996.
Börner, Achim-Rüdiger; Verhandelter Stromnetzzugang und Kartellrecht, Versorgungswirtschaft 1999, S. 77 - 85.
Börner, Achim-Rüdiger; Erste Überlegungen zu den privaten Normierungen der Stromdurchleitung: Stringenz und Kartellrecht (Teil 1), RdE 2000, S. 55 - 61.
Börner, Achim-Rüdiger; Erste Überlegungen zu den privaten Normierungen der Stromdurchleitung: Stringenz und Kartellrecht (Teil 2), RdE 2000, S. 94 - 101.
Börnsen, Arne; Das Telekommunikationsgesetz 1996 - Entwicklungen und Hintergründe, Zeitschrift für Gesetzgebung 1996, S. 323 ff.
Böwing, Andreas u.a.; Energiewirtschaftsgesetz 1998, 1. Auflage Frankfurt am Main 1999.
Bräuer, Wolfgang; Egeln, Jürgen; Werner, Andreas; Wettbewerb in der Versorgungswirtschaft und seine Auswirkungen auf kommunale Querverbundunternehmen, Schriftenreihe des ZEW, Band 20, Baden-Baden 1997.
Breuel, Birgit; Lockerung des Postmonopols?, WuW 1981, S. 96 ff.
Büdenbender, Ulrich; Durchleitung elektrischer Energie nach der Energierechtsreform, RdE 1999, S. 1 - 11.
Büdenbender, Ulrich; Die Kontrolle von Durchleitungsentgelten in der leitungsgebundenen Energiewirtschaft, ZIP 2000, S. 2225 - 2238.
Büdenbender, Ulrich; Energierecht nach der Energierechtsreform, JZ 1999, S. 62 - 72.
Büdenbender, Ulrich; Durchleitungen in der Elektrizitätswirtschaft und Eigentumsschutz, WuW 2000, S. 119 - 135.
Büdenbender, Ulrich; Energierecht - Eine systematische Darstellung des gesamten Rechts der öffentlichen Energieversorgung, Köln 1982.

Cronenberg, Martin; Das neue Energiewirtschaftsrecht, RdE 1998, S. 85 - 91.

Danner, Wolfgang; Energiewirtschaftsrecht - Kommentar (vormals Obernolte/Danner), Band I, 40. Ergänzungslieferung, Stand: März 2002).
Doll, Roland; Rommel, Wolfrad; Wehmeier, Axel; Der Referentenentwurf für ein neues TKG – Einstieg in den Ausstieg der Regulierung?, MMR 2003, S. 522 – 526.

Ebel, Hans-Rudolf; Energielieferungsverträge: Recht der Elektrizitäts-, Gas- und Fernwärmeversorgung industrieller Sonderabnehmer, 1. Auflage Heidelberg 1992.

Ebel, Hans-Rudolf; Durchleitung von Strom und Gas nach § 103 GWB, WuW 1994, S. 731 ff.

Ehmer, Jörg; Regulierung im Telekommunikationswesen - Sind die tatsächlichen Gegebenheiten und der rechtliche Rahmen mit der Energiewirtschaft vergleichbar?, Kölner Miszellen zum Energierecht Heft 7, Baden-Baden 1998.

Eickhof, Norbert; Kreikenbaum, Dieter; Die Liberalisierung des Marktes für leitungsgebundene Energien, WuW 1998, S. 666 - 677.

Emmerich,Volker; Kartellrecht, 8. Auflage München 1999.

Engel, Christoph; Der Weg der deutschen Telekommunikation in den Wettbewerb, MMR-Beilage 3/1999, S. 7 - 14.

Engel, Christoph; Knieps, Günter; Die Vorschriften des Telekommunikationsgesetzes über den Zugang zu wesentlichen Leistungen. Eine juristisch-ökonomische Untersuchung, Baden-Baden 1998.

Engel, Christoph; Der Weg der deutschen Telekommunikation in den Wettbewerb, MMR-Beilage 3, S. 7 - 14.

Eschweiler, Wilhelm; Die Regulierungsbehörde im Spannungsfeld zwischen Unabhängigkeit und Weisungsunterworfenheit, K&R 2001, S. 238 - 242.

Eschweiler, Wilhelm; Regulierung der Telekommunikation und erste Entscheidungspraxis der Regulierungsbehörde für Telekommunikation und Post, K&R 1998, S. 530 -536.

Evers, Hans-Ulrich; Das Energiewirtschaftsgesetz im Wandel von fünf Jahrzehnten, Veröffentlichungen des Instituts für Energierecht an der Universität zu Köln Band 57.

Eyermann, Erich; Verwaltungsgerichtsordnung-Kommentar, 11. Auflage, München 2000.

Faber, Heiko; Verwaltungsrecht, 4. Auflage Tübingen 1995.

Fritsch, Michael; Wein, Thomas; Ewers, Hans-Jürgen; Marktversagen und Wirtschaftspolitik, 2. Auflage München 1996.

Fuhr, Karl-Michael; Kerkhoff, Bärbel; Entgelte für die Gewährung von Netzzugang gemäß § 39 TKG, NJW 1997, S. 3209 - 3211.

Geppert, Martin; Ruhle, Ernst-Olav; Schuster, Fabian; Handbuch Recht und Praxis der Telekommunikation, 1. Auflage Baden-Baden 1998.

Gerpott, Torsten; Wettbewerbsstrategien im Telekommunikationsmarkt, 3. Auflage Stuttgart 1998.

Giermann, Heiko; Der diskriminierungsfreie Durchleitungsanspruch gemäß § 6 Abs. 1 EnWG und die Verweigerung der Durchleitung in der Praxis, RdE 2000, S. 222 - 231.

Gleiss, Alfred; Hirsch, Martin; Kommentar zum EG-Recht, Band 1: Art. 85 und Gruppenfreistellungsverordnungen, 4. Auflage Heidelberg 1993.

Gramlich, Ludwig; Entwicklungen der staatlichen Wirtschaftsaufsicht - Das Telekommunikationsrecht als Modell?, VerwArch 88 (1997), S. 598 – 644.

Grawe, Joachim; Zinow, Bernd-Michael; Durchleitungen nach heutigem und künftigem Recht, EW 1997, S. 93 ff.

Gröner, Helmut; Köhler; Knorr, Andreas; Liberalisierung der Telekommunikationsmärkte, 1. Auflage Stuttgart 1995.

Haar, Brigitte; Offener Netzzugang in der Telekommunikation - Kartell- und regulierungsrechtliche Problemlösungen, CR 1996, S. 713 - 718.

Hallenga, Reiner; Europarechtliche Vorgaben für die Liberalisierung von Telekommunikationsnetzmärkten und die Umsetzung in nationales Recht, ArchivPT 1996, S. 239 - 246.

Harms, Wolfgang (Hrsg.); Zielkonflikte in der Energiewirtschaft, Vorträge und Diskussionen des Energierechts-Gesprächs am 2./3. Februar 1986, Berliner Beiträge zum Wirtschaftsrecht Band 1, Köln 1987.

Hastenteufel, Hagen Götz; Wettbewerbsstrategien in der Telekommunikation angesichts der Liberalisierung der Netze, Berlin 1998.

Hefekäuser, Hans-Willi; Dreier, Christoph; Der gesetzliche Rahmen für Netzzugang und Netzzusammenschaltungen, CR 1997, S. 110 - 113.

Hefekäuser, Hans-Willi; Marktabgrenzung und Marktbeherrschung - Aufgabe oder Pflichtübung?, MMR 2001, S. 489 - 490.

Hefekäuser, Hans-Willi; Vom Monopol zum Wettbewerb, EW 1997, S. 873 ff.

Hefekäuser, Hans-Willi; Telekommunikationsmärkte zwischen Regulierung und Wettbewerb, MMR 1999, S. 144 - 153.

Hensing, Ingo; Pfaffenberger, Wolfgang; Ströbele, Wolfgang; Energiewirtschaft - Einführung in Theorie und Politik, 1. Auflage München 1992.

Hermes, Georg; Staatliche Infrastrukturverantwortung: Rechtliche Grundstrukturen netzgebundener Transport- und Übertragungssysteme zwischen Daseinsvorsorge und Wettbewerbsregulierung am Beispiel der leitungsgebundenen Energieversorgung in Europa, 1. Auflage Tübingen 1998.

Herrmann, Bodo J.; Dick, Claudia; Die Kundenbündelung und ihre Bedeutung für das Energie- und Konzessionsabgabenrecht, BB 2000, S. 885 - 893.

Holznagel, Bernd; Rechtsschutz und TK-Regulierung im Referentenentwurf zum TKG – Neue Ansätze für eine Verfahrensbeschleunigung, MMR 2003, S. 513 – 517.

Horstmann, Karl-Peter; Zulassungsverfahren und Wegerechte für Energieversorgungsleitungen sowie der Zugang zu Energieversorgungsnetzen nach dem neuen Energiewirtschaftsgesetz und Wettbewerbsrecht, jur. Diss. Leiden, Osnabrück 1999.

Horstmann, Karl-Peter; Netzzugang in der Energiewirtschaft, Köln 2001.

Husch, Gertrud; Kemmler, Anne; Ohlenburg, Anna; Die Umsetzung des EU-Rechtsrahmens für elektronische Kommunikation: Ein erster Überblick, MMR 2003, S. 139 – 148.

Immenga, Ulrich; Relevante Märkte und Marktbeherrschung in der Regulierungspraxis, MMR 2000, S. 196 - 201.

Immenga, Ulrich; Kirchner, Christian; Knieps, Günter; Kruse, Jörn; Telekommunikation im Wettbewerb – Eine ordnungspolitische Konzeption nach erfolgreicher Marktöffnung, München 2001.

Immenga, Ulrich; Mestmäcker, Ernst-Joachim; Gesetz gegen Wettbewerbsbeschränkungen: GWB, 3. Auflage München 2001.

Kemmler, Anne; Telekommunikationsgesetz - Einführung und Stand der Umsetzung, ArchivPT 1996, S. 321 - 330.

Kiessling, Thomas; Optimale Marktstrukturregulierung in der Telekommunikation - Lehren aus den USA und anderen Ländern für die EU, jur. Diss. Hohenheim 1997, Baden-Baden 1998.

Kirchner, Christian; Verschärfte Regulierung der Mobilfunkmärkte, MMR-Beilage 8/2002, S. 1 - 22.

Kirchner, Christian; Ökonomische Theorie des Rechts, Berlin 1997.

Klafka, Peter; Hinz; Zander, Wolfgang; Ritzau, Michael; Held, Christian; Netzzugangsverordnung für elektrische Netze, ET 1998, S. 35 ff.

Klees, Andreas; Der Direktleitungsbau im deutschen und europäischen Energie- und Wettbewerbsrecht, jur. Diss. Hannover 2001, Stuttgart 2001.

Klimisch, Annette; Lange, Markus; Zugang zu Netzen und anderen wesentlichen Einrichtungen als Bestandteil der kartellrechtlichen Mißbrauchsaufsicht, WuW 1998, S. 15 - 26.

Klodt, Henning; Laaser, Claus-Friedrich; Lorz, Jens Oliver; Maurer, Rainer; Wettbewerb und Regulierung in der Telekommunikation (Kieler Studien 272), Tübingen 1995.

Klopfer, Thomas; Schulz, Walter; Märkte für Strom, Schriften des Energiewirtschaftlichen Instituts Band 42, München 1993.

Knieps, Günter; Entstaatlichung im Telekommunikationsbereich - Eine theoretische und empirische Analyse der technologischen, ökonomischen und institutionellen Einflußfaktoren, Wirtschaftswissenschaftliche und wirtschaftsrechtliche Untersuchungen Band 21, 1. Auflage Tübingen 1985.

Knieps, Günter; Brunekreeft, Gert (Hrsg.); Zwischen Regulierung und Wettbewerb - Netzsektoren in Deutschland, 1. Auflage Heidelberg 2000.

Koenig, Christian; Regulierung interdependenter Marktmacht - Skalpell oder bittere Pille?, MMR 2001, S. 1 - 2.

Koenig, Christian; Vogelsang, Ingo; Kühling, Jürgen; Loetz, Sascha; Neumann, Andreas; Funktionsfähiger Wettbewerb auf den Telekommunikationsmärkten - Ökonomische und juristische Perspektiven zum Umfang der Regulierung, 1. Auflage Heidelberg 2002.

Koenig, Christian; Kühling, Jürgen; Reformansätze des deutschen Telekommunikationsrechts in rechtsvergleichender Perspektive, MMR 2001, S. 80 - 86.

Koenig, Christian; Kühling, Jürgen; Funktionsfähiger Wettbewerb und Regulierungsperspektiven auf den Telekommunikationsmärkten - Eine Kritik am Sondergutachten der Monopolkommission, WuW 2000, S. 596.

Koenig, Christian; Loetz, Sascha; Rechtsnatur und Inhalt der Zusammenschaltungsanordnung nach § 37 TKG, K&R 1999, S. 298 – 305.

Kopp, Ferdinand; Schenke, Wolf-Rüdiger; Verwaltungsgerichtsordnung, 12. Auflage München 2000.

Kruse, Jörn; Lizenzierung und Wettbewerb im Mobilfunk, Berlin 1993.

Kruse, Jörn; Stockmann, Kurt; Vollmer, Lothar (Hrsg.); Wettbewerbspolitik im Spannungsfeld nationaler und internationaler Kartellrechtsordnungen, Festschrift für Ingo Schmidt zum 65. Geburtstag, 1. Auflage Baden-Baden 1997.

Kühne, Gunther; Rechtsfragen der Kooperation in der Energiewirtschaft, RdE 1998, S. 41 – 48.

Kühne, Gunther; Der Netzzugang und seine Verweigerung im Spannungsfeld zwischen Zivilrecht, Energierecht und Kartellrecht, RdE 2000, S. 1 - 7.

Kühne, Gunther; Straßburg, Wolfgang; Hermann, Hans Peter; Rupp, Jürgen-Johann; Wettbewerb - Bestandsschutz - Umweltschutz - Aktuelle Tendenzen des Berg- und Energierechts, Veröffentlichungen des Instituts für Energierecht an der Universität zu Köln Band 83, 1. Auflage Baden-Baden 1997.

Kühne, Gunther; Scholtka, Boris; Das neue Energiewirtschaftsrecht, NJW 1998, S. 1902 - 1909.

Lammich, Klaus; Telekommunikationsgesetz - Kommentar, 2. Erg. Neuwied/Kriftel/Berlin 1998.

Lampert, Thomas; Der EuGH und die essential facilities-Lehre, NJW 1999, S. 2235 - 2236.

Lampert, Thomas; Der Begriff der Marktbeherrschung als geeignetes Kriterium zur Bestimmung der Normadressaten für das sektorspezifische Kartellrecht nach dem TKG?, WuW 1998, S. 27 - 39.

Langen, Eugen; Bunte, Hermann-Josef; Kommentar zum deutschen und europäischen Kartellrecht, Band 1, 9. Auflage Neuwied 2001.

Larenz, Karl; Canaris, Claus-Wilhelm; Methodenlehre der Rechtswissenschaft, 3. Auflage Berlin 1995.

Leo, Hubertus; Schellenberg, Martin; Die Regulierungsbehörde für Telekommunikation und Post, ZUM 1997, S. 188 - 197.

Löwer, Wolfgang; Energieversorgung zwischen Staat, Gemeinde und Wirtschaft, RTW-Reihe Band 53, Köln 1989.
Ludwig, Wolfgang; Odenthal, Hans; Lexikon des Rechts der Energie- und Wasserversorgung, 5. Erg. Neuwied/Kriftel Dezember 1996.
Lukes, Rudolf; Liberalisierung des Strommarktes - Realität oder Utopie?, BB Beilage 12 zu Heft 48 1998, S. 1 - 16.
Lukes, Rudolf; Die Neuregelung des Energiewirtschaftsrechts, BB 1998, S. 1217 - 1223.
Lukes, Rudolf (Hrsg.); Geschlossene Versorgungsgebiete, Versorgungssicherheit und Wettbewerb, RTW Band 18, Köln 1979.

Märkl, Peter; Netzzusammenschaltung in der Telekommunikation, jur. Diss. Konstanz 1997, Baden-Baden 1998.
Markert,Kurt; Zwangsdurchleitung mittels Kartellrecht, ET 1998, S. 252 - 255.
Martenczuk, Bernd; Regulierungsbehörde contra Bundeskartellamt? – Das Verhältnis der Kompetenzen auf dem Gebiet der Telekommunikation, CR 1999, S. 363 – 367.
Maurer, Hartmut; Allgemeines Verwaltungsrecht, 11. Auflage München 1997.
Mayen, Thomas; Feststellung der Marktbeherrschung auf den Märkten der Telekommunikation, MMR 2001, S. 648 - 653.
Mayen, Thomas; Marktabgrenzung auf den Märkten der Telekommunikation, MMR 2001, S. 496 - 500.
Mestmäcker, Ernst-Joachim; Marktbeherrschung und Wettbewerb im Mobilfunk, Beilage zu MMR 8/1998, S. 1 - 3.
Moritz, Hans-Werner; Neus, Hermann R.; Telekommunikationsgesetz und US Telecommunications Act. Ein Vergleich der ordnungspolitischen Ansätze, CR 1997, S. 239 - 245.
Möschel, Wernhard; Regulierungswirrwarr in der Telekommunikation, MMR-Beilage 3, 1999, S. 3 - 6.
Möschel, Wernhard; Haug, Jochen; Der Referentenentwurf zur Novellierung des TKG aus wettbewerbsrechtlicher Sicht, MMR 2003, S. 505 – 508.
Möschel, Wernhard; Strompreis und kartellrechtliche Kontrolle, WuW 1999, S. 5 - 14.

Nolte, Norbert; Das Recht auf Netzzugang nach dem Telekommunikationsgesetz, BB 1996, S. 2629 - 2636.

Palandt, Otto; Bürgerliches Gesetzbuch, 62. Auflage München 2003.
Pfaffenberger, Wolfgang; Elektrizitätswirtschaft, München 1993.
Piltz, Harald; Netznutzungsentgelte für Stromlieferungen in der Kritik - Ist jetzt auch in Deutschland ein Regulierer erforderlich?, WuW 2001, S. 552 - 560.

Rapp-Jung, Barbara; Die EU Richtlinie für Elektrizität im Spannungsfeld zwischen den Wettbewerbsregeln des Vertrags und den verbliebenen energiepolitischen Befugnissen der Mitgliedstaaten, RdE 1997, S. 133 – 137.

Reinholz, Hans; Die rechtliche Einordnung des Energielieferungsvertrages, RdE 1999, S. 64 - 74.

Riehmer,Klaus W.; EG-Wettbewerbsrecht und Zugangsvereinbarungen in der Telekommunikation, MMR 1998, S. 355 – 359.

Rifkin, Jeremy; Access, Das Verschwinden des Eigentums - Warum wir weniger besitzen und mehr ausgeben werden (aus dem Englischen von Klaus Binder und Tatjana Eggeling), 2. Auflage Frankfurt am Main 2000.

Rudolf, Eva; Das Recht auf Netzzugang in der Telekommunikation, jur. Diss. Bonn 2000, Baden-Baden 2001.

Salje, Peter; Ökonomische Analyse des Rechts aus deutscher Sicht, Rechtstheorie 15 (1984), S. 277 ff.

Salje, Peter; Der Durchleitungsvertrag, RdE 1998, S. 169 - 177.

Salje, Peter; Marktbeherrschung auf Telekommunikations-Märkten, K&R 1998, S. 331 ff.

Salje, Peter; Das Gesetz zur Neuregelung des Energiewirtschaftsrechts, NVwZ 1998, S. 916 - 922.

Schäfer, Hans-Bernd; Ott, Claus; Lehrbuch der ökonomischen Analyse des Zivilrechts, 2. Auflage Berlin 1995.

Schenke, Wolf-Rüdiger; Verwaltungsprozeßrecht, 3. Auflage Heidelberg 1995.

Scherer, Joachim; Die Entwicklung des Telekommunikationsrechts in den Jahren 2000 bis 2002, NJW 2003, S. 1004 – 1014.

Scherer, Joachim; Das Bronner-Urteil des EuGH und die Essential facilities-Doktrin im TK-Sektor, MMR 1999, S. 315 – 321.

Scheurle, Klaus-Dieter; Mayen, Thomas; Telekommunikationsgesetz (TKG), 1. Auflage München 2002.

Schmidt-Preuß, Matthias; Verwaltung und Verwaltungsrecht zwischen gesellschaftlicher Selbstregulierung und staatlicher Steuerung, VVDStRL 56 (1997), S. 160 - 234.

Schmitt, Dieter; “Stranded Costs” und Liberalisierung, ET 1998, S. 143 - 149.

Schmittmann, Michael; Wettbewerbsrecht in deregulierten Kommunikationsmärkten, K&R 1998, S. 1 - 9.

Schneider, Jens-Peter; Liberalisierung der Stromwirtschaft durch regulative Marktorganisation: Eine vergleichende Untersuchung zur Reform des britischen, US-amerikanischen, europäischen und deutschen Energierechts, 1. Auflage, Baden-Baden 1999, zugl. Universität Hamburg (Habil-Schr.) 1998.

Schneider, Jens-Peter; Theobald, Christian; Handbuch zum Recht der Energiewirtschaft – Die Grundsätze der neuen Rechtslage, 1. Auflage München 2003.

Scholz, Ulrich; Kontrahierungszwang in der Versorgungswirtschaft - Dargestellt am Beispiel der Anschluß- und Versorgungspflicht von Elektrizitätsversorgungsunternehmen gegenüber Stromverbrauchern, Veröffentlichungen des Instituts für Energierecht an der Universität zu Köln Band 79, Baden-Baden 1997.

Schroeder, Dirk; Telekommunikationsgesetz und GWB, WuW 1999, S. 14 - 28.

Schütz, Raimund, Referentenentwurf zum TKG: Weniger Wettbewerb, mehr Bürokratie?, MMR 2003, S. 518 – 522.

Schwarze, Jürgen (Hrsg.); Der Netzzugang für Dritte im Wirtschaftsrecht, 1. Auflage Baden-Baden 1999.

Schwintowski, Hans Peter; Ordnung und Wettbewerb auf Telekommunikationsmärkten, CR 1997, S. 630 - 638.

Seeger, Bernhard Johannes; Die Durchleitung elektrischer Energie nach neuem Recht, jur. Diss. Erlangen-Nürnberg 2001, Baden-Baden 2001.

Spoerr, Wolfgang; Deutsch, Markus; Das Wirtschaftsverwaltungsrecht der Telekommunikation - Regulierung und Lizenzen als neue Schlüsselbegriffe des Verwaltungsrechts?, DVBl. 1997, 300 - 309.

Steinberg, Rudolf; Britz, Gabriele; Der Energieliefer- und -erzeugungsmarkt nach nationalem und europäischem Recht, Frankfurter Schriftenreihe zum Umweltrecht, Band 8, Baden-Baden 1995.

Tegethoff, Wilm; Büdenbender, Ulrich; Klinger, Heinz; Das Recht der öffentlichen Energieversorgung - Kommentar, Düsseldorf 1987/1999.

Tettinger, Peter J.; Energierecht - nurmehr ein Anhängsel zum Wettbewerbsrecht?, RdE 2001, S. 41 - 46.

Theobald, Christian; Zenke, Ines; Grundlagen der Strom- und Gasdurchleitung - die aktuellen Rechtsprobleme, 1. Auflage München 2001.

Theobald, Christian; Wettbewerb in Netzen als Ziel effizienten Rechts, WuW 2000, 230 - 244.

Theobald, Christiane; Theobald, Christian; Grundzüge des Energiewirtschaftsrechts - Die Liberalisierung der Strom- und Gaswirtschaft, 1. Auflage München 2001.

Thomaschki, Kathrin; Referentenentwurf zum TKG – Auswirkungen auf die Praxis der Marktregulierung, MMR 2003, S. 500 – 504.

Tschentscher, Klaus W.; Neumann, Holger; Das telekommunikationsrechtliche Regulierungsverfahren - Verfahrensfragen, Mißbrauchsaufsicht, Entbündelung, BB 1997, S. 2437 - 2446.

Tüngler, Stefan; Der Netzzugang in der Elektrizitätswirtschaft auf der Grundlage des Energiewirtschaftsgesetzes (EnWG), jur. Diss. Göttingen 2001, Frankfurt am Main 2002.

Ungemach, Manfred; Wißmann, Martin; Cameron, Peter; Styles, Peter; Mehr Mut Zu Reform - Anmerkungen zum Stand der Diskussion über die Liberalisierung des deutschen Elektrizitäts- und Gasmarktes, ET 1997, S. 364 - 370.

Ungemach,Manfred; Weber,Thomas; Verfahrensfragen des Netzzugangs bei Elektrizität und Gas, RdE 1999, S. 11 - 17.

v. Gamm, Otto-Friedrich; Kartellrecht, 2. Auflage Köln 1990.

v. Jacobs, Nikolaus; Die Entgeltregulierung des nationalen Festnetzsprachtelefondienstes auf europäischen Telekommunikationsmärkten, jur. Diss. Berlin 2000, Baden-Baden 2001.

v. Wallenberg, Gabriela; Diskriminierungsfreier Zugang zu Netzen und anderen Infrastruktureinrichtungen, K&R 1999, S.153 - 157.

v. Weizsäcker, C. Christian; Wettbewerb in Netzen, WuW 1997, S. 572 - 579.

v. Weizsäcker, C. Christian; Energiewirtschaft und Wettbewerb, ZfE 1994, S. 197 ff.

Van Miert, Karel; Probleme der wettbewerblichen Öffnung von Märkten mit Netzstrukturen aus europäischer Sicht, WuW 1998, S. 7 - 14.

Wagner, Peter; Das neue TKG – Einstieg in den Ausstieg der Regulierung?, MMR 2003, S. 493 – 494.

Weisser, Ralf; Meinking, Olaf; Zugang zum digitalen Fernsehkabelnetz außerhalb von must-carry-Regelungen, WuW 1998, S. 831 - 850.

Weißhaar, Volker; Koenig, Michael; Anspruch auf Netzzugang und -zusammenschaltung im Lichte des EU-Rechts, MMR 1998, S. 475 - 478.

Wiedemann, Gerhard (Hrsg.); Handbuch des Kartellrechts, München 1999.

Windisch, Rupert; Privatisierung natürlicher Monopole im Bereich von Bahn, Post und Telekommunikation, Tübingen 1987.

Zippel, Wulfdiether (Hrsg.); Transeuropäische Netze, Schriftenreihe des Arbeitskreises Europäische Integration e.V., Band 39, Baden-Baden 1996.

FSC
www.fsc.org
MIX
Papier | Fördert gute Waldnutzung
FSC® C083411

Kolibri 360 GmbH
Ferdinand-Jühlke-Straße 7
99095 Erfurt, Deutschland
produktsicherheit@kolibri360.de

Druck:
CPI Druckdienstleistungen GmbH
im Auftrag der
Kolibri 360 GmbH
Ferdinand-Jühlke-Str. 7
99095 Erfurt